주역경영
주역으로 읽는 기업과 리더의 흥망성쇠!

# 이 책을 읽는 방법

《주역》은 64개의 괘로 구성되어 있다. 각 괘는 음과 양의 6개의 효로 이루어 져 있으며, 세상의 모든 변화와 이치가 담겨 있다. 하지만 《주역》은 매우 복잡 하고 난해한 책으로, 처음 접하는 사람들에게는 이해하기 어려울 수 있다. 특 히 각 괘 효사의 변화까지 고려하면 더욱 까다롭다. 그래서 이 책은 《주역》을 처음 접하는 사람들도 쉽게 이해할 수 있도록 풀어 썼다. 64괘의 지혜를 실제 기업 경영에 적용 가능하도록 실질적인 내용을 제공해 기업 리더들이 《주역》 의 지혜를 실제로 활용할 수 있도록 했다.

이 책은 《주역》의 64괘 전체를 다루는 포괄적인 책이다. 《주역》을 처음 접하 는 사람이라도 쉽게 이해할 수 있도록 384개의 효사 변화는 다루지 않고, 각 괘가 의미하는 이치에 중점을 두고, 기업 경영자들이 《주역》의 지혜를 활용해 효과적인 경영전략을 수립하고 실행할 수 있도록 꾸몄다. 기업의 성공과 실 패에 영향을 미치는 주요 요인들, 이를테면 기업의 설립, 전략 수립, 리더십, 조직관리, 마케팅, 재무, 위기관리 등 다양한 경영활동에 적용하는 방법을 64괘 관점에서 글로벌 기업 사례를 통해 해석하고 설명한다. 또한 《주역》 64괘를 통해 기업 경영에 대한 새로운 통찰력을 제공하고, 기업이 직면할 수 있는 다 양한 위험과 기회를 미리 예측하고 대비할 수 있도록 돕는다.

이 책의 순서는 각 괘의 상(대성괘)과 괘 이름, 괘의 의미를 담았다. 그리고 괘 의 본래 의미를 이해할 수 있도록 한자 원문과 직역을 함께 제공했다. 각 괘의 기본적인 원리와 상징하는 메시지를 명료하게 설명하고, 각 괘의 기본을 설명 했으며, 각 괘의 지혜를 기업 경영에 적용할 수 있는지 구체적인 전략을 제시 했다. 또한 기업의 리더가 꼭 알아야 할 '실천 항목'을 제시하며, '기업 사례'를 통해 다양한 기업들의 흥망성쇠를 통해 더 깊이 이해할 수 있도록 구성했다. 향후 384개의 효사를 다룬 '심화 편'을 통해 다시 찾아뵙도록 하겠다.

주역으로 읽는 기업과 리더의 흥망성쇠!

# 주역경영

김들풀 지음

"미래 기술 예측인 기술수용주기 이론(가트너 하이프 사이클, 혁신확산 이론, 베이지언 확률모델 등)과 경영 이론(파레토 법칙, 메트칼프의 법칙, 피터 법칙, 블랙스완 이론, 린스타트업 등)은 주역과 궤를 같이 한다."

周易
學會

호이테북스
today

## 《주역》에서 찾아낸 놀라운 경영의 지혜

필자는 IT·과학 전문기자로, 대학에서 컴퓨터공학을 전공했다. 아스팩 미래기술경영연구소에서 정보 기술(IT), 나노 기술(NT), 바이오 기술(BT), 에너지 기술(ET), 물·자원 기술(RT), 식량 기술(FT) 등 기술 융·복합을 통한 미래 기술 전략을 연구하며 객관적인 사실과 논리에 기반한 사고방식을 익혔고, 서양 미래학 연구(논문/특허 등)를 통해 미래를 예측하고 대비하는 방법론을 탐구했다. 이후 20여 년간 기업과 공공기관, 대학 등에서 미래 기술과 미래 전략을 강의했다. 특히 그 여정에서 다시 경영학 전공을 통해 기업 운영과 전략 수립에 대한 지식을 쌓고, 기술과 경영을 결합하는 능력을 키워 왔다.

하지만 오늘날, 이러한 과학적 접근만으로는 인간 삶의 복잡성을 완전히 이해하기 어렵다는 한계를 느꼈다. 인간 삶은 단순한 논리나 사실로 설명될 수 없는 다양한 요소들이 얽혀 있는 복잡한 시스템이다. 이러한 한계를 극복하기 위해 어린 시절 접했던 한학, 특히 《주역》에 눈을 돌렸다. 서로 다른 시공간에서 태어난 지식체들에게서 놀라울 만큼 일맥상통성을 발견했다.

　이를테면 기술의 미래를 예측하고 분석하는 대표적인 기술수용주기 이론인 가트너의 하이프 사이클(Hype Cycle)을 비롯해 로저스의 혁신확산 이론(Innovation Diffusion Theory), 베이지언 확률모델(Bayesian Probability Model), 사회학습 이론(Social Learning Theory), 계획행동 이론(Theory of Planned Behavior) 등이 그렇다. 경영 이론 역시 마찬가지다. 파레토 법칙(Pareto principle), 메트칼프의 법칙(Metcalfe's law), 피터의 법칙(Peter Principle), 블랙스완 이론(Black Swan Theory), 린 스타트업(Lean Startup) 등도 《주역》과 궤를 같이 한다.

　《주역》은 수천 년 전의 경전이지만, 오늘날에도 여전히 유효하다. 《주역》은 단순한 점술 도구가 아니라, 자연과 우주의 법칙, 그리고 인간 삶의 다양한 측면을 상징적으로 표현한 지혜의 보고다. 마치 당시 현인들이 현대 과학의 균형 이론, 엔트로피 개념, 파동-입자의 이중성 등을 꿰뚫고 있지 않았나 하는 생각이 든다. 빅뱅 이론으로 보면 하나에서 출발했으니 당연한 이치이다.

　현대 컴퓨터 과학의 기초로 활용되고 있는 2진법은 17세기 독일 철학자 라이프니츠가 《주역》에서 영감을 받아 모든 자연수를 0과 1이라는 두 개의 숫자만으로 표현한 것이다. 덴마크 물리학자 닐스 보어는 양자 역학의 기본 개념인 상보성 원리로 1922년 노벨 물리학상을 수상했다. 그 또한 《주역》에서 영감을 받았으며, 노벨상 수상식에서 가문 문장에 새겨진 태극 문양을 착용하기도 했다. 이처럼 《주역》과 현대 과학은 서로 다른 시대와 문화에서 발현한 지식 체계지만, 놀라운 상호 연결성을 보여준다. 《주역》의 음양 개념, 64괘, 변화의 개념 등은 양자 역학의 이중성, 불확정성, 상호 연결성 등과 유사한 특징을 보인다.

이 책 《주역경영》은 보이지 않는 세상을 보는 힘을 길러준다. 55번째 괘 뇌화풍(雷火豐)의 효사 중 '일중견두(日中見斗)'는 낮에도 별(북두칠성, 太山北斗)을 볼 수 있어야 한다는 뜻이다. 현대 사회는 과학기술 발전으로 인해 눈에 보이는 정보와 데이터가 넘쳐나지만, 세상의 진실은 여전히 보이지 않는 부분에 숨겨져 있다. 암흑물질과 암흑에너지처럼 우리가 직접 관측할 수 없는 존재가 세상의 대부분을 차지하고, 이처럼 보이지 않는 것을 이해하는 능력이 진정한 성공을 위한 핵심이다. 이 책은 주역의 이치를 기업, 조직, 개인을 경영하는 데 활용하려는 경영자, 리더, 전문직, 일반인 등에게 운명 개척의 방법에 대한 명쾌한 통찰을 준다.

이 책은 필자의 경험과 연구를 바탕으로 《주역》의 지혜를 현대의 기업 경영에 접목한 새로운 시도이다. 과학적 사고와 인문학적 통찰력을 결합해 《주역》의 핵심 개념과 현대 경영의 다양한 분야를 연결하고, 실제 기업 사례를 통해 《주역》의 효과적인 활용 사례를 들었다. 변화하는 시대에 미래를 읽는 눈을 키우고 성공적인 기업 경영 전략을 수립하고 싶다면

《주역》의 지혜가 당신의 성공적인 미래를 위한 나침반이 되어 줄 것이다.

특히 이 책은 필자 혼자의 노력으로 완성된 것이 아니다. 많은 현자들의 도움과 조언이 있었기에 가능했다. 국내의 대표적인 미래학자로서 전 세계 과학 논문과 특허, 기술 분석 등으로 미래를 내다보는 날카로운 시각과 통찰력을 주신 아스팩미래기술경영연구소 차원용 박사님과 국내 HRD 선구자로 기업의 흥망성쇠를 가늠할 수 있도록 해주신 한국능력개발원 이성언 박사님을 스승으로 모신 덕분이다. 《주역》에 있어서는 깊은 통찰과 지혜를 아낌없이 베풀어 주신 초아 서대원 선생님, 《주역》과 경영을 연결해 연구할 수 있도록 지원해 주신 주역학회 연교 회장님, 그리고 전국 곳곳에 계신 《주역》 대가들의 귀중한 의견과 조언을 통해 《주역경영》 해석의 깊은 통찰과 지혜를 얻을 수 있었다.

부디 이 책이 《주역》의 지혜를 경영에 적용해 기업 리더들이 미래를 향해 나아가는 데 도움이 되기를 바란다.

- 김들풀

# 배경
# 지식

## 《주역》과 과학, 그리고 경영의 미래 예측

### 《주역》과 복잡계

눈으로 볼 수 있는 거시의 세계를 '양(陽)'이라 하고, 눈으로 볼 수 없는 미시의 세계를 '음(陰)'이라 한다. 이런 음과 양의 이치와 조화를 특정 암호처럼 고도로 은유하고 상징화하여 기술한 책이 《주역》이다. 역(易)의 핵심 사상은 양(陽)과 음(陰), 강(剛, 강함)과 유(柔, 부드러움), 건(乾, 하늘)과 곤(坤, 땅)이 서로 대립하고 보완하며 삼라만상을 움직이게 하는 끝없는 우주의 순환 원리다.

실제로 현대 과학으로 보면 138억 년 전 빅뱅으로 하늘이 열리며 시간과 공간이 생겨났다. 그리고 또 오랜 시간이 흘러 인간이 태어나 오늘에 이르렀다. 시간이 생기면서 공간이 만들어지고, 이러한 시간(天)과 공간(地) 속에서 인간(人)이 겪게 되는 중요한 62가지의 상황을 음양의 이치에 따라 풀이하고 있다. 시간(하늘), 공간(땅), 인간의 3요소가 서로 연결되고 작용하여 결과를 만들어 내는 이 신비롭고 흥미로운 주제에 대해 3,000년 전 주(周)나라(BC 1111년~256년) 시대에 쓴 것이 역(易)이며, 경(經)이다. 우리는 이를 《역경》 또는 《주역》이라 부른다.

이러한 역학적 사유의 세계에 함축된 열린 체계는 복잡계의 관점과 유사하다. 《주역》의 하늘과 땅 그리고 인간의 가치론은 복잡계 이론에서 자기조직화의 과정과 창발적 방식에 바탕을 둔 확산 원리(dissipating principle)의 맥락에서 이해될 수 있다. 우리가 보는 세계는 인식할 수 있는 단순계가 아니라 복잡계이다. 인식하는 사고의 과정 자체에 한계가 있을 수밖에 없다. 현대로 접어들면서 양자역학이 우주의 보편적 법칙으로 제시되면서 세상을 바라보는 패러다임에 일대 전환이 일어나게 되었다.

《주역》의 세계관은 공시성에서는 양자역학 및 카오스 이론, 복잡계라는 관점에서는 혼돈계, 태극-음양-사상, 분화하는 관점에서는 자기조직화하는 시스템과 유사하다. 복잡계(complex system)란 완전한 질서나 완전한 무질서를 보이지 않고 그 사이에 존재하는 계로서, 수많은 구성 요소들이 상호 작용을 통해 구성 요소 하나하나의 특성과는 다른 새로운 현상과 질서가 나타나는 시스템이다.

구성 요소들은 독립적으로 존재하지 않고, 다양한 상호작용을 주고받는다. 그 결과, 구성 요소를 따로따로 놓고 보았을 때의 특성과는 다른 거시적인 새로운 현상과 질서가 발현된다. 뉴턴 역학에서는 한 행동이 하나의 결과를 갖지만, 복잡계에서는 주어진 원인이나 행동은 비선형성과 되먹임 고리(feedback loop)를 통해 여러 가지 결과를 초래한다.

최근 자연과학 및 사회과학에서 복잡계 이론에 대한 연구가 활발하게 진행되고 있다. 복잡계 이론이란 무질서하게만 보이는 정치, 사회, 경제 현상 등 구성 요소들의 관계가 시스템의 집합적 행동을 발생시키는 메커니즘과 시스템이 환경과 상호 작용하고, 관계를 형성하는 방법을 연구하는 새로운 과학이다. 복잡계 이론은 세상이 돌아가는 원리나 법칙을 단순하게 해석하려는 기존의 분석적이고 분해적인 과학에 대한 도전으로 자연과학뿐만 아니라 사회과학, 경제학, 컴퓨터 과학 등 다양한 분야에서 활용되고 있다. 이를 통해 우리는 현실 세계에서 발생하는 다양하고 복잡한 현상들을 이해하고 예측하고 설계할 수 있다.

복잡계 연구소로는 독일 막스플랑크연구소(Max Planck Institute)와 미국 산타페연구소(Santa Fe Institute)가 유명하다. 독일 막스플랑크연구소는 뮌헨에 본부와 독일 전역에 80여 개의 연구소를 두고 있는 물리·화학·생물·의학 등 기초과학 분야 세계적인 연구소로, 그동안 33명의 노벨상 수상자를 배출한 그야말로 노벨 사관학교다. 미국 산타페 연구소는 노벨 물리학상 수상자 머레이 겔만(Murray Gell-Mann)과 필립 앤더슨(Phillip Anderson), 노벨 경제학상 수상자 케네스 애로(Kenneth Arrow)가 1984년에 미국 뉴멕시코주 샌타페이에 설립한 연구소다.

실제로 《주역》으로 보는 미래 예측은 시간의 문제다. 시공간적으로 제한된 삶을 사는 인간은 미래를 미리 알 수 없는 존재다. 이런 시간의 제한은 인간에게 부여된 운명이다. 어쩌면 인간의 길흉은 시간과 불일치에서 비롯되었을지도 모른다. 양자역학 세계에서 나타나는 모습처럼 과거-현재-미래가 서로 물고 물리는 중첩과 얽힘의 시간을 통한 미래를 우리는 아직 예측할 수 없다.

《주역》은 인간의 길흉화복을 묻는 단순한 점서를 뛰어넘어 우주의 이치, 세상의 이치를 다루는 인간 삶의 매뉴얼이다. 진리는 단순하다. 복잡하고 어렵다면 그것은 진리가 아니다. 진리처럼 보일 뿐이다. 《주역》의 코드를 풀어 비밀의 문을 여는 사람은 자신을 알고, 상대를 알며, 세상의 흐름을 알 수 있다. 이 코드를 풀기 위한 다양한 노력과 시도가 때로는 더욱 진리에서 멀어지게 만들고, 《주역》은 난해하고 복잡하며 어렵다는 생각을 갖게 했다.

복잡한 시스템, 즉 복잡계도 마찬가지다. 종종 비선형적이고 혼란스럽고 정확하게 모델링하기 어렵기 때문에 복잡한 시스템에서 미래를 예측하는 것은 어렵다. 그러나 미래 예측의 정확성을 향상시키는 데 사용할 수 있는 몇 가지 접근 방식이 있다.

그중 한 가지 접근 방식은 컴퓨터 시뮬레이션과 모델링을 사용하여 복잡한 시스템의 동작을 시뮬레이션하는 것이다. 여기에는 시스템의 수학적 모델을 만들고, 컴퓨터 알고리즘을 사용하여 다양한 조건에서 동작을 예측하는 것이 포함된다. 다양한 입력 및 매개변수로 시뮬레이션을 실행함으로써 시스템이 미래에 어떻게 작동할지에 대한 통찰력을 얻는다.

두 번째 접근 방식은 기계 학습과 같은 데이터 기반 방법을 사용해 복잡한 시스템에서 대량의 데이터를 분석하는 것이다. 이는 알고리즘을 사용해 데이터의 패턴과 관계를 식별하고, 이러한 패턴을 사용해 시스템의 향후 동작을 예측하는 작업이다.

세 번째 접근 방식은 전문 지식과 경험을 활용해 과거에 관찰한 것과 현재 추세를 기반으로 예측하는 것이다. 이 접근 방식은 해당 분야 전문가의 통찰력과 경험을 통해 시스템이 미래에 어떻게 작동할지 추론한다.

마지막으로 모든 예측 방법의 한계를 인식하는 것이 중요하다. 복잡한 시스템은 본질적으로 예측할 수 없고, 예측하지 못한 사건은 시스템의 동작에 상당한 영향을 미칠 수 있다. 따라서 접근 방식을 조합해 사용하고, 시스템을 지속적으로 모니터링해 새로운 정보를 사용할 수 있을 때 예측을 조정한다.

그렇다면 오늘날처럼 급변하고 복잡한 비즈니스 세계에서 《주역》은 어떻게 접근해야 할까? 《주역》의 상징화되고 숨겨진 진리를 현대 과학의 복잡계 등 다양한 방법으로 융합하고 통섭해야 한다. 이를 통해 비즈니스 리더들은 중요한 의사결정이나 전략을 세우고, 조직의 변화를 해석하는 유용한 도구로 사용해야 한다.

## 《주역》과 과학 그리고 동시성

《주역》은 동양 사상의 본질 및 초월적 영역과 인간의 삶 사이의 연관성을 밝히는 철학서로, 예로부터 인간과 주변 환경의 관계를 이해하기 위해 사용되어 왔다. 《주역》은 핵심 이치인 인간의 삶과 그를 둘러싼 주변 전체 상황과 관계를 '통(通)'이라는 개념으로 인식하는데, 이를 통해 미래를 예측할 수 있다.

언뜻 보면 《주역》과 현대 물리학 사이에는 별다른 연관성이 없는 것처럼 보일 수 있다. 하지만 빅뱅 이론 및 양자역학, 복잡계 이론 등과《주역》은 매우 흥미로운 유사점을 가지고 있다.《주역》과 현대 물리학 모두 물질과 에너지의 행동을 지배하는 근본적인 원리의 존재를 주장하고, 현실의 근본적인 측면으로써 끊임없는 변화를 강조한다.

먼저《주역》과 빅뱅 이론은 모든 것의 상호 연결성을 강조한다.《주역》의 기본 원리는 음과 양, 즉 빛과 어둠을 통해 일어나는 모든 변화를 다룬다. 빅뱅 역시 우주가 하나의 통합된 에너지 및 물질에서 생겨났고, 이후 오늘날 우리가 관찰하는 복잡한 구조로 다양화되고 분화되었다고 가정한다.

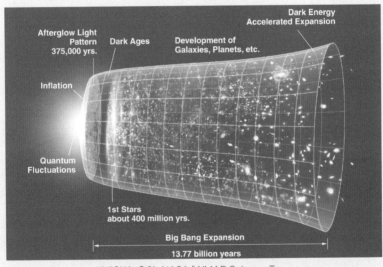

빅뱅현상. 출처: NASA/WMAP Science Team

빅뱅은 우주의 기원에 대해 가장 널리 받아들여지는 과학 이론이다. 이 이론에 따르면, 우주는 약 138억 년 전에 밀도와 온도가 무한한 점인 특이점으로 시작되었다. 그 후 우주는 급속히 팽창하고 냉각되어 아원자 입자, 원자, 그리고 결국 은하와 별이 형성되었다.

빅뱅 이론의 증거는 우주 마이크로파 배경 복사, 풍부한 빛의 원소, 우주의 대규모 구조 등 다양한 관측에서 나온다. 이러한 관측 결과, 우주가 매우 압축되고 뜨거운 상태에서 시작되었으며, 그 이후로 팽창과 냉각을 거듭해 왔음을 알 수 있다. 초기 우주에서 만들어진 최초의 원소들은 수소(H), 헬륨(He), 리튬(Li), 베릴륨(Be), 붕소(B)이다. 이 원소들은 별과 행성 형성의 기본 재료가 됐다. 원소들의 비율은 수소 약 75%, 헬륨 약 25%, 리튬, 베릴륨, 붕소는 미량이다. 이러한 비율은 지금의 우주에서도 거의 동일하게 유지되고 있다. 이러한 원소들은 별이 죽을 때 우주 공간으로 방출된다. 또 이렇게 방출된 원소들은 새로운 별과 행성 형성에 사용된다.

《주역》과 현대 물리학 모두 변화를 다루고 있다. 변화는 우주의 기본 원리로,《주역》의 64괘는 자연계의 다양한 단계와 변화 주기를 예측하는 데 사용된다. 마찬가지로 빅뱅 이론은 우주의 인플레이션 기간과 최초의 별과 은하 형성을 포함해 오늘날까지의 변화를 다룬다. 이 둘의 가장 눈에 띄는 유사점 중 하나는 비위치성 개념이다. 양자역학에서 '비위치성'은 먼 거리에 떨어져 있는 입자들이 서로의 행동에 즉각적으로 영향을 미칠 수 있는 현상을 말한다. 이를 '얽힘'이라고 하며, 양자역학의 기본 개념이다. 《주역》 역시 우주의 모든 사물이 서로 연결되어 있으며, 한 부분의 변화가 시스템 전체에 파급 효과를 미칠 수 있다는 원리다. 이는 우주의 다양한 변화와 주기를 나타내는 64괘에 구체화되어 있다.

이 둘 사이에 겹치는 또 다른 영역은 이중성의 개념이다. 현대 물리학에서 음과 양의 원리는 입자이자 파동인 빛의 이중성에 반영되어 있다. 《주역》도 한 쌍의 음과 양으로 구성되어 있으며, 이는 우주 모든 현상의 근간이 되는 상보성을 나타낸다. 《주역》과 현대 물리학은 모두 복잡성이라는 개념과 관련이 있다. 《주역》에서 괘는 우주를 지배하는 힘의 복잡한 상호작용을 표현하는 데 사용한다. 현대 물리학에서는 복잡계 이론을 연구하여 날씨, 경제, 인간의 뇌와 같은 복잡한 시스템의 행동을 이해하려 한다.

또한 《주역》과 현대 물리학은 융의 분석심리학에서 말하는 동시성 개념과도 일맥상통한다. 무의식이 인간의 정신에만 한정되는 것이 아니라, 사물과 현상 등과도 연결되어 있다는 융의 동시성 이론은 어떤 원형이 집단 무의식에 의해 배열될 때 그에 상응하는 일련의 현상이 발생하는데, 이는 인과적 연결 없이 의미론적으로 연결되어 시공간을 초월한다고 설명한다. 결국 인간은 세상과 분리된 존재가 아니라 연결되어 있다는 것을 보여준다. 인간의 마음은 물질을 포함한 세계 전체에 의해 동시에 작용하며, 융의 분석심리학이나 《주역》의 개념은 모두 인간의 마음과 주변 세계와의 관계를 형성한다.

여기서 동시성(synchronicity, 同時性)이란 아무런 인과관계가 없는 어떤 두 사건이 비슷하거나 혹은 같은 의미를 가지고 동시에 일어나는 것을 말한다. 동시성의 원리를 서양에서 처음으로 주장한 사람은 칼 융이다. 그는 고전 점성술에서 언급하던 '객관적 순간(objective time moment)', 즉 인간의 정신과 외부의 사건 사이에 어떤 관련이 있을 것이라는 이론을 수용하였다. 이 이론의 요점은 특정한 순간에 어떤 질적인 시간이 존재한다는 것이다. 해당 순간에 일어난 모든 일들은 그것이 무엇이든 그 순간의 성질을 가진다는 것이다.

사실 우리는 일상에서 우연의 일치라는 말을 많이 사용한다. 필연이 어떤 인과성을 전제로 한다면, 우연은 어떤 인과성을 배제한다. 바로 이 인과성을 배제한 우연의 일치가 동시성의 원리를 보여주는 좋은 예다. 그러므로 동시성이란 인과성이 배제된 사건의 일치를 나타낸다. 그런데 여기서 주목할 것이 있다. '인과성이 없다'는 말을 '의미가 없다'로 해석하는 오류를 범해서는 안 된다. 왜냐하면 공시성은 두 사건 사이에 의미적 관련성이 없지만, 동시성은 두 사건 사이에 의미적 관련성을 가지고 있기 때문이다.

동시성은 두 사건이 인과적 관계없이 의미 있는 사건이 동시에 나타나는 것을 말하는데, 이것은 관찰자의 의식과 외부 사건이 어떤 한정된 공간 속에서 의미적 관련성을 가지고 동시에 일어나는 것을 말하지만, 때로는 관찰자가 존재하는 공간과 외부 사건이 일어나는 공간이 다른 경우도 있다. 가령, 어떤 사람이 스웨덴에 있으면서 땅이 갈라지는 것을 보았는데, 동시에 일본에서 지진이 일어나는 것과 같은 일이 그것이다.

이 동시성은 관찰자의 꿈이나 의식 속에 갑자기 나타난 사건이 미래의 사건과 일치하는 것까지 확대되어 적용되기도 한다. 이러한 동시성 이론은 때로는 비과학적이라는 비판을 받을 수도 있다. 하지만 실재에 대한 관념을 바꾼다면, 즉 실체적 실재관을 '관계적 실재관', '유기적 실재관', '상대적 실재관' 등의 용어로 바꾼다면 상당히 다른 측면을 발견할 수 있다.

우리가 알고 있는 물리학 이론으로 '국소성의 원리(pinciple of locality)'라는 것이 있다. 두 개의 물체가 공간적으로 멀리 떨어져 있다면, 그 두 물체는 직접적으로 서로 영향을 줄 수 없다는 이론이다. 이것은 두 물체 간에 어떤 영향을 주고받으려면 중간에 어떤 매개자가 있어야 함을 전제로 한다.

그런데 아인슈타인이 포돌스키, 로젠과 함께 이에 대한 실험을 했는데, 결과가 전혀 다르게 나왔다. 사람들은 이 실험을 세 사람의 이름 첫 글자를 따 'EPR 사고실험'이라고 불렀다. 이 실험은 두 공간에 멀리 떨어진 두 물체 간에 매개자가 없다면 상호 직접적인 영향이 없어야 하는데, 멀리 떨어진 두 물체 간에 매개자가 없어도 상호 영향을 미친다는 연구 결과가 도출되었다. 즉, 국소성의 원리를 증명하기 위해 진행한 실험이었지만, 비국소성의 원리가 진실임을 보여주는 연구 결과가 나타났던 것이다.

이 결과는 당시로서는 사고였지만, 1982년 아스페(Aspect)가 세 번의 실험을 하여 이것이 사실임을 다시 증명했다. 공간적으로 멀리 떨어져서 나뉘어져 있는데, 각 공간에 있는 물체들 간에 상호작용이 있으며, 상관성이 있다는 것을 증명한 것이다. 이것은 단순히 인과율로만 설명되지 않는 우주의 일체성 혹은 전체성을 인정한 것이다. 이것을 조금 확대 해석하면 세계는 유기적 관계를 가진 '유기체'임을 암시한다. 즉, 세계는 어떤 알 수 없는 관계로 직조된 유기체인 것이다.

정리하자면 동시성 이론은 비인과론적이며, 과학으로도 어느 정도는 증명이 된 이론이다. 그리고 그것은 무엇보다도 우주와 세계가 유기체적이며, 상관적이라는 사실을 간접적으로 증명해 주는 논리다.

## 숨겨진 질서

데이비드 봄(David Bohm)은 20세기 가장 중요한 이론물리학자 중 한 사람으로, 양자 이론, 신경심리학 및 심리철학에 커다란 아이디어들을 기여한 과학자다. 그의 홀로그램 우주 이론에 따르면 우주는 서로 연결되어 있으며, 모든 물체와 현상은 근본적으로 '숨겨진 질서(implicate order)'의 일부다. 이 이론은 눈에 보이는 세계가 우주에 있는 모든 것의 근간이 되고, 상호 연결되어 더 깊고 숨겨진 현실이 나타난다는 것이다.

봄의 홀로그램 우주 이론은 우주를 레이저 빛의 간섭 패턴에 의해 형성된 3차원 이미지인 홀로그램으로 생각할 수 있다는 것이다. 홀로그램에서는 이미지의 모든 부분에 전체 이미지에 대한 정보가 포함되어 있으며, 이미지 전체가 하나의 일관된 패턴으로 저장된다. 봄은 우주가 모든 부분에 암호화된 숨겨진 질서를 포함하고 있다는 점에서 홀로그램과 유사하다고 주장했다. 이 숨겨진 질서는 우주에 존재하는 모든 가시적 사물과 현상의 근원이다. 이 숨겨진 질서는 우리의 일반적인 인식 방식으로는 접근할 수 없지만, 깊은 성찰 과정을 통해 접근할 수 있다. 이를 활용함으로써 우리는 우주와 그 안에서 우리의 위치를 더 깊이 이해할 수 있다.

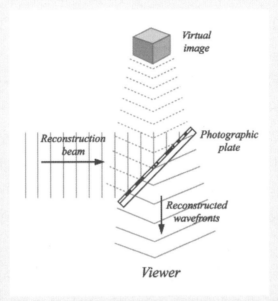

홀로그램 재구성 과정의 다이어그램. 출처: wikipedia. CC BY-SA 3.0

봄의 홀로그램 우주 이론은 양자역학 및 의식 연구와 같은 분야에 영향을 미쳤으며, 현실의 본질에 대한 새로운 연구와 통찰에 계속해서 영감을 주고 있다. 이 이론은 여전히 논란의 여지가 있고 논쟁의 대상이 되고 있지만, 우주의 근간이 되는 상호 연결성과 숨겨진 질서를 일깨워주는 강력한 이론임에 틀림없다.

## 《주역》의 원리와 과학

　《주역》은 우주의 변화를 설명하고, 그 변화를 통해 인간의 삶을 이해하고자 하는 동양 최고의 학문이다. 《주역》에는 '삼역(三易)'이라 불리는 3가지 대원칙이 있다. 바로 간역(簡易), 불역(不易), 변역(變易)이다. 우주 변화의 쉽고 간단한 이치를 간역(簡易), 절대계의 불변하는 이치를 불역(不易), 현상계의 변화하는 이치를 변역(變易)이라 한다.

　《주역》의 간역은 우주의 법칙이다. 우주를 지배하는 법칙은 간단하다. 빅뱅 이론은 우주의 기원을 설명하는 가장 일반적인 이론이다. 빅뱅 이론에 따르면, 우주는 138억 년 전에 매우 작은 크기로 시작하여 폭발적으로 팽창해 오늘날의 우주로 성장했다. 또 아인슈타인의 유명한 방정식 $E=mc^2$은 에너지와 질량의 관계를 간결하게 표현한다. 자연선택 역시 복잡한 생물학적 시스템을 설명하는 간단한 원리다. 즉, 1+1=2라는 것을 안다면 매우 간단하다.

　《주역》의 불역은 열역학 제1법칙으로 설명할 수 있다. 우주의 에너지는 불변이다. 열역학 제1법칙은 에너지가 생성되거나 소멸되지 않고, 그 총량이 항상 일정하다는 것을 말한다. 즉, 우주의 에너지는 항상 그 총량이 일정하다. 우주 대부분은 우리가 알지 못하는 암흑 물질과 암흑 에너지로 구성되어 있다. 이는 우주의 근본적인 원리를 이해하는 것이 쉽지 않음을 의미한다.

　《주역》의 변역은 열역학 제2법칙으로 설명할 수 있다. 우주의 에너지는 항상 그 총량이 변하지 않지만, 우주의 엔트로피는 시간이 지날수록 증가한다. 열역학 제2법칙은 열역학적 계의 엔트로피가 항상 증가한다는 것을 말한다. 엔트로피는 무질서함의 정도를 나타내는 양으로, 우주의 엔트로피가 증가한다는 것은 우주가 점점 더 무질서해지고 있다는 것을 의미한다.

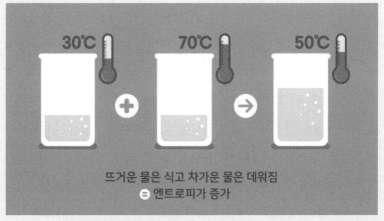

열역학 제2법칙. 출처: https://www.chemi-in.com/

이를테면 얼음이 녹으면 엔트로피가 증가한다. 이는 얼음이 녹으면서 분자들이 움직이기 시작하고, 그로 인해 무질서함이 증가하기 때문이다. 또한 뜨거운 물은 시간이 지남에 따라 차가워지고, 뜨거운 공기는 시간이 지남에 따라 차가워진다. 이것은 열이 차가운 쪽으로 이동하기 때문이다.

정리하자면 우주의 에너지는 항상 그 총량이 일정하지만, 그 형태는 변할 수 있다. 우주의 엔트로피가 계속 증가한다면, 결국 우주는 완전히 무질서해질 것이다. 이때 우주는 더 이상 생명체가 존재할 수 없게 될 것이다.

## 미래 예측과 알아차림

급변하는 기술 발전과 사회 변화 속에서 미래를 예측하는 능력은 기업과 개인 모두에게 필수적인 경쟁력이 되었다. 미래 유망 기술을 발굴하고 새로운 시장 기회를 포착하기 위해서는 미래 변화의 징후를 미리 탐지하는 것이 중요하다. 이러한 징후를 포착하는 데 중요한 역할을 하는 것이 바로 '미세 신호'다. 필자는 오랫동안 서양 과학과 논문, 특허를 기반으로 미래 기술을 예측하는 데 집중해왔다. 미래 유망 기술을 발굴한다는 것은 과학 기술에서 미래를 예측한다는 것이고, 결국에는 미래 기술 변화의 징후(signal)를 탐지하는 것이다.

미래 변화의 징후는 미세 신호(weak signal), 강한 신호(strong signal) 그리

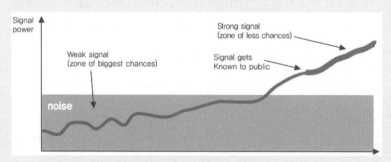

Electronics and Telecommunications Trends. 출처: ETRI

고 와일드 카드(wild card)의 관계에서 설명할 수 있다. 미세 신호는 미약하고 중요하지 않은 것처럼 보이지만 미래에 일어날 일들에 대한 정보를 담고 있는 징후다. 미세 신호는 대개 노이즈(noise)와 섞여 있어서 구분하기 힘들지만, 노이즈로 감춰지지 않을 정도로 구체성을 띠게 되면 강한 신호가 된다.

와일드 카드는 예측하기 어려웠던 중대 사건의 발생을 의미하며, 미세 신호가 의미하던 현상이 현실로 나타나는 것이고, 와일드 카드 이후에는 기회가 거의 없거나 아주 적어진다고 볼 수 있다. 강한 신호가 나타난 후 와일드 카드까지는 시간이 짧으므로 대처할 시간이 부족하다. 하지만 미세 신호는 오랜 시간 유지되는 경향이 있기 때문에 초기에 징후를 포착한다면 미래의 변화를 준비할 충분한 시간을 가질 수 있다.

미래학에서는 미세 신호의 정의를 좀 더 명확히 하기 위해서 많은 연구가 이루어져 왔다. 그중 엘리나 힐투넨(Elina Hiltunen)이 제시한 3차원 공간 모델이 미래를 보는 비밀병기로 평가받고 있다.

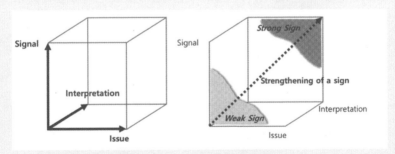

힐투넨이 제안한 3차원 공간 모델. 출처: Springer Nature

이 모델에서 각 축은 신호(signal), 이슈(issue), 그리고 해석(interpretation)으로 구성되며, 각 요소의 의미는 다음과 같이 해석한다. 신호는 시그널의 수 또는 가시성을 나타내며, 이슈는 사건의 수(신문 뉴스, TV 보도, 루머 등)를 나타내며, 해석은 정보 수용자들에게 미치는 미래 신호로서 인지하는 정도를 나타낸다. 신호와 이슈 축은 객관적 차원이라고 할 수 있고, 해석은 주관적 차원이라 할 수 있다. 신호의 수가 증가하고 사건의 수가 많아질수록 그리고 정보 수용자들에게 주어진 신호가 미래 신호로서 큰 영향력을 미칠 때, 미세 신호에서 강한 신호로 이동하게 된다.

미래 전략 연구, 시장 조사, 기술 개발 등 다양한 분야에 적용하는 미세 신호는 미래 트렌드의 싹을 보여주는 미약한 신호를 포착하는 데 초점을 맞추고 있다. 《주역》 역시 64개의 괘를 통해 회사가 현재 어떤 상황인지 '알아차림'이 매우 중요하다.

## 《주역》의 기업 경영 해석

코로나 이후 우리는 그 어느 때보다 불안감이 높은 시대에 살고 있다. 인간은 항상 불안감을 느끼지만, 현재 상황은 질적으로 달라졌다. 급격한 변화와 그에 수반되는 불확실성이 혼란스러운 수준으로 가속화되었다. 급변하는 상황은 새로운 기회를 제공하는 동시에 새로운 전략을 요구한다. 그 과정에서 우리는 언제나 그렇듯이 유익한 선택과 현명한 결정을 내려야 하는 도전을 받고 있다. 이러한 상황에서 기업을 경영하는 비즈니스 리더들의 의사결정은 어느 때보다 더 중요해졌다.

세상을 이끌어 가는 리더들에게는 놀라운 능력이 있다. 하지만 의사결정은 늘 위험하고 능숙하지 않다. 너무 쉽게 감정적이고 충동적이 되거나 반대로 지나치게 분석적이고 미루기 쉽다. 그렇다면 중요한 결정을 보다 현명하게 내리려면 어떻게 해야 할까?

다행히도 저명한 과학자와 비즈니스 리더를 포함한 많은 사람들이 창의적이고 직관적인 의사결정을 위한 통찰력을 얻을 수 있는 도구로 《주역》을 재발견했다. 우주 변화의 이치를 담은 《주역》은 5,000년 이상 사람들이 의사결정을 내리고 미래를 예측하고 중요한 결정에서 현명한 지침을 제공하는 도구로 사용되어 온 지혜의 책이다. 사람이 일생 동안 겪을 수 있는 모든 변화가 상세히 기록되어 있다. 변화의 패턴과 주기를 충분히 이해한 후 미래의 사건에 대해 그 순간에 최선의 결정을 내릴 수 있어야 한다는 것이 이 책의 핵심이다.

현명한 리더는 지식을 적절히 적용하고, 상황의 이면을 감지하며, 딜레마에서 벗어날 방법을 찾아야 한다. 《주역》은 불확실성의 시대에 관리자가 직면하는 이러한 문제를 해결하는 데 매우 도움이 될 수 있다. 특히 《주역》은 급변하고 복잡한 오늘날의 비즈니스 세계에서 중요한 의사결정이나 전략을 세우고, 조직의 변화를 해석하는 도구로 사용하고 있다. 《주역》은 비즈니스 리더가 시장의 트렌드를 파악하고, 경쟁 환경의 변화를 예측하며, 비즈니스 환경의 자연스러운 흐름과 일치하는 방식으로 조직을 조정하고, 기업의 성장에 도움이 되는 인사이트를 제공하고 있다.

《주역》 64괘는 경영상에서 경험할 수 있는 모든 상황을 나타낸다. 각 괘는 특정 상황이나 문제에 적용할 수 있는 패턴을 나타내고 있다. 이를테면 1번째 중천건(重天乾)은 창조적인 리더십을 가리키고 있다. 기업이 신제품을 출시하거나 새로운 시장에 진출할 때 참고할 수 있는 매우 사려 깊은 내용을 담고 있다. 또한 3번째 괘 수뢰둔(水雷屯)은 스타트업이나 새로운 비즈니스를 시작할 때 땅에서 싹을 틔우는 새싹처럼 어려움을 겪을 수 있지만, 굳건히 버티고 자신의 길을 모색하면 큰 발전과 성공이 있다는 내용을 담고 있다. 25번째 천뢰무망(天雷无妄)은 자연에 순응하는 무위(無爲)라는 개념을 통해 노력이나 의지를 통해 결과를 강요하기보다는 자연스러운 흐름과 조화를 이루며 일하는 것이 중요하다는 점을 강조한다. 이는 시장의 흐름에 맞춰 더 적은 노력으로 더 큰 성공을 거둘 수 있다는 의미다.

기업 경영을 《주역》으로 해석해 보자. 사우스웨스트항공 창립자이자 전 CEO인 허브 켈러허(Herb Kelleher)는 사우스웨스트항공이 특정 노선의 운항권을 놓고 다른 항공사와 법적 분쟁을 벌이고 있을 때 조화와 협력을 통해 성공을 거둘 수 있다는 《주역》 8번째 괘 수지비(水地比)를 적용했다. 구체적으로 '초육 유부비지 무구 유부영부 종래유타길(初六 有孚比之 无咎 有孚盈缶 終來有它吉)'은 능동적인 자세로 협력하고 노력하면 성공할 수 있다는 메시지다. 켈러허가 장기적인 법적 분쟁을 벌이기보다는 타협점을 모색하고 경쟁사와 협력한 결과, 사우스웨스트항공은 경쟁 노선을 계속 운항하는 합의에 도달할 수 있었고, 세계에서 가장 성공적이고 사랑받는 항공사 중 하나가 되었다.

이 밖에도 《주역》으로 의사결정 프로세스를 해석할 만한 기업 사례는 무수히 많다. 2008년 금융위기 당시 삼성전자는 큰 위기에 직면했다. 이때 이건희 회장은 《주역》의 64괘 중 '곤괘' 위기 극복 전략을 수립했다. 곤괘는 어려움 속에서도 흔들리지 않고 끊임없이 노력하면 결국 극복할 수 있다는 의미를 담고 있다. 이 전략에 따라 삼성전자는 비용 절감, 집중 투자, 구조 조정 등을 단행하여 위기를 극복했다. 또한 미래의 성장 동력 확보를 위한 신사업 발굴과 기술 개발 노력으로 삼성전자는 위기를 극복하고 더욱 강력한 기업이 되었다.

이렇듯 현대에 이르러 《주역》의 새로운 해석은 복잡한 상황에 대한 인사이트를 얻고, 전략적 결정을 내리고, 변화를 탐색하는 데 매우 유용하다. 조직의 리더는 《주역》을 활용하면 복잡한 비즈니스 환경에서도 탄력적이고 적응력 있는 조직을 구축할 수 있다. 이를테면 팀워크와 협업을 나타내는 13번째 괘 천화동인(天火同人)은 팀 빌딩, 커뮤니케이션, 갈등 해결과 관련된 의사결정을 내리는 데 지혜를 준다. 35번째 괘 화지진(火地晉)은 성장과 약진의 시기를 나타내며, 집중력을 유지하고 추진력을 유지하는 것이 중요하다는 것을 시사한다. 52번째 괘 중산간(重山艮)은 기다림과 사색의 시간을 나타내며, 때로는 인내심을 갖고 적절한 기회가 올 때까지 기다리는 것이 최선의 행동임을 알려준다.

실제로 《주역》은 기업 경영이나 의사결정을 포함한 광범위한 분야에 적용할 수 있고, 조직의 중장기적인 전략을 세우는 데에도 도움이 된다. 조직의 목표와 직원의 요구 사이에서 균형을 잡는 방법과 영감을 주고 동기를 부여하는 리더십을 배울 수 있으며, 갈등의 근본적인 원인에 대한 통찰력을 얻고, 잠재적 해결책을 식별하며, 갈등을 방지하기 위한 전략도 개발할 수 있다. 직원의 강점과 약점, 개선 영역을 알아내 잠재력을 최대한 발휘하도록 도울 수 있고, 잠재적 위험에 대한 신호를 미리 알아채 위험을 완화하기 위한 전략을 개발할 수도 있다. 이렇듯 기업 경영의 다양한 문제 해결에 《주역》은 각 괘가 나타내는 상의 의미를 통해 알 수 있음은 물론이고, 괘마다 붙은 6개의 효는 특정 상황을 매우 세밀한 부분까지 알아챌 수 있어 조직이 직면한 도전과 기회에 대한 심층적인 해결책을 제공할 수 있다.

다만 이 책에서는 《주역》을 처음 접하는 독자들의 이해를 돕기 위해 각 괘가 나타내는 패턴을 중심으로 기업 경영을 쉽게 설명했다. 먼저 우리 회사의 객관적 데이터 수집 및 분석해 현상을 파악하고, 그다음으로는 《주역》의 어느 괘에 해당하는지 찾아보고, 해당 괘가 조언하는 내용을 살펴본 다음, 경영 이론과 글로벌 기업의 성공과 실패 사례를 살펴본다면 현명한 경영 전략을 수립할 수 있을 것이다.

# CONTENTS

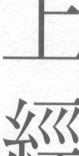

下

經

## 하경

# 상경

# 1. 중천건(重天乾)
## 건위천(乾爲天)

태초에 시간이 생겨났다 –
"모든 일에는 때가 있다"

乾, 元, 亨, 利, 貞.
건 원 형 리 정

潛龍勿用.
잠 룡 물 용

見龍在田, 利見大人.
현 룡 재 전  이 견 대 인

君子終日乾乾, 夕惕若, 厲, 无咎.
군 자 종 일 건 건  석 척 약  려  무 구

或躍在淵, 无咎.
혹 약 재 연  무 구

飛龍在天, 利見大人.
비 룡 재 천  이 견 대 인

亢龍有悔.
항 룡 유 회

## 見羣龍, 无首, 吉.
### 견 군 룡   무 수   길

[건(하늘)은 무극 태극 황극 멸극이다. 즉, 하늘이 열리고 시간이 생겨났다].

[잠룡일 때는 함부로 나서면 안 된다.]

[용이 밭에 나갈 때는 대인을 만나야 이롭다.]

[군자는 종일 부지런히 노력하고, 저녁에는 두려운 듯 반성하고 조심하면 위태로워도 허물이 없고, 이 정도면 박차고 연못에서 뛰어올라도 허물이 없다.]

[용이 하늘을 날려면 대인을 만나야 이롭다.]

[용이 끝까지 오르려 하면 후회가 따른다.]

[여러 용이 나타난다면 머리를 드러내지 않아야 길하다.]

《주역》 1번째 괘(卦) 중천건(重天乾)은 위도 하늘이고, 아래도 하늘이다. 세상을 창조할 때 하늘이 먼저 열리고, 하늘이 거듭한 상이다. 하늘이 열렸다는 것은 곧 시간의 탄생을 알리며, 강하고 크고 위대한 창조성을 나타낸다. 기업 경영에서 중천건 괘는 조직에 영감을 주고, 미래로 이끌어 줄 수 있는 강력하고 선도적인 리더의 필요성을 반영하는 것으로 볼 수 있다. 괘상은 창의성과 혁신 및 리더십의 개념과 관련 있다. 기업 경영에서 이는 회사의 명확한 비전과 전략뿐만 아니라, 그 비전을 전달하고 조직이 이를 향해 일하도록 영감을 줄 수 있는 리더십을 말한다. 중천건의 원칙을 구현하는 리더는 혁신적이고 진취적이며 큰 그림을 볼 수 있는 사람이다. 그런 리더는 리스크를 감수하고, 새로운 일을 시도하는 데 두려워하지 않으며, 조직에 동기를 부여하고, 권한을 부여한다.

특히 오늘날 기업은 복잡하고, 급변하는 환경에 빠르고 신속한 대응을 위해 전통적 조직 구조와 의사결정에 변화를 요구받고 있다. 많은 기업들이 리더십의 한 방법으로 '임파워먼트(Empowerment)'를 활용해 성장을 확대해가고 있다. 기업 경영에서 가장 중요한 요소 중 하나로 평가받는 임파워먼트는 말 그대로 '권한을 부여한다'라는 의미로, 구성원들에게 업무 수행에 필요한 권한과 힘과 능력 등이 있다는 확신을 심어주는 과정을 말한다.

중천건은 동시에 균형과 절제의 필요성도 암시한다. 혁신과 창의성에 너무 집중하는 리더는 중요한 세부 사항을 간과하거나 잠재적인 문제를 예상하지 못할 수도 있다. 따라서 리더는 현실을 직시해 단기 및 장기 목표를 모두 고려한 실용적이고, 전략적인 결정을 내려야 한다.

기업 경영의 맥락에서 중천건은 조직을 성공으로 이끄는 동시에 현실에 기반을 두고 실용적인 결정을 내릴 수 있는 강력하고 선견지명이 있는 리더십을 갖추는 것이 중요하다는 점을 강조하고 있다.

중천건은 강력하고 비전 있는 리더십과도 연관되어 있다. 기업 관리자는 명확한 의사소통, 결단력 있는 행동, 목적의식 등 훌륭한 리더의 자질을 구현하는 것을 목표로 삼아야 한다. 또한 팀원들이 훌륭한 성과를 달성할 수 있도록 영감을 주고 동기를 부여하기 위해 노력해야 한다.

또한 중천건은 비즈니스에서 성공이 새롭고 혁신적인 아이디어에서 비롯되는 경우가 많다는 것을 시사한다. 관리자는 팀이 틀에 박힌 사고에서 벗어나 오래된 문제에 대한 새로운 해결책을 찾도록 장려해야 한다. 위험을 감수하고 새로운 전략, 제품 또는 기술도 기꺼이 실험해야 한다.

중천건은 미래에 대한 명확한 비전을 갖는 것과도 관련이 있다. 관리자는 회사가 어디로 가고 싶은지, 어떻게 그곳에 도달하고 싶은지에 대한 탁월한 감각을 가져야 한다. 그리고 이러한 비전을 팀원들에게 명확하게 전달하고, 이를 달성하기 위해 모든 사람의 노력을 조정할 수 있어야 한다.

중천건은 비즈니스에서 창의성과 독창성의 중요성도 강조한다. 관리자는 창의성을 개발할 수 있는 문화를 조성하고, 팀이 새로운 아이디어, 관점, 접근방식을 탐구하도록 장려해야 한다. 또한 피드백과 비판에 개방적이고 새로운 인사이트를 바탕으로 기꺼이 변화를 시도해야 한다.

마지막으로, 중천건은 행동하고 실천하는 데서 성공이 비롯된다는 것을 시사하고 있다. 관리자는 능동적이고, 결과 지향적이어야 한다. 또한 팀을 위한 명확한 목표와 목적을 설정하고, 모든 사람이 이를 달성하기 위해 노력하도록 해야 한다. 특히 어려운 결정을 기꺼이 내리고, 행동 결과에 대한 책임 역시 져야 한다고 조언하고 있다.

## 기업 사례

기업 경영에 중천건을 적용한 대표적인 예로 애플(Apple)을 들 수 있다. 이 회사 창립자인 스티브 잡스(Steve Jobs)는 창의적인 비전과 위험을 감수하려는 의지를 가진 것으로 유명하다. 그는 종종 기존의 사고에 도전해 시장에 혁명을 일으킬 만큼 혁신적인 제품을 개발하도록 회사를 밀어붙였다. 잡스의 리더십 아래 애플은 아이팟(ipod), 아이폰(iphone), 아이패드(ipad)를 비롯하여 여러 가지 획기적인 제품들을 출시했다. 이 제품들은 산업을 변화시켰을 뿐만 아니라, 새로운 시장을 창출하고, 사람들이 기술과 상호작용하는 방식에 혁명을 가져왔다.

잡스의 기업경영 방식은 세상의 이치를 다루는 동양철학에서 많은 영향을 받았다. 그는 창의성과 혁신의 중요성을 믿었고, 이러한 원칙을 애플의 제품 개발과 마케팅 전략에 적용했다. 요약하면, 현재 수년 간 시가총액 1위를 지키는 애플의 성공은 부분적으로 중천건의 원리를 적용했기 때문이라고 할 수 있다. 창의성을 수용하고, 위험을 감수하며, 기존의 사고방식에 도전함으로써 애플은 IT 기술 산업에 혁명을 일으켰고, 전 세계 사람들의 생활과 업무수행 방식을 변화시킨 혁신적인 제품을 개발할 수 있었다.

나아가 애플은 사내는 물론 공급망 전반에 걸쳐 다양성, 형평성, 포용성을 증진하기 위한 방향으로 임파워먼트를 실행했다. 2017년, 애플은 미국 내 고급 제조업 일자리를 지원하기 위한 펀드에 10억 달러를 투자한다고 발표했다. 이 투자는 소프트웨어 엔지니어링, 로봇 공학, 첨단 제조와 같은 분야에서 새로운 일자리를 창출해 개인과 커뮤니티의 역량을 강화하는 데 목적이 있었다. 또한 애플은 사내에서 소외된 그룹을 지원하기 위한 여러 '이니셔티브(initiative)'를 시작했다. 여기서 이니셔티브란 어떤 주제에 대해 논의를 이끌어가거나 문제를 해결해가는 주도권과 자발적인 계획을 말한다.

그중 하나가 여성 리더십 프로그램이다. 이는 여성의 리더십을 개발하고, 그들이 경력을 발전시킬 수 있도록 돕기 위해 고안한 프로그램이다. 애플은 2025년까지 직원들의 성평등 달성을 포함해 사내 다양성과 포용성을 위한 야심찬 목표를 세웠다. 또한 관리자 직책에서 소외된 집단의 대표성을 높이기 위해 노력하고 있으며, 공급망의 다양성을 개선하기 위한 목표도 설정했다.

애플은 공급망 파트너가 환경 지속 가능성 및 공정한 노동 관행을 포함한 윤리적 및 사회적 책임 표준을 준수하도록 조치를 취했다. 또한 애플 공급망의 근로자에게 교육 및 훈련 기회를 제공하는 'SEED(공급업체 직원 교육 및 개발)' 프로그램과 같은 공급망 근로자의 역량 강화를 위한 프로그램을 시행하고 있다.

애플 캠퍼스2

애플의 이 같은 사례는 회사 내 조직 전반에 걸쳐 다양성, 형평성, 포용성을 증진하기 위한 노력과 개인과 커뮤니티를 위한 새로운 기회를 창출하기 위한 노력을 보여주고 있다.

## 2. 중지곤(重地坤)
## 곤위지(坤爲地)

시간 다음에 공간이 생겨났다 –
"대지에 만물이 살아간다"

坤 元亨 利 牝馬之貞. 君子 有攸往, 先迷後得主利.
西南得朋 東北喪朋 安貞 吉.

곤 원형 리 빈마지정 군자 유유왕 선미후득주리
서남득붕 동북상붕 안정 길

履霜. 堅氷至.

리상 견빙지

直方大. 不習 无不利.

직방대 불습 무불리

含章可貞 或從王事 无成有終.

함장가정 혹종왕사 무성유종

括囊. 无咎 无譽.

괄랑 무구 무예

黃裳. 元吉.

황상 원길

**龍戰于野 其血玄黃.**
용 전 우 야　기 혈 현 황


**利永貞.**
리 영 정


[곤(땅)은 원, 형, 리 시절을 거쳐 정의 시절에 이르기까지 대지는 순한 암말처럼 순종한다. 군자가 나아가 뜻을 펼치고자 할 때 처음에는 헤매지만, 나중에는 이치를 깨달아 리 시절의 주인공이 된다. 서남쪽으로 가면 이득을 얻고, 동북쪽에서는 이득을 잃는다. 정의 시절, 즉 마지막 때에는 편하고 길하다.]


[대자연의 이치는 서리가 오면 이후에는 단단한 얼음에 이르게 된다.]

[대자연은 배우지 않아도 만물이 스스로 기본적인 이치를 알고 있다.]

[밝음(학문)을 머금은 지식인은 때로 나랏일을 하더라도 그 성공을 제 것으로 하지 말고 끝내야 한다.]

[주머니를 묶으면 재앙이 없다. 하지만 불행히도 명예를 얻을 수는 없다.]

[황색 치마를 입으면 처음부터 길하다.]

[용이 들에서 싸우는데, 그 피가 검고 누렇다.]


[리의 시절과 정의 시절은 매우 길다.]

《주역》2번째 괘 중지곤(重地坤)은 위도 땅이고, 아래도 땅이다. 땅과 땅이 거듭 쌓여 있는 상이다. 만물이 성장하는 땅의 포용과 배려를 나타낸다. 기업 경영에서 중지곤을 해석하면 성공을 위한 강력한 기반 구축과 성장을 위한 지원 환경 조성의 중요성을 반영하는 모습이다. 중지곤은 수용성, 양육 및 지원이라는 개념과 관련이 있다. 이는 기업 경영에서 모든 직원을 포용하고, 적극 지원하는 사내 문화를 만드는 것이 무엇보다 중요함을 시사한다.

기업 경영진이 중지곤의 지혜를 구현할 수 있는 방법 중 가장 첫 번째는 직원 복지를 우선시하는 것이다. 또한 성장과 발전의 기회를 제공하고, 팀원들 사이에 공동체 의식과 소속감을 조성하는 것이다. 이러한 강력한 지원 기반을 구축하고 긍정적인 직장 문화를 만들면 혁신과 창의성 및 성공을 장려하는 환경을 조성할 수 있다.

동시에 중지곤은 균형과 유연성이 필요하다는 점을 조언한다. 사내 문화가 너무 경직되거나 융통성이 없는 회사는 변화하는 시장 상황이나 새로운 도전 후 적응하는 데 어려움을 겪을 수 있다. 따라서 기업 경영진은 적응력이 뛰어나고, 개방적이어야 하며, 직원들의 피드백과 제안을 가감 없이 경청하는 것이 매우 중요하다.

요약하면 중지곤은 기업 경영을 하는 데 있어 변화하는 환경에 유연하게 적응하는 동시에 직원들을 적극 지원하고 육성하는 환경을 만드는 것이 무엇보다 중요하다는 점을 강조한다. 그렇게 함으로써 기업은 성장과 성공을 위한 강력한 기반을 구축할 수 있다고 조언한다.

중지곤은 개방적, 수용적으로 받아들이는 특성을 나타낸다. 기업 경영에서 리더가 새로운 아이디어와 피드백 등 외부 환경의 변화에 개방적이어야 한다는 강력한 요구로 해석할 수 있다. 그 대표적인 방법으로 직원과 고객의 말에 귀 기울이기가 있다. 수용은 경청과 피드백에 대한 개방성의 중요성을 강조한다. 기업 리더는 직원과 고객의 의견을 적극적으로 구하고, 그 피드백을 활용해 의사결정을 내려 제품이나 서비스를 개선함으로써 기업을 성장시킬 수 있다.

사람이 계절과 날씨 변화에 적응하는 것처럼 기업도 시장 변화에 적응해야 한다. 이를 위해서는 기업 리더가 유연해야 하고, 필요할 때 기꺼이 방향을 변경함으로써 수용적인 정신을 구현해야 한다. 포용정신은 다른 사람들과 함께 일하는 협업의 가치를 강조한다. 이는 기업에서 직원 간의 협업과 팀워크를 촉진하거나 조직 간의 파트너십을 모색해 공동의 목표를 달성하는 것을 의미한다.

## 기업 사례

구글(Google)은 직원을 지원하고 포용하는 업무 환경을 조성하기 위한 많은 노력을 기울이고 있다. 행동 강령과 연례 보고서, 지속 가능성 보고

서에 그에 관한 정책들이 잘 나타나 있다. 구글은 창의성, 실험, 위험 감수성을 중시하며, 이를 통해 검색부터 광고, 인공지능에 이르기까지 다양한 분야에서 혁신을 일으키며 업계를 뒤흔들고 있다.

구글 베이뷰 캠퍼스

구글은 협업적이고 개방적인 업무 환경으로도 유명하다. 직원들이 아이디어를 공유하고, 팀 간에 협업하도록 장려하며, 직원들이 정규 업무 외의 열정적인 프로젝트를 진행할 수 있는 '20% 시간 프로그램' 등 협업을 지원하는 다양한 프로그램을 시행하고 있다.

포용성은 구글 조직문화의 또 다른 핵심 요소로 다양성, 형평성 등의 가치를 높이기 위해 다양한 프로그램과 이니셔티브도 시행하고 있다. 이를테면 구글은 직원 중 소외된 집단의 대표성을 개선하기 위한 목표를 설정하고, 직원들이 무의식적인 편견을 인식하고 해결할 수 있도록 편견 교육 프로그램을 시행하고 있다.

특히 구글의 조직문화는 직원 중심적인 접근방식으로 유명하다. 구글은 만족스러운 업무 환경을 조성하기 위해 무료 식사, 사내 체육관, 폭넓은 육아휴직 정책 등 다양한 특전과 혜택을 직원들에게 제공한다. 이러한 접근방식은 구글이 최고의 인재를 유치하고 유지하는 데 도움이 되었으며, 세계에서 가장 일하고 싶은 회사 중 하나로 명성을 얻는 데 기여했다.

구글은 다양성을 존중한다. 인종, 민족, 성 정체성, 성적 지향, 종교, 나이 등 다양한 특성에 관계없이 직원을 존중하고 존엄하게 대우하는 포용적인 직장을 조성하기 위해 최선을 다하고 있다.

구글은 일과 건강한 삶의 균형을 유지하는 것이 중요하다는 점을 인식해 직원들이 필요할 때 휴식을 취하고 업무량을 효과적으로 관리하며 웰빙을 우선시하도록 장려하고 있다. 구글은 직원들에게 사내 체육관, 피트니스 클래스, 친환경 건강식, 명상을 통한 정신 건강 등 다양한 건강 및 웰니스 프로그램을 제공한다.

또한 구글은 멘토링 프로그램, 교육 및 개발 프로그램, 리더십 개발 이니셔티브 등 직원들에게 전문성 계발과 성장의 기회를 제공하기 위해서도 최선을 다하고 있다. 특히 구글은 직원들에게 건강보험, 퇴직 후 계획, 유급휴가, 육아휴직 및 기타 복지를 지원하기 위해 포괄적인 복리후생 패키지를 제공하고 있다.

# 3. 수뢰둔(水雷屯)

만물의 시작 -
"동토를 뚫고 봄을 기다린다"

屯 元亨, 利貞 勿用有攸往 利建侯.
둔 원형 리정 물용유유왕 리건후


磐桓 利居貞. 利建侯.
반환 리거정 리건후

屯如邅如 乘馬班如, 匪寇 婚媾. 女子貞 不字 十年
乃字.
둔여전여 승마반여 비구 혼구 여자정 불자 십년
내자

卽鹿无虞 惟入于林中. 君子幾 不如舍 往 吝.
즉록무후 유입우림중 군자기 불여사 왕 린

乘馬班如 求婚媾 往 吉 无不利.
승마반여 구혼구 왕 길 무불리

屯其膏 小貞 吉 大貞 凶.
둔기고 소정 길 대정 흉

## 乘馬班如, 泣血漣如.
승 마 반 여　읍 혈 연 여

[둔(어려움). 시작하고 성정하는 시절에는 함부로 움직이지 말고, 완성하고 마무리하는 시절을 위해 큰 뜻을 세워야 이롭다.]

[머뭇거리다. 완성하고 마무리 하는 시절을 위해 제후를 세워야 이롭다.]

[나아가기 어려워하고 머뭇거린다. 전차의 말들이 벌려 섰다. 도적이 아니라 혼인하려는 자다. 여자가 의심하며 거절하다가 십 년이 되어서야 시집간다.]

[사슴을 쫓는데 몰이꾼이 없이 숲속으로 들어갔다. 군자가 그런 낌새를 알았을 때는 바로 돌아와야 한다. 더 들어가면 고생만 할 뿐이다.]

[전차의 말들이 벌려 섰다. 구혼을 하면 이루어지고 길하다. 또한 불리할 것도 없다.]

[기름진 고기를 가지고 있을 때 물이 적으면 길하고 물이 넘치면 흉하다.]

[전차의 말들이 벌려 섰다. 피눈물을 흘린다.]

《주역》 3번째 괘 수뢰둔(水雷屯)은 위가 물이고 아래가 우레로, 무엇인가 움직이려고 꿈틀거리는 상이다. 시간과 공간이 열린 뒤에 만물이 어렵게 나온다는 뜻이며, 생명 탄생의 진통과 어려움을 나타낸다. 기업 경영의 맥락에서 해석하면 새로운 프로젝트를 시작할 때 종종 발생하는 도전과 장애물을 반영하는 모습이다.

　수뢰둔은 마치 새싹이 꽁꽁 얼어붙은 동토를 뚫고 나오는 모습이라 어려움, 장애물 및 도전과 관련 있다. 기업 경영에서는 새로운 프로젝트를 시작하거나 새로운 시장에 진입 또는 새로운 전략을 추구할 때 발생할 수 있는 어려움과 도전에 어떻게 대비하는 것이 좋을지를 시사한다. 기업의 리더가 수뢰둔의 지혜를 빌려 성공할 수 있는 방법은 새로운 사업을 시작하기 전에 철저한 조사와 계획을 수립하고, 잠재적인 장애물과 도전을 예상해 이를 해결하기 위한 다양한 계획을 개발하는 것이다.

　동시에 수뢰둔은 인내와 결단력이 필요하다는 점을 조언한다. 어려움의 조짐이 보이면 쉽게 낙담하거나 포기하는 기업은 장기적으로 성공할 가능성이 낮다. 따라서 기업 리더라면 도전을 극복하고 목표를 달성하기 위해 끈기 있고 집중하며 헌신하는 것이 매우 중요하다.

　기업 경영에서 수뢰둔을 요약하면, 도전과 장애물에 대비하는 동시에 역경에 직면했을 때 끈기 있고 결의를 다지는 것이 중요하다. 그렇게 함으로써 기업은 어려움 속에서도 성공의 기회를 높이고 목표를 달성할 수 있다.

## 실천 항목

　수뢰둔은 '시작의 어려움'을 말한다. 기업 경영에서 이 괘는 기업이 성공하기 위해 극복해야 하는 어려운 상황이나 장애물을 나타낸다. 이 괘가 처음의 어려움을 암시하는 것처럼, 새로운 프로젝트나 벤처 기업을 시작하는 것은 어려운 일일 수 있다. 하지만 인내와 결단력이 있다면 이러한 초기 장애물을 극복하고 성공을 거둘 수 있다. 또한 경쟁이 치열한 시장에서도 기업은 자리를 잡고 고객을 유치하는 데 어려움을 겪을 수 있다. 이러한 어려움을 인식하고, 이를 극복하기 위해 노력함으로써 기업은 시장에서 발판을 마련하고 성공할 수 있다.

특히 기업은 내부 갈등이나 권력 다툼으로 인해 어려움에 직면할 수 있다. 이러한 문제를 정면으로 다루고 해결을 위해 노력함으로써 회사는 어려움을 극복하고 결과적으로 더 강해질 수 있다. 수뢰둔은 초기의 어려움이 성장과 발전 과정에서 자연스러운 부분임을 시사한다. 이러한 도전에 정면으로 맞서고 이를 극복하기 위해 노력함으로써 장기적으로 더 강하고 성공적인 기업으로 거듭날 수 있다.

### 기업 사례

중국의 다국적 기술 기업인 알리바바(Alibaba) 그룹은 세계 최대 규모의 온라인 쇼핑몰 알리바바닷컴을 운영하는 뉴욕 증권거래소 상장 기업이다. 1999년 마윈이 창업한 알리바바는 초창기 수많은 어려움에 직면했다. 당시 중국에서는 전자상거래라는 개념이 아직 생소했고, 많은 사람들이 온라인으로 상품과 서비스를 구매하는 데 회의적이었다. 또한 설립하자마자 알리바바는 이베이(eBay), 아마존(Amazon) 등 기존 이커머스 업체와의 치열한 경쟁에 직면했다.

알리바바 창업자 마윈. 출처 Alibaba

알리바바는 자신들이 이러한 어려운 상황에 직면해 있음을 인식했다. 하지만 낙담하지 않고 혁신을 통해 오히려 경쟁업체와 차별화할 수 있는 기회로 여겼다. 알리바바는 중국 소비자의 니즈를 충족하는 고유한 비즈니스 모델을 만드는 데 집중했고, 이를 통해 경쟁이 치열한 이커머스 시장에서 두각을 나타낼 수 있었다. 또한 고객의 온라인 쇼핑 경험을 간소화하기 위해 결제 처리 및 물류와 같은 다양한 서비스를 제공하는 등 고객 중심의 접근방식을 채택했다.

이를 통해 알리바바는 초기에 직면했던 어려움을 극복하고, 오늘날의 거대 기술 기업으로 성장할 수 있었다. 알리바바의 성공은 수뢰둔의 지혜가 어렵고 불확실한 시기에 비즈니스 관리에 어떻게 적용될 수 있는지를 보여주는 훌륭한 사례다.

초창기 알리바바가 겪은 수많은 어려움 중 가장 큰 과제는 신뢰 부족 문제였다. 알리바바는 중국에서 인터넷이 아직 초기 개발 단계에 있던 1999년에 시작됐다. 이로 인해 오프라인에 익숙한 소비자는 온라인 플랫폼에서 상품을 구매하기가 어려웠다. 그래서 신뢰를 쌓기 위해 알리바바 창립자인 마윈은 직접 소규모 기업들을 찾아다니며 플랫폼에 가입하도록 설득해야 했다.

또한 자금 부족에도 시달렸다. 초창기 알리바바는 자금과 자원이 제한되어 있었기 때문에 대형 이커머스 기업들과 경쟁하기가 어려웠다. 이에 따라 대기업과 직접 경쟁하는 대신 중소기업을 위한 플랫폼을 구축하는 데 집중하는 한편, 이를 위한 창의적인 솔루션을 개발했다.

열악한 인프라도 문제였다. 2000년대 초반 중국의 인터넷 인프라는 낙후되어 있었다. 이 때문에 알리바바는 온라인 거래를 위한 안정적이고 효율적인 시스템을 구축하기가 어려웠다. 이로 인해 알리바바는 현재 중국에서 가장 널리 사용되는 결제 플랫폼 중 하나인 자체 결제 시스템 알리페이를 개발했다.

문화적 차이 또한 기업을 정착시키는 데 어려움을 주었다. 알리바바는 처음에는 중국 시장을 위해 설계되었지만, 성공을 위해서는 소수 민족으로 이루어진 문화적 차이를 극복해야 했다. 중국 내 지역마다 다른 소비자와 기업의 고유한 요구사항에 적응해야 했고, 이를 위해서는 현지 시장에 대한 깊은 이해가 필요했다.

이러한 어려움에도 불구하고 알리바바는 이를 극복해 세계 최대 이커머스 기업 중 하나로 성장할 수 있었다. 알리바바의 성공은 창립자와 팀의 창의성, 끈기, 적응력을 입증한 증거이다.

# 4. 산수몽(山水蒙)

배움의 이치 –
"자연이 나를 가르친다"

蒙 亨。匪我求童蒙, 童蒙求我。初筮告, 再三瀆,
瀆則不告. 利貞.

몽 형 비 아 구 동 몽 동 몽 구 아 초 서 고 재 삼 독
독 즉 불 고 리 정

發蒙, 利用刑人, 用說桎梏, 以往吝.

발 몽 리 용 형 인 용 탈 질 곡 이 왕 린

包蒙 吉, 納婦吉, 子克家.

포 몽 길 납 부 길 자 극 가

勿用取女, 見金夫, 不有躬, 无攸利.

물 용 취 녀 견 금 부 불 유 궁 무 유 리

困蒙, 吝.

곤 몽 린

童蒙, 吉.

동 몽 길

[몽(어두움)은 형의 시절이다. 내가 동몽을 구하는 것이 아니라 동몽이 나에게 구해야 한다. 처음 시작할 때 질문을 하면 알려 주지만, 두세 번 반복하면 더 이상 알려주지 않는다. 리와 정 시절을 위해 배워야 한다.]

[배움을 처음 시작할 때는 형벌을 가하듯 엄격히 하는 게 이롭지만, 족쇄를 풀듯 자유로움을 배워야 한다. 이를 주의 깊게 공부하지 않으면, 미래에 어려움을 겪게 된다.]

[어리석음도 포용해 주면 길하다. 아내의 말도 받아주면 길하다. 자녀는 부모의 모습을 보고 자란다.]

[남자를 돈으로 보는 여자는 취하지 말라. 이는 자기 몸을 지켜내지 못하니 이롭지 못하다.]

[무지함에 갇혀 있으면 어렵다.]

[어린아이와 같은 순수한 공부는 길하다.]

[엄하고 강하게 가르치면 도둑이 되지 않아 이롭고 도둑을 미리 막을 수 있다.]

《주역》 4번째 괘 산수몽(山水蒙)은 위는 산이고, 아래는 물이다. 물이 산 아래에서 바다를 향하여 흐르는 상이다. 산속의 물이니 이제 시작이다.

계곡을 거쳐 강과 드넓은 바다로 가려면 지금은 역부족이다. 아직은 때가 아니니 수행하고 공부를 해야 한다고 조언한다. 기업 경영에서 이를 해석하면 새로운 도전에 직면했을 때 무모한 의사결정이나 과신에 대한 경고로 해석할 수 있다.

산수몽은 젊음의 어리석음이나 경험 부족으로 인해 실수와 좌절을 초래할 수 있는 위험을 시사한다. 충분한 지식이나 경험이 풍부한 동료와의 상의 없이 과신하고 충동적으로 의사결정을 내리는 것을 경고하고 있다. 특히 익숙하지 않은 상황을 다룰 때 주의와 신중한 계획이 필요하다는 것을 암시한다.

이는 충분한 조사나 분석 없이 새로운 벤처에 뛰어드는 것에 대해 경고를 하고 있다. 이때는 경험이 풍부한 리더나 조언자가 지침과 관점을 제공할 필요가 있다. 반면에 실수를 할 수 있지만 귀중한 교훈을 얻을 수 있는 학습과 성장의 시기가 될 수도 있다. 리더는 새로운 도전과 기회를 수용하는 동시에 관련된 위험을 염두에 두도록 장려해야 한다.

산수몽은 미성숙, 미숙함, 지식이나 선견지명의 부족 등 젊음의 어리석음을 나타낸다. 적절한 준비나 이해 없이 서두르지 말고 신중해야 한다는 경고다. 빠르게 성장해 시장점유율을 높이고 싶지만, 이에 필요한 자원, 전문성 또는 경험이 부족한 스타트업이 대표적이다. 이는 성급한 의사결정, 과도한 지출, 부실한 계획으로 이어져 궁극적으로 회사의 장기적인 전망에 해를 끼칠 수 있다.

회사 경영진은 한 발 물러나 현재 상황을 정직하게 평가해야 한다. 회사의 강점과 약점, 잠재적인 장애물이나 위험을 파악해야 한다. 또한 의사결정에 도움이 되는 전문가의 조언이나 멘토링을 꼭 구해야 한다.

큰 영향력을 발휘하고 싶어 하지만 중요한 의사결정을 내리는 데 필요한 지식과 경험이 부족한 신임 관리자나 젊은 임원은 성장에 대해 보다 인내심 있고 신중한 접근방식을 채택해야 한다. 너무 빨리 확장하려고 하기보다는 명확한 비전과 전략을 개발하고, 강력한 팀을 구성하며, 탄탄한 재무 및 운영 프로세스를 구축하는 등 회사의 강력한 기반을 구축하는 데 집중해야 한다.

행동의 장기적인 결과를 고려하지 않고 단기적인 이익과 빠른 성공에 너무 집중하는 회사는 산수몽의 조언을 받아들여야 한다. 또 야망이 너무 커서 감당할 수 있는 것보다 더 많은 일을 맡아서 번아웃과 기대 이하의 결과를 초래하는 팀 또한 마찬가지다. 적절한 리스크 관리나 잠재적인 단점에 대한 고려 없이 위험 감수 및 혁신을 무엇보다 중요시하는 기업문화도 다시 한 번 재고해야 한다.

이를 극복하기 위해 기업 리더는 경험이 많은 동료의 조언과 지도를 구하고, 의사결정에 보다 신중한 접근방식을 취해야 한다. 또한 야심찬 목표를 추구하기 전에 지식과 전문성의 탄탄한 기반을 구축하는 데에도 집중해야 한다.

공유 오피스 스타트업 기업인 위워크(WeWork)는 초기에 빠르게 확장하는 데 성공했다. 2010년 뉴욕 맨해튼에서 사업을 시작한 이들은 창업 9년 만에 전 세계 120여 개 도시에 800개 이상의 지점을 운영하는 세계 최대 공유 오피스 기업으로 성장했다. 하지만 결국 젊은 CEO의 전략 부재와 과도한 지출, 잘못된 의사결정으로 어려움을 겪게 되었다. 그리고 이로 인해 2019년에 몰락으로 이어졌고, 이제는 거의 파산 상태에 이르렀다.

위워크의 공동설립자이자 전 CEO였던 애덤 뉴먼(Adam Neumann)은 파격적인 경영 스타일, 의심스러운 비즈니스 관행, 불규칙한 행동으로 유명세를 떨쳤다. 그는 비즈니스 모델의 장기적인 지속 가능성을 고려하지 않고 빠른 성장과 확장을 추구했다. 또한 회사의 고평가와 기업공개 실패도 이어졌다. 이 회사는 매년 수십억 달러의 손실을 보는데도 2019년 초 기업가치를 470억 달러로 평가받았다. 이로 인해 투자자들은 과대광고에 현혹되어 경고 신호를 보지 못했다.

애덤 뉴먼은 회사의 몰락에 중요한 역할을 했다. 특히 그의 리더십에서 가장 큰 문제 중 하나는 어떤 대가를 치르더라도 빠른 성장과 확장을 추구했다는 점이다. 그는 회사가 대량의 사무실 공간을 임대하거나 매입한 다음, 개인과 소규모 회사에 프리미엄을 얹어 재임대하는 지속 불가능한 비즈니스 모델을 탄생시켰다. 이 방식은 오피스 공간에 대한 수요가 높을 때는 잘 작동했지만, 시장이 악화되자 빈 오피스 공간이 넘쳐나 간접비가 많이 드는 상황을 만들었다.

위워크

뉴먼은 의심스러운 비즈니스 관행에 관여함으로써 투자자들에게 적신호를 보내기도 했다. 그는 위워크의 일부 부동산에 대한 자신의 지분을 매각하고, 이를 담보로 돈을 빌려 회사의 재무 안정성에 상당한 위험을 초래했다. 또한 뉴먼은 무료 맥주와 요가 수업과 같은 복리후생과 사교적인 사내 분위기에 아낌없이 돈을 지출하는 것으로도 유명했다. 게다가 그의 리더십 스타일은 불규칙적이고 충동적인 탓에 회사 내 규정을 제대로 지키지 않고 사업 집중력도 부족했다. 노만은 다른 임원들과 상의하거나 경험 많은 비즈니스 리더의 의견을 구하지 않고 의사결정을 내렸고,

이는 실수와 실책으로 이어졌다.

　이러한 뉴먼의 리더십으로 결국 2019년 위워크는 기업공개에 실패했다. 뉴먼은 CEO직에서 쫓겨나다시피 물러나고, 위워크는 대대적인 구조조정을 단행해야 했다. 하지만 뉴먼은 퇴임 후에도 위워크의 주요 주주로 남아 있었으며, 소프트뱅크와 인수 계약의 일환으로 17억 달러의 보상금을 받았다.

　결론적으로 말하자면, 젊음의 어리석음에 대한 해결책은 현명한 조언자의 조언을 구하고 실수로부터 배우는 것이다. 뉴먼과 위워크의 경영진이 회사의 탄탄한 강점을 살린 문화를 구축하고 경험이 풍부한 비즈니스 리더와 투자자 등 전문가의 조언을 구하는 데 집중하면서 성장에 보다 신중한 접근방식을 취했다면 어땠을까? 궁극적으로 몰락으로 몰고간 많은 함정들을 피할 수 있지 않았을까?

# 5. 수천수(水天需)

때를 기다림 –
"스스로를 믿어라"

---

需, 有孚, 光亨, 貞吉, 利涉大川.
수 유부 광형 정길 리섭대천

需于郊, 利用恒, 无咎.
수우교 리용항 무구

需于沙, 小有言, 終吉.
수우사 소유언 종길

需于泥, 致寇至.
수우니 치구지

需于血, 出自穴.
수우혈 출자혈

需于酒食, 貞吉.
수우주식 정길

入于穴, 有不速之客三人來, 敬之, 終吉.
입우혈 유불속지객삼인래 경지 종길

[수(기다림)는 믿음이다. 성장이 밝아오면 끝이 이롭다, 큰 강을 건널 때가 온다.]

[성 밖에서 기다리면 늘 쓰일 정도로 이롭고 허물이 없다.]
[모래밭에서 기다린다. 구설수가 조금 있지만 끝내 길하다.]
[진흙탕에서 기다린다. 도둑이 오게 된다.]
[피 흘리며 기다린다. 구멍으로부터 나온다.]
[술과 음식을 먹으며 기다린다. 끝내 길하다.]
[기다리다 못해 구멍에 들어간다. 부르지 않은 손님 셋이 오더라도 그들을 공경하면 끝내 길하다.]

《주역》 5번째 괘 수천수(水天需)는 위는 물이고, 아래는 하늘이다. 운무가 자욱한 상으로 물러서서 기다려야 한다. 또는 비가 내리는 형상으로 비가 그칠 때까지 기다리는 수양이 필요하다. 즉, 인내를 강조하며 때를 기다리는 지혜를 알려준다. 기업 경영의 맥락에서 해석하면, 큰 결정을 내리거나 중요한 조치를 취하기 전에 인내심과 신중한 고려가 필요하다는 것을 알려준다.

수천수는 비즈니스 관리에 적용할 수 있는 여러 가지 의미를 담고 있다. 비즈니스에서 능동적으로 대처하는 것은 중요하다. 하지만 때로는 부정적인 결과를 초래할 수 있는 결정을 서두르기보다는 적절한 순간을 기다렸다가 조치를 취해야 할 필요가 있음을 시사한다. 예를 들어, 기존의 시장 상황이 변하기를 기다리거나 좋은 파트너십 기회가 생길 때까지 기다리는 것이 대표적이다. 이런 경우, 상황을 신중하게 분석해 다양한 조치의 잠재적인 위험과 이점을 평가하는 것이 중요하다.

이는 장기적인 관점에서 단기적인 이익 추구에 대한 유혹을 피하는 것이 중요함을 시사한다. 동시에 장애물이나 좌절에도 불구하고 끈기 있게 목표에 집중하는 것이 중요하다는 점을 강조한다. 신중하게 계획하고 속도를 조절하라는 것이다. 또한 경계와 준비의 필요성도 암시한다. 너무 소극적이거나 현실에 안주하는 기업은 기회를 놓치거나 예상치 못한 도전에 허를 찔릴 수 있다. 따라서 기업 경영진은 변화하는 상황을 경계하며, 능동적으로 대응할 준비를 해야 한다.

전반적으로 수천수는 비즈니스에서 성공하려면 인내와 끈기, 신중한 분석의 균형이 필요하다고 조언한다. 시간을 들여 상황을 신중하고 또 신중하게 분석하고, 필요할 때 인내심을 가지며, 적절한 기회가 오기를 기다려 집중된 결단력으로 기업 목표를 추구함으로써 조직은 장기적인 성공과 성장을 달성할 수 있다.

## 실천 항목

상황을 신중하게 분석해야 한다. 결정을 내리기 전 시간을 들여 상황을 면밀히 분석해야 한다. 즉, 모든 관련 정보를 수집해 다양한 행동 방침의 잠재적 위험과 이점을 고려하고, 각 옵션의 장단점을 비교해야 한다.

인내심을 가져야 한다. 단순히 기다리는 것이 최선일 때도 있다. 여기서 기다림이란 시장 상황이 바뀔 때까지 기다리거나, 더 나은 기회가 나타날 때까지 기다리거나, 더 많은 정보가 제공되고 환경이 유리해질 때까지 기다리는 것도 포함된다.

끈기를 연습해야 한다. 진전이 더디거나 장애물이 가로막고 있는 것처럼 느껴지더라도 목표에 집중하고, 목표를 향해 계속 노력하는 것이 중요하다. 이를 위해서는 큰 목표를 더 작고 달성 가능한 단계로 나누거나 동기부여와 집중력을 유지할 수 있는 방법을 찾아야 한다.

결정을 서두를 필요가 없다. 비즈니스에서는 결단력을 발휘하는 것도 중요하지만, 부정적인 결과를 가져올 수 있는 결정을 서두르지 않는 것도 그에 못지않게 중요하다. 최종 결정을 내리기 전에 시간을 들여 모든 옵션을 고려하고 가능한 한 많은 정보를 수집해야 한다.

직관을 믿어라. 때로는 모든 분석과 신중한 고려에도 불구하고 최선의 행동은 단순히 옳다고 느끼는 것일 수도 있다. 직관을 믿고 필요한 경우 계산된 위험을 기꺼이 감수해야 한다.

**기업 사례**

2000년대 초 애플이 어려움을 겪고 있을 때, CEO 스티브 잡스는 아이팟이라는 신제품 개발에 집중하기로 결정했다. 하지만 잡스는 제품 출시를 서두르는 대신 시간을 들여 기술을 개발 및 완성하고, 마케팅 전략을 수립하고, 음반사와 파트너십을 맺는 데 시간을 투자했다. 또한 애플은 이 시간을 활용해 강력한 유통망을 구축하고, 공급망 관리를 개선했다. 그 결과, 2001년 아이팟을 성공적으로 출시하고, 결국 디지털 음악 산업을 지배할 수 있었다. 이러한 기다림과 양육 전략은 수년간의 신중한 연구 개발 끝에 출시된 아이폰 개발에서도 이어졌다.

애플 아이팟

잡스는 사업 접근방식에서 참을성 있고, 체계적이며, 적절한 기회가 오기를 기다리고, 전략적 결정을 내리기 전에 시장을 주의 깊게 분석하는 것으로 유명했다. 또한 장애물이나 좌절에도 불구하고 끈기 있게 목표에 집중했다. 그는 혁신적이고 고품질의 제품을 만드는 데 전념했으며, 이러한 제품을 현실화하는 데 필요한 시간과 자원을 기꺼이 투자해 오늘날 애플이 시장을 지배하는 데 1등 공신이 되었다.

토요타도 1970년대에 미국 자동차 업체와 경쟁하기 위해 제조 공정 개선이라는 큰 과제에 직면했다. 토요타는 서둘러 변화를 꾀하는 대신 시간을 들여 생산 프로세스를 관찰하고 분석해 비효율적인 부분을 파악하고 해결하기 위한 솔루션을 개발했다. 이러한 인내심과 신중한 접근을 통해 토요타는 현재 일본 제조업 성공의 핵심 요소로 널리 인정받는 토요타 생산 시스템(TPS: Toyota Production System)을 개발했다. 토요타 생산 시스템은 모든 직원의 참여를 통해 낭비를 줄이고, 효율성을 높이며, 프로세스를 지속적으로 개선하는 데 중점을 둔다. 토요타는 때를 기다리고, 생산 프로세스를 육성함으로써 수십 년 동안 경쟁우위를 확보할 수 있었다.

넷플릭스(Netflex)는 스트리밍 비디오 플랫폼으로 전환하기 전 DVD를 우편으로 대여하는 서비스로 시작했다. 넷플릭스 창립자 리드 헤이스팅스(Reed Hastings)는 스트리밍 비디오가 업계의 미래가 될 것이라는 점을 초기에 인식했다. 하지만 전환하기 전 좋은 기술과 좋은 시장 조건이 나타날 때까지 기다리면서 회사 시스템을 구축하는 인내심을 보였다.

일론 머스크(Elon Musk)가 이끄는 테슬라(Tesla) 역시 마찬가지다. 머스크는 전기자동차 시장을 구축하기 위해 인내심 있고 전략적인 접근방식을 취했다. 그는 일찌감치 전기자동차가 자동차 산업의 미래임을 인식했지만, 기술이 준비되고 시장이 수용할 때까지 기다렸다가 회사의 첫 제품을 출시했다. 테슬라는 이후 전기자동차 시장의 리더가 되었으며, 태양광 발전 및 에너지 저장 장치와 같은 다른 영역으로도 사업을 확장하게 되었다.

**6.** 천수송(天水訟)

다툼을 극복하는 길 –
"멈추고 화해하라"


訟, 有孚, 窒, 惕, 中吉, 終凶, 利見大人, 不利涉大川.
송 유부 질 척 중길 종흉 리견대인 불리섭대천


不永所事, 小有言, 終吉.
불영소사 소유언 종길

不克訟, 歸而逋, 其邑人三百戶, 无眚.
불극송 귀이포 기읍인삼백호 무생

食舊德, 貞厲, 終吉, 或從王事, 无成.
식구덕 정려 종길 혹종왕사 무성

不克訟, 復卽命, 渝, 安貞 吉.
불극송 복즉명 투 안정길

訟, 元吉.
송 원길

或錫之鞶帶, 終朝三褫之.
혹석지반대 종조삼치지

[송(다툼)은 믿음이 있으나 막혀서 두렵다. 중간에 해결이 되어야 좋은 일이지 끝까지 가면 흉하다. 대인을 만나면 이롭고, 큰 강을 건너는 것은 이롭지 않다.]

[다투는 일을 끝까지 하지 않으면, 약간 구설수가 있으나 결국에는 길하다.]
[다툼에서 이기지 못하여 돌아가 도망가 숨는데, 그 마을 사람이 3백 호 정도면 뒤탈이 없다.]
[조상 때부터의 덕을 끝까지 위태롭게 여기면 끝내 길하다. 혹 왕의 일을 따르더라도 이루어지는 것은 없다.]
[다툼에서 이기지 못할 경우 돌아와 자신의 본분에 맞게 나아가고, 편안하게 여기면 끝내 길하다.]
[다툼은 처음부터 길하다.]
[혹 큰 띠를 하사받더라도, 하루아침이 끝나기도 전에 세 번이나 옷을 벗게 된다.]

《주역》6번째 괘 천수송(天水訟)은 위는 하늘이고, 아래는 물이다. 하늘 아래에 물이 넘치는 상이다. 욕심이 지나쳐 마찰과 갈등이 생기고 대립하는 모습이다. 즉, 갈등과 긴장을 관리하는 것이 중요함을 반영한다.

기업 경영의 맥락에서 해석하면, 이것은 조직 내에서 발생할 수 있는 갈등뿐만 아니라 경쟁자나 규제 기관과 같은 외부 기관과의 경쟁을 인식하고 관리하는 것이 중요함을 시사한다. 천수송의 지혜를 알면 기업 리더는 조직 내에서 건설적인 갈등 해결 문화를 촉진할 수 있다. 여기에는 열린 의사소통, 적극적인 경청, 팀 구성원 간의 협력을 장려하고, 갈등 해결 및 관리 기술에 대한 교육을 제공하는 것이 포함될 수 있다.

동시에 천수송은 명확한 리더십과 방향이 필요함을 시사한다. 갈등을 관리하거나 경쟁 압력을 헤쳐 나갈 수 없는 회사는 목표를 달성하거나 시장에서 입지를 유지하는 데 어려움을 겪을 수 있다. 따라서 기업 경영진은 명확한 리더십과 방향을 제시하는 동시에, 변화하는 상황에 유연하게 대응해야 한다. 그렇게 함으로써 기업은 성공을 달성하고 장기적으로 시장에서 자신의 위치를 유지할 수가 있다.

## 실천 항목

천수송은 조직 내 갈등을 해결하고 해결책을 찾아야 할 필요성을 시사한다. 이런 경우 기업 리더는 중재자를 데려오거나 갈등 당사자 간의 의사소통을 촉진해야 한다. 리더는 갈등을 해결하고 조직 내 화합을 유지하기 위해 어려운 결정을 내려야 하는 어려움을 가지고 있다. 그럼에도 불구하고 리더는 과감하고 원칙에 입각한 결정을 내려야 한다.

또한 여러 팀이나 개인이 권력이나 자원을 놓고 경쟁하다 보면 조직 내에서 경쟁을 할 수도 있다. 이런 경우, 리더는 경쟁을 관리하고 추가적인 갈등을 방지하기 위해 명확한 지침과 프로세스를 구현해야 한다. 개인이나 팀이 서로 효과적으로 소통하지 못해 의사소통의 단절이 나타날 수도 있다. 이때는 더 나은 커뮤니케이션 채널을 구축하거나 직원들의 커뮤니케이션 스킬 향상을 위한 교육이 필요하다.

## 기업 사례

2010년대 초, 삼성전자는 스마트폰 갤럭시 노트7에 불이 붙고 폭발하는 사고가 발생하면서 위기에 직면했다. 이 사건으로 인해 전 세계적으로 제품을 리콜해야 했고, 삼성은 수조 원의 매출 손실과 평판에 손상을 입었다. 고객과의 갈등 위기에 삼성은 신속하게 제품의 문제를 인정하고, 고객에게 사과했으며, 문제에 대한 모든 책임을 졌다.

삼성 갤럭시 노트7 발화 사고. 출처: YTN

또한 문제의 원인에 대한 광범위한 조사를 시작하고, 유사한 사건이 다시 발생하지 않도록 엄격한 품질관리 조치를 시행했다. 특히 삼성은 공급업체와 고객의 우려 사항을 해결함으로써 갈등 해결을 위한 선제적인 접근 방식을 취했다. 또한 규제 기관과 협력해 모든 안전 표준 및 규정을 준수하도록 노력했다.

이러한 신속하고 단호한 조치로 삼성은 위기를 회복하고, 명성 또한 회복할 수 있었다. 갤럭시 노트7 사건에 대한 삼성의 대응은 기업 경영에서 갈등 해결의 중요성과 천수송의 지혜가 실제 비즈니스 시나리오에 어떻게 적용될 수 있는지를 보여주는 좋은 사례라 할 수 있다.

이 밖에도 갈등관리 분야에서 탁월한 성과를 거둔 여러 기업이 있다.

구글은 긍정적인 업무 환경을 조성하는 데 중점을 두는 것으로 유명하며, 갈등 해결은 그중 큰 부분을 차지한다. 구글은 직원들이 원활한 대화를 통해 갈등을 해결하도록 돕는 훈련된 중재자 팀을 보유하고 있다.

사우스웨스트 항공도 고객 서비스로 유명하며, 갈등 해결은 그중 큰 부분을 차지한다. 이 회사는 직원들에게 고객과의 어려운 상황을 처리하는 방법을 교육하고, 갈등을 해결하는 데 도움을 주는 전담 고객관계팀을 운영하고 있다.

존슨앤존슨(Johnson & Johnson)은 윤리적 비즈니스로 명성이 높은 제약 및 헬스케어 기업이다. 이 회사는 경영 원칙에 윤리적이고 투명한 방식으로 갈등을 해결하기 위한 강력한 의지를 담고 있다.

토요타는 지속적인 개선에 중점을 두고 있으며, 갈등 해결은 그중 핵심적인 부분이다. 이 회사는 직원들이 사내 문제와 갈등을 최대한 빨리 파악하고 해결하도록 장려하는 '토요타 생산 시스템'을 갖추고 있다.

자포스(Zappos)는 고객 서비스로 유명한 온라인 신발 및 의류 소매업체다. 이 회사는 어려운 상황을 공감과 이해로 처리하도록 훈련된 고객 서비스 전담팀을 보유하고 있다. 또한 구매에 만족하지 않는 고객에게 환불을 제공하는 정책을 시행하고 있어 분쟁을 줄이는 데 노력하고 있다.

IBM은 강력한 협업 및 갈등 해결 문화를 가진 다국적 기술 회사다. 이회사는 갈등 해결을 위한 공식적인 프로세스를 갖추고 있으며, 직원들의의견 불일치를 해결하도록 돕는 숙련된 중재자 팀도 운영하고 있다.

에어비앤비는 고객 서비스에 중점을 둔 단기 렌탈을 위한 온라인 마켓플레이스다. 에어비앤비는 호스트와 게스트 간의 분쟁을 처리할 수 있도록 교육을 받은 전담 고객 서비스 팀을 보유하고 있다. 특히 게스트가 입은 피해를 호스트가 보상하는 정책을 시행하고 있어 분쟁을 줄이고있다.

코카콜라는 윤리적 비즈니스 관행에 대한 강한 의지를 가진 음료 회사다. 이 회사는 공정하고 투명한 방식으로 갈등을 해결하기 위한 노력을설명하는 포괄적인 행동 강령을 가지고 있다.

포드는 팀워크와 협업 문화가 강한 자동차 회사다. 이 회사는 직원들이함께 협력해 갈등을 파악하고 해결하도록 장려하며, 필요한 경우 경영진에게 분쟁에 관한 문제를 보고하는 공식적인 절차를 마련하고 있다.

매리어트(Marriott)는 탁월한 고객 서비스로 정평이 난 세계 최대 규모의 호텔 체인이다. 1927년 시작되어 127개국 6,700여 개의 호텔에서 1,286,000여 개의 객실을 운영하고 있다. 메리어트는 고객과 호텔 직원 간의 분쟁을 처리할 수 있도록 교육받은 고객 전담 서비스 팀을 운영하고 있다. 특히 메리어트는 투숙객이 숙박 중 겪는 불편함이나 문제에 대해 보상하는 정책을 시행하고 있어 분쟁을 줄이고 있다.

반면에 갈등관리에 실패해 어려움에 처한 기업도 있다.

우버(Uber)는 차량 호출 서비스 회사로, 기업문화와 직원 및 운전기사 처우와 관련해 수많은 논란에 직면해 왔다. 2017년, 한 전직 우버 직원이 회사에서 겪은 성희롱과 차별에 대한 경험을 자세히 설명하는 블로그 게시물을 작성했다. 이 게시물이 입소문을 타면서 내부 조사가 진행되었고, 결국 회사 CEO가 사임했다. 특히 우버는 급여 및 복리후생과 같은 문제로 운전기사와 직원들로부터 소송을 당했으며, 전 세계 여러 도시에서 담당 기관과 규제로 인한 갈등으로 어려움을 겪기도 했다.

우버는 이러한 문제 중 일부를 해결하기 위한 조치를 취했지만, 이러한 갈등에 대한 초기 대응이 느리고 부적절하다는 비판을 받았다. 이후 우버는 차별과 괴롭힘을 방지하기 위한 정책과 교육 프로그램을 시행했지만, 이러한 논란으로 인해 회사의 평판은 크게 훼손되었다.

# 7. 지수사(地水師)

경쟁을 극복하는 길 -
"강력한 리더십으로 뭉쳐라"

師, 貞, 丈人, 吉, 无咎.
사 정 장인 길 무구


師出以律, 否, 臧, 凶.
사 출 이 율 부 장 흉

在師, 中吉, 无咎, 王三錫命.
재 사 중 길 무 구 왕 삼 석 명

師或輿尸, 凶.
사 혹 여 시 흉

師左次, 无咎.
사 좌 차 무 구

田有禽, 利執言, 无咎, 長子帥師, 弟子輿尸, 貞, 凶.
전 유 금 리 집 언 무 구 장 자 솔 사 제 자 여 시 정 흉

大君有命, 開國承家, 小人勿用.
대 군 유 명 개 국 승 가 소 인 물 용

[사(군대)는 끝까지 능력이 있는 사람이 이끌어야 좋고 허물이 없다.]

[군대를 움직이려면 규율을 엄격히 해야 한다. 그렇지 않으면 이기더라도 흉하다.]

[군사를 쓰는 데 중도를 지키면 길하고 허물이 없다. 왕이 세 번 명을 내린다.]

[전쟁에 질 수 있으며, 수레에 시체가 있으니 흉하다.]

[군대를 뒤로 물러서 쉬고 정비하니 허물이 없다.]

[밭에 새가 있으면, 새를 잡아야 한다는 말이 있어야 이롭고 허물이 없다. 장자가 군사를 통솔해도 제자가 시체를 싣고 돌아오면 끝내 흉하다.]

[위대한 군주가 명을 내려 나라를 세우고 왕가를 이어가는 데 소인을 쓰지 말라.]


《주역》7번째 괘 지수사(地水師)는 위는 땅이고, 아래는 물이다. 땅 밑으로 물이 모이는 상이다. 여러 사람이 모인 집단을 상징하고, 통솔을 의미하며, 군대의 개념과 연관되어 있다.

기업 경영에서 볼 때, 지수사는 모든 조직에서 성공을 달성하는 데 필요한 요소에 대한 은유로 볼 수 있다. 이러한 요소에는 리더십, 규율, 조직, 팀워크 및 전략 계획이 포함된다.

지수사를 통해 기업 리더는 조직 내에서 명확한 규율과 팀워크의 문화를 촉진하는 지혜를 얻을 수 있다. 즉, 기업 리더는 명확한 방향을 제시하고, 위계를 정립하며, 팀원 간의 단결을 촉진하여 응집력 있는 팀을 구축하도록 장려해야 한다. 리더는 명확한 목표를 설정하고, 이러한 목표 달성을 위한 프로세스 및 절차를 설정하며, 팀 구성원의 행동이 조직 성공에 기여할 수 있도록 책임을 부여해야 한다.

또한 지수사는 팀 내 커뮤니케이션과 조정의 중요성을 강조한다. 효과적인 의사소통은 오해와 갈등을 피하는 데 도움이 된다. 리더는 각 팀원의 강점과 약점을 파악하고, 그에 따라 업무를 조율해 각 팀원이 동일한 목표를 향해 일할 수 있도록 해야 한다.

지수사는 기업 경영에서 규율과 조직의 필요성을 강조한다. 리더는 명확한 규칙과 규정을 수립하고 일관되게 시행해야 한다. 이는 체계적이고 생산적인 업무 환경을 조성하는 데 도움이 된다.

### 실천 항목

지수사는 비즈니스 관리에서 규율의 중요성을 강조한다. 여기서 규율이란 명확한 명령 체계, 잘 정의된 조직 구조, 모든 사람이 따라야 하는 일련의 규칙 및 절차를 말한다. 성공적인 비즈니스는 잘 조직되고 효율적이어야 한다. 이를 위해서는 명확한 커뮤니케이션 라인, 잘 정의된 역할 및 책임, 리소스 관리 및 작업 할당 시스템을 갖춰야 한다. 또한 강력한 리더십이 있어야 한다. 여기서 리더십이란 팀에 영감을 주고, 동기를 부여하며, 명확한 목적과 목표를 설정하고, 필요할 때 힘든 결정을 내릴 수 있는 리더가 있다는 것을 의미한다.

기업은 목표를 달성하기 위해 명확한 목적의식과 잘 정의된 전략을 가지고 있어야 한다. 이는 신중한 분석 및 계획을 수행하고, 잠재적인 도전과 장애물을 예상하며, 필요한 경우 과정을 조정하는 것을 뜻한다. 반면에 지수사는 과도한 경직성에 대해서도 경고한다. 성공적인 기업은 변화하는 환경에 적응하고, 새로운 도전과 기회가 생길 때 유연하게 대응할 수 있어야 한다.

비즈니스 관리를 위해서는 효과적인 커뮤니케이션이 필수다. 이를 통해 팀원 간 개방적이고 정직한 의사소통을 촉진하고, 피드백과 협업을 장려하며, 건설적이고 존중하는 방식으로 갈등을 해결해야 한다. 특히 비즈니스 관리에서 팀워크는 매우 중요하다. 성공적인 기업은 공동의 목표를 향해 협력하고, 그 과정에서 서로를 지원하고 격려하는 결속력 있고 협력적인 팀을 보유해야 한다.

## 기업 사례

강력한 리더십으로 조직을 군대처럼 만든 성공적인 회사의 한 예로는 월마트(Walmart)가 있다. 월마트는 할인 백화점과 식료품점 체인을 운영하는 다국적 소매 기업이다. 이 회사는 효율적인 운영과 절차 및 프로토콜 준수가 엄격하기로 유명한데, 이로 인해 '깨끗하고 비열한 소매 기업'이라는 평판을 얻었다.

월마트

월마트의 성공은 상당 부분 규율, 근면, 그리고 효율성의 중요성을 강조한 설립자 샘 월튼(Sam Walton)의 강력한 리더십에 크게 기인한다. 월튼은 매장과 유통센터를 정기적으로 방문해 운영이 원활하게 진행되고 있는지 확인하고, 개선 기회를 파악하는 실무형 관리 스타일로 유명했다. 월마트는 이러한 그의 리더십 아래 효율성을 최대화하고 낭비를 최소화하도록 설계된 다양한 운영 혁신책을 구현했다. 대표적인 것이 전산화된 재고 관리 시스템 '저스트 인 타임(just-in-time)'이다. 또한 그는 월마트가 창고에서 매장으로 제품을 신속하게 옮길 수 있도록 하는 '허브 앤 스포크(hub-and-spoke)' 유통 시스템도 개발해 도입했다.

아울러 월마트는 인건비를 낮게 유지하는 엄격한 정책으로 저렴한 비즈니스 모델을 유지했다. 이러한 노동 관행에 대한 비판에도 불구하고 월마트는 고객에게 가치를 제공하고 높은 재무성과를 창출하는 데 성공했다. 2023년 현재 월미트는 매출 기준 세계 최대 기업이며, 24개 나라에 10,000개 이상의 매장을 보유하고 있다. 이러한 성공에도 불구하고 월튼은 겸손하고 친근했다. 그는 지역 사회에 재산을 환원하고, 수백만 달러를 자선단체에 기부한 관대한 박애주의자였다.

또 한 사람의 전설적인 리더가 있다. 프록터 앤 갬블(P&G: Procter&Gamble) 전 CEO인 A. G 래플리(Shantanu Lafley)다. 프록터 앤드 갬블은 1837년 창립해 역사가 185년이나 되는 세계적인 글로벌 장수 기업 중 하나인 소비재 회사다. 프록터 앤드 갬블의 성공은 고객의 이해와 혁신의 중요성을 강조한 래플리의 강력한 리더십 덕분이었다. 래플리는 추락하던 프록터 앤 갬블을 구해낸 위대한 CEO로, 이 회사에 1977년 브랜드 어시스턴트로 입사해 2000년에 CEO가 됐다. CEO 재임 기간 동안 래플리는 고전하던 프록터 앤 갬블을 80여 개국에서 300개 이상의 브랜드 및 운영 포트폴리오를 갖춘 글로벌 강자로 탈바꿈시켰다.

래플리의 핵심 전략 중 하나는 혁신과 고객 중심에 집중하는 것이었다. 그는 프록터 앤 갬블이 진화하는 소비자의 요구를 충족시킬 수 있도록 새로운 제품의 연구 개발에 많은 투자를 하도록 장려했다. 그의 리더십 아래 프록터 앤 갬블은 스위퍼 세정 시스템, 크레스트 화이트 스트립 치아 미백 시스템, 페브리즈 냄새 제거제와 같은 성공적인 신제품을 출시했다.

2010년 CEO에서 은퇴한 래플리는 어려움을 겪고 있는 회사의 회복을 돕기 위해 2013년 CEO로 프록터 앤 갬블에 복귀했다. 그는 실적이 저조한 브랜드를 매각하고, 프록터 앤 갬블이 핵심 사업에 집중할 수 있도록 대대적인 구조 조정을 단행했다. 결국 그의 리더십 아래 프록터 앤 갬블은 세계에서 가장 성공적이고 혁신적인 소비재 회사 중 하나의 지위를 되찾았다. 래플리는 그 후 2015년에 다시 은퇴해 프록터 앤 갬블 역사상 가장 성공적이고 존경받는 CEO 중 한 명으로 남게 되었다.

# 8. 수지비(水地比)

협업과 조력의 길 –
"수평적 사고로 서로 도와라"

比, 吉. 原筮, 元永貞, 无咎. 不寧, 方來, 後, 夫, 凶.
비 길 원서 원영정 무구 불녕 방래 후 부 흉

有孚比之, 无咎, 有孚盈缶, 終, 來有他吉.
유부비지 무구 유부영부 종 래유타길

比之自內, 貞吉.
비지자내 정길

比之匪人.
비지비인

外比之, 貞, 吉.
외비지 정 길

顯比, 王用三驅, 失前禽, 邑人不誡, 吉.
현비 왕용삼구 실전금 읍인불계 길

比之无首, 凶.
비지무수 흉

[비(협력)는 길하다. 처음부터 스스로를 점검해야 시작부터 끝까지 허물이 없다. 편하지 못해서 뒤에 오는 제후는 흉하다.]

[믿음으로 도우면 허물이 없다. 그릇에 가득 찬 믿음이 있으면 끝내는 다른 데서 좋은 일이 온다.]
[돕는 것을 스스로 안에서부터 하면 끝내 길하다.]
[사람답지 않은 사람이 밖에서 도우면 끝내 길하다.]
[드러나게 돕는데 왕이 삼구법(사냥할 때 세 군데로 모는)으로 짐승을 앞에서 잃어도 마을 사람을 훈계하지 않으니 길하다.]
[돕는 데 머리가 없으니 흉하다.]

《주역》8번째 괘 수지비(水地比)는 위는 물이고, 아래는 땅이다. 물이 낮은 곳으로 모여 내를 이루고 힘을 합치는 상이다. 뜻을 같이하는 사람끼리 집단을 이루어 서로 돕고 협력하는 연대의 중요성을 조언한다.

기업 경영에서는 그룹이나 조직이 공동의 목표를 달성하기 위해 함께 모인다는 의미로, 협업과 파트너십의 중요성을 은유적으로 표현한다. 이러한 요소에는 명확한 의사소통, 공유된 목표, 상호 신뢰와 존중, 공동의 목표를 위해 기꺼이 타협하고 협력하려는 의지 등이 있다. 기업의 리더는 조직 내에서 협업과 파트너십 문화를 장려해야 한다. 여기에는 팀원 간의 열린 의사소통, 적극적인 경청, 협업을 장려하고, 공급업체와 고객 및 동종업계의 다른 기업 등 외부 기관과의 파트너십을 구축해 성공의 발판을 마련하는 것 등이 포함된다.

동시에 조직의 전략과 목표에 대한 일관성이 필요한 시기다. 회사의 목표와 목적을 파트너 또는 이해 관계자의 목표와 일치시키지 못하는 기업은 성공을 달성하거나 시장에서 입지를 유지하는 데 어려움을 겪을 수 있다. 따라서 기업 경영진은 이에 부합하는지 확인하는 것이 매우 중요하다. 또 이때 공동의 목적을 위해 사람들이 모이는 것을 나타내므로 비즈니스 파트너십과 협업에 대한 긍정적인 징조로 해석할 수 있다.

그러나 수지비는 집단 사고와 순응의 위험에 대해서도 경고하고 있다. 성공적인 파트너십을 위해서는 팀원 간의 강력한 리더십과 개성이 필요하다는 것을 말하고 있다. 의사결정과 관련해 수지비는 리더에게 모든 팀원의 의견을 경청하고, 다른 사람에게 자신의 의지를 강요하기보다는 합의를 구할 것을 조언한다. 또한 기업 목표를 달성하는 데 인내와 끈기가 필요함을 시사하는데, 이는 팀원 간의 신뢰와 협력이 점진적으로 구축되어야 성공할 수 있기 때문이다.

## 실천 항목

기업 경영에서 수지비는 조직 내에서 사람들을 하나로 모으고 조화를 이루는 것이 중요하다는 것을 조언한다. 성공을 위해서는 팀워크, 소통, 협력이 필요하다는 것을 강조하고 있다. 기업 경영진은 다음과 같은 실천 항목에 집중함으로써 성공을 위해 함께 일하는 조화롭고 효과적인 조직을 만들 수 있다.

협업을 장려하고 직원 간의 일체감을 조성해야 한다. 직원들이 보다 효과적으로 협력할 수 있도록 강한 관계와 효과적인 커뮤니케이션 채널을 개발하는 데 집중해야 한다.

또한 조직의 모든 사람이 동일한 목표를 향해 일하고 있는지 확인해야 한다. 명확한 목표와 우선순위를 설정하고, 이를 모든 팀원에게 효과적으로 전달해야 한다.

신뢰는 성공적인 팀워크의 핵심 요소다. 투명하고 정직하며 신뢰할 수 있는 태도로 팀원 간의 신뢰를 구축해야 한다.

조직 내에서 다양한 관점과 아이디어를 장려해야 한다. 차이를 포용하고 각 개인의 고유한 아이디어와 실천을 인정해주어야 한다.

창의성과 혁신 및 개인적 성장을 장려하는 긍정적이고 서로를 지지하는 업무 환경을 조성해야 한다. 학습 및 개발 문화를 장려하고 직원들이 조직 내에서 성장하고 발전할 수 있는 기회를 제공해야 한다.

## 기업 사례

우리는 애플의 공동 설립자인 스티브 잡스와 마이크로소프트의 공동 설립자인 빌 게이츠의 관계가 매우 껄끄러운 경쟁 관계인 줄로만 알고 있다. 하지만 사실 두 사람의 협력은 복잡하고 흥미로운 것으로 수년간 많은 논의와 분석의 주제가 되어 왔다. 두 사람은 종종 기술 산업에서 치열한 경쟁자로 묘사되었지만, 그들은 오랜 기간 협력 관계도 유지했다.

스티브 잡스와 빌 게이츠. 2007 D Conference

잡스와 게이츠 사이의 첫 번째 주요 협력은 1985년 마이크로소프트가 최초의 애플 매킨토시 컴퓨터를 위한 소프트웨어를 개발했을 때 이루어졌다. 이 소프트웨어에는 맥(Mac)과 윈도우(Windows) 컴퓨터 모두에서 표준 프로그램이 된 워드(Word), 엑셀(Excel), 파워포인트(Power Point)와 같은 응용 프로그램이 포함됐다. 이러한 파트너십을 통해 마이크로소프트는 소프트웨어 업계의 주요 업체로 자리매김할 수 있었고, 애플은 개인용 컴퓨팅 분야의 선두주자로서 명성을 확고히 할 수 있었다.

또한 1997년, 애플이 재정적으로 어려움을 겪자 잡스가 12년 만에 CEO

로 돌아왔다. 그가 돌아와 취한 첫 번째 조치 중 하나는 마이크로소프트와의 파트너십 체결이었다. 마이크로소프트는 애플에 1억 5천만 달러를 투자해 매킨토시용 오피스 제품군을 개발하고, 출하하기로 합의했다. 이 계약은 재정 안정과 신제품 개발을 위해 투자금으로, 애플의 생명줄로 여겨졌다.

이러한 협력에도 불구하고, 잡스와 게이츠는 기술 산업 분야에서 계속 라이벌 관계를 유지했다. 잡스는 마이크로소프트의 윈도우 운영체제를 비판했고, 게이츠는 애플의 미학과 디자인을 무시했다. 하지만 정작 두 사람은 서로를 존중했고, 수년간 다양한 프로젝트에서 계속 협력했다. 2006년, 잡스는 게이츠를 산업 컨퍼런스에 초대했고, 두 사람은 그들이 공유한 역사와 기술의 미래에 대해 논의했다. 게이츠는 잡스의 혁신적인 디자인과 산업에 대한 기여를 칭찬했고, 잡스는 개인용 컴퓨터를 소비자를 위한 유비쿼터스 도구로 확립하는 데 도움을 준 게이츠의 역할을 인정했다.

전반적으로 잡스와 게이츠의 협력은 기술 산업이 진화하는 특성처럼 복잡하고 다면적이었다. 두 사람은 종종 치열한 경쟁자로 묘사되었지만, 협력과 협업의 가치도 인식했으며, 결국 그들의 파트너십은 다양한 현대 기술 환경을 만드는 데 기여했다.

# 9. 풍천소축(風天小畜)

## 작지만 꾸준한 발전 –
## "작은 것부터 쌓아라"

小畜, 亨, 密雲不雨, 自我西郊.
소축 형 밀운불우 자아서교

復, 自道, 何其咎 吉.
복 자도 하기구 길

牽復, 吉.
견복 길

輿說輹, 夫妻反目.
여탈복 부처반목

有孚, 血去, 惕出, 无咎.
유부 혈거 척출 무구

有孚, 攣如, 富以其鄰.
유부 련여 부이기린

旣雨旣處, 尙德, 載, 婦貞, 厲. 月幾望, 君子征, 凶.
기우기처 상덕 재 부정 려 월기망 군자정 흉

[소축(작게 쌓음)은 성장기다. 구름이 잔뜩 끼어 있어 비가 올 듯하면서 오지 않아도, 나는 서쪽 들판에 있다.]

[도를(자연의 법칙) 회복한다. 무슨 허물이 있을까. 이는 길하다.]
[회복을 이끌어서 길하다.]
[수레 바퀴살이 빠졌다. 남편과 아내가 서로 반목한다.]
[믿음을 가지면 피를 흘리지 않고도 두려운 곳에서 벗어날 수 있어 허물이 없다.]
[믿음으로 서로 당겨 부유함을 이웃과 함께한다.]
[이미 비가 내릴 곳에 내리고 공덕이 가득 쌓였다. 아내가 너무 고집하면 위태롭다. 달이 거의 보름달에 가까운데 군자가 움직이니 흉하다.]

《주역》 9번째 괘 풍천소축(風天小畜)은 위는 바람이고, 아래는 하늘이다. 하늘 위에서 바람이 부는 모습으로, 비가 내리기 전의 상이다. 비가 오면 생명체는 그 비를 저장하는 까닭에 저축을 의미한다. 작지만 꾸준한 발전이라는 개념이다.

기업 경영에서는 큰 목표를 향해 작은 발걸음을 내딛는 것의 중요성을 은유적으로 표현한 것으로, 작은 것부터 시작하여 추진력을 쌓고 미래의 성장을 위한 탄탄한 기반을 다지는 것이 중요하다는 의미를 담고 있다. 이러한 작은 발걸음에는 강력한 기반 구축, 고객 및 이해관계자와의 긍정적인 관계 형성, 혁신과 지속적인 개선의 문화 개발 등이 포함된다.

기업 경영진 입장에서 이는 점진적인 개선에 집중하고, 시간이 지남에 따라 추진력을 구축하는 것으로, 여기에는 쉽게 달성할 수 있는 작고 달성 가능한 목표를 설정하고, 이러한 성공을 통해 조직 내 추진력과 자신 감을 구축하는 것이 포함된다. 동시에 경영자는 미래의 성장을 위해 강력한 기반을 구축하는 것이 중요하다. 따라서 미래의 성공을 위한 강력한 플랫폼을 구축하기 위해 연구 개발, 직원 교육 및 개발, 인프라와 같은 주요 영역에 투자하는 것도 여기에 포함된다.

풍천소축은 전반적으로 작은 것부터 시작해 모멘텀을 구축하고, 미래의 성장을 위해 강력한 기반을 구축하는 것이 중요하다는 것을 강조한다. 더 큰 목표를 향해 작지만 꾸준한 발걸음을 내딛고 미래의 성공을 뒷받침할 핵심 영역에 투자함으로써 기업은 장기적인 성공을 달성하고 강력하고 지속 가능한 비즈니스 모델을 구축할 수 있다.

### 실천 항목

기업 경영에서 풍천소축은 작은 성공이 점진적으로 쌓여 시간이 지남에 따라 큰 이익을 가져올 수 있다는 지혜를 준다. 한 번에 모든 것을 성취하려고 하기보다 점진적인 접근이 장기적으로 더 효과적이고, 지속 가능할 수 있다고 조언한다.

더 큰 목표를 달성하기 위해서는 자원, 인력, 전문성을 축적하는 성장 단계를 밟고, 크고 전면적인 변화를 시도하는 대신 시간이 지남에 따라 점진적으로 이루어질 수 있는 작은 개선에 집중해야 한다. 이는 보다 지속 가능한 발전으로 이어지고, 한 번에 너무 많은 변화로 직원들이 부담스러워 하는 것을 방지할 수 있다.

작은 승리를 축하하라. 그 과정에서 얻은 작은 성취와 성공이 당시에는 사소해 보일지라도 이를 인정하고 축하해야 한다. 이는 추진력을 구축하고 직원들이 계속 발전하도록 동기를 부여하는 데 도움이 될 수 있다.

보수적인 리스크 관리도 필요하다. 신중한 접근방식으로 위험 부담이 큰 도박보다는 점진적인 개선에 중점을 두어야 한다. 이를 통해 조직은 큰 좌절을 피하고, 시간이 지남에 따라 꾸준한 발전을 유지할 수 있다.

의사결정에서는 절제된 접근방식을 취해야 한다. 모든 요소를 신중하게 고려하지 않고 중요한 결정을 서두르지 않아야 한다. 또한 조치를 취하기 전에 다양한 옵션의 장단점을 고려해 예측 가능한 접근방식을 취해야 한다.

인내심과 끈기도 필요하다. 비즈니스의 성공은 일관된 노력에서 비롯된다. 직원들이 장기적인 목표에 집중하고, 인내심을 갖고 꾸준히 노력하도록 격려해야 한다.


## 기업 사례

작은 성공을 소중히 여기고 풍천소축의 지혜를 기업 경영에 적용한 회사로는 소상공인, 회계사, 개인을 대상으로 재무, 회계, 세금 관련 소프트웨어 및 서비스를 개발해 판매하는 미국의 금융 소프트웨어 기업 인튜이트(Intuit Inc, INTU)가 있다. 이 회사는 30년간 우상향 중인 금융 핀테크 종합 서비스 회사다. 인튜이트에 따라붙는 수식어 중 하나는 'IT 공룡기업 마이크로소프트와의 경쟁에서 살아남은 회사'다. 인튜이트는 여러 번의 기술혁명을 거치는 동안 모든 도전자들을 물리쳐 왔다. 인튜이트와 경쟁을 벌였던 플렉시드로(Flexidraw), 비지캘크(VisiCalc) 등 소프트웨어는 이미 오래전에 시장에서 도태됐다.

인튜이트

미국 캘리포니아주 마운틴뷰에 본사를 두고 있는 인튜이트는 1983년 소프트웨어 개발자인 스콧 쿡(Scott Cook)과 톰 프룰(Tom Proulx)이 설립한 이래 1993년 나스닥(NASDAQ)에 상장했으며, 미국, 캐나다, 인도 등 9개 국가 20여 개 지역에 1만여 명의 직원을 두고 있다. 현재 인튜이트의 구독 서비스 가입자 수는 5,000만 명이 넘고, 연간 순이익은 1조 8천억 원에 달한다.

인튜이트의 철학은 작지만 달성 가능한 목표에 집중하는 것이다. 인튜이트의 접근방식은 학습과 개인의 계발을 중시하는 기업문화에도 반영되어 있다. 직원들에게 리스크를 감수하고, 새로운 아이디어를 실험하며, 그 과정에서 작은 성공을 축하하도록 권장한다. 이 회사는 제품 통합 전에 작은 기능들을 프로토타이핑하고, 테스트 및 반복하는 '즐거움을 위한 디자인(design for delight)'이라는 프로세스를 사용한다. 이러한 접근방식을 통해 인튜이트는 작은 개선을 이루어 궁극적으로 더 큰 성공을 거뒀다. '즐거움을 위한 디자인'의 목표는 고객의 요구를 충족시킬 뿐만 아니라 기대 이상으로 고객을 기쁘게 하는 제품을 만드는 것이다. 이 접근법에는 3가지 주요 원칙이 있다. '깊은 고객 공감(Deep Customer Empassion)', '넓게 보고 좁게 생각하기(Go Broad to Go Narrow)', '신속한 실험(Rapid Experimentation)'이다.

첫 번째 원칙인 '깊은 고객 공감'은 고객의 니즈, 욕구, 문제점을 심층적으로 이해하는 것을 말한다. 이를 위해서는 표면적인 피드백을 넘어 고객이 제품을 사용하는 상황을 진정으로 이해해야 한다. 인튜이트에는 연구방법론 전문가가 포함돼 있다. 이들은 학술 연구에서 연구방법론을 차용해 각각의 새로운 기능에 대한 가설을 개발하고, 고객 표본을 대상으로 테스트한다. 고객 표본을 자주 변경해 편향된 결과를 피한다. 이를테면 민족지학(ethnography) 연구, 인터뷰 및 사용 적합성 테스트를 포함한 광범위한 연구를 수행하여 이를 달성한다.

두 번째 원칙인 '넓게 보고 좁게 생각하기'는 최고의 솔루션으로 범위를 좁히기 전에 광범위한 잠재적 솔루션을 탐색하는 것을 말한다. 인튜이트는 팀원들이 다양한 아이디어를 생성한 다음, 반복과 개선 과정을 거쳐 최상의 솔루션에 도달하도록 권장한다. 이러한 과정을 통해 창의성과 혁신을 촉진한다.

세 번째 원칙인 '신속한 실험'은 솔루션을 빠르게 자주 테스트하고 반복하는 것을 말한다. 인튜이트는 이를 통해 고객으로부터 조기에 자주 피드백을 받는다. 궁극적으로 제품을 개선하고 부가가치가 없는 기능에 시간과 리소스를 투자하지 않아도 되기 때문이다. 또한 이러한 접근방식을 통해 시장의 변화나 고객의 요구에 민첩하게 대응할 수 있기 때문이다.

인튜이트 설립자 톰 프룰은 개발자의 역할을 중시했지만, CEO 스콧 쿡은 고객 중심의 제품 개발과 혁신을 중요한 가치로 삼았다. 두 사람의 리더십 스타일은 각각 기술과 고객 중심의 관점에서 인튜이트의 성장과 발전을 이끌어냈고, 궁극적으로는 인튜이트를 세계적인 소프트웨어 회사로 성장시켰다. 그리고 억만장자이자 실리콘밸리에서 가장 성공한 대표적 기업가인 스콧 쿡은 지금도 여전히 인튜이트로 매일 출근하고 있다.

# 10. 천택리(天澤履)

자신을 지키는 길 –
"늘 살피고 조심하라"

履虎尾, 不咥人, 亨.
리 호 미  부 질 인  형

素履, 往, 无咎.
소 리  왕  무 구

履道坦坦, 幽人貞吉.
리 도 탄 탄  유 인 정 길

眇能視, 跛能履, 履虎尾. 咥人, 凶, 武人爲于大君.
묘 능 시  파 능 리  리 호 미  질 인  흉  무 인 위 우 대 군

履虎尾, 愬愬, 終吉.
리 호 미  색 색  종 길

夬履, 貞, 厲.
쾌 리  정  려

視履, 考祥, 其旋, 元吉.
시 리  고 상  기 선  원 길

[호랑이 꼬리를 밟더라도 사람을 물지 않았다. 모든 일이 순조롭게 진행
됐다.]


[소박하게 밟아 가면 허물은 없다.]
[밟는 길이 평탄하다. 은자처럼 숨어 지내야 끝이 길하다.]
[애꾸눈이 보려 하고 절름발이가 걸으려 한다. 호랑이 꼬리를 밟아 사람을
물어 흉하다. 무인이 대군이 되려 한다.]
[호랑이 꼬리를 밟았으나, 조심하고 조심하면 끝내는 길하다.]
[결단 끝에 밟았으나 끝이 사납다.]
[밟아온 길을 되돌아보고 좋은 것은 살펴보고 되돌아갈 길이면 처음부터 길
하다.]


《주역》 10번째 괘 천택리(天澤履)는 위는 하늘이고, 아래는 연못이다.
연못에 하늘이 비치는 것처럼 이치를 그 마음에 비춰 따라가는 상이다.
즉, 늘 세상 이치에 따라 조심스럽게 발걸음을 내딛는다는 의미다.
　기업 경영에서는 신중한 계획과 리스크 관리의 중요성을 은유적으로
표현한 것으로, 변화하는 상황에 유연하게 대응하고 적응할 수 있어야 하
며, 늘 조심하고 또 조심해야 한다는 의미다. 성공적인 경영을 위해서는
리더가 자신의 행동방식을 살펴야 하며, 업무에 대한 윤리적이고 명예로
운 접근방식을 유지해야 한다. 리더의 성공적인 기업 경영을 위해 윤리
적 행동이야말로 천택리가 주는 지혜다.

또 기업의 리더는 새로운 정보에 개방적이어야 하며, 필요에 따라 계획을 기꺼이 조정하면서 의사결정에 대한 전략적 데이터 중심 접근방식을 채택할 필요가 있다. 여기에는 정기적인 위험 평가 수행, 핵심 성과 지표 모니터링, 시장 동향 및 신기술에 대한 최신 정보 파악 등이 포함된다. 특히 직원, 고객, 공급업체, 투자자를 포함한 이해관계자와의 강력한 관계 구축도 중요하지만, 이들과 열린 소통, 투명성, 신뢰를 구축해 리스크를 없애야 한다. 그래야 기업은 창의성, 혁신, 지속적인 개선을 장려하는 지원 환경을 조성할 수 있다.

반면에 너무 신중한 나머지 주저하는 모습을 보이면 안 된다. 신중함과 우유부단은 차이가 많다. 어떠한 의사결정을 하기 전에는 지나치다 싶을 정도로 신중히 고민해야 한다. 정보가 부족해서 판단에 자신이 서지 않으면 명확한 결정을 내리기 어렵다. 과학적인 사고를 하지 않으면 우유부단해지는데, 그 이유는 결과에 대한 확신이 없기 때문이다. 따라서 리더는 늘 공부해야 한다.

하지만 한 번 결정을 내리면 전광석화처럼 행동에 나서야 한다. 그리고 이미 내린 결정에 대해서는 시간이 조금 걸려도 성과가 나올 때까지 기다려주어야 한다. 천택리는 '결정은 신중하게, 행동은 빠르게'라는 지혜를 준다. 기업 리더는 늘 조심스럽게 발걸음을 내딛는다는 마음으로 회사를 이끌어야만 변화하는 시장 상황을 헤쳐 나갈 수 있고, 장기적인 성공을 달성할 수 있다.

기업 경영에서 천택리는 조직이 목표를 향해 조심스럽게 행동하고, 전진하는 방법을 조언하고 있다. 이는 성공적인 기업 경영에서서 중요한 요소 중 하나다. 특히 기업의 평판관리는 비즈니스에서 가장 중요한 요소 중 하나로, 회사의 평판을 손상시키는 실수나 잘못된 관리는 회복하는 데 수년이 걸릴 수 있다. 이에 회사는 평판관리를 위해 사전 예방적 접근 방식을 취하며, 문제가 발생하면 신속하게 대처해야 한다.

또한 재무관리는 기업 경영에서 매우 중요한 영역이다. 정확하고 신뢰할 수 있는 데이터를 기반으로 재무 결정을 내리는 것이 필수이며, 재무관리에서 실수나 잘못된 처리는 회사에 심각한 결과를 초래할 수 있다.

회사는 또한 복잡한 법률 환경에서 모든 관련 법률과 규정을 준수하는 것이 중요하다. 법적 요건을 준수하지 않으면 법적 문제, 금전적 처벌, 회사 평판 손상 등의 위험을 초래할 수 있다.

직원은 기업의 가장 소중한 자산 중 하나이다. 기업 경영에서는 직원을 소중히 여기고 존중하는 것이 필수이며, 관리자는 개방적이고 투명한 소통 채널을 구축하고, 공정하고 존중하는 태도로 직원들을 대해야 한다. 불편한 직원 관계는 기업의 성장과 발전을 가로막는 요인 중 하나이다. 이러한 문제가 기업의 성장과 발전을 가로막는 사례는 차고도 넘친다.

기업 경영은 호랑이 꼬리를 밟은 듯 늘 신중하게 해야 한다. 신중한 의사결정이란 과학적 사고로 논리적이고 경험적인 방법을 사용하여, 즉 정보에 입각한 증거 기반의 의사결정을 내리기 위해 데이터를 수집, 분석 및 해석하는 프로세스를 말한다.

블록버스터. 출처: Netflix

1985년에 데이빗·샌디 쿡 부부와 웨인 후이젠이 설립해 1990년대와 2000년대 초반에 인기를 끌었던 비디오 대여 회사였던 블록버스터(Block-buster). 그러나 인터넷 스트리밍 기술이 등장하자 이 회사는 오히려 이 기술을 무시하고 DVD 대여 사업에 집중하기로 결정했다. 이 결정으로 인해 블록버스터는 경쟁 업체인 넷플릭스에 밀려 대거 매장을 폐쇄해야 했고, 2010년에 파산 신청을 하고 결국 문을 닫았다. 블록버스터의 실패에는 사실 몇 가지 요인이 있었다.

첫 번째, 디지털 미디어가 떠오르고 있었다. 넷플릭스, 훌루와 같은 스트리밍 서비스를 비롯한 디지털 미디어의 등장으로 사람들은 집을 나가지 않고도 영화와 TV 프로그램을 쉽게 시청할 수 있게 되었다. 이로 인해 블록버스터의 오프라인 매장은 관련성과 편의성이 떨어졌다.

두 번째, 디지털 시장으로의 늦은 진입이다. 블록버스터도 결국 자체 디지털 대여 서비스를 시작했지만, 넷플릭스 같은 기존 스트리밍 서비스와 경쟁하기에는 너무 늦어 버렸다. 즉, 블록버스터의 디지털 서비스만으로는 회사를 구하기에 충분하지 않았다.

세 번째, 블록버스터는 혁신에 실패하고, 변화하는 소비자 선호도에 적응하지 못했다. 스트리밍 서비스가 인기를 얻는 동안, 블록버스터는 여전히 오프라인 매장에 집중했다. 이러한 혁신과 적응력 부족은 회사를 혼란에 취약하게 만들었다.

마지막으로 블록버스터는 임대료, 공과금, 인건비 등 상당한 투자가 필요한 오프라인 매장을 다수 보유하고 있었다. 이러한 높은 비용 구조는 간접비가 낮은 디지털 업체와 경쟁하기 어렵게 만들었다.

요약하면, 블록버스터는 업계의 변화에 적응하지 못하고, 혁신에 실패했으며, 높은 비용 구조로 인해 민첩하고 비용 효율적인 디지털 업체와 경쟁하기 어려웠기 때문에 실패했다. 블록버스터에서 CEO 안티오코의 리더십은 종종 비판을 받았는데, 특히 2000년대 초에 넷플릭스를 인수하지 않기로 결정한 것과 관련해 일부 분석가들은 그가 결국 회사를 몰락에서 구할 수 있는 기회를 놓쳤다고 평가했다.

당시 초기 넷플릭스는 수익성이 생각만큼 좋지 못했다. 그러자 설립 이래로 계속 적자 행진이던 넷플릭스를 창업주 리드 헤이스팅스는 블록버스터에 매각하기로 결정했다. 마침 블록버스터는 오프라인 대여 시스템만 구축했기 때문에 좋은 거래가 될 것이라고 여겨 매각 대금이 5,000만 달러 정도면 충분할 것으로 생각했다. 하지만 안티오코는 이 제안을 거절했다. 블록버스터에 비하면 미약하기 짝이 없는 넷플릭스를 인수할 필요가 없다고 판단한 것이다. 훗날 이는 야후의 구글 인수 거부와 함께 IT업계에서 기회를 놓친 대표적 사례로 꼽히게 된다.

그럼에도 불구하고 안티오코는 엔터테인먼트 업계에 기여한 공로를 인정받아 물리적 미디어에서 디지털 미디어로의 전환을 이끈 선구자로 평가받고 있다. 블록버스터를 떠난 후 안티오코는 여러 비즈니스 벤처에 참여했으며, 여전히 기업계에서 영향력 있는 인물로 활동하고 있다.

# 정리해고

지난해 거의 망해가는 운송 관련 플랫폼 업체를 인수합병한 대학 후배가 찾아왔다. "기존 직원들을 1년 넘게 동기부여했지만, 패배의식을 도저히 바꿀 수 없어 정리해고 해야겠다"는 것이었다. 필자는 "꼭 그렇게 해야 한다고 임원 회의에서 결론이 내려졌다면 해고하는 대신 퇴직금과 위로금을 넉넉히 주라"고 조언했다. 그러자 후배는 말도 안 된다는 표정이었다. 실제로 그 회사는 인수가 아니었다면 파산했을 정도였으니 후배 입장에서는 1년 넘게 수익이 나지 않은 회사에 자금을 쏟아붓는 것도 모험이자 도전이었다.

당시 후배가 처한 상황은 《주역》 30번째 괘 중화리(重火離)에 해당했다. 중화리는 위도 불이고, 아래도 불이다. 밝고 빛나는 무언가에 달라붙은 불의 상이다. 불 두 개는 태양을 상징하며, 변화와 열정, 파괴와 위험을 나타낸다. 1년이 지난 이 회사는 열정과 창의성으로 변화와 성장의 시기였다. 성공을 이루기 위해 모든 에너지를 집중하기 위해서는 대담하고 자신감이 있는 동시에 절제되고 전략적인 태도가 필요했다.

6번째 효사 '折首, 獲匪其醜, 无咎'(우두머리는 참수해도 그 부하들은 죽이지 않아야 허물이 없다)는 오만함과 권위주의적인 행동에 대해 경고하고 있다.

후배는 필자의 조언을 받아들여 넉넉한 위로금을 지급했고, 몇몇 직원은 다른 직장을 알아봐 주기까지 했다.

최근에 기쁜 소식을 들었다. 회사가 손익 분기점을 넘어섰고, 특히 해고된 직원의 연결로 큰 거래가 성사됐다는 것이다. 이처럼 《주역》은 그때그때의 상황을 알아채면 현명한 판단을 할 수 있는 지혜를 알려준다.

참고로 최근 들어 플랫폼 기업이 시장을 석권하고 있다. 공급자와 소비자를 연결하여 가치를 창출하고, 규모의 경제를 통해 비용을 절감하며 빠르게 성장해 시장을 장악하고 있다. 플랫폼 기업이 시장을 석권하는 것은 시대의 흐름이다. 반면 플랫폼 기업은 소비자와 기업에게 큰 편익을 제공하지만, 시장에서 독과점을 형성하거나 개인의 데이터를 수집하고 활용하는 과정에서 개인의 프라이버시를 침해하는 것을 방지하기 위한 장치도 마련해야 한다.

# 11. 지천태(地天泰)

## 평화의 길 –
## "늘 대비하고 준비하라"

泰, 小往大來, 吉, 亨.
태 소왕대래 길 형


拔茅茹, 以其彙征, 吉.
발모여 이기휘정 길

包荒, 用馮河, 不遐遺, 朋亡, 得尙于中行.
포황 용빙하 불하유 붕망 득상우중행

无平不陂, 无往不復, 艱貞, 无咎, 勿恤, 其孚, 于食,
有福.
무평불피 무왕불복 간정 무구 물휼 기부 우식
유복

翩翩, 不富以其鄰, 不戒以孚.
편편 불부이기린 불계이부

帝乙歸妹, 以祉 元吉.
제을귀매 이지 원길

## 城復于隍, 勿用師, 自邑告命, 貞, 吝.
성 복 우 황　물 용 사　자 읍 고 명　정　린

[태(평화와 번영)는 작은 것이 가고 큰 것이 온다. 끝내 길하다.]

[띠 뿌리를 뽑는 것처럼 무리를 지어서 가는 것은 길하다.]

[거친 자를 포용하며 큰 강을 걸어서 건너는 데 쓴다. 멀리 숨어 있는 자도 버리지 않고, 사익을 위해 붕당을 만들지 말고, 중정을 행하면 숭상을 얻는다.]

[평평한 것은 기울어지지 않음이 없다. 지나가기만 하고 되돌아오지 않음이 없다. 어려워도 마음을 곧게 하면 근심이 없다. 그 믿음이 먹는 곳에 복이 있다.]

[새가 무리 지어 훨훨 날아 내려오는 것처럼 부귀를 돌보지 않고 이웃들과 함께하면 경계하지 않고 서로 믿는다.]

[상나라 왕 제을이 누이동생을 시집보냈다. 복되고 크게 길하다.]

[성의 모퉁이가 무너졌다. 군사를 쓰지 말아야 한다. 자신의 읍에 명령을 내리면 끝내 부끄럽다.]

《주역》 11번째 괘 지천태(地天泰)는 위는 땅이고, 아래는 하늘이다. 땅의 기운은 하늘로 올라가고, 하늘의 기운은 땅으로 내려와 서로 조화를 이루는 상이다. 즉, 균형과 조화를 바탕으로 한 평화를 의미한다.

기업 경영에서는 신뢰와 협업, 상호 존중이 필수적인 가치로 여겨져야 한다. 이를 바탕으로 모든 직원들이 참여하고 기여할 수 있는 조화롭고, 안정적인 근무 환경을 조성해야 한다. 팀워크, 협력, 혁신을 장려하며 업무 문화를 은유적으로 표현하는 것은 이러한 가치를 강조하는 것이다.

이를 위해서는 명확하고 투명한 조직 구조와 강력한 커뮤니케이션 채널을 구축하고, 개방성과 포용성의 문화를 권장하는 것이 중요하다. 작은 것이 가고 큰 것이 와야 한다는 지천태의 의미도 함께 고려해야 한다. 작은 것을 투자하고 희생하여 큰 것을 얻는 것뿐 아니라, 평화를 이루는 과정에서 각자의 역할과 책임을 지는 것도 중요하다. 모든 이해관계자들의 발언권을 보장하고, 그들의 의견을 고려하는 협력적이고 협동적인 문제 해결과 의사결정도 필요하다. 이상적인 상태는 기업 시스템의 모든 개별 부분이 원활하게 함께 작동할 때 이루어진다.

비즈니스 목적과 비전에 한마음으로 동참하며, 비즈니스 초기 단계에는 철저히 고객 중심적이어야 한다. 윤리적이고 책임감 있는 리더십이 중요하며, 기업은 정직과 책임의 문화를 조성하여 이해관계자들의 신뢰와 믿음을 얻어야 한다. 명확한 정책 수립, 다양성과 포용성 권장, 직원 교육 및 개발에 투자하는 것이 이를 실현하는 방법이다. 지천태는 기업 경영에서 신뢰, 협업, 상호 존중을 촉진하는 조화롭고 안정적인 근무 환경을 조성하는 것이 무엇보다 중요하다고 강조한다. 이를 통해 기업은 변화하는 시장 상황을 헤쳐 나가 지속 가능한 비즈니스를 실현할 수 있다.

기업 경영에서 지천태는 상호 존중과 함께 일하는 의지를 바탕으로, 모든 이해관계자를 소중히 여기고 그들의 기여를 인정하는 평화롭고 조화로운 직장 환경을 조성하는 것이 중요하다고 조언하고 있다. 기업의 리더는 포용성, 협업, 균형 잡힌 의사결정 문화를 조성하여 목표를 달성할 수 있는 강력하고 효과적인 팀을 구축해야 한다. 이를 위해서는 팀의 구성원이 같은 목표를 향해 한 방향으로 정렬하고 노력하는 것이 필요하며, 고객, 공급업체, 파트너를 포함한 모든 이해관계자와 강력한 관계를 구축하는 것이 중요하다.

또한 리더는 응집력 있고 효과적인 팀을 구축하기 위해 협업의 중요성을 강조하고 직원들이 함께 일하도록 권장해야 한다. 마지막으로 모든 관점을 고려하고, 이해관계의 충돌에 균형을 맞추는 것이 무엇보다 중요하다. 다양한 관점을 고려하고 모든 당사자를 만족시킬 수 있는 중간 지점을 찾는 리더가 조화롭고 생산적인 업무 환경을 조성할 수 있다.

## 기업 사례

'스톨아웃(Stall-out)'이란 기업의 총수익과 성장률이 큰 폭으로 급격하게 하락하는 현상을 말한다. 세계 최대 주택용품 판매 업체인 홈디포(The

Home Depot)는 사업 초기에 고객들과 긴밀한 관계를 구축하는 데 집중해 성공할 수 있었다. 홈디포가 내세운 슬로건은 '소비자를 위해서라면 무엇이든 다(Whatever it takes)'였다. 하지만 창사 이래 20여 년간 급성장을 하다가 2000년 12월, 최초로 수익 목표를 달성하지 못하는 일이 벌어졌다. 홈디포가 스톨아웃에 빠진 것이다. 이미 홈디포의 몸집은 500억 달러에 육박한 상태였다.

홈디포

결국 홈디포 이사회는 비대해진 기업을 효율적으로 관리할 수 있는 경영자로 GE 출신 CEO를 임명했다. 새롭게 취임한 CEO는 시스템을 새롭게 정비하는 데 힘썼다. 수년 간 거의 모든 고위 임원을 새로 교체했고,

본부 관리자도 절반 이상 외부에서 새롭게 수혈했다. 하지만 경영진의 교체는 예상치 않은 결과를 낳았다. 과거 홈디포의 최대 강점이었던 고객, 공급업체, 파트너를 포함한 모든 이해관계자와의 강력한 관계가 무너진 것이다.

이후 새로운 구원투수로 등장한 인물이 프랭크 블레이크(Frank Blake)다. 2007년 홈디포에 CEO로 취임한 블레이크는 가장 먼저 일선에서 뛰던 매장 직원들이 교육을 통해 전문적인 지식을 갖고 고객 서비스에 집중하도록 조치했다. 또한 상여금 규모를 7배로 늘렸으며, 퇴직한 전문가들을 재고용했다. 창업자 정신을 복구하는 데 힘쓴 것이다. 핵심 원칙으로 복귀한 덕분에 홈디포는 다시 활기를 찾았고, 스톨아웃에서 벗어날 수 있었다.

다음은 프랭크 블레이크가 스톨아웃에 빠진 홈디포를 되살린 구체적인 방법들이다

먼저 고객 서비스가 개선해야 할 중요한 분야라는 점을 인식하고, 직원 교육과 고객 경험 개선에 많은 투자를 했다. 또한 고객의 요구를 최우선으로 고려하고, 직원들에게 고객 경험을 개선할 수 있는 의사결정 권한을 부여한 '고객 우선'이라는 프로그램을 시작했다.

홈디포가 몸집이 크고 비효율적이었기 때문에 운영을 간소화하고 불필요한 비용을 절감하기 위해서도 노력했다. 실적이 저조한 매장을 폐쇄하고, 재고 수준을 낮추고, 회사의 공급망을 통합해 효율성을 개선했다. 또한 기술 혁신 측면에서 앞서 나가는 것이 중요하다는 것을 인식하고,

셀프 계산대, 키오스크, 모바일 앱, 온라인 주문 등 고객 경험을 개선할 수 있는 새로운 기술에도 과감히 투자했다.

매장 내 머천다이징(상품 또는 서비스를 알맞은 시기와 장소에서 적정 가격으로 유통시키기 위한 상품 기획), 제품 진열, 제품 가용성 등 기본적인 소매업의 펀더멘털(Fundamental) 개선에도 집중했다. 또한 가전제품 및 바닥재와 같은 새로운 카테고리를 확대하기 위해서도 노력했다.

블레이크는 직원들의 사기가 낮다는 것을 인식하고, 직원들이 의사결정을 내리고 업무에 대한 주인의식을 가질 수 있도록 변화를 단행했다. 직원에 대한 교육을 강화하고, 휴대용기기 사용을 확대해 고객을 더 잘 지원할 수 있도록 했으며, 경력 향상을 위한 기회를 더 많이 제공했다. 결국 블레이크는 고객 서비스 개선, 운영 간소화, 기술 투자, 소매업의 기본에 대한 집중, 직원 사기 향상에 집중함으로써 회사를 되살리고 스톨아웃을 극복하는 데 성공했다.

# 12. 천지비(天地否)

난관을 해쳐 가는 길 –
"불통을 뚫어라"

否之匪人, 不利君子貞, 大往小來.
비 지 비 인  불 리 군 자 정  대 왕 소 래


拔茅茹, 以其彙, 貞, 吉, 亨.
발 모 여  이 기 휘  정  길  형

包承, 小人吉, 大人否, 亨.
포 승  소 인 길  대 인 비  형

包羞.
포 수

有命无咎, 疇離祉.
유 명 무 구  주 리 지

休否, 大人吉, 其亡其亡, 繫于苞桑.
휴 비  대 인 길  기 망 기 망  계 우 포 상

傾否, 先否 後喜.
경 비  선 비  후 희

[비(막힘)는 사람이 아니다. 군자의 끝은 이롭지만은 않다. 큰 것이 가고 작은 것이 온다.]


[띠 뿌리를 뽑았다. 마침내 길해 성장한다.]
[감싸고 받드니 소인은 길하고 대인은 막히나 성장한다.]
[부끄러움을 안고 있다.]
[하늘의 명이 있어 허물이 없다. 동료가 모두 복을 누린다.]
[막힌 상황을 멈추면 대인은 길하다. 망할 듯 망할 듯하니 뽕나무 무리에 잡아맨다.]
[막힘이 기울어진다. 먼저 막히지만 나중에는 기뻐한다.]


《주역》12번째 괘 천지비(天地否)는 위는 하늘이고, 아래는 땅이다. 하늘은 하늘대로 위에 있고, 땅은 땅대로 아래에 있다. 천지 화합이 일어나지 않아 막혀 있는 상이다. 즉, 불통이 되어 정체된 시기 또는 발전이 불가능한 상황을 의미한다.

기업 경영에서 현실에 안주하거나 고착화될 때 발생하는 어려움은 기업의 안일함이나 침체에 대한 경고로 볼 수 있다. 이러한 상황에서는 기업의 리더가 변화하는 시장 상황과 진화하는 고객 니즈에 능동적으로 대처하고 적응하는 것이 중요하다. 그렇지 않으면 문제와 도전이 더 심각해질 수 있으며, 기업의 성장이 정체되어 어려움이나 위기의 시기가 될 수 있다.

하지만 위기는 기회다. 막혀야 변한다. 천지비는 어려움이나 위기의 시기지만 성찰, 평가, 적응을 위한 기회의 시기이기도 하다는 지혜를 준다. 이 시기를 효과적으로 헤쳐 나갈 수 있는 리더는 목표를 달성하기 위해 더 강하고 더 잘 준비된 리더로 성장할 수 있다는 의미다.

요약하면 기업의 리더는 변화하는 시장 상황과 진화하는 고객 니즈에 능동적으로 대처하고 적응하는 것이 중요하다는 것을 강조한다. 리더가 안일함과 침체의 위험을 인식하고 도전과제를 해결하고 새로운 기회를 모색하기 위한 조치를 취해야만 기업은 장기적으로 번창할 수 있는 강력하고 지속 가능한 비즈니스를 구축할 수 있다.

## 실천 항목

기업 경영에서 천지비는 앞으로 나아가지 못하게 하는 장애물이나 도전에 직면한 상황이다. 하지만 태평하고 안정된 상황이 꼭 좋은 것만은 아니다. 기회는 위기이고, 위기는 기회이기 때문이다. 결국은 기업의 리더가 어떤 통찰을 가지고 있는지가 중요하다.

기업이 정체된 상태에서는 직원이나 이해관계자들이 변화를 거부하는 경향이 있다. 리더는 이에 대한 근본적인 원인을 파악하고 이를 해결해야 한다. 또한 규제나 공급망 중단과 같은 장애물이 발생할 경우, 리더는 계획을 재평가하고 변화에 적응할 수 있는 새로운 방법을 모색해야 한다.

천지비는 앞으로 나아가기에는 적절한 시기가 아니며, 인내심이 필요하다는 것을 조언한다. 이때는 행동보다는 성찰과 계획이 필요한 시기다. 기업이 막힌 상태라면 리더가 전략을 재평가하고, 비즈니스 전략을 변경해야 한다. 이때는 직원이나 이해관계자에게 피드백을 구하거나, 운영 검토를 함께 수행하거나, 전략을 세우는 데 참여시키는 것이 좋다.

## 기업 사례

'스탠드 스틸(Stand-still)'은 정지 또는 현상 유지라는 의미다. 기업 경영에서 스탠드 스틸은 회사가 앞으로 나아가지 못하게 하는 장애물이나 도전에 직면한 경우에 발생한다.

스탠드 스틸을 극복한 노키아(Nokia)는 한때 휴대폰 시장의 최강자였다. 그러나 애플과 안드로이드 스마트폰과의 치열한 경쟁에 직면하면서 정체기에 빠져들었다. 노키아는 업계의 빠른 혁신 속도를 따라잡기 위해 고군분투했지만, 시장점유율은 하락을 거듭했다. 결국 노키아는 비즈니스 모델을 전환해야 한다는 사실을 깨닫고, 네트워크 인프라(5G 장비)와 소프트웨어 개발에 집중하기 시작했다. 이러한 전략적 변화 덕분에 노키아는 스탠드 스틸에서 살아남을 수 있었다.

노키아는 B2C에서 B2B로, 휴대전화 제조업에서 이동통신 서비스업으로 과감하게 시장을 넘나드는 전략을 통해 재도약에 성공했다. 이러한 노키아의 정체 극복에 큰 역할을 한 사람이 바로 CEO 라지브 수리(Rajeev Suri)였다. 수리는 1995년 노키아에 합류해 노키아의 서비스 비즈니스 책임자, 노키아와 지멘스의 합작 회사인 노키아 지멘스 네트웍스(Nokia Siemens Networks)의 CEO 등 회사에서 다양한 리더십 역할을 수행한 사람이었다. 2014년에 그는 스티븐 엘롭(Stephen Elop)의 뒤를 이어 노키아의 CEO로 임명됐다.

노키아 CEO 라지브 수리. 출처: Adda247

수리가 취한 주요 조치 중 하나는 모바일 디바이스에서 통신 인프라로 초점을 전환하는 것이었다. 노키아는 모바일 디바이스에 대한 수요가 기존 휴대폰에서 스마트폰으로 이동하고 있으며, 이 시장에서 효과적으로 경쟁할 수 없다는 사실을 인식했다. 대신 노키아는 전 세계적으로 수요가 많은 5G 네트워크 구축과 기타 통신 인프라 솔루션 개발에 노력을 집중했다. 또한 5G와 사물 인터넷(IoT)과 같은 분야의 연구 개발에도 많은 투자를 했다. 이러한 분야가 통신 산업의 미래에 매우 중요하다는 것을 인식했기 때문이었다.

수리가 취한 또 다른 중요한 조치는 대대적인 구조 조정이었다. 노키아는 조직 구조를 단순화해 비용을 절감하고, 비핵심 사업을 매각하여 핵심 사업에 집중했다. 이를 통해 운영을 간소화하고, 시장 변화에 더욱 민첩하게 대응할 수 있었다. 아울러 핵심 분야의 역량을 강화하기 위해 전략적 인수도 단행했다. 5G 시장에서 입지를 강화하기 위해 선도적인 통신 장비 회사인 알카텔-루슨트(AL, Alcatel-Lucent)를 인수한 것이 대표적이다.

이러한 수리의 리더십은 노키아가 위기를 극복하고 성공하는 데 중요한 역할을 했다. 그의 전략적 비전 전환, 연구 개발 투자, 구조 조정, 전략적 인수 등 여러 요인이 복합적으로 작용한 것으로 볼 수 있다. 이러한 노력 덕분에 노키아는 통신 업계에서 입지를 되찾을 수 있었다.

# 13. 천화동인(天火同人)

공동선을 위하는 길 –
"하나로 번영하라"

同人于野, 亨, 利涉大川, 利君子貞.
동 인 우 야  형  리 섭 대 천  리 군 자 정

同人于門, 无咎.
동 인 우 문  무 구

同人于宗, 吝.
동 인 우 종  린

伏戎于莽, 升其高陵, 三歲不興.
복 융 우 망  승 기 고 릉  삼 세 불 흥

乘其墉, 弗克攻, 吉.
승 기 용  불 극 공  길

同人, 先號咷而後笑, 大師克, 相遇.
동 인  선 호 도 이 후 소  대 사 극  상 우

## 同人于郊, 无悔
동 인 우 교　무 회

[들판에서 사람들과 함께해야 성장한다. 큰 강을 건너면 길하다. 군자는 끝내 길하다.]

[문에서부터 사람들과 함께한다, 허물이 없다.]

[함께할 때 한 가문끼리만 하면 부끄럽다.]

[군사를 숲속에 매복시키고 높은 언덕에 올라 살펴도 3년 동안이나 일어서지 못한다.]

[성벽에 올랐어도 공격하지 않는 것이 길하다.]

[사람들과 함께한다. 처음에는 큰 소리로 울다가 나중에는 기뻐서 웃는다. 큰 군사로써 이겨야만 서로 만날 수 있다.]

[먼 들판에서 사람들과 함께하지만 후회는 없다.]

《주역》13번째 괘 천화동인(天火同人)은 위는 하늘이고, 아래는 불이다. 어두운 하늘 아래 불이 타오르며 세상을 밝히는 상이다. 즉, 어두운 밤길에 등불을 얻은 모습으로, 세상을 밝히는 일은 여러 사람이 힘을 합쳐야 한다는 의미다.

기업 경영에서는 성공을 거두는 데 있어 팀워크, 소통, 화합의 중요성을 강조한다. 리더는 직원, 고객 및 파트너와 강력한 관계를 구축하여 공동의 목표를 달성할 수 있도록 지원 환경을 조성하는 데 집중해야 한다고 조언한다. 리더가 직원 및 동료들과 돈독한 관계를 구축하는 데 우선순위를 두어야 한다는 것을 시사한다. 여기에는 신뢰, 개방성, 상호 지원의 문화를 조성해 모든 사람이 조직의 성공에 기여할 수 있는 가치와 권한을 부여받는다고 느끼는 것이 중요하다. 또한 성공적인 기업 경영을 위해서는 여러 부서와 팀 간의 효율적인 커뮤니케이션과 협력도 필요하다. 그러기 위해서는 공동의 목적의식을 고취하고, 서로 경쟁하기보다는 공동의 목표를 향해 함께 일하도록 권장해야 한다.

천화동인은 특히 기업의 인재를 모으기 위해서는 넓은 곳에서 찾으라는 지혜를 준다. 이때는 대대적인 인사 채용을 하라는 조언을 하고 있다. 동시에 회사에서 가족 구성원이 경영에 참여하지 말라고 조언한다. 참여를 허용하는 경우 몇 가지 잠재적인 문제가 발생할 수 있다. 이는 회사 리더십의 다양성이 제한되어 혁신과 의사결정에 문제가 될 수 있다.

먼저 가족 구성원은 회사의 이익보다 개인의 이익을 우선시하여 업무에 피해를 줄 수 있는 이해상충으로 이어질 수 있다. 또한 가족을 우대할 경우 친족 관계에 대한 인식이 형성되어 직원들의 사기가 저하될 수 있다. 가족 구성원은 회사를 효과적으로 관리하는 데 필요한 기술이나 경험이 없을 수 있으므로 잘못된 의사결정과 잠재적으로 해로운 결과를 초래할 수 있다. 가족 관계는 복잡하고 감정적일 수 있으며, 이로 인해 전문적이고 객관적인 작업 환경을 유지하기 어려울 수 있다.

천화동인은 개방형 사무실 공간과 정기적인 팀 빌딩 활동을 통해 소통과 협력을 장려하는 등 협업적인 업무 환경을 강조하는 스타트업에 적합하다. 직장 내 다양성과 포용성을 장려하고, 직원들이 각자의 관점과 아이디어를 공유해 혁신을 주도하도록 장려하는 다국적 기업 역시 좋다. 또한 직원들에게 정기적인 교육 및 개발 기회를 제공하여 신뢰를 구축하고 공동의 목적의식을 함양하는 데 도움을 주는 기업이 적합하다.

## 실천 항목

기업 경영에서 천화동인은 팀원, 직원, 이해관계자 간의 강력한 관계 구축과 유지의 필요성을 강조한다. 이는 회사의 목표를 달성하는 데 있어 원활한 의사소통, 상호 신뢰, 협력이 중요하다는 뜻이다.

가족이 경영에 참여하려면 명확한 경계, 전문성, 개인의 이익보다 회사의 이익을 우선시하려는 의지가 필요하다. 가족 구성원은 자격, 경험 및 회사에 대한 기여도를 기준으로 선택해야 한다.

인재를 채용할 때는 직무에 적합한 사람을 선택하기 위해 다양한 기준을 고려하는 것이 중요하다. 직무를 효과적으로 수행하는 데 필요한 기술과 경험을 갖췄는지, 또한 직업윤리나 문제 해결 능력, 의사소통 기술, 신입이라도 조직 내에서 리더가 될 수 있는 잠재력이 있는지를 고려해야 한다.

강력한 팀을 구축해야 한다. 상호 보완적인 기술, 공유된 목표, 상호 존중으로 팀을 구성하는 것이 중요하다. 회사 문화에 적합한 직원을 채용하고, 팀 빌딩 활동의 기회를 제공하며, 긍정적인 업무 환경도 조성해야한다. 기업 경영의 성공은 협력과 협업을 통해 달성된다. 협업을 촉진하기 위해서는 명확한 커뮤니케이션 라인을 구축하고, 개방적이고 솔직한 피드백을 장려하며, 팀원 간에 공동의 목적의식을 조성해야 한다.

신뢰는 성공적인 팀이나 조직의 필수 요소다. 신뢰를 구축하기 위해서는 직원들에게 책임을 위임하고, 성과를 인정하고 보상하며, 전문성 계발의 기회를 제공해야 한다. 조화로운 팀을 구축하기 위한 최선의 노력에도 불구하고 갈등이 발생할 수도 있다. 열린 의사소통, 적극적인 경청, 타협하려는 의지를 통해 갈등을 해결해야 한다.

## 기업 사례

비아콤(Viacom)은 음악 채널 MTV, 파라마운트 픽처스 같은 인기 브랜드를 소유한 미디어 대기업이었다. 하지만 2000년대 초반 혼란의 시기를 겪고, 결국 몰락했다. 비아콤의 몰락 원인 중 하나는 가족의 경영 참여 때문이었다. 이 회사는 1971년 미국의 섬너 레드스톤(Sumner Redstone)이 설립했다. 2005년 당시 CEO였던 레드스톤은 딸 샤리 레드스톤(Shari Redstone)을 비아콤의 이사회에 임명했는데, 점차 시간이 흐르면서 레드스톤 가족과 회사의 다른 임원들 사이에 긴장이 고조되기 시작했다.

비아콤CBS

핵심 쟁점 중 하나는 누가 섬너 레드스톤의 뒤를 이어 CEO가 될 것인가 하는 문제였다. 레드스톤은 처음에는 비아콤의 당시 COO인 톰 프레스턴을 지지했지만, 나중에는 프레스턴의 성과를 비판하고, 결국 2006년에 그를 해고했다. 그리고 나서 레드스톤은 CEO로 필리프 다우만을 임명했는데, 샤리 레드스톤은 이를 반대한 것으로 알려졌다.

이후 수년 동안, 비아콤에 대한 레드스톤 가족의 개입으로 기업 지배구조와 회사의 방향에 대한 논쟁은 점점 더 가열됐다. 결국 2016년 섬너 레드스톤은 회장직에서 물러나고, 샤리 레드스톤이 그 뒤를 이어받았다. 샤리 레드스톤의 리더십 아래 비아콤은 주력 네트워크의 시청률 하락, 영화 사업의 부진, 미디어 환경에서 새로운 경쟁자의 부상 등 수많은 도전에 직면하게 되었다. 게다가 비아콤은 이전에 자신들의 제국 중 일부였던 CBS와 잠재적 합병 조건을 놓고 장기간 법적 다툼에 들어갔다.

결국 비아콤은 계속되는 가족 분쟁, 리더십 혼란이 맞물려 몰락으로 이어졌다. 2019년에 비아콤은 CBS와의 합병을 발표했고, 비아콤CBS로 알려진 새로운 미디어 대기업을 탄생시키겠다고 천명했다. 업계에서는 이 합병이 비아콤의 입지를 강화하기 위한 방법이라고 선전했지만, 합병된 회사가 전통적인 미디어 환경을 파괴한 넷플릭스, 아마존, 애플TV 등 다양한 디지털 미디어 플레이어와 경쟁할 수 있을지는 여전히 미지수다.

# 14. 화천대유(火天大有)

큰 부자의 길 –
"큰 부자가 돼라"

大有, 元亨.
대유 원형

无交害, 匪咎, 艱則无咎.
무교해 비고 간즉무구

大車以載, 有攸往, 无咎.
대거이재 유유왕 무구

公用亨于天子, 小人弗克.
공용형우천자 소인불극

匪其彭, 无咎.
비기방 무구

厥孚交如, 威如, 吉.
궐부교여 위여 길

自天祐之, 吉 无不利.
자천우지 길 무불리

[대유(큰 번영)는 처음부터 성장한다.]

[해로운 사귐이 없어야 허물이 없다. 늘 어렵게 여기고 조심히 해나간다면 허물은 없다.]

[큰 수레에 가득 싣고 나아가도 허물이 없다.]

[제후가 공공에 쓰임을 천자에게 바친다. 소인은 감당하지 못한다.]

[지나치게 풍성하지 않고 과시하지 않아야 허물이 없다.]

[믿음으로 사귄다. 위엄을 갖추면 길하다.]

[하늘이 스스로 돕는다. 길하다. 이롭지 않음이 없다.]


《주역》 14번째 괘 화천대유(火天大有)는 위는 불이고, 아래는 하늘이다. 하늘의 불인 태양이 온 천하를 비추는 상이다. 만물에 에너지를 제공하는 태양이 하늘에 있으니 천하를 소유한다는 큰 부자를 의미한다.

기업 경영에서는 회사나 조직이 막대한 자원과 자산을 축적하여 풍요와 번영을 누리는 시기를 나타낸다. 다만 태양은 뜨면 반드시 저물게 되어 있다. 부를 축적하는 것도 중요하지만, 유지하는 것이 더 힘들 수 있다. 부를 유지하기 위해서는 금융, 투자, 자산관리에 대한 이해가 필수다. 부자가 되기 위해서는 돈과 투자 정보에 입각한 결정을 내릴 수 있어야 한다. 또한 그렇게 이룬 부를 사회에 환원해야 한다는 책임감도 느껴야 한다. 자선단체에 돈을 기부해 그들의 가치와 일치하는 사회적 동기부여를 지원하는 것이 대표적이다.

기업을 경영하는 데 있어 기업가 정신은 매우 중요하다. 사업을 시작하고 성장시키기 위해서는 위험을 감내해야 한다. 지속적으로 성공하려면 혁신과 창의성에 대한 사고방식 또한 가져야 한다. 경력 및 개인 생활에 대해 장기적인 비전도 가져야 한다. 미래를 계획하고 장기적으로 자신에게 도움이 되는 결정도 내릴 수 있어야 한다.

부를 유지하기 위해서는 근면과 헌신이 필요하다. 부유한 사람은 일반적으로 의욕이 강하고, 목표를 달성하기 위해 오랜 시간을 투자한다. 근면과 기술도 중요하지만, 운도 큰 부자가 되는 데 중요한 역할을 할 수 있다. 적시적소에 있다는 것은 때때로 예상치 못한 기회가 성공으로 이어질 수 있기 때문이다. 동시에 부는 많은 이점을 가져오지만, 자만심과 오만함을 유발할 수도 있다. 부자는 겸손하고, 재정 상태에 관계없이 다른 사람을 존경과 친절로 대해야 한다. 또한 부가 반드시 개인의 전반적인 성공이나 행복의 척도도 아니다.

## 실천 항목

화천대유는 회사가 상당한 수준의 성공을 거두었으며 더 확장하고 성장할 수 있는 위치에 있음을 나타낸다. 이때는 새로운 시장으로 확장하거나, 회사의 제품 또는 서비스 제공을 다양화하거나, 회사의 포트폴리오에 추가하기 위해 다른 비즈니스를 인수하는 것도 좋다.

이때 풍부한 자원과 자산을 바탕으로 회사 경영진은 업계에서 영향력을 강화할 수 있다. 이는 회사의 핵심 역량을 강화하거나, 전략적 제휴를 구축하거나, 경쟁에서 앞서 나가기 위해 연구 개발에 투자함으로써 이루어질 수 있다.

책임과 윤리도 중요하다. 화천대유는 회사 경영진이 자원과 자산을 윤리적이고 지속 가능한 방식으로 사용해야 할 책임이 있음을 조언하고 있다. 이럴 때는 재생 에너지에 투자하거나, 폐기물 및 탄소 배출을 줄이거나, 회사의 가치에 부합하는 사회적 의무(ESG)를 다해야 한다.

화천대유는 지나친 방종과 안일함에 대해서도 경고하고 있다. 기업은 성공에 너무 안주해 핵심 가치에 대한 집중력을 잃기 시작하면 성과와 평판이 떨어질 수 있기 때문이다.

전반적으로 화천대유는 기업의 잠재력이 크고 풍요로운 시기지만, 성공과 유산을 유지하기 위해서는 책임감 있고 윤리적인 경영이 필요하다는 지혜를 알려주고 있다.

## 기업 사례

누가 뭐래도 애플은 현재 세계 최고의 부자 기업 중 하나다. 시가총액 1, 2위를 다투는 기업으로, 2024년 5월 현재 약 3,800조 원의 가치를 보유하고 있다. 애플은 2018년 8월, 미국 상장사 최초로 시가총액 '1조 달러

기업'의 위업을 달성했고, 이후 2년 만인 2020년 8월에는 2조 달러를 돌파했다. 그리고 여기서 멈추지 않고 또 2년이 채 안된 2022년 1월에는 장중 한때 3조 달러를 돌파했다.

시총 1위 애플

하지만 1990년대 중반에는 파산 직전까지 실적이 떨어졌다는 것은 널리 알려진 사실이다. 그런 상황에서 애플을 구한 것은 쫓겨났던 창업자 스티브 잡스다. 그 후 그는 애플을 살리고, 미국 최고 기업으로 성장시킨 원동력이 되었다. 1997년 9월, 잡스가 CEO로 복귀한 후 두 달 뒤 애플 임직원을 대상으로 애플의 재건에 관해 설명한 사내 강연 동영상이 공개됐다. 'Think different'라는 유명한 문구도 소개되었는데, 이 동영상에서 잡스는 나이키와 디즈니, 코카콜라, 소니 등 세계 최고 브랜드를 예로 들면서 애플은 반드시 부활한다는 강력한 메시지를 제시했다.

당시 애플은 IBM, 마이크로소프트의 윈도우 및 프로세서와 성능 경쟁을 위해서 제품 모델을 확장한다는 전략에 몰입해 있었다. 하지만 잡스는 애플의 강점이 거기에 있지 않다고 판단하고, 애플의 핵심 가치를 "열정을 가진 사람은 세상을 바꿀 수 있다"로 정의했다. 또한 "애플컴퓨터를 사용하는 것으로 사용자의 삶은 어떻게 변화하는가? 또 일은 어떻게 변화하는가?"를 강조함으로써 브랜드 파워를 높일 수 있다고 주장했다.

잡스의 연설 20년 후, 애플은 나이키와 디즈니 등을 제치고 드디어 꿈의 '1조 달러 기업'으로 성장했다. 잡스의 뒤를 이은 팀 쿡 역시 '우리는 누구인가?'라는 잡스의 물음을 계승하고 있다. 애플처럼 차별화한 제품을 가진 기업도 눈앞의 성공만이 아니라 '본질적인 성공'을 위한 관점에서 '우리는 누구인가?', '우리는 고객에게 무엇을 제공할 것인가'라는 질문을 던졌다는 것은 시사하는 바가 매우 크다.

리더십 전략가이자 하버드대 교수인 카민 갈로(Carmine Gallo)는 "이 영상은 열정이 모든 것의 기초라는 것을 상기시켜 준다. 자신이 영감을 받지 않으면 팀에 영감을 줄 수 없다"며, "우리는 무엇에 열정을 갖고 있습니까?라고 묻는 것은 좋은 질문이지만, 충분하지는 않다"고 말한다. 잡스는 영감을 주는 지도자들이 회사의 핵심 목표에 대해 깊고 의미 있는 질문을 하라고 가르쳐 주고 있다. 그는 자신과 팀에게 다음과 같은 질문을 하라고 제시한다.

• 매일 우리를 움직이는 것은 무엇입니까?

- 무엇이 우리의 마음을 노래하게 합니까?

- 고객이 꿈을 이루도록 어떻게 도울 수 있습니까?

- 우리의 핵심 가치는 무엇입니까?

- 우리는 무엇을 지지합니까?

- 세계에서 우리의 위치는 무엇입니까?

이러한 질문은 회사가 핵심 사명을 어떻게 전달할지 통찰력 있는 답변으로 이어진다.

# 15. 지산겸(地山謙)

겸양의 길 –
"겸손하고 또 겸손하라"

謙, 亨, 君子有終.
겸  형  군자유종

謙謙君子, 用涉大川, 吉.
겸겸군자  용섭대천  길

鳴謙, 貞, 吉.
명겸  정  길

勞謙, 君子有終, 吉.
로겸  군자유종  길

无不利 撝謙.
무불리  휘겸

不富以其鄰, 利用侵伐, 无不利
불부이기린  이용침벌  무불리

鳴謙, 利用行師, 征邑國.
명겸  리용행사  정읍국

[겸(겸손)은 성장할 때부터 배우는 군자의 '유종의 미'다.]

[겸손하고 겸손한 군자다. 큰 강을 건너니 이롭다.]

[말 속의 겸손은 끝내 길하다.]

[수고로워도 겸손한 군자는 유종의 미를 거두어 길하다.]

[엄지손가락 같은 겸손이다. 이롭지 않음이 없다.]

[부유하다고 생각하지 않고 이웃과 함께한다. 침벌해도 이로우며 불리함이
없다.]

[겸손한 말로 군사를 동원해서 자기 나라를 치는 것이 이롭다.]


《주역》15번째 괘 지산겸(地山謙)은 위는 땅이고, 아래는 산이다. 땅속
에 웅대한 산이 있으니 벼가 익어 고개를 숙이는 상이다. 말 그대로 겸손
을 말한다. 땅속에 그 힘을 감추고, 대지 위로 부는 부드러운 바람과 같은
리더십을 보여야 한다. 대지에 부는 부드러운 바람은 보다 큰 비전을 나
타낸다. 리더는 조직의 장기적인 목표와 더 큰 그림에 집중해야 한다고
강조한다. 기업 경영에서 목적을 가지고 움직이되 피해를 주지 않으며,
겸손하고 또 겸손한 리더십을 채택하는 것이 중요하다는 것을 조언한다.
겸손은 윤리경영의 핵심이자 리더가 명심해야 할 첫 번째 덕목이다.

지산겸에서는 4가지 겸손(겸겸, 명겸, 로겸, 휘겸)을 말한다. 겸겸은 겸손하
고 또 겸손하라는 뜻이고, 명겸은 명성을 얻어도 겸손하라고 말한다. 로
겸은 수고로워도 자신의 공을 직원들에게 돌린다는 매우 깊은 겸손이다,

휘겸은 네 손가락을 어루만지는 리더십을 말한다. 반면에 지산겸은 늘 겸손하라고는 하지 않는다. 경쟁자의 그릇된 공격에는 과감하고 강력하게 응징하라고 조언한다. 이를테면 공격적 인수합병(M&A)도 과감히 하라는 의미다. 단, 이는 상대 기업이 윤리경영을 하지 않는 경우를 말한다.

### 실천 항목

지산겸에서 말하는 겸손의 지혜는 의사결정 및 리더십에서 겸손하며, 겸손을 우선시하는 경영 스타일이나 접근방식을 의미한다. 리더는 더 큰 그림에 집중하고, 미시적인 관리를 피하며, 조직 내에서 협력적인 문화를 조성해야 한다. 다른 사람의 관점과 회사에 대한 기여도를 소중히 여기고, 적극적으로 피드백을 구함과 동시에 학습과 성장에 개방적인 태도도 가져야 한다. 이러한 접근방식은 긍정적인 업무 문화를 조성하고, 직원과 경영진 간의 관계를 강화하며, 비즈니스 전체에 더 좋은 결과를 가져온다.

리더는 오만하거나 자랑스러워하지 말고, 다른 사람에게 기꺼이 배워야 한다. 겸손한 경영자는 직원의 말을 적극적으로 경청하고, 열린 의사소통을 권장하며, 실수를 인정하고 책임지며, 개인의 성과보다 협업과 팀워크를 우선시한다. 의사결정 시 자제력과 신중함도 발휘해야 한다. 성급한 결정을 피하고, 모든 선택지를 신중하게 고려하는 것이 중요하다.

리더는 직원을 세세하게 관리하는 것을 피하고, 조직 목표를 달성하기 위해 의사결정을 내리며, 일할 수 있는 자율성을 제공하는 임파워먼트 리더십도 발휘해야 한다. 임파워먼트 리더십이란 스스로를 성과지향적인 사람으로 키우고, 부하직원이 잠재능력을 최대한 발휘될 수 있도록 자극을 주고 모범을 보이며, 궁극적으로는 관리가 필요 없는 수준까지 조직을 키우는 것을 말한다.

겸손한 리더는 자신의 공을 기꺼이 조직과 직원들에게 돌린다. 겸손한 리더는 성공이 자신의 노력의 결과만이 아니라 조직과 직원의 공동 노력의 결과임을 인식한다. 개인적인 인정이나 영광을 추구하기보다 조직 내에서 감사와 인정의 문화를 구축하는 데 중점을 둔다.

## 기업 사례

윈도우와 익스플로러로 공고한 성을 쌓았던 마이크로소프트 제국은 2000년대 들어 모바일 혁명과 함께 추락했다. 빌 게이츠 이후 스티브 발머가 CEO로 재직하던 2000년 이후 4년은 마이크로소프에게 잃어버린 15년이었다. 2014년 사티아 나델라(Satya Nadella)가 CEO로 취임하자 IT 시장에서 내리막길만 남은 것 같았던 마이크로소프트가 완벽하게 부활했다. 2024년 5월 현재, 마이크로소프트는 시가총액 1위 기업으로, 그 가치가 무려 4,200조 원에 이른다.

마이크로소프트 CEO 사티아 나델라

나델라의 리더십 스타일은 겸손과 공감, 배우려는 의지가 특징이다. 나델라는 인도에서 태어나 경력을 쌓기 위해 미국으로 이주한 후 20년 이상 마이크로소프트에서 근무했고, 회사 내에서 다양한 리더십 역할을 수행했다. 2014년 CEO가 된 후 그는 마이크로소프트를 보다 혁신적이고 고객 중심적인 조직으로 변혁하는 데 주력했다. 그와 동시에 다양성과 포용성을 우선시했다. 나델라는 문화적 차이를 연결해 사람들을 하나로 모으는 능력으로 유명하다. 이는 다양한 직원 및 이해관계자와 함께 회사를 관리하는 데 중요한 리더십이다.

그가 취임하기 전 마이크로소프트는 GE의 잭 웰치가 1980년대에 고안한 '스택 랭킹(stack ranking)'이라는 평가 시스템을 채택하고 있었다. 직원의 성과를 기준으로 수직곡선으로 순위를 매기는 상대평가 시스템으로, 직원들 간에 치열하고 경쟁적인 작업 환경을 조성해 협업과 팀워크를 저해한다는 불만이 많았다. 나델라는 2014년 취임 후 스택 랭킹 시스템 폐지를 결정했다. 직원들에게 보낸 편지에서 나델라는 스택 랭킹 시스템이 '파괴적'이며, 마이크로소프트의 협업 및 혁신 가치와 일치하지 않는다고 설명했다.

대신 그는 팀워크와 성장 및 영향에 중점을 둔 새로운 성과평가 시스템을 도입했다. 이 시스템은 관리자들에게 목표, 진행 상황 및 개발 요구사항에 대해 직원과 정기적으로 대화하도록 권장한다. 또한 직원들에게는 피드백과 인정받을 기회가 더 많이 주어지고, 공동의 목표를 달성하기 위해 함께 일하도록 권고한다. 스택 랭킹 폐지 결정은 직원과 업계 전문가로부터 찬사를 받았고, 마이크로소프트가 부활하는 데 큰 몫을 차지했다. 그리고 경쟁보다 팀워크와 영향에 초점을 맞춤으로써 나델라는 혁신과 성장을 지원하는 보다 긍정적이고 생산적인 작업 환경을 만들어냈다.

# 16. 뇌지예(雷地豫)

계획의 길-
"늘 계획하라"

豫, 利建侯行師.
예 리건후행사


鳴豫, 凶.
명예 흉

介于石, 不終日, 貞吉.
개우석 부종일 정길

盱豫, 悔遲, 有悔.
우예 회지 유회

由豫, 大有得, 勿疑, 朋, 盍簪.
유예 대유득 물의 붕 합잠

貞, 疾, 恒不死.
정 질 항불사

冥豫, 成, 有渝, 无咎.
명예 성 유투 무구

[예(예비)는 제후를 세우고 군사를 보내는 것이 좋다.]

[미리 울리면 흉하다.]

[절개가 돌과도 같다. 하루를 마칠 것도 없이 끝내 길하다.]

[미리 쳐다보면 후회하고, 더디게 해도 반드시 후회한다.]

[미리 준비함으로 크게 얻음이 있다. 의심치 않으면 벗들이 모여든다.]

[끝내 병이 생긴다. 항상 죽지는 않는다.]

[미리 어두워졌는데도 이룬다. 변함이 있으면 허물이 없다.]

《주역》 16번째 괘 뇌지예(雷地豫)는 위는 우레이고, 아래는 땅이다. 땅 위에서 소리가 울려 퍼지는 상이다. 땅 위에서 천둥 번개가 치면 비가 내리는 것을 예측할 수 있다. 어떤 일을 추진하기 위해 미리 준비하는 뜻을 담고 있다. 기업 경영에서는 비즈니스를 위한 철저한 계획과 직원들의 열정과 에너지를 의미한다. 땅을 뚫고 올라온 새싹은 성장하기 위한 힘이 강하기 때문이다.

이때 기업의 리더는 모든 것을 조직의 목표 달성에 집중시킬 수 있어야 한다. 그러기 위해서는 야심찬 목표를 설정하고, 목표 달성에 대한 흥분과 긴박감을 조성하는 것뿐만 아니라, 팀원 개개인의 기여를 인정하고 보상하는 계획을 세워야 한다. 이는 싹이 크게 성정하기 위한 자양분이 되기 때문이다. 동시에 리더가 조직의 활동에 대한 균형 감각과 통제력을 유지하는 것도 중요하다. 열정은 혁신과 성공을 이끄는 강력한 힘이 될 수도 있지만, 적절하게 전달하고 관리하지 않으면 과신이나 무모함으로 이어질 수도 있기 때문이다.

계획은 기업 경영의 필수다. 조직의 비전, 임무, 목표 및 목표를 정의하고, 이를 달성하는 데 필요한 단계를 잘 세워야 한다. 방향 설정이 잘못된 경우, 기업은 물론이고 조직 구성원 모두 피해를 입을 수 있기 때문이다. 따라서 리더는 기업 경영에서 비전의 명확성과 전략적 방향, 자원의 효과적인 할당, 위험 관리, 비즈니스 진행 상황 측정 등 다양한 분야에서 성장 계획을 세워야 한다.

### 실천 항목

뇌지예의 지혜는 성공을 위해 미리 계획을 잘 세우고, 직원들의 열정에 자양분을 제공하는 데 활용할 수가 있다. 조직의 동기부여는 앞에서 다뤘기 때문에 여기서는 비즈니스 계획에 한정해 알아보기로 하자.

비즈니스 계획은 성공을 달성하기 위한 회사의 목표, 전략 및 전술을 개괄적으로 포함한다. 거기에 가장 일반적인 이론 중 하나가 '스마트(SMART) 이론'이다. SMART는 specific(구체적), measurable(측정 가능), achievable(달성 가능), relevant(관련성), time-bound(시간 제한)와 같이 효과적으로 목표를 세울 수 있는 시스템의 첫 글자들을 조합한 것이다. 이 이론의 각 구성 요소를 살펴보면 다음과 같다.

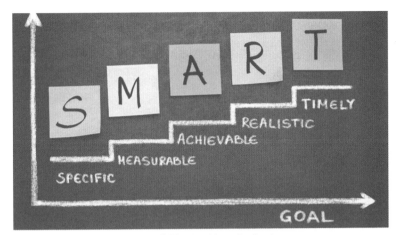

Smart. 출처: Almukhtas Aralbasit

1. 사업 계획은 구체적이고, 회사의 목표와 목적을 명확하게 정의해야 한다. 즉, 모호한 표현을 피하고, 회사가 달성하고자 하는 목표에 대한 구체적인 세부 사항을 제공해야 한다.

2. 사업 계획의 목표와 목적은 측정 가능해야 한다. 즉, 매출 목표, 고객 확보율, 제품 판매량 등 성공에 대한 명확한 지표를 정의해야 한다.

3. 달성 가능하고, 현실적인 목표를 설정하는 것이 중요하다. 비현실적인 목표를 설정하면 실망과 좌절로 이어질 수 있지만, 달성 가능한 목표는 직원들에게 동기를 부여하고 성취감을 줄 수 있다.

4. 사업 계획의 목표와 목적은 회사의 전반적인 전략 및 미션과도 관련이 있어야 한다. 즉, 목표가 회사의 가치와 목적에 부합하는지 확인해야 한다.

5. 사업 계획은 시간 제한이 있어야 한다. 목표와 목적을 달성하기 위해 명확한 기한을 설정하면, 직원들이 집중하고 동기를 부여하는 데 도움이 될 수 있기 때문이다.

SMART 이론은 비즈니스 계획을 개발하는 데 유용한 프레임워크를 제공한다. 실제로 이러한 원칙을 따르기만 해도 기업은 현실적이면서도 영감을 주는 성공 로드맵을 만들 수 있다.

참고로 전 세계에서 가장 많이 사용되는 비즈니스 계획 이론은 린 스타트업(Lean Startup), 비즈니스 모델 캔버스(Business Model Canvas, 일명 9블록), SWOT(강점, 약점, 기회, 위협) 분석, 포터의 5가지 경쟁요인 분석 모델(Porter's Five Forces Model), 블루 오션 전략(Blue Ocean Strategy) 등이 있다.

### 기업 사례

많은 기업들이 토요타 생산 시스템을 모방했지만, 결국 토요타의 성공을 모방하는 데는 실패했다. 여기에는 몇 가지 이유가 있다. 토요타 생산 시스템은 단순한 기술적 도구와 방법의 집합이 아니라, 지속적인 개선과 사람에 대한 존중을 중시하는 문화와 사고방식의 변화다. 토요타의 경영 철학은 그룹의 화합과 장기적인 사고를 강조하는 일본 문화가 깊이 내재되어 있다. 다른 기업들은 상당한 문화적 변화와 투자 없이 이 시스템을

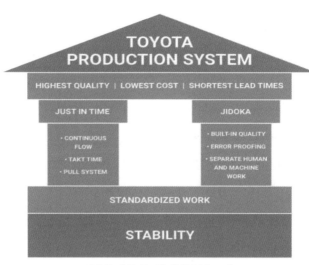

토요타 생산 시스템. 출처:5SToday'

도입하기 어려울 수 있다.

토요타 생산 시스템에 대한 토요타의 접근방식은 단기적인 비용 절감보다는 지속 가능성에 대한 장기적인 관점에 기반을 두고 있다. 토요타는 교육, 연구 개발, 공급업체 관계에 많은 투자를 하고 있으며, 이는 장기적으로 더 높은 품질의 제품과 더 높은 효율성으로 돌아온다. 많은 기업들은 이러한 방식으로 투자할 인내심이나 여력이 없다.

토요타 생산 시스템은 토요타의 특정 제품, 프로세스 및 문화에 맞게 고도로 맞춤화되어 있다. 이러한 특정 요소를 고려하지 않고 토요타 생산 시스템을 복제하려는 시도는 무모하다고 할 수밖에 없다. 또한 일부 기업은 토요타 생산 시스템의 원칙과 방법을 완전히 이해하지 못한 채 이를 모방하려고 시도했다. 근본적인 철학을 이해하지 않고 단순히 표면적인 기술만 모방해서는 토요타와 같은 성공을 거둘 수 없다.

특히 토요타 생산 시스템은 효과적으로 구현하려면 상당한 자원과 전문 지식이 필요한 매우 복잡한 시스템이다. 많은 기업들은 이러한 시스템의 복잡성을 과소평가해 제대로 구현하지 못했다. 한마디로 말하면 토요타 생산 시스템으로 토요타는 큰 성공을 거두었지만, 이러한 요소를 신중하게 고려하지 않고 모방한 기업들은 실패했다.

토요타 생산 시스템 모방을 시도했지만, 결국에는 실패한 기업이 무수히 많다. 대표적인 사례로 GM(Genaral Moters)를 들 수 있다. 1980년대와 1990년대에 GM은 토요타 생산 시스템을 모델로 한 '새턴 생산 시스템(Saturn Production System)'을 구현하려고 시도했다. 그러나 이 시스템은 토요타 생산 시스템 수준의 성공을 거두지 못했고, 결국 GM은 2010년에 새턴 생산 시스템을 중단했다.

포드(Ford)도 2000년대 초 토요타 생산 시스템을 모델로 한 '포드 생산 시스템(Ford Production System)'을 구현하려고 시도했다. 그러나 이 시스템을 직원과 경영진이 완전히 수용하지 않아 결국 성공을 거둘 수 없었다.

크라이슬러(Chrysler) 역시 2000년대 중반, 토요타 생산 시스템을 모델로 한 '크라이슬러 운영체제(Chrysler Operating System)'라는 시스템을 구현하려고 시도했다. 그러나 이 시스템은 회사 문화와 프로세스에 완전히 통합되지 않았고, 결국 2009년 크라이슬러는 파산을 선언했다.

누미(NUMMI: New United Motor Manufacturing Inc.)는 1980년대와 1990년대

에 토요타와 GM이 합작한 회사로, GM은 이를 통해 토요타의 생산 시스템을 배우려고 노력했다. 그러나 이 벤처는 결국 실패로 돌아갔고, GM은 2009년에 이 파트너십에서 철수했다.

이 기업들은 토요타 생산 시스템을 그대로 모방하기보다는 원칙과 철학을 충분히 이해하고, 각자의 상황에 맞게 적용하는 데 집중해야 한다는 교훈을 준다.

# 17. 택뢰수(澤雷隨)

따름의 길 –
"모두 따르게 하라"

隨, 元亨, 利貞, 无咎.
수 원형 리정 무구

官有渝, 貞, 吉, 出門交有功.
관유투 정 길 출문교유공

係小子, 失丈夫.
계소자 실장부

係丈夫, 失小子, 隨, 有求, 得, 利居貞
계장부 실소자 수 유구 득 리거정

隨有獲, 貞, 凶, 有孚在道, 以明, 何咎!
수유획 정 흉 우부재도 이명 하구

孚于嘉, 吉.
부우가 길

拘係之, 乃從維之, 王用亨于西山.
구계지 내종유지 왕용형우서산

[수(따름)는 언제나 허물이 없다.]

[관직이 변함이 있다. 끝이 좋아지려면 문밖에 나가서 사귀면 성공한다.]

[소인에게 매이면 장부를 잃게 된다.]

[장부에게 매이고 소인을 잃는다 해도 그러한 사귐은 구원이 있고 득이 있다. 그래야만 성공하고 끝까지 자리를 지킬 수 있다.]

[따르면서 사사로이 챙기면 끝이 흉하다. 믿음으로 도가 있어 숨김없이 밝으면 허물이 없다.]

[믿음을 아름다운 것에 두어야 길하다.]

[구속되고 얽매이게 되더라도 따르고 받쳐준다. 왕이 서산에 제사를 지내는데 사용한다.]


《주역》 17번째 괘 택뢰수(澤雷隨)는 위는 연못이고, 아래는 우레다. 하늘에서 진동해야 할 우레가 연못 아래 있으니, 꼼짝 못하고 연못의 뜻에 따를 수밖에 없는 상이다. 이때는 한마디로 '수시변역(隨時變易)'이다. 때를 따라서 변화하고 바꾸라는 뜻이다. 때에 따라 변할 줄 아는 삶의 지혜와 처세술을 조언하고 있다.

기업 경영에서 직원과 이해관계자는 리더의 지침을 신뢰하고 따라야 성공을 이룰 수 있다. 이를테면 회사가 재정적 침체나 홍보 재난과 같은 위기에 직면했을 때는 CEO나 경영진이 앞장서서 회사를 이끌고 위기를 헤쳐 나가야 한다. 직원과 이해관계자는 리더의 지시에 따라 도전해 위기를 극복해야 더 강한 기업으로 거듭날 수 있다.

또 다른 사례로는 회사가 새로운 시장에 진출하거나 신제품을 출시할 때다. 이런 경우, 경영진은 명확한 비전과 전략을 가지고 있어야 하며, 직원들은 경영진의 지시에 따라 계획을 성공적으로 실행해야 한다. 새로운 벤처의 성공 여부는 경영진의 리더십과 직원들이 기꺼이 따르려는 의지에 달려 있다.

동시에 어떤 전략이 적절하고 효과적인지 고려하지 않고 맹목적으로 따르는 것에 대해서도 경고한다. 회사는 주기적으로 목적과 방향을 재평가하고, 필요에 따라서는 변경도 해야 한다. 또한 성공을 달성하기 위해서는 강력한 리더나 회사의 규칙을 따르는 것도 중요하다. 더 큰 대의에 대해 순응하고 순종하며, 올바른 길을 가기 위해 변화하는 환경에 적응하는 것도 중요하다고 강조한다.

비즈니스 세계만큼 변화무쌍한 곳도 없다. 《주역》은 변화의 진리를 담고 있다. 택뢰수가 조언하는 따름은 시대 변화에 순응함을 말한다. 즉, 때를 잘 따라야 한다는 조언으로, 때를 정확히 알고, 거기에 맞추어 변할 줄도 아는 '지시식변(知時識變)'이 필요하다. 이럴 때 리더가 충분한 자질을 갖추고 있다면 문제가 되지 않지만, 그렇지 않다면 경험이 많거나 지식이 풍부한 멘토의 인도를 따르면 성공이 올 것이라고 조언하고 있다. 반면에 접근방식이 너무 경직되면 실패로 이어질 수 있다고 경고한다.

트렌드는 끊임없이 진화하고 변화한다. 따라서 시대의 흐름을 잘 파악해야 한다. 현재 상황을 이해하고 미래의 발전을 예측하는 데 유용한 이론으로 '복잡계 이론(Complexity Theory)'을 들 수 있다. 복잡계 이론은 현대의 시스템과 조직이 매우 복잡하게 서로 연결되어 있으며, 작은 변화가 큰 파급 효과를 가져올 수 있다고 인식한다. 이러한 시스템의 근본적인 복잡성을 이해하면 기업은 한 영역의 변화가 다른 영역에 어떤 영향을 미칠지 예측할 수 있고, 변화하는 트렌드에 적응하기 위한 보다 효과적인 전략을 개발할 수 있다.

'네트워크 이론(Network Theory)'은 개인과 조직 간의 관계와 연결이 어떻게 행동과 결과에 영향을 미치는지에 초점을 맞춘다. 오늘날과 같이 서로 연결된 세상에서 네트워크의 역학을 이해하는 것은 새로운 트렌드와 기회를 파악하는 데 필수적이다.

'파괴적 혁신 이론(Disruptive Innovation Theory)'은 새로운 기술이나 비즈니스 모델이 어떻게 기존 산업을 파괴하고, 새로운 시장을 창출할 수 있는지를 설명한다. 클레이튼 크리스텐슨(Clayton Christensen)이 개발한 이 이론은 파괴적 혁신을 예측하고, 이를 활용할 수 있는 기업은 시장에서 상당한 이점을 얻을 수 있다고 말한다.

'혁신확산 이론(Innovation Diffusion Theory)'은 새로운 아이디어나 제품이 사회에 확산되는 과정을 설명하며, 기업이 새로운 제품을 효과적으로 마케팅하고 홍보하는 방법을 이해하는 데 도움이 된다. 혁신확산의 다양한 단계를 이해함으로써 기업은 다양한 시장 세그먼트에 도달하기 위한 전략을 개발할 수 있다.

궁극적으로 시대의 흐름을 파악하는 가장 좋은 방법은 다양한 이론과 관점을 활용하고, 새로운 아이디어와 접근방식에 대해 열린 자세와 적응력을 유지하는 것이다. 지면상 이론의 자세한 내용은 웹 검색으로 찾아보기 바란다.

## 기업 사례

1908년 처음 등장한 포드의 모델 T는 자동차 산업 역사에서 큰 의미를 지닌다. 조립 라인에서 대량 생산된 최초의 자동차로, 미국 중산층이 부담 없이 자동차를 소유할 수 있어 20년간 총 1,500만 대 이상이 팔렸다.

하지만 헨리 포드의 모델 T에 대한 집착과 혁신을 꺼리는 태도는 결국 이 자동차의 인기 하락과 포드자동차의 실패로 이어졌다. 포드가 모델 T에 집착한 이유는 이 차가 완벽한 자동차고, 이 디자인에서 벗어나는 것은 실수라고 믿었기 때문이다. 그는 모델 T가 단순함과 신뢰성의 극치이며, 디자인을 변경하면 이러한 특성이 손상될 것이라 믿었다. 그 결과, 포드는 경쟁사들이 최신 모델을 출시하는 동안 큰 업데이트나 변경 없이 거의 20년 동안 모델 T만 계속 생산했다.

포드자동차의 모델T. 출처: Wikipedia

그러나 자동차 산업이 발전함에 따라 소비자들은 자동차에 더 현대적인 기능과 스타일을 요구하기 시작했다. 고객들은 핵심 기능뿐 아니라 다양한 차종과 색상을 원했다. 하지만 포드는 소비자의 이러한 선호도를 외면한 채 여전히 똑같은 방식으로 동일한 모양과 색상의 차를 만들었다. 포드의 이러한 태도는 결국 모델 T의 쇠퇴와 포드자동차의 몰락으로 이어졌다. 1920년대 후반이 되자 구식이 된 모델 T의 판매량은 급격히 감소하기 시작했다. 심지어 포드는 한 경영진의 쓴소리를 담은 편지에 그를 해고시켰다. 이때 다음과 같은 포드의 고집스러운 대답은 지금도 널리 회자되고 있다.

"우리는 당신이 원하는 색상의 차를 줄 것입니다. 검은색이면 충분합니다."

"포드자동차는 계속해서 같은 방식으로 제작될 것입니다. 누군가가 제안한 숫자에 부화뇌동하지 않습니다. 저는 제 정보와 관찰을 따를 뿐입니다."

포드자동차는 GM과 같은 경쟁업체가 소비자에게 더 많은 선택권과 더 나은 기능을 제공하는 모델을 출시하는 와중에도 문제를 제대로 인식하지 못하고 고집스럽게 모델 T를 계속 생산했다. 1927년 포드가 마침내 새로운 모델을 출시했을 때는 이미 시장점유율이 급락해 피해가 막심해진 후였다. 새로운 모델을 도입하고 회사 운영을 현대화하려는 시도에도 불구하고, 포드는 모델 T의 실패와 혁신을 꺼리는 회사 분위기에서 완전히 벗어나지 못했다.

# 18. 산풍고(山風蠱)

부패 척결의 길 –
"부패를 척결하라"

蠱, 元亨, 利涉大川, 先甲三日, 後甲三日.
고 원형 리섭대천 선갑삼일 후갑삼일

幹父之蠱, 有子, 考无咎, 厲, 終吉.
간 부 지 고  유 자  고 무 구  려  종 길

幹母之蠱, 不可貞.
간 모 지 고  불 가 정

幹父之蠱, 小有悔, 无大咎.
간 부 지 고  소 유 회  무 대 구

裕父之蠱, 往, 見吝.
우 부 지 고  왕  견 린

幹父之蠱, 用譽.
간 부 지 고  용 예

不事王侯, 高尚其事.
불 사 왕 후  고 상 기 사

[고(부패)는 시작과 성장 시절에 자란다. 큰 강을 건너듯 나아가야 이롭다. 부패 척결은 갑일 3일 전부터 3일 후까지 한다.]

[아버지의 부패를 간여한다. 이런 자식을 두면 죽은 아버지가 허물이 없다. 위태롭게 여겨야 끝내 길하다.]
[어머니의 부정을 간여하면 안 된다.]
[아버지의 부패를 간여하는 데 조금 후회가 있지만 큰 허물은 없다.]
[아버지의 부패를 그대로 두면 부끄러움을 당한다.]
[아버지의 부패를 간여하는 데 명예롭게 사용하라.]
[왕과 제후를 섬기지 말고 고결한 일을 추구해야 한다.]

《주역》 18번째 괘 산풍고(山風蠱)는 위는 산이고, 아래는 바람이다. 바람이 산 아래에서만 부는 상이다. 바람은 산 위에서 불어야 만물에 유익한데, 산 밑에 바람이 머물고 있으니 공기가 혼탁하여 부패하기 쉽다. 괘 이름 고(蠱)는 쟁반(皿) 위에 벌레(虫)가 우글우글 모여 있는 모습으로 '부패'를 의미한다. 반면에 《주역》은 이를 긍정의 의미로도 본다. 개혁을 통해 큰 강을 건널 때가 왔다는 것이다. 기업 경영에서는 오랫동안 고여 있어 부패 또는 쇠퇴로 이어진 조직이나 상황, 문제를 해결하는 지혜가 담겨 있다. 즉, 썩은 것을 도려내고 해결한다는 의미를 담고 있다.

리더는 조직 내에서 문제를 일으키거나 성장을 방해하는 근본적인 문제를 해결해야 한다. 이때 더 이상의 쇠퇴를 막고, 조직을 건강하고 활기

찬 상태로 되돌리기 위해서는 새로운 전략이나 프로세스나 리더십이 필요하다. 오랫동안 수익 감소를 경험하고 있지만, 근본적인 원인을 해결하기 위한 중요한 조치를 취하지 않은 회사나 변화하는 시장 상황에 적응하지 못해 관련성과 경쟁력이 저하된 조직은 과감한 개혁이 필요하다. 너무 익숙한 오래된 관리 관행은 새로운 기술이나 시장 동향 및 소비자의 요구에 효과적이지 않다.

또한 부패한 회사는 운영이나 금융 거래에서 투명성이 부족한 경향을 나타낸다. 경영진에게 정보를 숨기거나 불완전하거나 오해의 소지가 있는 정보를 제공하기도 한다. 이런 회사는 뇌물 수수, 자금 세탁, 탈세와 같은 불법을 저지를 수 있다. 환경이나 안전, 노동 관련 규정을 위반할 수도 있다. 채용이나 승진 결정을 내릴 때도 자격이나 장점보다 개인적 인맥이나 관계를 우선시한다.

특히 부패한 회사는 직원이 비윤리적 행동에 대해 말하거나 위법 행위를 보고하면 심지어 처벌을 받는 비밀 문화를 가진다. 그러면서 자신의 행동에 대한 책임을 회피하고, 대신 다른 사람이나 외부 요인을 비난한다. 또한 개인이나 부서가 자신의 행동에 대해 책임을 지도록 하지 않는 경우도 있다. 고객에게 비용을 과다 청구하거나 공급업체에 과소 지급을 하거나 횡령과 같은 비정상적인 비즈니스에 관여하기도 한다.

이 모든 것들이 기업이 몰락하는 징조임을 명심해야 한다. 산풍고는 강력한 리더십으로 과감하게 결단을 내리는 것이 큰 성공을 위한 디딤돌이라는 지혜를 알려준다.

부패한 기업을 개혁하는 방법에는 몇 가지 핵심 요소가 있다. 가장 중요한 이론과 전략은 먼저 규제를 강화하는 것이다. 강력한 규제는 투명성, 책임 및 윤리적 행동을 의무화해 부패를 방지하는 데 도움이 된다. 나아가 규제 위반에 대한 처벌 강화와 집행 과정 개선을 통해서도 규제를 강화할 수 있다.

먼저 윤리적 행동에 대한 인센티브를 부여한다. 규정 준수에 대한 보상을 제공하면 윤리적 행동을 유발할 수 있다. 그리고 투명성을 증진한다. 투명성은 부패 방지의 핵심 요소로, 기업은 보고 요건, 감사 및 공개를 통해 보다 투명한 관행을 자리 잡도록 해야 한다.

그다음은 책임 강화다. 회사는 자신의 행동에 대해 책임을 지도록 해야 하며, 이는 내부 및 외부 감사, 내부 고발자 보호 및 독자적인 감독을 통해 이룰 수 있다.

사내 청렴 문화를 구축한다. 기업은 윤리적 행동을 장려하고, 직원이 위법 행위를 신고할 수 있는 안전한 공간을 만들어 청렴 문화를 조성해야 한다. 이는 교육이나 모범을 보이는 리더십, 윤리강령 개발을 통해 이룰 수 있다.

마지막으로 이해관계자를 참여시켜야 한다. 고객, 직원, 투자자 및 지역 사회를 포함한 이해관계자는 윤리적 행동을 촉진하고, 부패를 방지하는 데 중요한 역할을 할 수 있다.

전반적으로 부패한 기업을 개혁하는 방법으로는 규제, 인센티브, 투명성, 책임, 문화 변화 및 이해 관계자 참여를 포함하는 다각적인 접근방식이 있다. 이러한 전략은 각 회사의 특정 요구사항과 상황에 맞게 조정되어야 하며, 장기적인 관점에서 구현되어야 한다.

## 기업 사례

'지멘스(Siemens) 스캔들'은 독일의 다국적 대기업 지멘스 AG가 연루된 주요 부패 스캔들이다. 이는 지멘스 역사상 가장 큰 부패 스캔들 중 하나다. 스캔들은 2006년에 발생했으며, 지멘스 경영진은 전 세계 여러 국가에서 계약을 따내기 위해 수백만 달러의 뇌물을 지급한 것으로 밝혀졌다.

뇌물은 지멘스에서 사용했던 전자 시스템 EJS를 사용해 그리스, 이스라엘, 나이지리아, 베네수엘라 등 국가에서 정부 관리, 정당, 중개인에게 지급됐다. 회사는 허위 송장과 회계 항목을 사용하여 뇌물 지급을 숨겼다. 이 스캔들로 인해 CEO인 하인리히 폰 피에르(Heinrich von Pierer)를 포함한 몇몇 최고 경영진이 사임했고, 회사는 수억 유로의 벌금과 합의금을 여러 국가에 지불해야 했다. 또한 여러 지멘스 경영진은 부패 관련 혐의로 기소되어 유죄 판결을 받았다.

지멘스

그 후 지멘스는 부패 스캔들을 해결하기 위해 대대적인 개혁 프로그램을 시작했다. 새로 CEO에 취임한 조 캐저(Joe Kaeser)는 먼저 새로운 행동 강령을 제정했다. 지멘스는 윤리적 행동, 투명성, 현지 법률 및 규정 준수의 중요성을 강조하는 새로운 행동 강령을 만들었고, 규정을 준수하는 절차도 강화했다. 지멘스는 직원들이 회사 행동 강령에 대한 잠재적인 위반 사항을 보고하도록 하는 새로운 규정 준수 절차를 도입했고, 잠재적인 위반 사항을 조사하기 위해 새로운 규정 준수 부서도 설립했다.

내부 고발자 보호 제도도 제정했다. 지멘스는 직원들이 보복에 대한 두려움 없이 익명으로 위반 사항을 신고할 수 있는 새로운 내부 고발자 보호 제도를 도입했다. 또한 지멘스는 회사의 개혁 프로그램 준수 여부를 감독하고, 운영에서 모범 사례를 구현하고 있는지 확인하기 위해 독립적인 모니터 기구도 설립했다.

이러한 개혁은 부패를 크게 감소시켜 지멘스가 과거의 명성을 회복하는 데 도움이 되었다. 지멘스는 부패 혐의를 해결하기 위해 상당한 벌금과 과태료를 지불했다. 하지만 이는 궁극적으로 향후 부패 관행을 예방하고, 회사의 전반적인 지배구조와 책임성을 개선하는 데 도움이 됐다. 그 결과, 지멘스의 이 사례는 대규모 부패 스캔들에 직면한 기업의 성공적인 개혁 사례로 자주 인용되고 있다. 부패 문제를 해결하고, 기업의 평판을 회복하기 위해 대대적으로 투명한 개혁 프로그램을 채택하는 것이 얼마나 중요한지를 여실히 보여준 사례라 할 수 있다.

캐저는 지멘스 CEO 재임 기간 동안 부패 스캔들을 해결하기 위해 회사의 개혁을 이끌었다. 그와 더불어 디지털적이고, 지속 가능한 회사로 변모시키는 데 집중했다. 그는 소프트웨어 회사인 멘토 그래픽(Mentor Graphics)을 인수하고, 새로운 에너지 관리 부서를 만드는 데에 일조했다.

그의 리더십 아래 지멘스는 2030년까지 탄소 중립을 약속한 최초의 주요 기업 중 하나가 됐다. 그는 지속 가능성에 대한 강력한 옹호자였으며, 업계에서 지속 가능한 비즈니스를 촉진하는 데 적극적인 역할을 했다. 2021년 CEO 자리에서 내려온 그는 재임 기간 동안 지멘스가 과거의 명성을 회복하고, 급변하는 글로벌 시장에서 민첩하고 적응력이 뛰어난 회사로 변모하는 데 결정적인 역할을 했다.

# 19. 지택림(地澤臨)

다스림의 길 –
"다스림을 잘 하라"

臨, 元亨, 利貞, 至于八月, 有凶.
림 원형 리정 지우팔월 유흉


咸臨, 貞, 吉.
함림 정 길

咸臨, 吉, 无不利.
함림 길 무불리

甘臨, 无攸利, 旣憂之, 无咎.
감림 무유리 기우지 무구

至臨, 无咎.
지림 무구

知臨, 大君之宜, 吉.
지림 대군지의 길

敦臨, 吉, 无咎.
돈림 길 무구

[임(내려다보는, 다스림)은 변화의 순리를 따른다. 그러니 8월에 이르면 흉하다.]

[감응하는 임은 그 끝이 길하다.]
[감응하는 임은 길하고 이롭지 않음이 없다.]
[달콤한 임은 이롭지 않다. 근심하여 고쳐나가면 허물이 없다.]
[지극한 임은 허물이 없다.]
[지혜로운 임은 대군의 마땅함이라 길하다.]
[돈독한 임은 이롭고 허물이 없다.]


《주역》 19번째 괘 지택림(地澤臨)은 위는 땅이고, 아래는 연못이다. 언덕 아래에 호수가 펼쳐진 상이다. 땅속에 물이 가득하니 곧 새로운 시작에 임한다는 뜻이다. 언덕 위에 올라 연못을 바라보듯, 위에서 아래를 온화한 마음으로 바라보는 리더십을 뜻한다.

지택림은 기업을 경영하는 데 있어 순수한 마음과 열린 마음으로 이끌어야 한다고 조언하고 있다. 하지만 감언이설로 꾀는 리더십은 이롭지 않다고 말한다. 《주역》은 근본적으로 변화를 얘기하고 있다. 나중에라도 깨우치면 괜찮다고 강조한다. 덕으로 최선을 다하고, 지식과 지혜를 동원한 리더십은 고객이 알아준다고 조언한다.

순수한 마음의 리더십은 진정성, 공감, 강한 도덕적 나침반으로 이끄는 것을 말한다. 개인이나 조직의 목표를 달성하는 것보다 다른 사람과 주변에 긍정적인 영향을 미치는 데 중점을 둔 리더십 스타일이다. 이 스타일을 구현하는 리더는 강력하고 성과가 높은 팀을 구성할 수 있으며, 신뢰와 존중 그리고 공유 가치의 문화를 만들어 장기적인 성공을 달성한다.

열린 마음을 가진 리더십은 새로운 아이디어나 다른 사람의 피드백을 편견 없이 수용하는 자세를 강조하는 리더십 스타일이다. 이러한 스타일을 구현하는 리더는 자신의 목표에 도전하는 데 개방적이며, 자신과 다른 경우에도 기꺼이 수용한다. 열린 마음을 가진 리더의 핵심 특성 중 하나는 다른 사람의 말을 적극적으로 경청하는 능력이다. 그들은 변화하는 환경에 빠르게 적응할 수 있어 조직을 장기적인 성공으로 이끈다.

덕을 구현하는 리더십은 의사결정과 행동에 있어 윤리와 도덕적인 원칙에 중점을 둔다. 이러한 스타일을 구현하는 리더의 특성 중 하나는 모범을 보이는 능력이다. 그들은 직원에게 기대하는 가치와 행동을 몸소 구현하고, 업무에 있어 실수나 실패에 대해 기꺼이 책임을 진다.

지식과 지혜의 리더십은 새로운 정보나 기술에서 통찰력을 찾고 직원 계발뿐만 아니라 자신의 계발에도 기꺼이 투자한다. 또한 팀이 지속적으로 학습에 참여하고, 지식과 전문성을 다른 사람들과 공유하도록 권장한다. 또한 혁신과 실험을 장려하고, 위험을 감수하며, 실패로부터 배우는 것을 기꺼이 보상하는 업무 환경을 만든다. 이러한 리더십을 통해 직원에게 영감과 동기를 부여해 창의성 문화를 만들어 장기적으로 목표를 달성할 수 있는 강력한 팀을 구축한다.

워렌 베니스(Warren Bennis)는 20세기 가장 영향력 있는 리더십 사상가 중 한 명으로 널리 알려져 있으며, 리더십에 대한 그의 연구는 이 분야에 지대한 영향을 미쳤다. 다음은 베니스가 그의 저서 《On becoming a leader》에서 설명한 리더십의 10가지 요점이다.

1. 리더는 태어나는 것이 아니라 만들어진다. 리더십은 타고난 특성이 아니라 시간이 지남에 따라 개발되고 연마될 수 있는 기술이며, 어떤 사람은 가지고 있고 어떤 사람은 가지고 있지 않다.

2. 자기 인식은 효과적인 리더십의 핵심이다. 효과적인 리더는 자신의 강점, 약점, 가치에 대해 깊이 이해해야 한다.

3. 리더십은 관계다. 리더십은 단순히 리더에 관한 것이 아니라 리더와 팔로워 간의 관계에 관한 것이다. 효과적인 리더는 팀원들과 강력하고 긍정적인 관계를 구축할 수 있어야 한다.

4. 비전과 목적은 필수적이다. 리더십에서 비전과 목적은 매우 중요하다. 리더는 조직에 대한 설득력 있는 비전을 제시해야 한다.

5. 리더는 영감을 주고 동기를 부여할 수 있어야 한다. 효과적인 리더는 팀원들에게 영감을 주고 동기를 부여하여, 팀원들 사이에 공유된 목적과 정체성을 형성할 수 있어야 한다.

6. 효과적인 커뮤니케이션이 필수다. 리더는 비전과 목표를 명확하고 설득

력 있게 전달할 수 있어야 한다.

7. 리더는 변화에 적응할 수 있어야 한다. 효과적인 리더는 변화하는 환경에 적응하고, 불확실성과 복잡성을 헤쳐 나갈 수 있어야 한다.

8. 감성 지능이 중요하다. 효과적인 리더는 자신의 감정뿐만 아니라 다른 사람의 감정도 이해하고 관리할 수 있어야 한다.

9. 윤리와 성실성은 필수다. 효과적인 리더는 정직하게 행동하고 이해관계자에게 책임을 져야 한다.

10. 리더십은 평생 동안의 여정이다. 효과적인 리더는 지속적인 학습과 개발에 전념해야 하며, 리더십은 성장과 자기 계발을 위해 평생 동안 가야 할 길이다.

## 기업 사례

메리 바라(Mary Barra) GM 회장 겸 CEO는 사내 문화를 변화시키고, 혁신과 고객 중심주의에 중점을 둔 것으로 인정받고 있다. 2014년에 주요 자동차 제조업체의 첫 여성 CEO가 된 그녀는 중대한 변화와 혼란의 시기에 회사를 이끌고 있다. 그녀는 '뼛속까지 GM의 딸'로 불린다. 그의 아버지는 40여 년간 GM 폰티악 생산라인에서 기술직으로 근무했다. 그녀는 케터링대학교에서 전기공학을 전공하고, 졸업 후 1980년 18세 나이에 GM 인턴사원으로 입사했다. 이후 그녀는 스탠퍼드 경영대학원에서 GM 펠

로우십 프로그램을 통해 석사를 취득했다.

그 후에는 잭 스미스 당시 GM 회장의 비서로 일했으며, 구조 조정에 참여해 개발 비용을 줄이는 등의 활약을 해왔다. 2008년에는 글로벌 제조 부문의 임원을 거쳐 2009년부터 2011년까지 글로벌 인사팀 임원으로 활동했다. 인사팀 임기를 마무리한 후에는 글로벌 제조팀의 회장 자리를 맡았고, 자동차 설계와 디자인에 관여했다. 2013년에는 글로벌 구매&물류팀 임원으로 임명된 후, 2014년 1월에는 댄 애커슨(Dan Akerson)의 뒤를 이어 GM 회장 겸 CEO가 됐다.

GM CEO 메리 바라

수십 년간 몸담아 GM의 속사정을 누구보다 잘 아는 바라는 취임하자마자 변화를 주도했다. 바라의 리더십 아래 GM은 전기자동차와 자율주행 차량 등 새로운 모빌리티 솔루션 개발과 출시에 주력해 왔다. GM은 이러한 분야에 상당한 투자를 해왔다. 2021년에는 지속 가능성과 환경적 책임을 우선시해 2025년부터 미국 사업장 내 모든 전력을 100% 재생 에너지로 공급한다고 발표했다. 이는 앞서 GM의 발표보다 5년 앞당겨진 계획으로, 지난 2016년에 설정한 초기 목표보다 25년이 빠르다.

또한 바라는 협업과 파트너십의 중요성을 강조하고, 혁신과 성장을 주도하기 위해 다른 기업, 스타트업 및 정부 기관과의 관계 구축에 노력해 왔다. 2018년 GM은 더 저렴하고 콤팩트하며 에너지 밀도가 높은 전기자동차용 고급 배터리를 개발하기 위해 혼다와 파트너십을 맺었다. 아울러 바라는 고객 경험을 개선하는 데 최우선순위를 두었으며, 회사의 제품 품질과 신뢰성, 고객 서비스 및 지원을 강화하는 데에도 노력했다. 회사의 투명성과 책임성을 개선하고, GM의 거버넌스 및 리스크 관리 프로세스를 강화하기 위해 여러 가지 개혁도 단행했다.

특히 GM은 바라의 리더십 아래 2016년 자율주행차 스타트업인 크루즈 오토메이션(Cruise Automation)을 인수했다. 곧 크루즈 오토메이션은 자율주행차를 위한 GM 전략의 핵심 부분이 되었으며, 단숨에 구글 웨이모 자율주행차와 어깨를 나란히 하게 됐다. GM은 전기자동차를 위한 새로운 급속 충전 인프라를 구축하기 위해 공공 전기자동차 충전 네트워크인 이브이고(EVgo)와 파트너십을 맺었고, 미국 전역에 2,700개 이상의 급속 충전기를 추가할 계획이다.

GM은 업계 표준이 되는 자율주행차 기술을 위한 새로운 플랫폼을 만들기 위해 마이크로소프트와도 파트너십을 발표했다. GM은 기술 중심 투자 펀드인 소프트뱅크 비전 펀드로부터 22억 5천만 달러를 투자받았고, 2023년 2월에는 미국 반도체 회사 글로벌파운드리스와 독점 생산라인 구축을 위한 장기 계약에도 합의했다. 한마디로 뉴욕에 GM 전용 반도체 칩 생산기지가 생기는 것인데, 이러한 계약은 업계 최초 사례다. 전통적으로 자동차 제조사들은 직접 반도체 칩 공급사들과 협력하지 않았다. 하지만 GM은 코로나 사태로 차량용 반도체 품귀 현상이 벌어지자 반도체 회사와 독점 생산라인을 구축한 것이다.

바라의 리더십 아래 GM은 2018년 81억 달러의 기록적인 수익을 달성했다. 쉐보레 볼트(Chevy Bolt) 전기자동차, 캐딜락 CT6 럭셔리 세단 등 다양한 신제품을 성공적으로 출시한 결과였다. 또 GM은 지속 가능성과 사회적 책임에 대한 노력을 인정받아 환경 및 지역 사회로부터 수많은 상과 찬사를 받았다. 메리 바라의 리더십은 혁신, 고객 중심, 지속 가능성에 중점을 둔 투명성과 책임이 특징이다. 그녀의 전략적 비전과 협업 및 파트너십에 대한 노력은 GM의 성공을 이끌고 장기적인 성장과 수익성을 위한 입지를 구축하는 데 밑거름이 됐다.

# 20. 풍지관(風地觀)

통찰의 길 –
"새로운 관점으로 보라"

觀, 盥而不薦, 有孚, 顒若.
관 관이불천 유부 옹약


童觀, 小人无咎, 君子吝.
동관 소인무구 군자린

闚觀, 利女貞.
규관 리여정

觀我生, 進退.
관아생 진퇴

觀國之光, 利用賓于王.
관국지광 리용빈우왕

觀我生, 君子 无咎.
관아생 군자 무구

觀其生, 君子 无咎.
관기생 군자 무구

[관(관찰)은 몸을 깨끗이 씻고 아직 제사를 올리기 전처럼 믿음과 정성이 있으면 우러러본다.]

[어린아이의 눈으로 보는 것은 소인은 허물이 없지만 군자는 부끄럽다.]

[엿보는 것으로, 여자는 끝이 이롭다.]

[자기의 생을 관찰하고서 나아가거나 물러나야 한다.]

[나라의 빛나는 것을 관찰하여 왕에게 손님 대접을 받으면 이롭다.]

[자기 삶을 통찰하는 군자라면 허물은 없다.]

[일과 사물을 통찰하는 군자라면 허물은 없다.]


《주역》 20번째 괘 풍지관(風地觀)은 위는 바람이고, 아래는 땅이다. 땅 위에 바람이 부는 상이다. 땅 위로 바람이 불면 움직임이 생기고, 새로운 변화가 일어난다. 이러한 변화는 잘 관찰해야 알아차릴 수 있다. 기업 경영에서 풍지관이 말하는 리더십은 당면한 상황을 명확하고 객관적으로 파악하라는 것이다. 리더가 세부 사항에 얽매이거나 지나치게 감정적으로 몰입하기보다는 한 발짝 물러서서 더 넓은 관점에서 사물을 관찰하라는 지혜를 준다.

기업이 새로운 사업 벤처나 투자 기회를 고려하고 있다면, 진행 전 잠재적 위험과 이점을 신중하게 평가해야 하는 시기를 나타낸다. 의사결정을 내리기 전에 상황을 철저히 분석하는 것이 무엇보다 중요하다는 점을 강조하고 있다. 의사결정 과정에서 상황을 분리하고 공정성을 유지하는 것이 중요하다는 것을 조언한다. 이는 리더가 특정 아이디어나 결과에 지나치게 집착하는 것을 피하고 조직 전체에 가장 이익이 되는 결정을 내리는 데 도움이 될 수 있다.

풍지관은 효과적인 리더십을 분석적 사고와 한 발 물러나 상황을 폭넓게 바라볼 수 있는 능력으로 보고 있다. 이를 위해서는 여러 곳에서 정보를 수집하고, 다양한 관점을 찾고, 당면한 데이터를 놓고 숙고하는 시간을 갖는 것이 필요함을 상기시켜 주고 있다.

## 실천 항목

'관조'는 행동을 취하기 전에 넓은 관점으로 관찰하고, 철저히 분석하는 상황을 말한다. 분석적이고 다각적인 리더십을 뒷받침하는 이론 중 '디자인 씽킹(Design thinking)'은 아이디어 발상, 프로토타이핑 및 테스트라는 창의적이고 반복적인 프로세스를 포함한 인간 중심의 문제 해결 방법론이다. 디자인 씽킹은 제품 디자인 및 혁신에 자주 사용되지만, 다른 다양한 분야와 상황에도 적용될 수 있다. 디자인 씽킹 방법론에는 일반적으로 다음과 같은 단계가 있다.

1. 공감 단계: 설계 중인 제품이나 솔루션을 사용하게 될 사람들의 요구와 관점을 이해하는 것이다. 여기에는 인사이트를 수집하고, 사용자에 대한

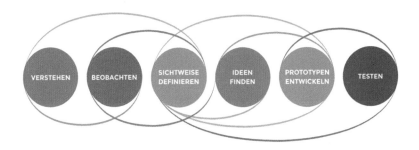

**DESIGN THINKING**

공감을 개발하기 위해 리서치와 인터뷰를 실시하는 것이 포함된다.

2. 정의 단계: 공감 단계에서 수집한 리서치와 인사이트를 종합하여 디자인이 해결해야 할 핵심 문제나 과제를 정의한다.

3. 아이디어 구상 단계: 정의 단계에서 파악한 문제나 과제에 대한 다양한 잠재적 솔루션을 만든다. 여기에는 브레인스토밍이나 마인드 매핑, 스캠퍼(SCAMPER), 롤플레잉 등 아이디어 기법이 포함된다.

4. 프로토타입 제작 단계: 아이디어를 구상했다면 종이, 판지 또는 디지털 도구와 같은 재료를 사용하여 제안된 솔루션의 대략적인 프로토타입이나 목업을 만든다.

5. 테스트 단계: 마지막 단계에서는 실제 사용자를 대상으로 프로토타입을 테스트하고, 피드백을 수집해 솔루션을 더욱 다듬고 개선한다.

이와 같은 디자인 사고 방법론은 협업, 창의성, 사용자 중심을 강조한다. 이를 위해서는 피드백을 바탕으로 반복하고 변경하며, 개방적이고 호기심 많은 사고방식으로 문제에 접근하려는 의지가 필요하다.

참고로 리더라면 관조할 수 있는 능력을 키워야 한다. 그중 사색은 복잡한 문제에 대해 깊이 성찰하고, 충분한 정보를 바탕으로 사려 깊은 결정을 내릴 수 있게 해주기 때문에 리더에게 매우 중요한 기술이다. 리더는 복잡한 상황에서 한 발짝 물러나 성찰하고 반성하며 비판적 사고를 하는 시간을 가져야 한다. 이를 위해 명상이나 일기 쓰기, 자연 속에서 조용히 산책하기 등 다양한 방법을 활용할 수도 있다.

사색하는 리더는 자신의 가치와 목표는 물론, 팀원이나 이해관계자의 요구와 관점도 명확히 파악할 수 있다. 또한 복잡한 문제에 대해 깊이 생각하고, 다양한 관점과 요소를 고려한 창의적인 해결책을 도출할 수도 있다. 관조적인 리더는 자기 인식, 공감 능력, 마음 챙김이 뛰어나며, 조직 내에서 혁신과 성장의 문화를 더 잘 조성할 수 있다. 또한 스트레스와 불확실성을 보다 효과적으로 관리하고, 지혜와 통찰력에 기반한 의사결정을 내릴 수 있다.

### 기업 사례

구글은 직원들이 마음 챙김, 감성 지능, 리더십과 관련된 기술을 개발할 수 있도록 설계된 '내면 탐색(SIY: Search Inside Yourself)'이라는 명상 프로그램을 제공한다. 이 프로그램은 직장에서의 마음 챙김과 명상을 장려하는 작업으로, 전직 구글 엔지니어로 유명한 챠드 멍탄(Chade-Meng Tan)이 개발했다.

　내면 탐색 프로그램은 주의 집중 훈련, 자기 지식과 자기 숙달, 유용한 정신 습관 만들기라는 3가지 핵심 원칙을 기반으로 하고 있다. 여기에는 명상, 신체 인식, 마음챙김 커뮤니케이션과 같은 다양한 훈련이 포함되어 있다. 이 프로그램은 이틀간의 대면 워크숍, 온라인 강좌, 책 등 다양한 형식으로 구글 직원들에게 제공된다. 또한 구글은 다른 조직에서 프로그램을 진행할 수 있는 SIY 인증 트레이너 네트워크도 구축했다.

　내면 탐색 프로그램은 구글 직원들로부터 호평을 받았으며, 사내에 마음 챙김과 감성 지능 문화를 조성하는 데 도움이 되었다는 평가를 받고 있다. 또한 체계적이고 실용적인 방식으로 결합되어 직원들이 주의력 훈

구글의 내면 탐색 프로그램

련, 자기 인식, 감정 조절과 관련된 기술을 개발하는 데 도움을 주고 있다. 이 프로그래에 사용되는 방법론에는 다음과 같은 것이 있다.

1. 먼저 주의력 훈련이다. 이 프로그램은 호흡과 신체에 대한 마음 챙김과 같은 주의력 훈련으로 시작해 참가자들이 산만한 마음을 집중하고 안정된 마음을 지속할 수 있는 능력을 키워준다.

2. 다음으로 자기 인식 및 감정 조절이다. 이 프로그램은 참가자가 자신의 감정을 건강하고 생산적인 방식으로 인식하고 조절하는 능력을 개발하는 데 도움이 되는 감정과 마음 챙김을 연습하게 해준다.

3. 그 다음으로는 긍정적인 정신 습관을 들이는 것이다. 이 프로그램에서는 감사와 의도적인 설정 같은 연습을 하는데, 참가자에게 웰빙과 생산성을 지원하는 긍정적인 정신 습관을 개발하게 해준다.

4. 그 다음은 신경과학적 통찰력을 기른다. 이 프로그램은 신경가소성 개념과 같은 신경과학 연구에서 얻은 통찰을 통합해 참가자가 웰빙과 성과를 지원하기 위해 뇌를 훈련하고 개발할 수 있는 방법을 알려준다.

5. 마지막으로 체험 학습이다. 이 프로그램은 안정된 편안한 환경에서 기술과 기법을 연습하고, 트레이너와 동료로부터 피드백을 받는 체험 학습을 하도록 해준다.

내면 탐색 프로그램의 방법론은 실용적이고 접근이 쉽도록 설계되었으며, 직장, 교육, 개인 생활 등 다양한 곳에도 적용이 가능하다. 참가자들은 이 프로그램에서 배운 기술과 기법을 훈련한 결과 웰빙, 회복력, 생산성이 향상되었다고 호평했다.

# 부부관계

소개를 받아 필자를 찾아온 결혼한 지 5년 된 30대 부부가 있었다. 남편은 직장생활에 바빠 집안일에 거의 참여하지 않았다. 아내는 임신 후 다니던 직장을 그만두고 독박으로 집안일과 육아를 하면서 힘들어하고 있었다. 서로에 대한 불만이 쌓여서 자주 싸우기도 했다. 모든 부부싸움이 그렇듯 돈, 집안일, 자녀 양육, 성생활 등 일상생활에서 발생하는 모든 문제로 싸웠다. 그러다 보면 서로에게 비수와 같은 말로 상처를 주고, 감정이 상해서 한두 달 서로 대화를 하지 않는 것도 예사였다.

우선 필자가 주도적으로 참여해 개발한 주역학회의 '빅 체인지 진단 도구'로 각자의 성격, 재능, 적성을 진단하고 파악했다. 두 사람의 결과를 비교하자 모든 것이 정반대였다. 한 사람이 내성적이면 다른 한 사람은 외향적이고, 한 사람이 감성이 풍부하면 다른 한 사람은 이성적이고, 한 사람이 자기조절이 뛰어나면 다른 한 사람은 즉흥적이었다. 이런 경우 대부분 싸울 수밖에 없다. 반면에 서로의 장점과 단점을 이해하고, 서로의 부족한 부분을 보완할 수 있다면 그야말로 천생연분이다.

몇 차례 상담을 통해 이 부부는 그러한 차이가 종종 갈등과 오해로 이어진다는 점을 인정했다. 또한 서로의 강점과 약점을 이해하기 시작했다. 그러자 놀라운 일이 일어났다. 서로의 차이점을 장애물로 보지 않고, 대조적인 성격이 서로의 능력을 보완하고 향상시킬 수 있다는 것을 깨달았다.

결과는 어떻게 되었을까? 현재 서로를 더 잘 이해하고, 사랑하며 매우 행복한 부부생활을 하고 있다고 전해왔다.

부부가 살아가며 지켜야 할 지혜는 《주역》 32번째 괘 뇌풍항(雷風恒)이다. 위는 우레이고, 아래는 바람이다. 하늘에서는 천둥번개가 치고 땅에서는 바람이 휘몰아치는 그야말로 사랑과 전쟁이다. 결혼을 한 순간부터 변화무쌍한 삶 속에서 부부 간의 관계를 유지하기 위해서는 우레와 바람이 어울려 세력을 유지하고, 변하지 않는 모습이 늘 한결같이 지속되어야 한다. 그 핵심은 상대를 이해하는 데서 오는데, 그것이 바로 사랑이다. 모든 것을 이해하면 사랑스러울 수밖에 없다.

# 21. 화뢰서합(火雷噬嗑)

사법의 길 –
"비리에 맞서라"

噬嗑, 亨, 利用獄.
서합 형 리용옥


履校, 滅趾, 无咎.
구교 멸지 무구

噬膚, 滅鼻, 无咎.
서부 멸비 무구

噬腊肉, 遇毒, 小吝, 无咎.
서석육 우독 소린 무구

噬乾胏, 得金矢, 利艱貞, 吉
서건자 득금시 리간정 길

噬乾肉, 得黃金, 貞厲, 无咎.
서건육 득황금 정려 무구

何校滅耳, 凶.
하교멸이 흉

[서합(깨물어 합친다)은 성장해 나간다. 감옥을 이용해야 이롭다.]

[족쇄를 채워 발가락을 움직이지 못하게 해야 허물이 없다.]
[살을 깨물어 코가 보이지 않을 정도로 하면 허물은 없다.]
[말린 고기를 씹다가 독을 만났다. 조금은 부끄럽지만 허물은 없다.]
[뼈에 붙은 마른고기를 먹다가 황금 화살촉을 얻었다. 어려워도 끝이 이롭고 길하다.]
[말린 고기를 씹다가 황금을 얻지만, 위태롭게 여기면 끝이 허물이 없다.]
[족쇄를 채우고 귀를 막는다. 흉하다.]

《주역》 21번째 괘 화뢰서합(火雷噬嗑)은 위는 불이고, 아래는 우레다. 불과 우레가 만났으니 천지가 진동하는 상이다. 따라서 뭔가 격렬한 싸움이나 언쟁에 휘말리는 것을 의미한다. 서합은 딱딱한 음식을 입안에 넣고 씹어서 입을 다문다는 뜻으로, 각종 어려움이나 걸림돌 같은 것을 비유한다.

기업 경영에서 화뢰서합은 현재 어떤 어려움에 직면해 있다는 뜻이다. 하지만 비온 뒤에 땅이 굳어지듯이 여기서 말하는 어려움이란 충분히 감당하고 이겨내고 극복할 수 있는 어려움이다. 이때 기업은 당면한 도전을 극복하기 위해 끈기와 과감한 행동을 취하는 결단력 있는 리더가 필요하다. 어려움을 극복하기 위해 혁신과 창의성이 필요하다는 것을 암시한다.

가령, 회사가 오랫동안 생존하려면 구조 조정이나 규모를 축소하는 어려운 결정 내려야 한다. 제품 리콜이나 사이버 보안 침해와 같은 위기 상황을 해결하려면 과감한 조치도 취해야 한다. 공동의 목표를 달성하려면 다른 회사나 다른 조직과의 전략적 제휴나 파트너십도 필요하다. 동시에 어려운 시기를 극복하고 더 강해지려면 자원과 비용을 신중하게 관리해야 할 필요가 있다. 그러다 보면 새로운 기회가 올 수 있다. 이때는 경쟁에서 앞서 나가기 위해서 분석적인 위험을 기꺼이 감수하고 도전하면 성공할 수 있다.

동시에 화뢰서합은 범죄 행위에 대해서는 엄중한 처단을 강조하고 있다. 범죄에 유연한 태도를 보여서는 안 된다. 과감하게 척결해야만 비로소 기업은 성장한다고 말하고 있다.

## 실천 항목

기업이 어려움을 극복하고 성장하기 위해 사용할 수 있는 가장 대중적인 이론 중 하나가 스탠퍼드대학 교수인 심리학자 캐롤 드웩(Carol Dweck)이 개발한 '성장 마인드셋(Growth Mindset)'이다. 기업의 리더들은 무엇보다 성장 마인드셋(Growth Mindset)을 가진 인재 확보와 조직 시스템 구축에 집중할 필요가 있다. 개인과 조직의 성장과 학습 잠재력을 강조하는 사고 방식을 채택함으로써 더 큰 성공을 거둘 수 있기 때문이다. 비즈니스 관점에서 이는 성장전략을 의미한다. 성장 사고방식을 채택한 회사는 역경에 직면했을 때, 혁신적이고 적응력이 뛰어나며 탄력적이다.

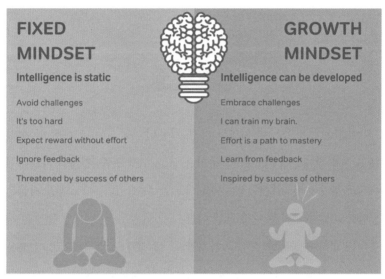

성장 마인드셋. 출처: Alterledger

리더가 성장 마인드셋을 구현하는 방법으로는 먼저 도전을 피해야 할 장애물이 아니라 성장과 발전의 기회로 받아들이고, 실패에 대해 긍정적인 태도를 가져야 한다. 실수를 받아들이고 성장과 발전의 기회로 활용해야 한다. 또한 결과에만 집중하기보다는 직원들이 쏟은 노력과 발전을 축하해줘야 한다. 발전은 과정이며 좌절은 학습 여정의 자연스러운 부분임을 인식해야 한다. 그리고 세상에 대해 호기심을 갖고 새로운 경험과 지식을 쌓는 배우는 자세를 가져야 한다.

특히 성장 마인드셋의 가치를 지지하고 공유하는 사람들의 커뮤니티를 구축해야 한다. 당신의 성장과 발전을 응원하고, 당신이 위험을 감수하고 새로운 것을 시도하도록 격려하는 사람들이기 때문이다.

## 기업 사례

아마존은 설립 초기에 치열한 경쟁, 제한된 자금, 규제 장애물 등 수많은 도전과 장애물에 직면했다. 하지만 혁신, 고객 만족, 전략적 파트너십에 집중함으로써 이러한 장애물을 극복할 수 있었다. 이를테면 지금은 일반화되었지만, 당시 일정 금액 이상 구매 시 무료 배송 제공 결정은 처음에는 회사에 상당한 손실을 가져왔다. 이 전략은 궁극적으로 더 많은 고객을 유치하고, 매출을 증가시킴으로써 큰 성과를 거두었다. 또한 타사 판매자와 파트너 관계를 맺고 다양한 제품을 제공키로 한 결정은 아마존을 경쟁업체와 차별화시켜 이커머스 업계의 리더로 만들었다. 이는 화뢰서합의 지혜를 기업 경영에 적용하면 역경 속에서도 성공을 거둘 수 있음을 보여주는 사례라 할 수 있다.

반면에 미국의 다국적 금융 서비스 기업 웰스파고(Wells Fargo)를 보면 기업의 범죄 행위가 어떤 결과를 초래하는지 알 수 있다. 뱅크오브아메리카, JP모건체이스, 씨티은행과 더불어 미국 4대 상업은행 중 하나인 웰스파고는 2016년 고객의 동의 없이 수백만 개의 유령계좌를 개설한 혐의로

1억 8,500만 달러의 벌금을 부과받았다. 이 스캔들로 인해 최고 경영진 여러 명이 사임하고, 의회 청문회까지 열렸다.

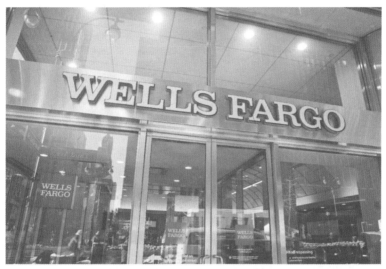

웰스 파고. 출처: Bloomberg Finance LP

미국 금융당국이 조사한 결과 2011년부터 2015년까지 웰스파고 직원들은 200만 개 이상의 무단 계좌와 신용카드를 만든 것으로 밝혀졌다. 직원들은 비현실적인 판매 목표를 달성해야 한다는 압박을 받았고, 신규 계좌 개설에 대한 보너스와 프로모션으로 인센티브를 제공받았다. 목표를 달성하기 위해 직원들은 가짜 이메일 주소와 비밀번호를 사용해 고객 몰래 또는 동의 없이 계좌를 개설했다. 이 가짜 계정으로 인해 고객이 요청하지 않았거나 알지 못하는 서비스에 대한 수수료가 부과되어 일부 고객이 갑자기 각종 벌금과 연체료까지 무는 사태가 발생했다. 결국 이 스캔들은 은행 평판에 매우 부정적인 영향을 미쳤고, 최고 경영진까지 사임하는 결과를 낳았다.

# 22. 산화비(山火賁)

## 아름다움의 길 –
"우아함을 찾아라"

賁, 亨, 小利有攸往.
비 형 소리유유왕

賁其趾, 舍車而徒.
비 기 지  사 거 이 도

賁其須.
비 기 수

賁如濡如, 永貞, 吉.
비 여 유 여  영 정  길

賁如皤如, 白馬翰如, 匪寇, 婚媾.
비 여 파 여  백 마 한 여  비 구  혼 구

賁于丘園, 束帛, 戔戔, 吝, 終吉.
비 우 구 언  속 백  전 전  린  종 길

白賁, 无咎.
백 비  무 구

[비(꾸미다)는 성장기의 일이다. 작은 이익이라도 실천함이 이롭다.]


[발가락을 꾸민다. 수레를 버리고 걷는다.]

[수염을 꾸민다.]

[꾸밈은 젖은 듯 끝까지 계속해야 길하다.]

[꾸밈이 하얗고 백마를 타고 날 듯이 왔다. 도적이 아니라 청혼하려는 것이다.]

[언덕과 동산을 꾸민다, 비단을 작게 작게 묶어놓으면 부끄럽지만 끝내 길하다.]

[하얗게 꾸미면 허물이 없다.]


《주역》 22번째 괘 산화비(山火賁)는 위는 산이고, 아래는 불이다. 산 아래에 불이 타오르는 상이다. 이는 산천초목들이 불빛을 받아 광채가 나는 모습으로서 아름답게 꾸미는 장식의 의미를 갖는다. 동시에 《주역》은 변화다. 늘 움직인다. 산 아래 불이 있다는 것은 해가 서산에 기울어 찬란한 황혼 노을을 나타낸다. 겉치레만 하느라고 실속이 없다는 의미도 가지고 있다.

기업 경영에서 산화비는 아름답고 우아하며 스타일리시하게 운영되어야 함을 의미한다. 비즈니스의 모든 측면에서 아름다워야 하고, 프레젠테이션이 중요하다는 것을 나타낸다. 이는 기업이 제품과 마케팅 활동에서 미적 완벽함을 위해 노력해야 한다고 조언한다. 리더에게는 리더십 스타일에 아름다움과 우아함을 배양하라고 조언한다. 단순히 명령하기보다는 리더의 모습 자체가 직원들에게 영감을 주고 동기를 부여할 수 있어야 한다는 것이다. 특히 리더는 자신의 외모와 대중에게 비춰지는 이미지에도 신경을 써야 한다. 품위와 우아함의 원칙을 구현하는 기업은 고객을 유치하고 충성도를 높일 수 있다.

이를테면 애플은 세련되고 우아한 제품 디자인과 세련된 마케팅 캠페인으로 유명하다. 애플의 전 CEO인 스티브 잡스도 혁신과 창의성을 강조하는 카리스마 있고, 영감을 주는 리더십 스타일로 유명했다. 그 결과, 애플은 아름다움과 우아함에 중점을 두어 경쟁이 치열한 기술 업계에서 두각을 나타내고 충성도 높은 고객층을 구축할 수 있었다.

동시에 겉포장만 좋고 실속이 없는 사람으로부터 속임을 당할 수 있음도 경고하고 있다. 외적인 아름다움과 내적인 실속이 꽉 찬 리더야말로 존경받을 수 있다는 점을 명심해야 한다.

## 실천 항목

경영진의 리더십에 대한 우아한 접근방식은 솔선수범하고 긍정적이고 조화로운 업무 환경 조성과 관계가 있다. 리더가 우아함과 겸손함을 보여줄 때 직원들도 영감을 받을 수 있다. '서번트 리더 이론(Servant Leader Theory)'은 다른 사람에게 봉사하고, 그들의 필요를 우선시하는 것의 중요성을 강조한 리더십 철학이다.

이 이론은 1970년대에 로버트 그린리프(Robert Greenleaf)가 개발했다. 이후 많은 조직에서 리더십에 대한 대중적인 접근방식이 되었다. 서번트 리더 이론의 핵심 아이디어는 리더의 주요 역할이 추종자가 자신을 섬기기를 기대하는 것이 아니라, 자신이 추종자를 섬기는 것이다. 서번트 리더는 팔로워를 우선시하고, 그들이 성장하고 성공하도록 돕기 위해 노력한다.

서번트 리더의 주요 특성으로는 다음과 같은 것이 있다.

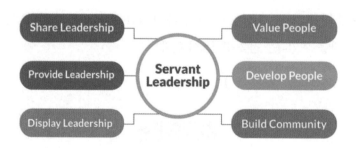

서번트 리더십 모델. 출처: Urquery서번트 리더십 모델. 출처: Urquery

1. 공감 능력이다. 서번트 리더는 추종자의 입장이 되어 그들의 관점과 요구사항을 충분히 이해하고 공감한다.

2. 경청 능력이다. 서번트 리더는 추종자들의 관심과 생각을 이해하기 위

해 적극적으로 경청한다.

3. 치유 능력이다. 서번트 리더는 추종자들이 과거의 실패나 어려움을 치유할 수 있는 긍정적이고, 지원하는 환경을 조성하기 위해 노력한다.

4. 인식 능력이다. 서번트 리더는 추종자들의 강점과 약점뿐 아니라, 자신의 강점과 약점도 잘 알고 있다.

5. 설득 능력이다. 서번트 리더는 목표를 달성하기 위해 강압보다는 설득을 사용한다.

6. 개념화다. 서번트 리더는 미래를 구상하고, 조직을 위한 명확한 경로를 만든다.

7. 선견지명이다. 서번트 리더는 잠재적인 도전과 기회를 예측하는 선견지명을 가지고 있다.

8. 청지기 직분이다. 서번트 리더는 자신을 조직의 청지기로 여긴다.

## 기업 사례

아름다움과 우아함은 인간이 추구하는 가장 근원적인 본질이다. 인간은 사물을 판단함에 있어 정보의 87%를 시각을 통해 얻는다. 인간의 두 뇌는 의사결정력에 가장 커다란 영향을 미치는 시각 정보가 들어오면 다른 정보들은 산만한 정보로 걸러낸다. 가령, 미인이나 미남을 만나면 시각이 87%의 의사결정력이 있으므로 그들의 허스키한 소리조차 좋게 들리는 것이 대표적이다.

스티브 잡스의 프리젠테이션만큼이나 애플 제품의 미적 디자인 추구는 전 세계 사용자들로부터 사랑을 받고 있다. 애플은 초기에 미니멀리즘을 강조했다. 이후로는 평면(플랫)에 스큐어모피즘(실제로 존재하는 사물의 형태나 질감 따위를 모방하여 표현하려는 태도)을 결합한 새로운 디자인을 추구하고 있다. 이렇게 플랫 디자인과 스큐어모피즘을 결합한 디자인 접근방식을 '플랫 스큐어모픽' 디자인이라고 부르기도 한다. 이 접근방식은 iOS6와 맥OS10.8 Mountain Lion과 같은 일부 이전 버전의 애플 운영체제에서 사용됐다.

플랫 스큐어모픽 디자인에서 사용자 인터페이스는 단순함과 명확성에 중점을 두고 평평하고 미니멀하게 디자인됐다. 그러나 특정 요소는 여전히 가죽이나 종이, 금속과 같은 실제 사물이나 재료와 유사하게 디자인된다. 이는 친근감을 주고 사용자가 디지털 인터페이스와 상호작용하는 방법을 이해하는 데 도움이 된다.

이를테면 iOS6에서 노트 앱은 줄이 그어진 종이를 닮은 질감의 배경에 화면 상단에 노란색 리갈 패드가 있었다. 이 덕분에 화면의 텍스트와 기타 요소는 평면적인 디자인을 사용하면서도 실제 메모장과 같은 친숙함을 주었다. 마찬가지로 맥OS10.8 Mountain Lion에서는 연락처 앱에 가죽 질감과 창 가장자리의 스티칭이 특징이었다. 이를 통해 실제 주소록과 같은 느낌을 주면서도 화면의 텍스트 및 기타 요소에 평면 디자인을 사용했다. 이와 같이 플랫 스큐어모픽 디자인은 평면 디자인과 스큐오모픽 디자인을 결합하여 미니멀하면서도 사용자에게 친숙한 디지털 인터페이스를 만들기 위해 사용했던 디자인 접근방식이다.

최근 애플은 스큐어모픽 디자인 요소의 사용에서 벗어나 보다 미니멀하고 간소화된 디자인을 채택하고 있다. 깔끔한 선, 평면 디자인 요소, 타이포그래피 및 여백에 중점을 두고 있다. 그럼에도 미니멀리즘과 우아함 그리고 사용자 경험이라는 애플 초기 철학은 변하지 않고 있다.

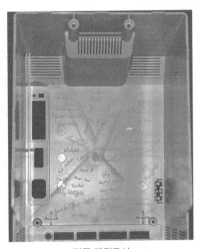

애플 매킨토시

한편 애플 초기의 매킨토시 컴퓨터(Mac 128k, 512k 또는 Plus) 프라스틱 케이스 내부에는 스티브 잡스를 비롯해 스티브 워즈니악, 제프 레스킨, 빌 앳킨슨, 앤디 허츠펠드, 부루스 혼, 제리 매녹, 수잔 케어, 다니엘 코트케 등 역사적인 팀의 서명이 새겨져 있다. 매킨토시 각인 서명 아이디어를 낸 스티브 잡스는 1982년 2월 10일에 40여 명의 맥 팀과 주간 회의 후 특별 서명회 파티를 열면서 다음과 같이 말했다.

"매킨토시는 소프트웨어와 하드웨어 디자인을 표방하는 엔지니어들의 예술적 표현이다."

"매킨토시 팀은 예술가이기 때문에 우리가 작품에 서명하는 것은 적절하다."

당시 함께 근무했던 엔지니어 앤디 허츠펠드에 따르면 "맥 팀에는 복잡한 동기부여가 있었지만, 가장 특별한 요소는 강력한 예술적 가치였다. 무엇보다도 스티브 잡스는 자신을 예술가로 생각했고, 디자인 팀도 그렇게 생각하도록 격려했다"며, "우리의 목표는 결코 경쟁에서 이기거나 많은 돈을 버는 것이 아니었다. 그것은 가능한 한 가장 위대한 일을 하는 것, 또는 그보다 조금 더 큰일을 하는 것이었다"라고 회고했다.

# 23.  산지박(山地剝)

각박한 시절을 견디는 길 –
"완벽하게 부셔버려라"

剝, 不利有攸往.
박 불 리 유 유 왕

剝牀以足, 蔑貞, 凶.
박 상 이 족 멸 정 흉

剝牀以辨, 蔑貞, 凶.
박 상 이 변 멸 정 흉

剝之无咎.
박 지 무 구

剝牀以膚, 凶.
박 상 이 부 흉

貫魚, 以宮人寵, 无不利.
관 어 이 궁 인 총 무 불 리

碩果不食, 君子得輿, 小人剝廬.
석 과 불 식 군 자 득 여 소 인 박 려

[박(파괴)은 나아가는 것이 이롭지 않다.]

[침상 다리가 부서져 다리 전체가 무너진다. 끝까지 흉하다.]
[침상의 상판이 부서져 상판 전체가 무너진다. 끝까지 흉하다.]
[차라리 모두 부서져야 허물이 없다.]
[침상의 표면이 부서졌으니 흉하다.]
[물고기를 쭉 꿰어놓은 것처럼, 궁인이 총애 받듯이 하면 이롭다.]
[큰 과일을 먹지 않으면 군자는 수레를 얻지만, 소인은 오두막마저 허물게
된다.]


《주역》 23번째 괘 산지박(山地剝)은 위는 산이고, 아래는 땅이다. 땅 위
에 우뚝 솟아 있는 산의 상이다. 산이 비바람에 깎이고 벗겨지고 무너지
면서 상처를 입게 되는 《주역》 64괘 중 가장 어려운 상황을 나타낸다. 기
업 경영에서는 추진하던 비즈니스가 실패한다거나, 사업이 파산한다거
나, 기업의 명예가 실추된다거나, 믿고 있었던 사람이나 파트너사에게 배
신을 당하는 상황에 빗댈 수 있다.

리더는 경영을 하다 보면 힘든 시간을 겪거나 고통을 경험할 수 있다.
이럴 때는 무리하게 변화를 시도하거나, 사업 확장이나 새로운 사업을 시
도하는 대신 기업 환경을 조용히 지켜볼 필요가 있다. 때로는 적당한 상
황에서 멈추고, 기업 환경을 살피는 자세도 필요하다.

변화를 말하는 《주역》에서 산지박은 새로운 성장과 발전을 위해 낡은

구조를 해체하거나 버리는 시기를 나타낸다. 내려올 만큼 내려오면 위로 올라갈 기회가 생긴다. 그동안 바닥에서 어려움을 겪고 있던 기업이라면 전화위복의 기회가 찾아온다. "사물이 극에 달하면 반드시 되돌아온다" 는 '물극필반(物極必反)'이다.

이 시기 성공의 열쇠는 명확한 목적의식을 가지고 변화를 관망하며, 잃어버린 것에 집착하기보다는 얻을 수 있는 기회에 집중하는 데 있다. 더 이상 회사에 도움이 되지 않는 것을 버리고 새로운 아이디어와 전략을 수용함으로써 새로운 힘과 활력을 얻어 앞으로 나아갈 수 있는 기틀을 마련해야 한다.

모든 고통은 다 지나가기 마련이다. 그 고난을 이겨내고 다시 우뚝 서려면 치욕스럽더라도 참고 견뎌야 한다. 한나라 장군 한신처럼 가랑이 사이로 기어가더라도 참고 견뎌야 한다.

## 실천 항목

리더십 상황 이론은 리더십 스타일이 상황에 달려 있다는 이론이다. 이 이론에 따르면, 리더는 추종자의 필요와 능력, 그리고 그들이 직면한 특정 상황에 따라 리더십 스타일을 조정해야 한다. 이를테면 위기 상황에서는 리더가 책임을 지고 직원들에게 명확한 지시를 내리는 지시형 리더십 스타일이 필요할 수 있다. 반면에 직원이 경험이 많고 능력이 있는 상황에서는 그들에게 더 많은 결정권과 자율성을 부여하는 위임적인 리더십 스타일이 필요하다.

현재 가장 잘 알려진 상황 이론 모델 중 하나는 '허시와 블랜차드 상황 리더십 모델'이다. 이 모델은 1960년대 후반 폴 허시와 켄 블랜차드가 개발했으며, 이후 가장 널리 인정받고 적용되는 리더십 모델 중 하나가 되었다. 허시와 블랜차드 모델은 팔로워의 성숙도를 책임감 있는 능력과 의지로 평가하는데, 성숙도를 다음과 같이 4가지 수준으로 정의하고 있다.

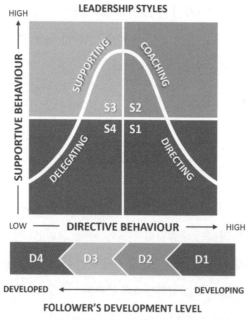

허시와 블랜차드 상황리더십 모델. 출처: Business-to-you

- M1(낮은 성숙도): 팔로워가 책임을 맡는 데 필요한 기술과 동기가 부족하다. 이때는 지시형 리더십 스타일이 필요하다.
- M2(어느 정도 성숙도): 팔로워가 어느 정도 기술을 갖추고 있지만, 완전히 책임질 자신감이나 동기가 부족하다. 이때는 코칭형 리더십 스타일이 필요하다.
- M3(중간 정도 성숙도): 팔로워가 필요한 기술과 동기를 가지고 있지만, 경험이나 자신감이 부족하다. 이때는 지원형 리더십 스타일이 필요하다.
- M4(높은 성숙도): 팔로워가 기술과 동기를 모두 갖추고 있으며, 모든 책임을 질 수 있다. 이때는 위임하는 리더십 스타일이 필요하다.

허시와 블랜차드 모델은 팔로워의 요구와 상황에 맞게 리더십 스타일을 조정하는 것이 중요하다는 점을 강조한다. 이 모델은 리더십 교육 및 개발 프로그램에 널리 사용되고 있으며, 다양한 산업과 상황에서 적용되고 있다.

### 기업 사례

1990년대 초, IBM은 급변하는 기술 환경을 따라잡지 못해 도태될 위기에 처해 있었다. 하지만 도산의 위기를 극복하기 위해 IBM은 인공지능, 클라우드 컴퓨팅, 블록체인과 같은 미래 기술에 집중하고, 대규모 구조 조정을 단행했으며, 경쟁력 없는 사업을 매각하기 시작했다. 이러한 격변의 시기는 IBM과 직원들에게 고통스러운 시간이었다. 하지만 장기적으로는 회사를 재창조해 기술 업계의 리더로 남는 계기가 되었다. 그 결과, IBM은 1990년대 초와는 완전히 다른 기업이 되었다

당시 IBM이 혁신에 대한 어려운 결정을 내리고 위험을 감수하며 급변하는 시장에서 경쟁력을 유지할 수 있었던 데는 1993년에 IBM의 CEO로 취임한 루이스 거스너(Louis Gerstner)의 리더십이 있었다. 루이스 거스너는 IBM을 위기에서 벗어나도록 하기 위해 경영전략과 문화를 완전히 재정의해 새로운 방향으로 이끌었다.

IBM의 전 CEO 루 거스너

루이스 거스너는 1942년에 미국 미주리주에서 태어났다. IBM의 CEO로 임명되기 전에는 11년간 리즈코프에서 CEO로 일했다. 그 이전에는

한국, 일본, 대만, 싱가포르 등 아시아 여러 국가에서 IBM 지점을 이끌며 국제 경험을 쌓았다. 1993년, IBM이 급기야 기술 혁신에서 뒤처지고 경영진의 비전 부재로 매우 어려운 위기 상황에 처했다. 이때 IBM은 전통적인 하드웨어 중심의 기술 회사에서 고객 중심의 비즈니스 솔루션 제공 업체로 전환해야 했다.

거스너는 당시 IBM의 가장 큰 문제점으로 전략이 없다는 것을 꼽았다. 그는 기존의 문화와 업무방식을 혁신하고, 조직문화를 바꾸고, 고객 중심 전략을 적용하여 IBM을 구조적으로 개혁했다. 특히 거스너는 고객 중심의 비즈니스 모델을 확립하고, 다양한 분야에서 IBM의 지속적인 성장을 위해 기술 개발에 주력했다. 그 결과, 인공지능, 빅데이터, 클라우드 컴퓨팅, 컨설팅 서비스를 포함한 새로운 비즈니스 영역으로 사업을 확장했으며, 이는 IBM의 새로운 성장 엔진이 되었다.

그 결과, 거스너는 IBM의 전통과 문화를 유지하면서도 회사를 변화시키는 데 성공했다. 그의 리더십은 경영진, 직원, 고객 및 산업 전반에 걸쳐 영향을 미치면서 IBM이 다시 성장하고 전 세계적으로 인정받는 기업이 되는 데 큰 역할을 했다. 또한 그는 기업문화 변화도 주도했다. IBM의 과거 문화는 상징주의와 기술 중심의 문화였다. 하지만 거스너는 고객 중심의 문화를 추구해 고객의 요구사항에 맞게 제품과 서비스를 개선하는 등의 노력을 기울였다.

그는 비즈니스 전략도 새롭게 정의했다. IBM은 기존의 하드웨어 중심의 전략에서 소프트웨어와 서비스 중심의 전략으로 방향을 전환했다. 이를 위해 거스너는 IBM의 비즈니스 모델을 완전히 재설계하고, 기존 제품을 개선했으며, 새로운 제품을 출시하여 새로운 수익원을 창출했다. 거스너는 또한 직원들과의 소통과 협력을 중시했다. 직원들에게 적극적으로 참여할 기회를 제공하고, 일자리를 보호하고 고용을 증가시키는 등의 노력도 기울였다.

현재 IBM은 전 세계 기업 중 가장 많은 특허를 보유한 기업으로, 29년 동안 이 부분에서 1위를 놓친 적이 없다. 2021년 기준, IBM은 약 15만 건 이상의 특허를 보유하고 있으며, 연간 약 1만 건 이상의 특허 출원 신청을 하고 있다. 특히 인공지능, 양자 컴퓨팅, 블록체인, 클라우드 컴퓨팅과 같은 신기술 분야에 많은 특허를 출원하고 있다. IBM은 이러한 특허 보유로 매년 수억 달러의 수익을 창출하고 있다. 1996년 이후 벌어들인 지식재산권 수입만 270억 달러를 넘는다.

이제 IBM은 단순히 데스크톱을 생산하는 업체가 아니다. 왓슨과 같은 인공지능을 비롯해 블록체인 기술, 양자 컴퓨팅 등 첨단기술 분야에서 미래를 선도하는 글로벌 기업이 되었다.

# 24. 지뢰복(地雷復)

회복하는 길 –
"다시 일어서라"

復, 亨. 出入无疾, 朋來无咎, 反復其道, 七日來復.
利有攸往.

복 형 출입무질 붕래무구 반복기도 칠일래복
리유유왕


不遠復, 无祗悔, 元吉.

불원복 무지회 원길

休復, 吉.

휴복 길

頻復, 厲, 无咎.

빈복 려 무구

中行, 獨復.

중행 독복

敦復, 无悔.

돈복 무회

迷復, 凶, 有災眚. 用行師, 終有大敗, 以其國, 君凶,
至于十年, 不克征.

미복 흉 유재생 용행사 종유대패 이기국 군흉
지우십년 불극정

[복(회복)은 성장이다. 들고 남에 병이 없고 벗이 찾아와야 허물이 없다. 그
도를 돌아와 회복하여 7일 안에 회복하고 가는 것이 이롭다.]

[머지않아 회복하면 뉘우침도 늦지 않아 처음부터 길하다.]

[쉬었다가 회복하는 것은 길하다.]

[반복적으로 회복하는 것은 위태롭지만 허물은 없다.]

[중용으로 행하고, 홀로 회복한다.]

[성찰하는 회복은 후회가 없다.]

[혼미한 회복은 흉하다. 재앙이 있고, 전쟁을 벌이는 것이라면 마침내 크게
패할 것이다. 그 나라와 왕 역시 흉하다. 10년이 되어도 정벌하지 못한다.]

《주역》24번째 괘 지뢰복(地雷復)은 위는 땅이고, 아래는 우레다. 땅 밑
에서 우레가 울리는 상이다. 땅 위에 새로운 시작을 알리는 것으로, 곧 성
공할 때를 맞이하고 있음을 나타낸다. 기업 경영에서서는 변화 또는 전
환기를 나타낸다. 동시에 현재 회사가 가고 있는 길이 더 이상 실행 가능
하거나 효과적이지 않으면 앞으로 나아가기 전에 상황을 되돌아보고 재

평가해야 할 때임을 조언한다. 긍정적 의미의 지뢰복은 회사가 상황을 재고하고 새로운 방향을 결정할 때 쇄신과 새로운 관점의 시기를 나타낸다. 그러나 회사가 변화에 저항하거나 새로운 상황에 적응하지 못하면 정체기 또는 쇠퇴기로 바뀔 수 있다는 점도 명심해야 한다.

기업 경영에서 지뢰복의 한 예로는 한동안 수익이나 시장점유율이 감소하고 있는 회사를 들 수 있다. 이때 회사의 리더는 한 발 물러서서 상황을 재평가하고, 현재의 전략과 운영이 변화하는 시장 환경에서 여전히 효과적인지 판단해야 한다. 회사를 반전시키고 성공을 향한 새로운 길로 나아가기 위해 어려운 결정을 내리고, 중대한 변화를 실행해야 할 수도 있다. 기존 방식이나 시스템을 폐기하고, 새로운 시스템을 도입하며, 회사 내 구조 조정이나 조직 개편을 해야 할 수도 있다.

급격한 성장과 확장을 경험한 기업이라면 늘어난 수요를 처리할 수 있도록 조직 구조와 시스템을 재평가해야 한다. 재정적 어려움에 직면한 기업은 예산 및 비용 관리에 대한 접근방식을 재평가해 효율성을 높이고, 낭비를 줄이기 위한 새로운 전략을 구현해야 한다. 특히 인수합병을 진행 중인 기업은 새로운 조직의 목표와 가치에 상황에 맞게 운영을 재구성해야 한다. 또한 제품 리콜이나 평판의 손상과 같이 심각한 문제를 겪은 기업이라면 고객이나 이해관계자와 신뢰를 회복하기 위해 브랜드 정체성과 가치를 재평가해야 한다.

어려운 상황을 극복하고 막 회복하는 시기에는 행동하는 리더십이 필요하다. '리더십 행동 이론'은 리더가 성과를 내기 위해 취해야 하는 행동들에 대해 중점적으로 다루는 리더십 이론 중 하나로, 개발한 사람은 쿠르트 레빈(Kurt Lewin)이다. 레빈은 독일의 사회심리학자로서 집단심리학, 실험심리학 등 다양한 분야에서 연구를 하였으며, 리더십 분야에서는 행동 이론과 변화관리 이론을 개발했다. 그의 행동 이론은 리더의 행동이 부하직원의 동기와 태도를 변화시킬 수 있음을 강조하고 있다. 이를 바탕으로 한 행동 이론은 현대적인 리더십 이론 중 하나가 됐다.

행동 이론은 대체로 리더의 행동 양식에 따라 리더십 스타일을 구분한다. 이에 따라 행동 이론은 대표적으로 '7가지 행동 스타일'로 구분되는데, 이는 베인-마우스 연구에서 유래한 것이다. 7가지 행동 스타일은 다음과 같다.

1. 지시형 리더십이다. 리더가 조직원들에게 명확한 목표와 방향을 제시하고, 명령을 내리며, 업무를 지시하는 스타일이다.
2. 적응형 리더십이다. 리더가 조직원들의 상황과 필요에 따라 유연하게 대처하는 스타일이다.
3. 지지형 리더십이다. 리더가 조직원들에게 성과를 인정하고 격려하는 스타일이다.

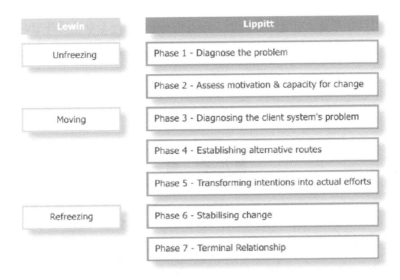

| Lewin | Lippitt |
|---|---|
| Unfreezing | Phase 1 - Diagnose the problem |
| | Phase 2 - Assess motivation & capacity for change |
| Moving | Phase 3 - Diagnosing the client system's problem |
| | Phase 4 - Establishing alternative routes |
| | Phase 5 - Transforming intentions into actual efforts |
| Refreezing | Phase 6 - Stabilising change |
| | Phase 7 - Terminal Relationship |

레빈의 변화관리 모델. 출처: Researchgate

4. 개방형 리더십이다. 리더가 조직원들의 의견을 수렴하고, 대화를 통해 의견을 교환하며, 모든 조직원들이 동등하게 참여할 수 있도록 하는 스타일이다.

5. 개입형 리더십이다. 리더가 조직원들의 업무에 개입하고, 자신이 직접 일을 처리하거나 협조하는 스타일이다.

6. 의사소통 중심 리더십이다. 리더가 대화와 의사소통을 중시하고, 조직 원들과 함께 문제를 해결하며, 의견을 교환하고, 피드백을 제공하는 스타일이다.

7. 변화형 리더십이다. 리더가 조직 내부의 문제나 기회를 파악하고, 변화를 주도해 기회를 창출하는 스타일이다.

이러한 행동 스타일들 중 어떤 스타일을 사용할지는 상황에 따라 달라질 수 있다. 각각의 상황에 맞게 적절한 스타일을 사용하는 것이 중요하다.

## 기업 사례

2012년 존 레저(John Legere)가 T-모바일(T-Mobile)에 CEO로 취임했다. 회사가 더 큰 경쟁업체인 미국의 이동통신업체 버라이즌(Verizon)과 AT&T를 따라잡기 위해 고군분투하고 있을 때였다. 그는 약정 및 보조금 폐지, 무제한 데이터 요금제 도입, 네트워크 인프라 투자 등 시장 변화를 주도했다. 그의 리더십 아래 T-모바일은 미국에서 가장 빠르게 성장하는 무선통신 업체가 되었으며, 결국 라이벌인 스프린트(Sprint)까지 합병했다.

T-모바일은 수년 동안 미국의 이동통신 업체 가운데 가장 가입자 수가 적었다. 그런데 존 레저가 취임한 지 4년 만에 스프린트를 제치고 3위로 올라섰다. 이러한 성공 뒤에는 규칙을 파괴하고, 현상 유지를 거부하는 T-모바일의 '언캐리어(un-carrier) 전략'이 주효했다. 언캐리어 전략은 기존 통신사들의 서비스와 차별화된 상품을 시장에 내놓겠다는 T-모바일의 슬로건으로, 미국 최초로 2년 약정제를 폐지했다. 보조금도 폐지하고, 무제한 데이터 요금제를 도입했으며, 해외 로밍비도 대폭 낮췄다.

특히 레저는 버라이즌, AT&T와 경쟁하기 위해 네트워크 인프라에 막

대한 투자를 단행했다. 그는 T-모바일 LTE 네트워크의 대대적인 확장을 감독해 속도를 개선하는 데 힘썼고, 고객 경험에 집중한 것으로도 유명하다. 그 결과는 대성공이었다. 레저가 2012년 CEO에 오른 후 고객 수는 두 배 증가해 6,600만 명이 되었고, 주가도 2013년 5월 첫 거래 이후 140% 상승했다.

그의 리더십은 적극적이고 이벤트성이 강하다. 그는 소셜 미디어를 통해 고객과 직접 소통하고 피드백에 응답한다. 2016년 당시 그는 SNS를 통해 파격적인 프로모션을 진행했다. 모든 고객에게 매주 화요일마다 피자, 밀크셰이크를 선물하고, 영화를 공짜로 대여하는 '#화요일의 티모바일(TMobileTuesdays)' 애플리케이션은 다운로드 수가 48시간 만에 100만 건을 넘어 회사 서버가 용량을 초과하는 바람에 다운되기도 했다. 또한 비행기 내 남녀 소셜미디어 이용자 수천 명이 실시간으로 소위 '썸'을 타는 로맨스를 트위터로 소개하는 데 직접 소매를 걷어붙이고 나서기도 했다. 그는 모두가 이것을 계속 지켜볼 수 있도록 T-모바일 와이파이(WiFi)를 무료로 제공했는데, 결과는 그야말로 대성공이었다.

2017년 이러한 경험을 바탕으로 레저는 항공기에 무료 와이파이를 도입했다. T-모바일은 모든 미 국내선 항공편에서 무료 와이파이를 제공하기 위해 기내 와이파이 제공업체인 고고(Gogo)와 제휴했다. T-모바일 전화나 태블릿을 사용하는 고객은 고고 앱을 다운로드하고, T-모바일 전화번호를 입력하면 와이파이에 접속할 수 있었다. 당시 고객에게 무료 기내 와이파이를 제공하는 유일한 무선 통신사였기 때문에 'T-모바일 존 레저(T-Mobile Zone Leisure)' 항공기의 무료 와이파이는 고객들의 호평을 받았다. 그리고 이 서비스는 T-모바일이 혁신적이고 고객 중심적인 무선 통신사로서 명성을 굳건히 하는 데 큰 몫을 했다.

또 2016년부터는 매주 일요일마다 진행되는 '슬로우 쿠커 선데이(Slow Cooker Sunday)'라는 페이스북 라이브 요리 쇼를 통해 자신의 요리를 소개하고, 사람들에게 T-모바일 서비스 가입을 독려했다. 2018년에는 슬로우 쿠커 선데이 방송에서 사용한 레시피를 담은 요리책을 출간하고, 수익금을 자선단체인 피딩 아메리카(Feeding America)에 기부하기도 했다. 2019년 11월, 레저는 트위터 계정을 통해 2020년 4월 30일 CEO직에서 물러날 것이라고 발표했다. 하지만 원래 2020년 5월 1일에 발효될 예정이었지만,

슬로우 쿠커 선데이

스프린트와의 합병이 조기 완료됨에 따라 레저는 2020년 4월 1일에 공식적으로 CEO직을 사임했다.

# 25. 천뢰무망(天雷无妄)

무위자연의 길 –
"무위를 꿈꿔라"

无妄, 元亨, 利貞, 其匪正, 有眚, 不利有攸往.
무망 원형리정 기비정 유생 불리유유왕


无妄, 往吉.
무망 왕길

不耕, 穫, 不菑, 畬, 則利有攸往.
불경 확 불치 여 즉리유유왕

无妄之災, 或繫之牛, 行人之得, 邑人之災.
무망지재 혹계지우 행인지득 읍인지재

可貞, 无咎.
가정 무구

无妄之疾, 勿藥, 有喜.
무망지질 물약 유희

无妄, 行, 有眚, 无攸利.
무망 행 유생 무유리

[무망(자연법칙)은 원형리정의 순리다. 그 바름을 따르지 않는다면 재앙이 있으며 나아감에 이롭지 않다.]

[하늘의 이치에 따라 나아가면 길하다.]
[밭을 경작하지 않아도 수확하고 개간하지 않아도 비옥한 밭이 있으면 나아가는 것이 이롭다.]
[하늘의 이치에 순응하지 않으면 재앙이다. 뜻밖의 재앙은, 매어놓은 소를 길 가던 사람이 주웠으나 마을 사람들에게 재앙이 일어나는 것과 같다.]
[끝까지 순리를 지키면 허물이 없다.]
[자연적인 병은 약을 쓰지 말라. 기쁨으로 받아들여라.]
[무위자연을 끝까지 따르면 재앙이 있고 이롭지 않다.]

《주역》 25번째 괘 천뢰무망(天雷无妄)은 위는 하늘이고, 아래는 우레다. 하늘 아래에서 우레가 움직이니 음양이 서로 화합하는 상이다. 무망은 아이들이 태어났을 때의 천진한 순수한 마음으로, 하늘의 이치를 따르는 것을 의미한다. 기업 경영에서는 리더와 직원이 숨김없이 순수한 마음으로 일하는 상황을 나타낸다. 또한 조직에서 정직, 성실, 투명성이 중요시되고 보상을 받는 시기이기도 하다.

동시에 이 시기에는 시장 환경의 흐름을 잘 따라야 하며, 만약에 욕심을 내면 패망의 지름길이라고 조언한다. 이 시기에는 목표에 집중하고 논란이나 불필요한 갈등에 휘말리지 않아야 한다. 회사는 장기적인 목표에 집중하고, 사소한 갈등이나 논란에 휘말리지 않는 것이 중요하다는 것을 시사한다.

기업의 리더는 큰 그림을 방해할 수 있는 일상적인 문제에 얽매이지 않아야 하고, 회사의 장기적인 목표에 집중해야 한다. 또한 불필요한 갈등과 논란을 피해야 한다. 작은 문제나 갈등에 휘둘리지 않는 리더가 필요한 시기다. 이 시기에는 기본에 집중하고 일을 단순하게 유지하는 것이 기업 경영에서 성공의 열쇠임을 명심해야 한다.

## 실천 항목

'변혁적 리더십(Transformational Leadership)'의 개념은 제임스 맥그리거 번스(James MacGregor Burns)가 1978년 그의 저서 《리더십(Leadership)》에서 처음 소개했다. 번스는 이 책을 통해 리더십을 하나의 학문 분야로 개척한 인물이다. 변혁적 리더십은 급변하는 기업 환경의 변화 속에서 기업이 생존하기 위해서는 구성원으로부터 조직에 대한 강한 일체감, 적극적 참여, 기대 이상의 성과를 달성할 수 있도록 동기유발을 자극할 수 있는 리더십이다.

변혁적 리더십 이전에는 거래적 리더십이 주류였다. 거래적 리더십은 어떤 일에 대한 성과나 결과에 대해서 '보상'을 중시하고, 제대로 성과가 나지 않으면 부정적인 방식으로 보상한다는 것을 의미한다. 번스는 단순히 기본 준수에 대한 보상이나 처벌을 하는 거래적 교환을 넘어 보다 비전 있는 리더십으로 변혁적 리더십을 추구했다. 그가 말하는 변혁적 리더에게는 다음과 같은 4가지 특성이 있다.

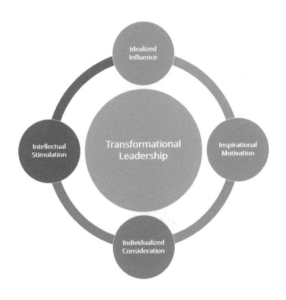

1. 카리스마다. 변혁적 리더는 다른 사람을 끌어당기고 영감을 주는 매력적인 성격을 가지고 있다.
2. 영감이다. 추종자들이 공동의 목표를 향해 일하고 잠재력을 최대한 발휘하도록 동기를 부여한다.
3. 지적 자극이다. 변혁적 리더는 추종자들이 창의적으로 생각하고, 현상유지에 도전하도록 격려한다.

4. 개인별 배려다. 변력적 리더는 각 팔로워에게 개인화된 지원과 코칭을
   제공해 고유한 강점을 살려준다.

한편 버나드 바스(Bernard Bass)는 1980년대에 번스의 이론을 기반으로
변혁적 리더십의 개념을 더욱 발전시켰고, 앞에서 언급한 4가지 주요 특
성인 카리스마, 영감, 지적 자극, 개인별 배려를 담아 이론을 확장했다.
그 이후로 브루스 아볼리오(Bruce Avolio)와 버나드 바스의 MLQ(Multifactor
Leadership Questionnaire), 버나드 바스와 로날드 리지오(Ronald Riggio)의 저서
《변혁적 리더십(Transformational Leadership)》을 포함해 수많은 연구자와 학
자들이 변혁적 리더십 이론의 개발과 개선에 기여했다. 그 결과, 변혁적
리더십은 오늘날 조직 연구 및 실천 분야에서 가장 널리 연구되고 영향력
있는 리더십 이론 중 하나가 되었다.

### 기업 사례

일본의 메이난 제작소(名南製作所)는 전기톱, 대패 같은 목공기계 제조
업체다. 1953년 하세가와 마사루에 의해 설립되었으며, 현재는 일본에서
가장 큰 목공기계 제조업체 중 하나로, 100여 명의 직원이 근무하고 있
다. 메이난 제작소는 독특한 경영방식으로도 유명하다. 직원들은 월요일
마다 물리학 수업을 듣고, 공부하는 직원에게는 월급을 더 준다. 실제로

메이난 제작소는 물리학이 필요한 회사다.

메이난 제작소

제조공장이다 보니 대부분의 직원들은 중졸 또는 고졸 출신이다. 견습생으로 일하고 정규직이 되면 회사는 장학금을 지급해 대학에 진학할 수 있도록 지원한다. 직원 복지는 전 직원이 내 집 마련의 꿈을 이뤘을 정도다.

이 회사는 아무도 잔소리를 하지 않는다. 오직 직원 스스로 일을 찾아 판단하고 해결한다. 한마디로 부서나 직급이 없다. 명령 계통이 없다는 뜻이다. 각자가 관심 있는 업무에 스스로 참여한다. 이 때문에 관리 직원이 개발을 맡기도 하고, 기술자가 영업을 뛰기도 한다. 모든 직원이 업무 전 과정을 통달한 멀티 플레이어이기에 가능한 일이다.

특히 급여는 임직원은 물론 사장까지 서로의 연봉을 '그가 몇 차원인가'

를 평가해 정하는 '차원 평가제도' 등 낯설고 기이한 조직문화를 가지고 있다. 차원제는 개인의 성장은 물론 서로가 서로를 도와 공동의 성장이 이뤄지게 하는 발전적 시스템이다.

또 사장실은 최고급 책상에 응접세트가 있어 여느 대기업 못지않다. 그러나 사장은 아직 들어가 본 적이 없다. 사장실은 직원들이 회의용으로 사용하고 있다. 누구든지 사장 의자에 앉아 사장이 된 기분을 느껴보라는 뜻에서다. 정작 사장은 공장과 본관을 연결하는 계단 복도에 책상을 하나 마련해 사용하고 있다. 그 이유는 직원들이 언제든 자기를 찾아올 수 있기 때문이라고 한다.

이뿐만이 아니다. 메이난 제작소는 열린 토론과 아이디어를 중시한다. 심지어 '아이디어란 벌거벗은 몸에서 나온다'는 철학으로 회사 옥상에 있는 사우나에서 위스키나 맥주를 마시며 회의를 한다. 술이 떨어지면 직원들은 자발적으로 사서 채워 놓는다. 협력사에 대한 회사의 접근방식도 남다르다. 파트너에게만 책임을 전가하는 대신, 회사가 모든 실수를 신뢰의 문제로 간주해 전적으로 책임을 진다. 메이난 제작소의 포용 문화는 송년회가 열리면 협력사 임직원뿐만 아니라 가족들까지 초대해 함께 떡을 만들어 먹는다.

또한 흥미롭게도 사장이 한 번도 돈 벌어오라는 소리를 않는데, 직원들이 자꾸 돈을 벌어온다고 한다. 편안한 분위기와 자율성이 오히려 책임감으로 작용해 몇 날 며칠씩 야근을 불사하는 직원들이 많다. 어떤 직원은 게으름을 피우는데, 잔소리하는 사람이 없다고도 말한다. 이처럼 메이난 제작소에서는 스스로 생각하고 고민하지 않으면 안 되는 가장 엄격한 굴레인 자유가 책임감으로 작용해 의도하지 않은 성공을 불러일으켰다.

메이난 제작소는 이러한 독특한 경영방식으로 50년 이상 흑자를 기록하고 있다. 하세가와 사장은 'F=ma(힘=질량×가속도)'라는 뉴턴의 물리법칙을 경영의 핵심 원칙으로 삼고 있다. 즉, 자연의 법칙은 변하지 않으며, 이 법칙을 이해하고 적용하면 어떤 어려움도 극복할 수 있다는 것이다.

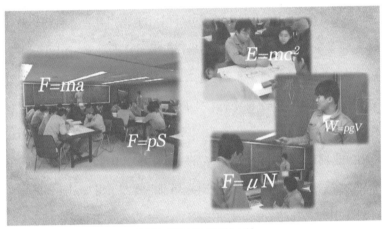

메이난 제작소의 물리학 수업

메이난 제작소는 이 철학을 바탕으로 전 직원에게 물리학 교육을 실시하고 있다. 직원들은 매주 월요일 아침 4시간 동안 물리학 수업을 듣고, 이를 바탕으로 새로운 제품을 개발 및 생산하고 있다. 월요 물리학습회는 창업 초기부터 지금까지 계속되고 있다. 처음에는 직원들이 반발했지만, 하세가와 사장은 "물리학은 모든 과학의 기초이며, 물리학을 이해하면 모든 것을 이해할 수 있다"며, "물리를 공부하는 진짜 이유는 인간성의 발전을 위해서다. 자연법칙이라는 보편적 진리와 함께 배워나가는 과정은 그 자체로 마음 훈련이다"고 설득했다.

실제로 메이난 제작소의 물리학습회에서는 선배도 상사도 없다. 공동의 일터에서 스스로 평등을 만들어내고, 모두가 발전을 지향하는 순수한 인간 그 자체다. 이는 세상을 이끌어나가는 진리를 깨닫고, 창조의 공간이자 삶의 보람을 느끼는 순간이다. 결과적으로 메이난 제작소의 물리학습회는 단순히 물리학을 배우는 것만이 아니라, 물리학을 통해 창의력과 문제 해결 능력을 키우고 있다. 직원들은 물리학을 통해 자연의 법칙을 이해하고, 이를 제품 개발에 적용함으로써 혁신적인 제품을 개발할 수 있었으며, 그 결과 메이난 제작소는 세계적인 목공 기계 제조업체로 성장할 수 있었다.

메이난 제작소의 이야기는 '공부하는 회사'가 어떻게 성공할 수 있는지를 보여주는 좋은 사례라 할 수 있다. 하세가와 사장의 'F=ma 리더십'은 50년간 연속 흑자 행진을 하는 불황을 모르는 회사, 1인당 연간 매출액이 10억 원 넘는 과학적 창조 집단의 밑바탕이 되었다. 또한 메이난 제작소의 성공은 우리에게 많은 것을 시사한다. 지식경영, 창조경영을 표방하는 회사가 늘고 있지만, 지난 세기 메이난 제작소가 이룩한 경영 혁신에 필적하는 경우를 찾아보기는 어렵다는 사실이다.

# 26. 산천대축(山天大畜)

큰 성공의 길 –
"야망을 가져라"

大畜, 利貞, 不家食, 吉, 利涉大川.
대축 리정 불가식 길 리섭대천

有厲, 利已.
유려 리기

輿說輹.
여탈복

良馬逐, 利艱貞, 日閑輿衛, 利有攸往.
양마추 리간정 일한여위 리유유왕

童牛之牿, 元吉.
동우지곡 원길

豶豕之牙, 吉.
분시지아 길

何天之衢, 亨.
하천지구 형

[대축(크게 쌓음)은 완성하고 마무리하는 것이다. 가족을 먹이는 것이 아니어야 길하고, 큰 강을 건너야 한다.]

[위태로움이 있다. 그치는 것이 이롭다.]

[수레에서 바퀴가 빠졌다.]

[좋은 말은 쫓아내고 고난과 순결을 통해 이익을 얻는다. 날마다 익히며 수레를 호위하면 나아가는 데 이롭다.]

[송아지의 뿔은 처음부터 찌르지 못하도록 해두어야 길하다.]

[멧돼지를 거세하여 어금니를 쓰지 못하게 하면 길하다.]

[하늘의 뜻을 알고 따르니 성장한다.]


《주역》26번째 괘 산천대축(山天大畜)은 위는 산이고, 아래는 하늘이다. 산이 하늘을 찌르고, 높게 솟아올라 있는 상이다. 새로운 변화가 하늘을 찌르고 있고, 그동안의 노력으로 얻어낸 성과들이 산처럼 쌓여 재물뿐만 아니라 명예를 쌓을 수 있음을 나타낸다. 반면에 조그마한 산이 하늘을 품듯이 욕심이 가득한 것을 나타내고 있어 스스로 경계해야 한다고 조언하고 있다. 《주역》은 변화다. 괘가 좋다고 해서 그것만 믿으면 안 된다. 좋은 괘가 나와도 거기에 맞게 노력해야 한다.

산천대축은 기업 경영에서 큰 부를 쌓을 수 있는 상황을 나타내는 시기다. 또한 자신의 역량을 믿고, 한 번 나아가 부딪쳐 본다면 원하는 성과를 거둘 수 있는 시기다. 동시에 태산이 앞을 막고 있는 상황으로 실력을 기르고 진취적으로 맞선다면 충분히 성공한다고 조언한다. 회사가 급속한 성장과 확장을 하는 시기다. 이러한 성장은 놀랍고 잠재력으로 가득 차 있지만, 제대로 관리하지 않으면 위험할 수도 있다.

회사의 리더나 관리자는 절제력을 발휘하고 자신의 힘을 현명하게 사용해야 할 때다. 큰 부를 축적할 수 있는 많은 에너지와 잠재력이 조직 내에 있다면, 이를 적절하게 사용하고 끌어내야 한다.

### 실천 항목

커다란 부를 얻기 위해 자원을 모으고 힘을 통합하는 시기다. 기업의 리더는 조직을 강력하게 구축하고, 직원의 재능을 키우며, 직원들 간의 일체감을 조성하는 데 집중해야 한다. 강력한 팀을 구축하기 위해 인적 자원을 축적하고, 직원의 재능을 육성해야 할 때다. 리더는 직원의 잠재력을 개발하기 위해 교육, 멘토링 및 코칭 프로그램에 과감히 투자해야 한다.

또한 조직의 힘과 권력를 통합해야 할 시기다. 조직은 명확한 권한과 커뮤니케이션 라인을 설정해 모든 직원이 동일한 목표를 향해 일할 수 있도록 해야 한다. 아울러 직원들 간의 협동심과 팀워크를 키울 때이기도 하다. 리더는 모든 사람이 가치 있고 존중받는다고 느끼게 하고, 공동의 목적과 목표가 있는 긍정적인 업무 환경을 필히 조성해야 한다.

특히 공동의 목표를 달성하기 위해 자원을 모으고, 통합해야 할 때다. 리더는 탄탄한 재정 기반을 만들고, 강력한 고객중심 시스템을 개발하며, 제품의 품질과 우수성을 담보로 기업에 대한 긍정적 평판을 구축하는 데 집중해야 한다. 또한 이 시기에 리더는 명확한 비전과 사명을 개발해야 한다.

참고로 관리와 달리 리더십은 방향을 설정하고, 미래의 비전을 수립하며, 그 비전을 달성하는 데 필요한 전략을 개발하는 것이다. 이때 '강한 리더십과 강한 관리'는 고객과 주주들에 대한 책임 등 기업의 당면과제를 훌륭하게 충족시키면서 향후 더욱 강한 기업이 될 수 있도록 변화에 효과적으로 대응할 수 있도록 해준다. '강한 리더십과 약한 관리'는 혁신적이고 열정적이지만 혼란을 가져오기 쉽다. '약한 리더십과 강한 관리'는 시장점유율이 높을 경우에는 안정되고 수익성도 높지만, 대단히 권위적이고 통제적이어서 변화에 적응하지 못하게 만든다. '약한 리더십과 약한 관리'는 기업을 난장판으로 만들어 곧 쓰러지게 한다.

## 기업 사례

로스차일드(Rothschild) 가문은 역사상 가장 성공적이고 영향력 있는 가족 중 하나다. 그들의 부는 기민한 투자와 광범위한 비즈니스 연결 네트워크를 통해 축적됐다. 주된 사업 분야는 금융업이고, 그 밖에 석유, 금, 레저, 와인, 광산, 호텔 등 각종 분야에서 활동한다.

로스차일드 가문. 출처:Iranwire

　로스차일드 가문의 성공은 18세기 후반에 프랑크푸르트에서 은행 사업을 시작한 마이어 암셀 로스차일드(Mayer Amschel Rothschild)로 거슬러 올라간다. 그는 수익성 있는 사업 기회를 식별하는 능력이 뛰어났다. 그는 신뢰할 수 있는 금융가로서의 명성을 빠르게 쌓아갔다. 그리고 합스부르크 가문과 영국 왕실을 포함해 유럽에서 가장 강력한 가문들과도 관계를 맺었다.

　마이어 로스차일드가 사업을 성장시키고, 가족 중심의 은행 제국을 확장하는 데 있어 그의 다섯 아들은 큰 자산이 되었다. 마이어 로스차일드는 다섯 아들을 당시 유럽 5대 도시인 영국 런던, 프랑스 파리, 독일 프랑크푸르트, 오스트리아 빈, 이탈리아 나폴리로 보내 국제적인 금융 네트워크를 만들었다. 그의 아들들은 현지 시장 상황에 따라 사업 결정을 할 수 있는 상당한 자율성을 부여받았다. 이는 가족 경영의 단점을 극복하고,

투자를 다양화하며, 위험을 분산시키는 데 큰 도움이 됐다.

로스차일드 가문 저택. 출처: Times of Israel

또한 기민한 투자와 금융 거래를 통해 로스차일드는 여러 대륙에 걸쳐 막대한 부를 축적할 수 있었다. 그들은 철도 건설에 자금을 대고, 정부에 돈을 빌려주고, 부동산에서 예술에 이르기까지 모든 것에 투자했다.

그들은 자신들의 부와 명성을 보호하는 데 신중함과 비밀 유지로 유명했다. 가문의 모든 요직은 반드시 가문 내부에서만 맡고, 철저한 기밀 유지가 특징이었다. 그들은 종종 암호화된 메시지를 통해 통신하고 택배를 사용하여 민감한 정보를 운송했다. 그 결과, 로스차일드 가문은 그들의 부와 사업의 전문 지식을 한 세대에서 다음 세대로 성공적으로 물려줄 수 있었다. 이 가문은 상속인이 가문의 투자를 관리하고 유산을 이어갈 수 있도록 교육하고, 멘토링하는 강력한 전통을 가지고 있다.

오늘날 여러 매체가 로스차일드 가문의 부를 최고 5경 원으로 추정하고 있다. 그러나 실제로는 아무도 모른다. 하지만 그들의 막대한 영향력은 정치, 경제, 금융 및 자선활동 등에서 나타나고 있다. 현재 그들은 미국 내에서 정치, 금융 등에 큰 영향력을 가지고 있고, 중요한 것들은 유대인들과 유대 자본이 많이 쥐고 있다. 실제로 로스차일드 가문이 근대 초까지 막강한 영향력을 행사했던 것은 사실이다. 이를테면 밸푸어 선언이 영국 외무장관 벨푸어와 로스차일드 가문 사이의 뒷거래로 성사된 것이 대표적이다.

현재 로스차일드 가문의 구성원들은 여러 나라에 흩어져 살고 있다. 그 중 일부는 사업과는 거리가 먼 캠브리지대학의 '로스차일드 기록보관소'에서 가문의 역사를 보존하는 일을 하고 있거나, 지구온난화 때문에 발생하는 북극의 얼음 유실을 방지하는 활동을 하는 '어드벤처 에콜로지(Adventure Ecology)'라는 환경운동 단체를 이끌고 있다.

# 27. 산뢰이(山雷頤)

인재양성의 길 –
"인재를 길러내라"

頤, 貞, 吉, 觀頤, 自求口實.
이 정 길 관이 자구구실


舍爾靈龜, 觀我, 朶頤, 凶.
사 이 영 귀 관아 타이 흉

顚頤, 拂經, 于丘, 頤, 征, 凶.
전이 불경 우구 이 정 흉

拂頤貞, 凶, 十年勿用, 无攸利.
불 이정 흉 십년물용 무유리

顚頤, 吉, 虎視耽耽, 其欲逐逐, 无咎.
전이 길 호시탐탐 기욕축축 무구

拂經, 居貞, 吉, 不可涉大川.
불 경 거정 길 불가섭대천

由頤, 厲, 吉, 利涉大川.
유이 려 길 리섭대천

[이(기르다)는 곧으면 길하다. 턱을 살피면 입이 스스로 음식을 구한다.]

[신령스러운 거북이를 버리고, 나를 보고 턱을 벌리니 흉하다.]

[거꾸로 기르는 것은 법도에 위배된다. 언덕에 올라 길러지고자 나아가면 흉하다.]

[기르는 일을 거스르면 끝까지 흉하다. 십 년이라도 쓰지 말라. 이롭지 않다.]

[거꾸로 기르는 것이나 길하다. 먹이를 노리는 호랑이처럼 욕심을 쫓고 쫓아내면 허물이 없다.]

[법도를 어겨도 끝까지 멈추어 있으면 길하다. 큰 강을 건널 수는 없다.]

[이유가 있어 기르기 때문에 위태롭게 여기면 길하다. 큰 강을 건너야 이롭다.]

《주역》 27번째 괘 산뢰이(山雷頤)는 위는 산이고, 아래는 우레다. 산 아래로 천둥이 울려 퍼지는 상이다. 이(頤)는 '턱', '기르다'의 뜻으로, 크게는 생명을 기르고 봉양한다는 의미다. 반면에 위턱은 움직이지 않고 아래턱이 움직이는 것으로, 배우는 자가 스스로 스승이나 배움을 찾지 않으면 안 된다는 이치가 담겨 있다.

산뢰이는 기업 경영에서 인재를 기르는 지혜가 담겨 있다. 리더는 조직 내 사람들에게 영양분을 공급하고 육성하는 것임을 시사한다. 또 양분을 받아들일 준비가 되어 있는 열린 입은 영양분에 반응하고 받아들일 준비가 되어 있는지를 상징한다. 즉, 기업에서 리더와 직원 간의 관계를 나타내며, 리더는 팀원에게 영양분을 제공하고, 팀원은 조직의 성공에 대한 노력과 기여로 이에 응답해야 한다는 의미다. 여기에는 재정적 지원, 교육 및 계발 기회 제공, 멘토링 및 코칭 등이 포함된다.

교육은 직원들의 지식과 기술을 향상시켜 업무를 보다 효과적이고 효율적으로 수행할 수 있도록 도와주기 때문에 비즈니스에 매우 중요하다. 직원 교육에 투자함으로써 기업은 여러 가지 이점을 얻을 수 있다. 교육을 통해 직원들은 자신의 직무를 더 잘 이해하고, 새로운 기술을 배우며, 생산성을 향상시킬 수 있다. 이는 더 나은 생산성 증가로 이어져 수익성과 경쟁력 측면에 도움이 된다.

또한 교육 및 계발 기회를 제공하면 직원 만족도와 참여도를 높일 수 있다. 이로 인해 이직률이 감소하고, 채용 비용이 낮아진다. 직원들이 새로운 아이디어와 혁신적인 솔루션을 창출해 새로운 제품 및 서비스, 프로세스의 개발로 이어지면 비즈니스에서 경쟁우위를 유지할 수도 있다.

결론적으로 기업에서 직원 교육은 성과 개선, 이직률 감소, 혁신 강화, 고객 서비스 개선에 도움이 되기에 귀중한 투자라고 할 수 있다.

## 실천 항목

'인적자원개발(HRD, Human Resource Development) 이론'은 1960년대에 조

지워싱턴대학의 레오나드 나들러(Leonard Nadler)교수와 그의 동료들에 의해 개발됐다. 나들러는 HRD 분야의 창시자로 간주되며, 미국 조지워싱턴대학에서 최초의 HRD 대학원 프로그램을 개발했다. 나들러 교수의 가장 큰 유산은 인적자원 개발을 '지속 가능한 학문'으로 끌고 갈 후학을 길러냈다는 점이다.

나들러의 인적자원개발 이론은 조직 성공의 핵심 요소로서 인적자원 개발의 중요성을 강조한다. 그는 조직이 직원에게 투자하고, 지식, 기술 및 능력을 개발하도록 도와줌으로써 조직의 목표를 달성할 수 있다고 믿었다. 또한 그는 직원들이 지속적으로 배우고 성장하도록 장려하는 학습조직을 만드는 것이 중요하다고 강조했다. 그는 학습조직이 기존의 고정된 루틴과 절차에 의존하는 조직보다 더 빠르고 효과적으로 변화에 적응할 수 있다고 믿었다.

HRD 분야에 대한 나들러의 기여는 조직과 직원 개발에 대한 접근방식에 지대한 영향을 미쳤다. 그의 이론과 실천은 조직이 직원에 대한 투자와 학습 및 개발, 문화 조성의 중요성을 인식하게 만들었다. 그의 인적자원개발 이론은 다음과 같이 직원의 지식, 기술 및 능력을 향상시키기 위한 체계적이고 구조화된 접근방식을 기반으로 한다.

HRD의 첫 번째 단계는 직원의 교육 및 개발 니즈를 파악하는 것이다. 이는 설문 조사, 성과 평가 및 작업 분석을 통해 수행할 수 있다. 그리고 니즈 평가를 통해 교육 및 개발 이니셔티브가 조직의 목표와 일치하는지 확인할 수가 있다.

교육 및 개발 니즈가 확인되면 다음 단계는 교육 프로그램을 설계하고 개발하는 것이다. 여기에는 커리큘럼 작성, 적절한 교육 방법 및 자료 선택, 교육 세션의 기간 및 빈도 결정이 포함된다.

교육 프로그램이 실행되고 직원이 교육 세션에 참여하는 단계에서는 교육 프로그램 제공, 직원 진행 상황 모니터링, 직원의 기술 향상을 돕기 위한 피드백 및 코칭이 제공된다.

마지막 단계는 교육 프로그램의 효과를 평가하는 것이다. 여기에는 교육이 직원 성과에 미치는 영향 평가, 투자 수익 측정 및 개선 영역 구별이 포함된다.

## 인적 자원 개발(HRD)과 인적 자원 관리(HRM)의 차이점

인적자원개발 분야는 인적자원관리 기능이 20세기의 새로운 도전에 대응하지 못했기 때문에 만들어졌다. 인적자원관리는 독립적인 하위 기능의 집합으로 간주되는 반면, 인적자원개발은 조직 내 더 큰 시스템으로 간주된다. 인적자원관리는 주로 조직의 요구가 발생하면 그때그때 대응하는 서비스 기능으로 간주되지만, 인적자원개발은 조직의 요구를 예측하고 보이지 않는 경쟁에 조직적으로 대응할 수 있도록 준비하는 사전 예방적 기능으로 간주된다.

인적자원관리는 인재개발과 관리만을 목표로 하는 좁은 개념인데 반해, 인적자원개발은 사람뿐만 아니라 조직 전체의 발전을 목표로 하는 더넓은 개념이다. 인적자원관리는 조직 구성원의 역량 강화와 효율성 증대

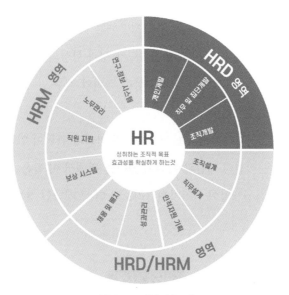

McLagan HR Wheel

에 중점을 두는 반면, 인적자원개발은 인적 역량을 최적의 방식으로 발굴, 육성, 활용할 수 있도록 올바른 조직 풍토를 구축하는 개념에 기반을 두고 있다. 인적자원관리의 주요 동기는 급여, 임금, 인센티브, 업무 간소화인 반면, 인적자원개발은 직무 강화, 직무 도전, 비공식적 조직 분위기, 자율적 작업 그룹, 창의성 등을 조직 내 인력에 동기를 부여하는 요소로 활용한다.

인적자원관리는 인적자원 관리자와 해당 부서의 전적인 책임으로 여겨진다. 그러나 인적자원개발은 조직의 모든 관리자의 책임으로 간주된다. 실제로 인적자원개발은 모든 일선 관리자가 다양한 인적자원관리 기능을 직접 수행할 수 있도록 역량을 개발하는 것을 목표로 한다. 인적자원관리 아래에서는 높은 사기와 만족도가 성과 향상의 원인으로 간주된다. 반면에 인적자원개발은 성과 향상을 직원의 직무 만족도와 사기 진작의 원인으로 인식한다.

결론적으로 인적자원관리는 인적자원의 관리와 관련이 있는 반면, 인적자원개발은 직원의 개발과 관련이 있다는 점에서 이 둘은 기본적으로 다르다. 인적자원개발이 인적자원관리보다 더 큰 개념인 것이다.

## 기업 사례

GE의 크로톤빌연수원

GE는 맥킨지와 함께 미국의 대표적인 인재양성 기관으로 평가받는다. 그만큼 리더십과 인재개발 프로그램이 탁월하다는 이야기다. 그런 평가의 중심엔 GE 인재양성의 중심지인 크로톤빌(Crotonville) 연수원이 있다. 미국 뉴욕주 크로톤빌에 위치해 크로톤빌연수원으로 불리지만, 이곳의 정확한 명칭은 '잭 웰치 리더십 개발센터'(John F. Welch Leadership Development Center)다.

GE 리더십 아카데미 크로톤빌 트레이닝 센터는 1956년 GE의 전설적 CEO인 잭 웰치(Jack Welch)가 설립했다. 그는 인재양성이 회사의 성장과 성공을 이끄는 열쇠라고 믿었다. 뉴욕주 크로톤허드슨에 위치한 크로톤빌 트레이닝 센터는 전 세계 GE 직원들에게 최첨단 몰입형 학습 경험을 제공한다. 이 교육 센터에서는 전략 기획, 혁신, 커뮤니케이션, 팀 빌딩 등의 과정을 포함한 다양한 리더십 개발 프로그램을 운영한다. 또한 엔지니어링, 재무 및 운영 관리와 같은 분야의 기술 교육 프로그램도 제공한다.

이 센터의 독특한 특징 중 하나는 몰입형 체험 학습에 중점을 둔다는 점이다. 이 센터에는 참가자가 시뮬레이션 환경에서 리더십 기술을 연습할 수 있도록 다양한 시뮬레이션 및 체험 학습 프로그램이 마련되어 있다. 이를테면 참가자의 리더십과 커뮤니케이션 기술을 개발하기 위해 고안된 신체적 도전과 팀 빌딩 연습이 포함된 '리더십 챌린지 코스'가 있다. 이 프로그램은 참가자들에게 신체적, 정신적 도전을 주고, 리더십과 의사소통 기술을 개발하도록 설계됐다.

이 코스는 로프 브리지, 짚라인, 장애물 코스, 팀 빌딩 연습 및 문제 해결 활동을 포함한 일련의 물리적 도전으로 구성되어 있다. 참가자들은 도전 과제를 완수하기 위해 소규모 팀으로 움직이며, 경험이 풍부한 조력자의 안내를 받아 성과에 대한 피드백과 코칭을 제공한다. 이 챌린지는 급변하는 역동적인 환경에서 일하고, 효과적으로 의사소통을 하며, 의사결정을 내리는 등의 능력을 테스트하도록 설계됐다. 도전 과제를 완수함으로써 참가자는 리더십 기술을 개발하고, 신뢰와 팀워크를 구축하며, 도전적인 상황에 대처할 수 있는 능력에 대한 자신감을 얻는다.

크로톤빌연수원 교육 프로그램

크로톤빌 트레이닝 센터는 조직의 성장과 혁신을 주도할 수 있는 리더를 육성하는 것으로 정평이 나 있다. GE의 많은 최고 경영진이 이 교육 센터를 거쳐 갔으며, 전 세계 다른 기업 및 조직의 리더들도 이 센터에서 교육을 받았다.

# 택풍대과(澤風大過)

허물을 바로 잡는 길 –
"지나침을 경계하라"

大過, 棟 橈 利有攸往 亨.
대과 동 요 리유유왕 형

藉用白茅 无咎.
자 용 백 모 무 구

枯楊生稊 老夫得其女妻 无不利.
고 양 생 제 노 부 득 기 여 처 무 불 리

棟 橈 凶.
동 요 흉

棟隆 吉 有它 吝.
동 륭 길 유 타 린

枯楊生華 老婦得其士夫 无咎 无譽
고 양 생 화 노 부 득 기 사 부 무 구 무 예

過涉滅頂 凶 无咎.
과 섭 멸 정 흉 무 구

[대과(크게 지나침)는 대들보가 휜다. 나아감이 이롭고 성장한다.]

[자리를 까는 데 흰 띠풀을 쓰면 허물이 없다.]

[마른 버들이 싹이 나며 늙은 남자가 젊은 아내 얻으니 이롭지 않음이 없다.]

[대들보가 휘면 흉하다.]

[대들보가 높으니 길하다. 하지만 다른 마음을 두면 부끄럽다.]

[마른 버들이 꽃이 피며 늙은 여자가 젊은 남자를 얻으니, 허물이 없으나 명예도 없다.]

[지나치게 물을 건너다 이마까지 물에 빠지니 흉하지만, 허물은 없다.]


《주역》 28번째 괘 택풍대과(澤風大過)는 위는 연못이고, 아래는 바람이다. 연못에 바람이 부는 상이다. 연못에 바람이 불면 물결이 크게 일어나 조그만 배가 풍랑을 만난 격으로 '지나치다'라는 의미다. 동시에 자신의 잘못을 깨닫고 행동을 멈추고 조심한다면, 어려움을 이겨내 더 좋은 결과를 얻게 된다고 조언하고 있다.

기업 경영에서 절제와 중용은 매우 중요하다. 지나치게 욕심을 부리거나 지나치게 야심 찬 태도는 곤란한 상황을 만들기 때문에 피해야 한다. 대신 탄탄하게 기초를 다지고, 이를 바탕으로 성장하는 데 집중하는 것이 중요하다.

이 시기에는 위험하거나 충동적인 움직임을 통해 빠르게 성공을 달성하기보다는 인내심을 갖고 점진적인 성장에 접근해야 한다. 너무 빠르게 성장했거나 한 번에 너무 많은 프로젝트를 진행하면 집중력이 부족해지거나 잠재적으로 재정적 부담이 올 수 있다. 이는 경쟁사를 따라잡으려는 욕구나 리스크를 염두에 두지 않고 성장이 항상 좋다는 믿음 때문일 수 있다. 이때 과도한 확장은 기업의 몰락으로 이어질 수 있다. 동시에 자신의 한계를 넘어서거나 한계를 넘어서는 상황이기 때문에 신중함과 유연함의 균형이 필요한 시기임을 명심해야 한다.

### 실천 항목

너무 많은 일을 맡거나 야망이 지나치면, 한계를 넘어 잠재적으로 여러 가지 문제가 생기거나 비즈니스가 좌절될 수 있다. 이때 기업은 물론 구성원 개인도 번아웃이 생길 수 있다. 번아웃은 피로감, 우울감, 동기부여 부족으로 이어져 개인 생활과 직장 생활에 부정적인 영향을 미칠 수 있기 때문에 사전 관리가 매우 중요하다.

'직무 요구-자원(JD-R, Job Demands-Resources) 이론'은 직무 요구, 직무 자원, 직원 복지 사이의 관계를 설명하는 데 사용되는 모델이다. 이 이론은 2007년에 조직 심리학자인 아르놀드 바커(Arnold Bakker)와 에반젤리아 데메루티(Evangelia Demerouti)가 처음 제안했다. 직무 요구-자원 이론에 따르면, 업무 관련 스트레스와 의욕 소진은 직무 요구와 관련된 직무 자원의 부족으로 인해 발생할 수 있다.

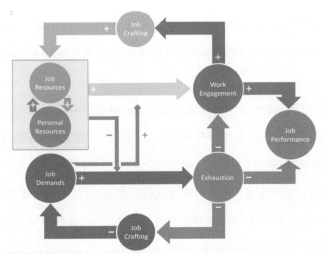

직무 요구-자원 이론

직무 요구란 업무량, 시간 압박, 정서적 요구, 고용 불안정 등 지속적인 신체적 또는 정신적 노력을 필요로 하는 직무의 신체적, 심리적, 사회적 또는 조직적 측면을 말한다. 반면 직무 자원은 동료나 상사의 지원, 자율성, 피드백, 개발 및 성장 기회 등 직원이 직무 요구를 충족하고, 직무 스트레스를 줄이며, 목표를 달성하는 데 도움이 되는 직무의 물리적, 심리적, 사회적, 조직적 측면을 말한다.

직무 요구-자원 이론에 따르면, 직무 요구가 높고 직무 자원이 부족할 경우, 직원은 번아웃을 경험할 위험이 높다. 이는 직무 요구에 대처할 수 있는 자원이 충분하지 않다고 인식해 피로감이나 냉소주의, 직업적 효능감 저하로 이어질 수 있기 때문이다. 직무 요구-자원 이론은 이러한 번아웃을 해결하기 위해 조직은 직무 자원을 늘리고, 직무 요구를 줄이는 방법을 제시한다. 이를테면 직원에게 교육 및 자기계발 기회를 제공하고, 자율성과 의사결정권을 높이며, 사회적 지원과 피드백을 제공하는 것이다.

또한 업무량과 시간 압박을 줄이고 직원들이 업무 수요를 보다 효과적으로 관리할 수 있도록 도구와 리소스를 제공할 수도 있다. 특히 개인의 경우, 동료와 상사의 지원을 구하고, 조직에 더 가치 있는 기술과 역량을 개발하고, 업무에 대한 자율성과 통제력을 높일 수 있는 방법을 찾는 등 직무 자원을 늘리기 위한 조치를 취할 수도 있다. 아울러 자신의 요구사항과 우려사항을 고용주에게 전달하고 협력해 업무 수요를 줄이고, 업무 자원을 늘리는 데 도움이 되는 솔루션을 찾아낼 수도 있다.

직무 요구-자원 이론의 방법론으로는 직무 요구, 직무 자원 및 직원 복지 간의 가설 관계를 테스트하기 위한 단면 연구, 종단 연구, 실험 연구, 현장 연구 등이 있다. 번아웃을 예방할 수 있는 방법으로는 먼저 가장 일반적인 원인인 과도한 작업량의 관리가 필요하다. 또한 규칙적인 운동, 좋은 수면 습관, 건강한 식습관, 명상 등 직원들이 스트레스를 관리하고, 정신적·육체적 건강을 유지할 있는 프로그램을 도입하는 것도 방법이다.

특히 일과 삶의 균형이 무엇보다 중요하다. 일과 개인 생활의 경계를 명확히 설정하고, 일과 삶의 균형을 이룰 수 있는 조치를 취해야 한다. 또한 긍정적인 작업 환경을 조성하고, 직원들의 참여와 동기부여를 촉진해야 한다.

인텔 펜티엄4 프로세서

'오버슈팅(overshooting)'은 하버드 경영대학원의 클레이튼 크리스텐슨 (Clayton Christensen) 교수가 세운 이론으로, 기술 수준이 고객의 요구를 넘어서는 순간을 가리키는 말이다. 이는 혁신의 딜레마로 기술 선도 기업이 쉽게 빠지기 쉬운 함정이다.

인텔의 펜티엄 시리즈는 빠른 처리 속도로 인해 한때 컴퓨터 프로세서로 널리 사용됐다. 그러나 인텔은 펜티엄4 프로세서 출시 이후 오버슈팅 논란에 휩싸였다. 펜티엄4는 비디오 편집 및 게임과 같은 까다로운 응용 프로그램을 처리할 수 있는 고성능 프로세서로 설계됐다. 그러나 프로세서의 클럭(주기적 동기신호를 나타내는 장치) 속도와 성능을 높이는 과정에서 인텔은 효율성 감소와 전력 소비 증가로 이어지는 몇 가지 설계상 결정을 내렸다. 그 결과, 펜티엄4는 인텔이 기대했던 것만큼 성공적이지 못했다.

이전 프로세서보다 가격이 더 비쌌고, 대부분의 응용 프로그램에서 성능이 크게 향상되지 않았으며, 증가된 전력 소비로 인해 온도가 높아져 더 복잡하고 값비싼 냉각 솔루션이 필요했기 때문이다.

이와 대조적으로 인텔의 주요 경쟁사인 AMD는 원시 처리 능력에만 초점을 맞추기보다 더 저렴하고 효율적인 프로세서를 만드는 데 중점을 두었다. AMD의 프로세서는 더 낮은 가격대에 비슷한 수준의 성능을 제공해 비용 대비 더 나은 CPU로 간주됐다. 인텔은 결국 펜티엄4의 단점을 인식하고, 보다 효율적이고 저렴한 프로세서를 만드는 데 집중했다. 그 결과, 에너지 효율이 더 높고 대부분의 응용 프로그램에 더 나은 성능을 제공하는 펜티엄M 및 코어 시리즈를 개발하게 되었다.

애플의 전 CEO 스티브 잡스

애플이 1980년대 초 개발한 개인용 컴퓨터 리사(Lisa)도 오버슈팅 사례 중 하나로 꼽힌다. 당시로서는 혁신적인 그래픽 사용자 인터페이스(GUI)와 마우스를 갖춘 최초의 개인용 컴퓨터 중 하나였다. 그러나 리사는 높은 가격대로도 유명해서 많은 소비자들이 부담스러워 했다. 초기 소매 가격은 9,995달러로 당시 시중에 나와 있던 다른 개인용 컴퓨터의 3배가 넘었다.

또한 리사는 경기 침체기에 출시되었기 때문에 소비자들이 높은 가격을 주고 구매하기 어려웠다. 그 결과, 리사는 판매 기대치를 충족시키지 못했고, 결국 시장에서 실패한 제품이 되었다. 특히 리사는 높은 가격 외에도 몇 년 후 출시되어 비슷한 기능을 훨씬 저렴한 가격에 제공한 애플 자체의 매킨토시 컴퓨터와 경쟁하는 꼴이 됐다. 하지만 상업적 실패에도 불구하고 리사는 향후 GUI 기술의 발전을 위한 발판을 마련해 개인용 컴퓨팅의 발전에 중요한 역할을 했다. 그리고 그 유산은 오늘날에도 최신 컴퓨팅 인터페이스와 기술에서 여전히 찾아볼 수 있다.

# 29.

⊞⊞ **중수감**(重水坎)
**감위수**(坎爲水)

위험에서 빠져 나오는 길 –
"구덩이에서 빠져 나와라"

習坎, 有孚, 維心亨, 行, 有尙.
습감 유부 유심형 행 유상


習坎, 入于坎窞, 凶.
습감 입우감담 흉

坎有險, 求小得.
감유험 구소득

來之坎坎, 險且枕, 入于坎窞, 勿用.
래지감감 험차침 입우감담 물용

樽酒, 簋貳, 用缶, 納約自牖, 終无咎.
준주 괘이 용부 납약자유 종무구

坎不盈, 祗旣平, 无咎.
감불영 지기평 무구

係用徽纆, 寘于叢棘, 三歲不得, 凶.
계용휘묵 치우총극 삼세부득 흉

[습감(거듭 구덩이에 빠짐)은 믿음이 있고 마음을 다 잡으면 성장한다. 나아가면 우러러본다.]

[구덩이에 빠지고 다시 구덩이에 빠지니 흉하다.]

[구덩이에 위험이 있을지라도 구하려 든다면 조금은 얻을 것이다.]

[오고 가는데 험하고 험하다. 점점 깊은 구멍 속으로 들어가는 것이니 쓰지 말라.]

[동이에 담긴 술과 대나무로 만든 제기 그릇 두 개를 질그릇 대신 들창문을 통해 드리면 끝내 허물이 없다.]

[구덩이 안에 물이 아직 차지 않았으나 앞으로 평평하게 이루었으면 허물이 없다.]

[오랏줄에 묶인 채 가시덤불 속에 갇혀 3년이 되어도 얻지 못하니 흉하다.]

《주역》 29번째 괘 중수감(重水坎 또는 坎爲水)은 위도 물이고, 아래도 물이다. 깊은 물이나 기세가 사나운 큰 물을 만난 상이다. 깊고 위험한 물을 헤쳐 나가야 하는 위기상황을 나타낸다. 물은 변화와 적응력을 상징하는 동시에 위험과 예측 불가능성의 상징이다. 이러한 상황이 성장과 변화의 기회다. 더 강하고 현명하게 성장할 수 있는 잠재력을 가지고 있다.

기업 경영에서 중수감은 회사가 불확실성, 위험, 잠재적 위기의 시기에 직면하고 있음을 시사한다. 하지만 물이 장애물 주변을 흐르며 다양한 모양을 취하는 것처럼, 기업 관리자 또한 변화하는 환경과 새로운 기회에 열린 자세를 가져야 한다. 동시에 중수감은 이 불확실한 시기에도 성장과 혁신의 기회가 있다고 조언한다. 변화를 수용하고 새로운 환경에 적응함으로써 회사는 경쟁우위를 확보하고 이전보다 더 강력하게 부상할 수 있다.

리더는 리스크에는 대응하는 자세로 기꺼이 감수하고, 필요할 때는 과감하게 움직일 수 있어야 하며, 상황이 변하면 신속하게 방향을 전환할 준비가 되어 있어야 한다. 또한 물이 한 곳에서 다른 곳으로 흐르는 것처럼 불확실성에 직면했을 때는 조직 내에서 정보, 리소스 및 아이디어가 원활하게 흐르도록 현명한 결정을 내려야 한다.

## 실천 항목

리스크를 방지하는 가장 좋은 방법은 리스크에 정면으로 대응하는 것이다. 리더는 잠재적 위험을 식별하고, 그 가능성과 잠재적 영향을 분석하며, 이를 관리하거나 완화하기 위한 조치를 취해야 한다. 물론 목표는 부정적인 사건의 가능성을 줄이고, 만약 발생하는 경우에는 그 영향을 최소화하는 것이 될 것이다. 리스크 관리는 잠재적인 리스크를 식별하고, 이에 대비하고 모니터링하는 것이다. 대응하는 방법으로는 다음의 과정을 따라야 한다.

1. 리스크 식별하기다. 프로젝트나 활동에 영향을 미칠 수 있는 모든 잠재적 위험을 식별한다. 리스크는 내부적이거나 외부적일 수 있으며, 자연재해에서 사람의 실수에 이르기까지 모든 것을 포함한다.

2. 리스크 평가다. 리스크가 식별되면, 다음 단계는 각 위험의 가능성과 잠재적 영향을 평가한다. 이는 리스크의 우선순위를 정하고, 즉각적인 주의가 필요한 리스크를 결정하는 데 도움이 된다.

3. 리스크 분석이다. 이 단계에서는 식별된 위험을 분석해 각 위험의 근본원인과 잠재적 결과를 결정한다. 이를 통해 리스크를 관리하고 완화하기 위한 효과적인 전략을 개발할 수 있다.

4. 리스크 완화하기다. 이 단계에는 식별된 위험의 가능성이나 영향을 줄이기 위한 조치를 구현하는 것이 포함된다. 비상 계획 개발, 안전 프로토콜 구현, 특정 위험에 대한 노출 감소 등이 그것이다.

5. 리스크 모니터링이다. 리스크 완화 전략을 수립한 후에는 시간 경과에 따른 위험과 그 영향을 모니터링하는 것이 중요하다. 이를 통해 새로운 리스크를 식별하고, 완화 전략이 효과적인지 확인할 수 있다.

6. 리스크 검토다. 최종 단계에는 리스크 관리 프로세스의 효율성을 검토하고, 개선이 필요한지 식별하는 작업이 포함된다. 리스크 완화 전략의 효과 검토, 전반적인 위험관리 프로세스 평가, 추가 개선 기회 식별 등이 그것이다.

이 6단계를 따르면 회사는 리스크를 효과적으로 관리하고, 비즈니스 활동에 대한 잠재적 영향을 줄일 수 있다.

기업 사례

인수합병의 신화, 월드컴(WorldCom)은 1983년에 LDDS(Long Distance Discount Services)라는 이름으로 설립되었다. 그러나 2000년대 초 110억 달러 규모의 분식회계 스캔들에 휘말려 결국 파산했다. 1985년 CEO로 취임한 버나드 에버스(Bernard Ebbers)가 인수합병을 통해 빠르게 성장시키면서 세계에서 가장 큰 통신 회사 중 하나가 됐다. 1985년부터 미 상무부로부터 스프린트 합병이 거부된 2000년까지 총 60개의 회사를 인수했고, 이중 상당수는 자사보다 훨씬 규모가 큰 회사였다. 1989년 어드밴티지 컴퍼니(Advantage Companies)라는 상장기업을 인수하면서 우회상장에 성공했고, 매출액 기준으로 4년 만에 400배 성장했다.

그 당시는 정크 본드를 이용한 차입 매수 기법이 널리 활용되던 시기였고, 기업을 인수하겠다는 의향만 밝히면 돈을 대주겠다는 사람들이 넘쳐났다. 버나드 에버스는 그것을 잘 활용해 LDDS보다 큰 회사를 쉽게 인수했고, 합병 회계의 허점을 이용해 회사의 규모와 이익을 포장했다. 15년간 60개, 즉 한 분기에 하나 꼴로 회사를 인수한 이유는 매 분기마다 회계 조작이 필요했기 때문이었다.

이 스캔들에는 사기성 회계 관행을 통해 회사의 수익과 주가를 부풀린 버나드 에버스가 연루됐다. 이 사기에는 비용을 자본 투자로 분류해 회사의 수익은 높이고, 손실은 숨기는 수법이 포함되었다. 몇 년에 걸쳐 월드컴의 경영진은 회사 수익을 110억 달러 이상 부풀렸다. 결국 2002년에 내부 감사관이 회사의 회계 부정을 발견하면서 이러한 사실이 밝혀졌다. 월드컴의 경영진은 처음에는 부인했지만, 증권거래위원회와 법무부의 조사로 사기 규모가 드러났다.

월드컴 전 CEO 버나드 에비스. 출처: Nationthailand

이 스캔들은 재계를 뒤흔들었고, 금융 시장에도 큰 충격을 던졌다. 월드컴의 주가는 폭락했고, 결국 2002년 7월에 파산 신청을 할 수밖에 없었다. 당시 미국 역사상 가장 큰 규모의 파산으로, 채권자들에게 410억 달러 이상의 손해를 끼쳤다. 월드컴의 몰락은 궁극저으로 경영진의 부실한 리스크 관리와 사기 행위로 인한 결과였다. 회사 이사회는 CEO의 행동을 제대로 감독하지 못했고, 감사는 회계 부정을 적발하지 못했다. 또한 이 스캔들은 기업 회계 관행에 대한 규제와 감독을 강화해야 할 필요성을 보여줬다.

이 스캔들로 인한 여파는 광범위했다. 수천 명의 월드컴 직원이 일자리를 잃었고, 투자자들은 수십억 달러의 손실을 입었다. 또한 이 스캔들로 인해 기업 거버넌스 관행에 대한 조사가 강화되었고, 상장기업과 감사인에게 더 엄격한 규제를 부과하는 사베인즈-옥슬리 법(Sarbanes-Oxley Act)이 통과됐다.

월드컴 스캔들은 기업 경영에서 부실한 리스크 관리와 부정행위의 위험성에 대한 경각심을 일깨워주는 대표적인 사례라 할 수 있다. 기업 경영에서 효과적인 거버넌스, 감독, 투명성의 중요성과 기업이 정직하고 윤리적으로 행동해야 할 필요성을 여실히 보여주고 있다. 한편 버나드 에버스는 2020년 2월 2일, 미시시피 주 브룩헤이븐에 있는 그의 집에서 사망했다. 그의 나이 78세였다.

# 30. 중화리(重火離)
## 이위화(離爲火)

재앙을 이기는 길 –
"재앙을 이겨내라"

離, 利貞, 亨, 畜牝牛吉.
리 리정 형 축빈우길


履錯然, 敬之, 无咎.
리착연 경지 무구

黃離, 元吉.
황리 원길

日昃之離, 不鼓缶而歌, 則大耋之嗟, 凶.
일측지리 불고부이가 즉대질지차 흉

突如其來如, 焚如, 死如, 棄如.
돌여기래여 분여 사여 기여

出涕沱若, 戚嗟若, 吉.
출체타약 척차약 길

王用出征, 有嘉, 折首, 獲匪其醜, 无咎.
왕용출정 유가 절수 획비기추 무구

[리(걸린다/붙음)는 결실을 맺고 완성된 후에 성장시킨다. 암소처럼 기르면 길하다.]

[밟아감에 엉키어도 공경하면 허물이 없다.]
[누렇게 걸려 있으니 크게 길하다.]
[해가 기울어져 서산에 걸려 있다. 항아리를 두드리고 노래하지 않는다. 나이 먹은 노인의 한탄이라서 흉하다.]
[갑자기 불길이 일어나서 태워 버리고 죽어 버려진다.]
[눈물을 비 오듯 흘리고 근심하고 한탄하면 길하다.]
[왕이 출정하여 기쁨이 있다. 우두머리는 참수해도 그 부하들은 죽이지 않아야 허물이 없다.]

《주역》30째 괘 중화리(重火離 또는 離爲火)는 위도 불, 아래도 불이다. 밝고 빛나는 무언가에 달라붙은 불의 상이다. 불 두 개는 태양을 상징하며, 변화와 열정, 파괴와 위험의 상황을 나타낸다. 불은 열정과 창의성과 변화하는 힘을 나타내며, 변화와 성장의 시기에 성공을 이루기 위해서는 열정과 창의성의 에너지를 활용하고 집중해야 한다고 조언한다,

기업 경영에서 중화리는 새로운 사업을 시작하거나 새로운 관계를 추구하는 등 변화를 위해 열정과 창의성이 필요한 시기다. 또한 목표를 달성하기 위해서는 대담하고 자신감이 있어야 한다. 동시에 절제되고 전략적인 자세도 필요하다. 열정에 사로잡혀 다른 중요한 요소를 놓치는 것

에 대해서도 경고하고 있다. 열정과 절제 사이에서 균형을 유지해야만 목표를 향해 나아갈 수 있다.

중화리가 말하는 기업으로는 신제품이나 서비스로 업계에 지각 변동을 일으키려는 신생 스타트업을 들 수 있다. 기업의 리더는 비전에 대한 열정이 있어야 하며, 팀이 성공이라는 목표를 향해 지칠 줄 모르고 일하도록 영감을 주어야 한다. 또 다른 예로는 업계의 큰 변화나 시장점유율 하락과 같은 위기나 어려운 상황에 직면한 회사를 들 수 있다. 이런 경우 리더는 팀을 결집해 변화하는 환경에 적응하고, 혁신할 수 있는 새로운 방법을 찾아야 한다.

**실천 항목**

"미래를 예측하는 가장 좋은 방법은 그것을 발명하는 것이다."

스티브 잡스가 존경하는 엔지니어 앨런 케이(Alan Kay)가 한 말이다. 새로운 걸 만들 때 뭐가 좋은지 대중에게 물어봐도 알 수 없다는 것이다. 컴퓨터 과학자이자 개인 컴퓨팅 분야의 선구자인 앨런 케이는 객체 지향 프로그래밍의 선구자다. 그는 애플, 디즈니, 제록스, 아타리 등에서 일하면서 개인용 컴퓨팅의 혁신과 발전에 지대한 영향을 미쳤다. 특히 친구이자 MIT 미디어랩 설립자인 니콜라스 네그로폰테(Nicholas Negroponte) 등과 함께 '100달러 노트북'을 만들어 가난한 어린이들에게 보급하는 프로젝트를 진행한 인물이기도 하다.

Macworld 2007 기조연설에서 스티브 잡스와 앨런 케이

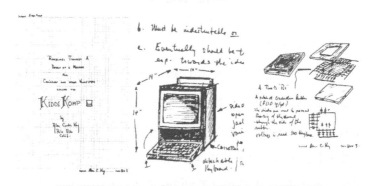

앨런 케이의 Kiddi Komp/Dynabook 개념의 초기 스케치는 종종
'모든 연령대의 어린이를 위한 개인용 컴퓨터'로 묘사된다.

앨런 케이는 개인과 조직이 현재에서 벗어나 미래를 설계할 수 있도록 돕는 7단계 접근법을 개발했다. 그 단계는 다음과 같다.

- 1단계: 어린이의 눈으로 세상을 바라보라. 이렇게 하면 선입견과 편견에서 벗어나 새로운 아이디어와 창의성을 얻을 수 있다.
- 2단계: 모든 것에 의문을 제기하라. 우리의 사고를 제한하는 고정관념에 의문을 제기하면, 가정과 상상으로 새로운 탐험과 발견의 길을 열 수 있다.
- 3단계: 기본 개념을 다시 생각하라. 이를 통해 새로운 관점과 인사이트를 발견할 수 있다.
- 4단계: 무엇이 될 수 있는지 상상해 보라. 무엇이 될 수 있는지 상상하면 영감을 얻어 앞으로 나아갈 수 있는 미래 비전을 만들 수 있다.
- 5단계: 공유할 수 있는 비전을 만들어라. 다른 사람들과 협력하면 각자의 강점과 관점을 결합해 더욱 강력하고 설득력 있는 비전을 만들 수 있다.
- 6단계: 작동하는 프로토타입을 구축하라. 아이디어를 가시적인 형태로 표현하면 아이디어를 테스트하고 개선해 현실화할 수 있다.
- 7단계: 반복하고 또 반복하며 개선하라. 피드백과 새로운 인사이트를 바탕으로 아이디어와 프로토타입을 지속적으로 반복하고 개선하면 비전을 구체화하고 현실에 더 가까이 다가갈 수 있다.

### 비즈니스 모델 캔버스(Business Model Canvas)

비즈니스 모델 캔버스(Business Model Canvas)는 기업가들이 비즈니스 모델을 구상하는 데 도움이 되는 시각적 도구다. 알렉산더 오스터발더가 개발했으며, 스타트업에서 널리 사용되는 프레임워크다. 비즈니스 모델 캔버스는 기업가가 비즈니스 모델의 주요 구성 요소와 이들이 서로 어떻게 상호작용하는지 파악하는 데 유용한 도구다. 기업가가 비즈니스를 명확하게 이해하고, 투자자나 직원과 같은 이해관계자와 소통하는 데 도움이 된다. 또한 사업이 발전함에 따라 쉽게 조정하고 업데이트할 수 있는 매우 유연한 도구이기도 하다.

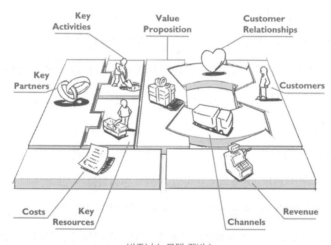

비즈니스 모델 캔버스

캔버스는 비즈니스 모델의 9가지 주요 구성 요소로 나뉜다. 일명 '9블록'이라고도 불린다.

1. 고객 세분화(Customer segment): 비즈니스가 서비스를 제공하는 다양한 고객을 그룹별로 나눈다.

2. 가치 제안(Value Proposition): 비즈니스가 각 고객 세분화에 제공하는 고유한 가치를 설명한다.

3. 소통 채널(Channels): 비즈니스가 고객에게 도달하기 위해 사용하는 다양한 채널을 구별한다.

4. 고객 관계(Customer Relationships): 비즈니스가 고객과 상호작용하는 방식을 설명한다.

5. 주요 수익원(Revenue Stream): 비즈니스의 다양한 수익원을 설명한다.

6. 핵심 자원(Key Resources): 비즈니스가 가치 제안을 만들고 제공하는 데 필요한 자원을 설명한다.

7. 핵심 활동(Key Activities): 비즈니스가 가치 제안을 만들고 제공하기 위해 수행해야 하는 활동을 설명한다.

8. 핵심 파트너(Key Partners): 비즈니스가 가치 제안을 만들고 전달하는 데 의존하는 파트너를 설명한다.

9. 비용 구조(Cost Structure): 비즈니스가 가치 제안을 만들고 전달하는 데 발생하는 비용을 파악한다.

　지각 변동을 일으키고 있는 스타트업 팔란티어(PLTR)의 소프트웨어는 서류, 숫자로 구조화된 데이터뿐 아니라 페이스북, 트위터, 이메일 등의 비구조화 데이터까지 엄청난 데이터를 실시간으로 수집한다. 이것을 매우 빠르고 정확히 사람이 보기 쉽게 정리하는 것이 핵심이다. 2003년 피터 틸, 알렉스 카프, 조 론스데일, 스티브 코헨 그리고 나단 게스팅이 공동으로 창업했다. 현재 CEO는 알렉스 카프(Alex Karp)다. 영화 '반지의 제왕'에 나오는 지구의 반대편을 보여주는 구슬 이름에서 영감을 받아 이름을 지은 팔란티어는 세계에서 가장 수상한 기업으로 알려져 있다.

　2011년 5월 2일, 오사마 빈 라덴이 파키스탄 북부 작은 마을에서 미국 특수부대원들에 의해 사살됐다. 버락 오바마 대통령이 상황실에서 현장을 실시간으로 지켜본 이 작전은 미국 CIA가 주도했다. 또한 미국 나스닥 증권거래소 위원장을 역임했으며, 월가에 명망 높고 신뢰를 받던 메이도프가 2008년 12월 미국 역사상 최대 규모의 금융 폰지 사기 사건의 주범으로 구속되어 150년의 법정 선고를 받았다. 신규 투자자들의 투자금으로 기존 투자자들의 이익을 충당해 주는 방식의 폰지 사기로, 그 피해액은 무려 650억 달러에 달했다.

　한때 세간을 떠들썩하게 만들었던 두 사건들 모두 팔란티어가 만든 소프트웨어의 도움을 받았다. 2012년 〈워싱턴타임즈〉의 'Military has to fight to purchase lauded IED buster'라는 보도에 따르면, 미 국방부는 팔란티어 시스템을 돌리기 위해 서버, 노트북, 지원 장비 구입에 2년간 2,000만 달러를 지불했다고 한다.

스타트업 팔란티어. 출처: TipRanks

9.11 사태의 책임을 묻기 위해 시작된 아프간 전쟁에서 팔란티어는 특히 빛을 발했다. 금속 탐지기와 군견이 찾지 못하는 급조 폭발물의 위치는 물론, 테러범의 위치와 테러 자금 유입 경로까지 찾아냈다. 당시 해병대 사령관 존 툴란(John Toolan)은 "팔란티어가 뛰어난 성과를 보이며 임무를 수행하고 있다"고 말했다. 확실한 증거 문서는 없지만, 오사마 빈 라덴의 사살 당시 숨어 있던 위치를 찾을 때도 큰 몫을 한 것으로 알려져 있다. 이 외에도 마약 단속국 자료를 분석해 마약 범죄자 수십 명의 위치를 파악하고 체포하는 데 도움을 주고 있다.

팔란티어는 현재 금융 기관, 법률 회사, 제약 회사, 에너지 기업, 소비재 기업 등을 상대로 데이터 분석 서비스를 제공하고 있다. 2015년 한 해에만 민간기업과 약 2조 원 규모의 계약을 체결한 것으로 알려졌다. 2020년에는 200억 달러 이상의 기업가치로 필요한 자금을 조달하는 데 성공했고, 2023년 2월에는 마침내 흑자전환에도 성공했다. 특히 팔란티어는 미 CIA와 FBI, 국가안전보장국, 국방부 등 20여 곳의 국방·정보기관에 빅데이터 분석 소프트웨어를 제공하는 것으로 알려져 있다.

# 신사업

제조업을 하는 지인이 새로운 사업을 준비 중이었다. 하지만 해당 사업은 국내에서 이미 두 업체가 굳건히 자리를 잡고 있었다. 그럼에도 워낙 수요가 많다 보니 지인은 욕심을 냈다. 무엇보다 기존 업체에서 오래 근무했던 동생이 제품 개발을 맡을 예정이어서 모든 기반을 갖추고 있었다.

사업계획도 철두철미하게 했지만, 기존 업체의 시장 장악력이 워낙 강하다 보니 성공을 장담할 수 없어 필자를 찾아왔던 것이다. 실제로 시장에서 후발업체가 뛰어들어 성공하기란 매우 어렵다. 며칠 뒤 필자는 관련 데이터를 분석한 후, 지인에게 과감히 뛰어들라고 조언했다.

결과는 어땠을까? 현재 국내에서 20%가 넘는 시장을 확보하고, 해외 수출을 준비 중이다.

이 지인이 준비했던 사업은 《주역》 50번째 괘 화풍정(火風鼎)에 해당했다. 위는 불이고, 아래는 바람이다. 정은 귀가 둘이고 발이 셋인 솥이다. 불 밑에 바람이 불고 있는 상이다. 이는 먹고 남은 찌꺼기를 비우고 새롭게 음식물을 만들어 가는 과정으로, 여럿이 모여 상생하면서 새로운 것을 만들어 낸다. 특히 발이 셋인 솥은 안정감을 나타낸다. 이미 두 업체가 있어 하나를 더하면 셋이 된다. 이는 시장을 3분화하는 마케팅 전략으로, 전체 시장에서 3개의 주요 경쟁자가 있을 때 시장이 가장 효율적으로 작동한다는 이론이다.

《삼국지》에서 유비는 삼고초려(三顧草廬)를 통해 제갈공명을 만날 수 있었다. 이때 주위 사람을 물리치고 제갈공명이 유비에게 그 유명한 프리젠테이션을 하는데, '융중대(隆中對)'라고 부르기도 하는 '천하삼분지계(天下三分之計)'다. 이 전략은 중국을 세 구역으로 나누어 각 구역을 통치하다가 통일하는 것을 목표로 한다. 제갈공명은 삼분지계를 통해 중국의 혼란을 종식시키고 평화로운 시대를 열고자 했다. 제갈공명의 삼분지계, 즉 '3분화'는 오늘날에도 정치, 경제, 사회 등 다양한 분야에서 활용되고 있다.

# 하경

# 31. 택산함(澤山咸)

## 교감의 길 –
## "순수하게 교감하라"

咸, 亨, 利貞, 取女吉.

함 형 이정 취녀길

咸其拇.

함 기 무

咸其腓, 凶, 居吉.

함 기 비 흉 거 길

咸其股, 執其隨, 往吝.

함 기 고 집 기 수 왕 린

貞吉, 悔亡, 憧憧往來, 朋從爾思.

정 길 회 망 동 동 왕 래 붕 종 이 사

咸其脢, 无悔.

함 기 매 무 회

咸其輔頰舌.

함 기 보 협 설

[함(느낌, 감응)은 성장기부터 시작해 생의 끝까지 이어진다. 여자를 취하면 길하다.]

[엄지발가락에서 감응한다.]
[종아리에서 감응하니 흉하나 가만히 있으면 길하다.]
[허벅지에서 교감하니 감응에 집착해 따르려 나아가면 부끄럽다.]
[끝내 길하고 후회가 없다. 왕래하면 상대가 너의 생각을 따른다.]
[등에서 감응하니 후회가 없다.]
[볼과 뺨과 혀에서 감응한다.]


《주역》 31번째 괘 택산함(澤山咸)은 위는 연못이고, 아래는 산이다. 연못이 흙을 적셔주는 것으로, 젊은 남녀 간의 순수한 사랑을 상징한다. 이는 느낌이나 생각이 상대방과 서로 잘 통하여 감동하는 것으로, 함(咸)은 둘이 하나가 되는 것을 의미한다. 반면에 남의 의견을 잘 받아들이지 않으면 통하지 않는다는 의미이기도 하다.

기업 경영에서 택산함은 고객과 직원, 기업과 사회, 기업과 기업 간의 조화로운 관계를 강조한다. 특히 기업의 리더는 내부적으로 회사의 비전과 목표를 임직원 모두가 느끼고 생각할 수 있도록 리더십을 발휘해야 한다. 택산함은 기업이 성공하기 위해서는 주변 환경과 조화롭게 살아야 함을 가르쳐 주고 있다. 기업은 고객의 요구를 이해하고 만족시켜야 하며, 직원의 의견을 존중하고 협력해야 한다. 또한 기업은 사회 규범을 준수하고, 환경을 보호하며, 다른 기업과 경쟁하면서도 협력해야 한다.

택산함은 기업 경영과 비즈니스에 많은 시사점을 준다. 첫째, 고객과의 관계를 강조한다. 고객은 기업의 생명줄이기 때문에 고객의 요구를 이해하고 만족시켜야 한다. 둘째, 직원과의 관계를 강조한다. 직원은 기업의 가장 중요한 자산이기 때문에 직원의 의견을 존중하고 협력해야 한다. 셋째, 사회와의 관계도 중요하다. 기업은 사회의 일원이기 때문에 사회 규범을 준수하고 환경을 보호해야 한다. 넷째, 다른 기업과의 관계를 강조하고 있다. 다른 기업은 경쟁자인 동시에 협력자이기에 경쟁하면서도 협력해야 한다고 조언하고 있다.

### 실천 항목

공유가치 창출(CSV, Creating Shared Value)은 기업이 경제적 가치와 사회적 가치를 동시에 창출하는 것을 말한다. 즉, 기업의 활동이 사회에 긍정적인 영향을 미치고, 동시에 이윤을 창출하는 것을 뜻한다. CSV는 2011년 하버드 경영대학원의 마이클 포터 교수와 마크 크레이머 교수가 처음 제안했다. 그들은 기업이 사회문제를 해결함으로써 이윤을 창출할 수 있으며, 기업이 사회문제 해결에 적극적으로 참여해야 한다고 주장했다.

CSV는 기업의 사회적 책임(CSR, Corporate Social Responsibility)의 한 형태다. 그러나 CSV는 CSR보다 더 적극적이다. CSV에서 기업은 단순히 사회문제를 해결하기 위해 노력하는 것이 아니라 사회문제를 해결함으로써 이윤을 창출해야 한다. 그런 면에서 CSV는 기업과 사회 모두에게 이점이 있다. 기업은 사회문제를 해결함으로써 이윤을 창출하고, 사회는 기업의 노력으로 사회문제가 해결되기 때문이다. 또한 기업은 지역 사회와 조화롭게 협력함으로써 지역 사회의 지원을 얻을 수도 있다.

CSV는 기업이 장기적인 성공을 달성하는 데 도움이 된다. 기업은 사회문제를 해결함으로써 고객, 직원, 협력업체 및 지역 사회의 신뢰를 얻을 수 있다. 또한 기업은 사회적으로 책임감 있는 기업이라고 인식되어 투자자와 고객의 관심을 끌 수 있다. 그런 면에서 CSV는 기업이 사회에 긍정적인 영향을 미칠 수 있는 가장 적극적인 방법이다. 기업은 사회문제를 해결하고, 공공 서비스를 제공하고, 지역 사회를 지원함으로써 사회에 긍정적인 영향을 미칠 수 있다. 또한 기업은 이를 통해 사회적으로 책임감 있는 기업으로 인식되어 사회의 존경을 받을 수 있다.

## 기업 사례

한국판 CSV의 시초로 평가받고 있는 유한양행은 고 유일한 박사가 1926년에 세운 제약 회사다. 유한양행은 CSV 경영을 통해 기업의 이윤과 사회적 가치를 동시에 창출하고 있다. 유한양행의 CSV 경영은 창립자인 유일한 박사의 철학에서 비롯됐다. 유일한 박사는 '기업의 소유주는 사회이고, 단지 그 관리를 개인이 할 뿐'이라고 믿었다. 그는 기업이 사회에 공헌을 해야 하며, 기업의 이윤을 사회에 환원해야 한다고 주장했다. 특히 그는 '사회 전체의 발전을 위해 기업을 성장시키는 것이 기업의 임무이며 책임'이라는 기치 아래 제약 업계 최초로 기업을 공개했으며, 종업원 지주제를 실시해 기업의 CSV 실천에 앞장섰다.

유한양행

지금도 유한양행은 CSV 경영을 통해 다양한 사회공헌 활동을 하고 있다. '유한재단'은 유한양행의 사회공헌 활동을 위한 재단이다. 유한재단은 교육, 의료, 복지, 문화 등 다양한 분야에서 사회공헌 활동을 하고 있다. '유한사랑'은 유한양행 임직원들이 자발적으로 참여하는 사회공헌 활동 프로그램이다. 유한사랑은 헌혈, 환경 보호, 봉사 활동 등 다양한 사회공헌 활동을 하고 있다. '유한양행 희망의 집'은 유한양행이 건립한 장애인 주거 시설이다. 유한양행 희망의 집은 장애인들에게 안정적인 주거 환경과 다양한 서비스를 제공하고 있다.

유한양행의 CSV 경영은 기업의 이윤과 사회적 가치를 동시에 창출하는 데 성공했다. 유한양행의 CSV 경영은 기업이 사회에 긍정적인 영향을 미칠 수 있는 좋은 사례로 다른 기업들에게 귀감이 되고 있다.

유한양행 설립자 고 유일한 박사

한편 대한민국의 대표적 제약 기업인 유한양행의 설립자 유일한 박사는 1895년 1월 15일에 태어나 1971년 3월 11일에 타계한 대한민국의 기업인이자 독립운동가다. 유일한 박사는 평양에서 태어나 9세 때 미국으로 건너가 교육을 받았다. 그는 미시간대학교를 졸업하고, GE에서 근무했다. 1922년 귀국하여 유한양행을 설립했다. 유한양행은 대한민국 최초의 민족 제약 기업에서 대한민국의 대표적인 제약 기업으로 성장했다.

유일한 박사는 독립운동가이기도 하다. 그는 미국에 체류하는 동안 독립운동 단체에 가입해 활동했고, 1919년 3·1 운동에도 참여했다. 유일한 박사는 대한민국의 독립을 위해 재정적 지원도 했다. 그런 의미에서 유일한 박사는 기업가이자 독립운동가로서 대한민국의 발전에 크게 기여한 인물이라고 할 수 있다. 1971년 3월 11일, 76세를 일기로 세상을 떠난 뒤. 그가 남긴 유언장이 신문에 대서특필되어 세상에 알려지자 모두가 그의 신념에 경의를 표했다. 그 유언장은 다음과 같았다.

첫째, 손녀에게는 대학 졸업까지 학자금 1만 달러를 준다.

둘째, 딸에게는 유한공고 안의 묘소와 주변 땅 5,000평을 물려준다.

셋째, 소유 주식 14만 941주는 전부 사회 및 교육 원조 신탁기금(현 유한재단 및 유한학원)에 기증한다.

넷째, 아들은 대학까지 졸업시켰으니 앞으로는 자립해서 살아가거라.

해외 기업으로는 네슬레(Nestlé)가 2009년부터 '커피와 농부'라는 CSV 프로젝트를 통해 커피 농가의 삶의 질을 개선하고 있다. 이 프로젝트의 목표는 커피 농가의 소득을 개선하고, 커피 농가의 삶의 질을 개선하며, 커피 농가의 환경 영향을 줄이는 것이다. 네슬레는 커피 농가에 기술 훈련과 금융 서비스를 제공하고, 커피 농가에 환경 영향을 줄이는 방법을 지원하고 있다. 또한 네슬레는 커피 농가의 소득을 개선하기 위해 적정한 커피 가격을 책정하고 있다. 이 프로젝트는 성공적이었다. 네슬레에 따르면, 커피 농가의 소득을 30%, 커피 농가의 삶의 질을 20% 개선했다고 한다. 또한 커피 농가의 환경 영향도 15% 줄였다고 한다.

네슬레의 CSV 프로젝트

또 네슬레는 빈곤 퇴치와 영양 개선을 위한 노력도 하고 있다. 개발도 상국에 영양 교육 프로그램을 제공하고 있으며, 영양가 있는 제품을 개발 하고 있다. '네슬레 웰니스 펀드'는 네슬레와 그 직원들이 자선단체에 기 부하는 재단이다. 이 자금은 빈곤 퇴치와 영양 개선을 위해 사용된다. 또 '네슬레 파워 포 굿'은 빈곤층에게 영양가 있는 식품을 제공하기 위한 프 로그램이다. 이 프로그램은 빈곤층에게 저렴한 가격에 영양가 있는 식품 을 제공한다. '네슬레 헬스 액션'은 건강을 개선하기 위한 프로그램으로, 빈곤층에게 건강 교육, 의료 서비스, 영양 보충제를 제공한다.

네슬레의 이러한 노력은 개발도상국의 빈곤 퇴치와 영양 개선에 큰 도움이 됐다. 네슬레에 따르면, 네슬레 웰니스 펀드는 빈곤 퇴치와 영양 개선을 위해 10억 달러 이상을 기부했다고 한다. 네슬레 파워 포 굿은 빈곤층에게 10억 명 분 이상의 식사를 제공했고, 네슬레 헬스 액션은 빈곤층에게 1,000만 명 이상의 건강 교육, 의료 서비스, 영양 보충제를 제공했다고 한다. 네슬레의 이러한 공유가치 창출은 기업이 사회문제를 해결하고, 이윤을 창출하며, 장기적인 성공을 달성하는 방법을 잘 보여주고 있다.

# 32. 뇌풍항(雷風恒)

신념의 길 –
"변함없이 정진하라"

恒, 亨, 无咎, 利貞, 利有攸往.
항 형무구 이정 이유유왕

浚恒, 貞凶, 无攸利.
준항 정흉 무유리

悔亡.
회 망

不恒其德, 或承之羞, 貞吝.
불항기덕 혹승지수 정린

田无禽.
전무금

恒其德, 貞, 婦人吉, 夫子凶.
항기덕 정 부인길 부자흉

振恒, 凶.
진항 흉

[항(항상)은 성장기부터다. 허물이 없고 완성과 마감기로 시간이 지나가면 결실을 맺게 된다.]

[지나치게 고집하면 끝이 흉해 이로울 것이 없다.]

[후회함이 없다.]

[덕이 한결같지 않으면 오히려 수치를 당하고 끝내 부끄럽다.]

[사냥할 새가 없다.]

[그 덕이 한결같아 끝내 부인은 길하겠지만 부자는 흉하다.]

[지속하지 않고 흔들리면 흉하다.]


《주역》 32번째 괘 뇌풍항(雷風恒)은 위는 우레이고, 아래는 바람이다. 우레와 바람이 어울려 세력을 유지하고 변하지 않는 상이다. 늘 변함없이 한결같이 계속된다는 의미다.

기업 경영에서 뇌풍항은 어느 정도 성공을 이룬 지금 그대로의 상태를 유지하는 지혜가 필요하다고 조언한다. 《주역》은 어떤 일에든 변화를 추구하며, 활기차게 움직이는 것이 발전할 수 있는 길이다. 하지만 그에 비례해 마찰과 갈등이 생기고, 파란이 야기되는 것 또한 현실이다. 항상 정도를 지키고 오랫동안 변치 않아야 한다. 그렇다고 무조건 정체하라는 뜻은 아니다. 비약적인 발전보다는 한 발짝 한 발짝 착실하게 앞으로 나아가라는 의미다.

또한 뇌풍항은 안정과 지속의 시기를 나타내고 있다. 이는 기업이 현재의 진로를 유지하고, 장기적인 성공을 달성하기 위해 인내심을 가지고 노력해야 한다는 뜻이기도 하다. 이때는 특정 시장에서 성공하고 지배력을 유지하고자 하는 기업이나 성장기를 겪고 있어 집중력과 추진력을 유지해야 하는 기업, 그리고 도전에 직면했지만 이를 극복하고 목표를 달성하기 위해 인내해야 하는 기업 등이 해당된다.

뇌풍항은 특히 기업의 리더에게 인내심과 끈기를 갖고 있어야 한다고 조언한다. 또 장애물에 직면했을 때에도 계획을 고수하는 것이 중요하다는 점을 강조하고 있다. 여기에는 단기적인 이익이나 좌절에 혼란하지 않고, 장기적인 전략에 전념하는 것이 포함된다.

## 실천 항목

경제학에서 지속 가능한 성장은 1987년의 〈브룬틀랜드 보고서(Brundt-land Report)〉에서 처음 사용됐다. 이 보고서는 지속 가능성을 '미래 세대의 가능성을 제약하는 바 없이, 현 세대의 필요와 미래 세대의 필요가 조우하는 것'으로 정의했다. 기업에게 지속가능경영(Sustainability Management)에 기반한 성장 전략은 환경, 사회 및 경제적 요소를 모두 고려해 장기적인 성장과 번영을 도모하는 경영 패러다임이다. 지속가능경영은 일반적으로 다음과 같은 3가지 목표가 있다.

1. 환경보호다. 지속가능경영은 환경을 보호하고, 자원을 보존하는 데 중점을 둔다. 이는 제품이나 서비스를 생산하고, 운영하는 방식에서 자원을 더 효율적으로 사용하는 방법을 찾는 것을 포함한다. 또한 재생 에너지원을 사용하고, 자원을 보존하며, 환경을 보호하는 방법을 찾는 것도 포함한다.

2. 사회적 책임이다. 이는 교육과 의료에 투자하고, 빈곤을 줄이며, 사회적 불평등을 해소하는 방법을 찾는 것을 포함한다. 또한 제품이나 서비스를 생산하고, 운영하는 방식에서 사회적 책임을 다하는 방법을 찾는 것도 포함한다.

3. 경제적 번영을 도모하는 데 중점을 둔다. 이는 환경을 보호하고 자원을 보존하면서 경제적 번영을 달성하는 방법을 찾는 것을 말한다. 또한 제품이나 서비스를 생산하고, 운영하는 방식에서 경제적 효율성을 높이는 방법을 찾는 것도 포함한다.

지속가능경영은 기업이 장기적으로 성장하고 번영하는 데 도움이 될 수 있다. 이는 기업이 환경과 사회에 대한 책임을 다하는 기업과 협력하고, 그러한 기업의 제품과 서비스에 기꺼이 지갑을 여는 소비자가 많기 때문이다. 또한 지속가능경영은 기업이 비용을 절감하고, 수익을 개선하는 데에도 도움이 될 수 있다.

지속가능경영을 진행할 때 고려할 사항으로는 다음과 같은 것이 있다.

- 기업의 환경적 영향: 기업의 제품, 서비스 및 운영이 환경에 미치는 영향을 평가하라.
- 기업의 사회적 영향: 기업의 제품, 서비스 및 운영이 사회에 미치는 영향을 평가하라.
- 기업의 경제적 영향: 기업의 제품, 서비스 및 운영이 경제에 미치는 영향을 평가하라.
- 기업의 목표와 우선순위: 기업의 지속가능경영 목표와 우선순위를 결정하라.
- 기업의 자원: 기업의 지속가능경영 목표를 달성하는 데 사용할 수 있는 자원을 평가하라.
- 기업의 위험과 기회: 기업의 지속가능경영 목표를 달성함으로써 발생할 수 있는 위험과 기회를 평가하라.
- 기업의 행동 계획: 기업의 지속가능경영 목표를 달성하기 위한 행동 계획을 개발하라.
- 기업의 모니터링 및 평가: 기업의 지속가능경영 목표를 달성하기 위한 진행 상황을 모니터링하고 평가하라.

지속가능경영은 기업이 장기적으로 성장하고 번영하는 데 강력한 도구가 될 수 있다.

2020년 7월, 애플이 2030년까지 제조 공급망과 제품 수명 주기를 포함한 전체 비즈니스에서 탄소 중립을 달성하겠다는 계획을 발표했다. 탄소 중립을 달성하기 위한 애플의 접근방식으로는 탄소 발자국 줄이기, 재생에너지 투자, 탄소 제거 솔루션 사용으로 남은 배출량 상쇄하기라는 세가지 주요 전략이 있다.

재활용 협력업체에 큰 도움을 주는 오버헤드 프로젝터 기반 증강현실(AR) 시스템은 분해 중인 기기 표면에 영상 이미지를 직접 투사함으로써 맥북 및 아이패드를 비롯한 기기의 분해 과정을 보여준다.

탄소 발자국을 줄이기 위해 애플은 제품과 운영의 에너지 효율성을 개선하고, 시설과 데이터 센터를 재생 에너지원으로 전환하는 데 주력하고 있다. 이미 43개국의 사업장에서 100% 재생 에너지 사용을 달성했다. 2030년까지 전체 공급망에서 재생 에너지 100% 사용을 목표로 하고 있다.

또한 애플은 탄소 배출량을 상쇄하기 위해 태양광 및 풍력 발전소를 비롯한 전 세계 재생 에너지 프로젝트에 투자를 하고 있다. 특히 청정에너지 분야의 중소기업을 지원하기 위해 임팩트 액셀러레이터를 출범했다. 마지막으로, 애플은 나머지 탄소 배출량을 상쇄하기 위해 조림 및 기타 자연 기반 솔루션과 같은 탄소 제거 솔루션을 사용하고 있다.

텍사스 오스틴에 위치한 Apple의 소재 복원 연구소에서는 Apple의 분해 로봇 Daisy가 각각의 iPhone 모델을 식별하고, 어떤 동작을 수행할지 판단한다.

2023년 4월, 애플은 탄소 중립을 위해 2030년까지 모든 제품의 배터리에 들어가는 코발트를 2025년까지 100% 재활용한 원료로만 사용하겠다고 발표했다. 애플 제품에 쓰이는 자석은 재활용 희토류 원소를 사용하고, 사내에서 설계한 인쇄회로 기판은 재활용 주석 납땜 및 금도금을 사용할 것이라고 한다. 또한 애플은 2030년까지 전체 공급망과 모든 제품의 수명 주기에 대한 탄소 중립성에 투자하고, 2021년 조성된 복원 기금에 추가로 2억 달러를 기부하기로 약속했다.

희토류 원소와 제품에 사용되는 모든 텅스텐도 95% 이상이 100% 재활용 재료다. 애플은 회로 기판에 재활용 희토류 원소와 금도금의 사용을 늘리고, 포장재에서 플라스틱을 제거하기 위한 직물 대체재를 개발한다는 목표도 세웠다. 지난해에는 정보를 아이폰14 상자에서 디지털 방식으로 직접 인쇄하는 맞춤형 프린터와 플라스틱 라미네이션을 대체하는 오버프린트 바니시와 같은 혁신을 통해 이미 플라스틱 사용량을 줄였다. 결과적으로 이러한 혁신으로 애플은 1,100미터톤 이상의 플라스틱과 2,400미터톤 이상의 이산화탄소를 줄였다.

한편, 애플은 채굴된 광물에 대한 의존도를 줄임에 따라 채굴에 생계를 의존하는 커뮤니티를 직접 지원해서 상생하는 방법도 모색하고 있다. 애플은 세계인권기금(Fund for Global Human Rights)과 같은 전문가들과 협력해 아프리카 오대호 지역 등의 인권 및 환경 옹호자들을 지원하고, 지역 사회 구성원들이 광업에서 이주할 수 있도록 하는 직업 교육 프로그램도 제공하고 있다.

이러한 노력의 결과로 2022년에는 애플 제품에 포함되어 배송되는 모든 재료의 약 20%가 재활용 또는 재생 가능한 자원에서 나왔다. 이를테면 아이패드 10세대의 메인 로직 보드에 처음으로 재활용 동박을 사용했고, M2 칩이 있는 맥북 에어 배터리 트레이에 인증된 재활용 강철을 도입했다. 최신 애플 와치 라인업에 100% 재활용 텅스텐을 사용했고, 많은 애플 제품에 사용되는 알루미늄 외장은 애플에서 설계한 100% 재활용 알루미늄 합금으로 제작됐다.

또한 애플은 아이폰을 분해하는 로봇인 데이지(Daisy)가 배터리를 다른 구성 요소에서 분리하고, 전문 재활용 업체가 코발트 및 리튬을 포함한 기타 재료를 회수할 수 있도록 하고 있다. 2019년 이후 애플은 데이지 로봇이 추출한 배터리에서 11톤 이상의 코발트를 회수한 후, 2차 시장으로 반환한 것으로 추정하고 있다. 또한 데이지 로봇은 전통적인 전자제품 재활용 프로세스를 통해 대부분 손실되는 희토류 원소를 복구하는 데 유용하다고 한다. 중국의 재활용 업체와 함께 배치된 애플의 데이브(Dave) 로봇도 스마트폰의 진동을 만드는 데 쓰이는 탭틱 엔진(Taptic Engine)을 분해하여 희토류를 회수하고 있다.

특히 애플은 오버헤드 프로젝터 기반의 증강현실(AR) 시스템을 재활용 협력업체에 배포하기 시작했다. 이 시스템은 분해 중인 기기의 표면에 영상 이미지를 직접 투사함으로써 맥북이나 아이패드를 비롯한 기기의 분해 과정을 보여준다. 전 세계 재활용 업체를 위한 애플 재활용 업체 가이드(Apple Recycler Guides)도 발행해 직원의 건강과 안전을 보호하는 동시에 자원 회수의 효율성도 극대화하고 있다.

2030년까지 탄소 중립을 달성하겠다는 애플의 이러한 계획은 기후 변화에 대응하고 제품 및 운영이 환경에 미치는 영향을 줄이겠다는 약속으로, 현재 에너지 효율, 재생 에너지, 탄소 제거를 포함한 포괄적인 접근방식을 취함으로써 다른 기업이 따라야 할 모범을 제시하고 있다. 애플은 지금까지 여전히 시가총액 1위를 다투고 있는 기업이다.

# 33. 천산둔(돈)(天山遯)

물러섬의 길 –
"물러날 때를 알라"

遯, 亨, 小利貞.
둔 형 소리정

遯尾, 厲, 勿用有攸往.
둔미 려 물용유유왕

執之用黃牛之革, 莫之勝說.
집지용황우지혁 막지승탈

係遯, 有疾, 厲, 畜臣妾, 吉.
계둔 유질려 축신첩길

好遯, 君子吉, 小人否.
호둔 군자길 소인비

嘉遯, 貞吉.
가둔 정길

肥遯, 无不利.
비둔 무불리

[둔(물러섬)은 성장기다. 작은 일도 결실을 맺을 수 있다.]

[물러남에 꼬리를 남겨두면 위태롭다. 시간이 지나가도록 쓰지 말라.]

[황소의 가죽처럼 굳세고 질기게 묶는다. 누구도 벗어날 수 없다.]

[물러나려고 하는데 얽매인 것이 병이 되어 위태롭다. 신하와 첩을 기르면
길하다.]

[좋은 것이 있어도 물러나는 군자는 길하나, 소인은 그렇지 않다.]

[아름답게 물러나니 끝까지 길하다.]

[여유 있게 물러나면 이롭지 않음이 없다.]


《주역》 33번째 괘 천산돈(天山遯)은 위는 하늘이고, 아래는 산이다. 하
늘 아래 산이 엎드려 있는 상이다. 태산이 높다 하지만, 하늘 아래 산이
다. 아무리 높고 높아도 결국 하늘보다는 아래에 있다. 때로는 피하고 물
러나서 은둔하라는 뜻이다.

기업 경영에서 천산돈은 리더는 상황이 좋지 않으면 잠시 뒤로 물러나
서 사태를 관망하며 때를 기다려야 한다고 조언하고 있다. 또한 비즈니
스를 실행하기에 앞서 한 발 물러서서 상황을 재평가하는 것이 더 나을
때가 있다는 것을 시사한다. 이를 통해 비용이 많이 들거나 비즈니스의
실수를 방지하고, 의사결정에 보다 전략적이고 사려 깊은 접근방식을 취
해야 한다.

이때는 규모를 축소하거나 회사 자원을 통합하거나 불필요한 프로그

램을 제거해야 할 때를 의미할 수도 있다. 이는 어렵고 고통스러울 수 있지만, 회사의 장기적인 발전과 지속 가능성을 보장하기 위해 필요할 수 있다. 재정적 어려움을 겪고 있는 회사라면 생존을 위해 규모를 축소하는 어려운 결정을 내려야 할 수도 있다. 이때는 직책을 없애거나 지점을 폐쇄하거나 특정 서비스를 줄이는 것을 의미한다.

공격적인 성장 전략을 추구해 온 기업이라면 잠시 멈추고 접근방식을 재평가해야 할 수도 있다. 회사의 장기적인 생존 가능성을 보장하기 위해서는 확장 계획을 축소해야 한다. 또한 때로는 회사에 해가 될 수 있는 갈등에 휘말리는 것보다 싸움을 피하는 것이 현명할 수 있다. 특히 어려운 결정에 직면한 리더라면 앞으로 나아가기 전에 한 발 물러서서 다른 사람의 조언을 구해야 한다. 이렇게 하면 모든 상황을 고려하고, 충분한 정보를 바탕으로 의사결정을 내리는 데 도움이 될 수 있다.

## 실천 항목

비즈니스에서 물러나는 것이 쉬운 결정은 아니다. 자금, 시간, 노력이 투자되고 회사가 성공할 것이라고 믿었지만, 때로는 냉정하게 물러서서 손실을 인식하는 것이 최선의 선택일 수 있다. 기업이 물러서야 하는 시기는 여러 가지가 있다, 일보 전진을 위해 일단 뒤로 물러섬을 말한다. 마치 개구리 멀리 뛰기 위해 움츠리는 것처럼 말이다.

먼저 수익을 내기 어려울 때다. 기업은 수익을 내지 못하면 장기적으로 생존할 수 없다. 손실을 줄이기 위해 조치를 취하지 않으면 결국 파산 신청을 해야 할 수도 있다. 경쟁이 치열할 때도 마찬가지다. 기업이 경쟁이 치열한 시장에 있다면 수익을 내기가 어려울 수 있다. 경쟁자가 더 저렴한 제품을 제공하거나 더 나은 고객 서비스를 제공하는 경우, 기업이 따라잡기 어려울 수 있다.

주가가 하락하는 경우도 있다. 주가가 하락하면 기업은 자금 조달에 어려움을 겪을 수 있다. 기업이 성장하고 확장하기 위해 자금이 필요한 경우, 주가가 하락하면 재정문제가 나타날 수 있다. 관리에 문제가 있으면 성공하기 어려울 수도 있다. 경영진이 합의에 이르지 못하거나 비즈니스를 하는 데 필요한 기술이 없으면 기업은 어려움을 겪을 수밖에 없다. 또 기업이 경기 침체나 자연 재해와 같은 외부 요인으로 인해 어려움을 겪고 있다면 장기적으로 생존할 수 없다.

이러한 요인은 기업의 통제 범위를 벗어나 대처하기 어려울 수 있다. 이때는 다음과 같은 징조가 있는 잘 살펴봐야 한다.


1. 경제가 침체되고 수요가 감소하고 있다.

2. 제품이나 서비스에 대한 수요가 감소하고 있다.

3. 신기술이나 경쟁업체에 의해 시장점유율을 잃고 있다.

4. 재무 건전성이 악화되고, 부채가 증가하고 있다.

5. 규제 기관으로부터 조사를 받고 있다.

6. 명성과 고객 신뢰를 잃고 있다.

7. 내부적으로 문제를 겪고 있으며, 직원이 사기를 잃고 있다.

8. 회사를 매각할 수 있는 좋은 제안을 받았다.

9. 경영진이 회사의 미래에 대해 낙관적이지 않다.

기업이 물러서는 것은 어려운 결정이지만, 때로는 최선의 선택이 될 수도 있다. 기업이 물러서기로 결정할 때는 모든 요소를 신중하게 고려하는 것이 중요하다. 재무 상황, 미래 전망, 고객 및 직원의 요구사항 등이 그것이다.

기업이 비즈니스에서 물러나기로 결정했다면 신중하게 계획하는 것이 중요하다. 상황이 매우 어려울 때는 자산을 매각하고, 부채를 청산하는 방법을 찾아야 한다. 또한 직원과 고객에게 해고 또는 서비스 중단에 대해 알려야 한다. 여기에는 직원에게 퇴직금을 지급하는 것이 필수임을 알아야 한다.

## 기업 사례

핏비트(Fitbit)는 2007년에 재미동포 제임스 박이 에릭 프리드먼과 함께 설립함 웨어러블 기술 회사다. 피트니스 트래커(Fitness Tracker)나 스마트 밴드(Smart Band)는 PC나 다른 스마트기기의 앱과 연동해 착용자의 운동량, 소모 열량, 일부 건강 상태 등을 체크할 수 있다. 잘 때도 차고 자면 수면 상태가 얼마나 양호했는가를 체크할 수도 있다.

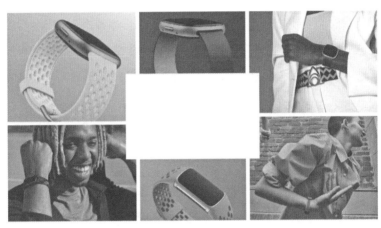

핏비트의 스마트 밴드와 스마트워치

핏비트는 2010년대 초에 빠르게 성장하며 전 세계에서 가장 인기 있는 웨어러블 기술 회사 중 하나가 되었다. 그러나 2016년부터 경쟁이 치열해지자 시장점유율이 떨어지기 시작했다. 그러다가 2015년 회사 주가가 급락하여 파산 위기에 처했다. 더욱이 핏비트는 2016년에 페블을 인수합병까지 했다. 페블의 스마트워치 OS와 앱을 쓰기 위함이었다. 이때 일부 소프트웨어 개발자와 테스터를 제외한 페블의 모든 직원이 퇴직금을 받고 정리해고 되었다. 이 사태로 핏비트의 페블 인수는 2016년 최악의 인수 사례로 꼽히기도 했으며, 해고된 개발자들은 이에 반발해 페블을 오픈 소스화하여 기존 소비자들의 참여를 유도했다.

그러자 핏비트는 시장점유율을 회복하기 위해 비용을 절감하고 제품 포트폴리오를 재구성했다. 직원 수도 3분의 1로 줄이고, 비용 절감 및 연구 개발에도 과감하게 투자하기로 결정했다. 핏비트는 또한 웨어러블 기술 시장에 진출하기 위해 스마트워치와 같은 새로운 제품과 서비스 개발에도 집중했다. 핏비트의 이러한 조치는 회복에 도움이 되었다. 핏비트는 2017년에 수익을 회복했고, 2018년에는 시장점유율이 다시 상승하기 시작했다. 그러다가 2019년 11월 구글이 21억 달러에 핏비트의 인수를 발표했고, 2021년 1월 14일 공식적으로 구글의 핏비트 인수가 완료됐다. 2021년 5월 19일, 구글 개발자 회의(Google I/O)에서 핏비트의 피트니스 기능이 구글의 웨어 OS(Wear OS)로 들어가게 되었고, 핏비트에서도 웨어 OS를 기반으로 한 스마트워치를 만들 것이라고 발표했다.

참고로 '웨어 OS'는 웨어러블 시장 대통합을 도모하고 있다. 2021년 삼성은 그간 악평을 받아온 갤럭시 워치 OS의 단점을 보완하기 위해 구글과의 협력을 발표하며 웨어 OS를 활용하기로 결정했다. 그 결과, 두 회사의 협력은 미래 웨어러블 기기 생태계에 중요한 영향을 끼칠 것으로 예상된다

이후 구글 산하에서 핏비트는 첫 번째 제품을 발표했다. 이름은 '핏비트 럭스'. 제품의 기능은 기존 핏비트와 큰 차이가 없었으나, 플라스틱 마감이 많았던 기존 밴드형 제품들에 비해 스테인리스 바디를 이용해 훨씬 단단해 보이고, 만듦새가 좋아 보인다는 게 대체적인 평가였다. 한국에서는 와디즈에서 펀딩을 진행해 성공했다.

2022년 구글 개발자 회의에서는 구글이 직접 픽셀 워치를 공개하며 스마트워치 시장에 진입했다. 이와 함께 픽셀 워치와 핏비트의 통합을 발표했다. 구글이 직접 스마트워치를 만드는 만큼 핏비트의 스마트워치 라인업에 어떤 영향을 줄지도 지켜봐야 할 부분이다. 최근 시장조사 업체 글로벌 마켓 비전(Global Market Vision)의 보고서에 따르면, 2023년부터 2030년까지 회복력이 있을 것으로 예상되는 웨어러블 피트니스 기술 상위 기업으로 애플, 샤오미, 핏비트가 선정되었다.

핏비트의 회복은 비즈니스 세계에서 희망적인 사례라 할 수 있다. 이 회사는 큰 어려움을 겪었지만 회복하고 성공할 수 있었다. 이것은 기업이 재정적 어려움을 겪고 있다고 해서 항상 끝이 아니라는 것을 보여준다. 기업이 올바른 결정을 내리고 포기하지 않으면 회복하고 성공할 수 있다는 뜻이다.

# 34. 뇌천대장(雷天大壯)

힘의 길 –
"힘은 공익을 위해 써라"

大壯, 利貞.

대장 이형


壯于趾, 征凶, 有孚.

장우지 정흉 유부

貞吉.

정길

小人用壯, 君子用罔, 貞厲, 羝羊觸藩, 羸其角.

소인용장 군자용망 정려, 저양촉번 이기각

貞吉, 悔亡, 藩決不羸, 壯于大輿之輹.

정길 회망 번쾌불리 장우대여지복

喪羊于易, 无悔.

상양우역 무회

羝羊觸藩, 不能退, 不能遂, 无攸利, 艱則吉.

저양촉번 불능퇴 불능수 무유리 간즉길

[대장(강함)은 끝까지 이롭다.]


[발가락이 지나치게 왕성해 앞으로 나아가면 흉하다. 믿음이 있어야 한다.]

[마지막이어야 길하다.]

[소인은 힘만 사용하려 하고 군자는 그물로 걸러 사용하려 하면 끝내 위태롭다. 숫양이 울타리를 들이받다가 그 뿔이 휜다.]

[끝까지 길하고 후회가 없다. 울타리가 무너져 걸림이 없어 뿔이 휘지 않는다. 튼튼한 큰 수레의 바큇살과 같다.]

[양을 잃지만, 후회가 없다.]

[숫양이 울타리를 들이받아 물러나지도 나아갈 수도 없다면 이로울 게 없지만 어렵더라도 곧 길하다.]


《주역》 34번째 괘 뇌천대장(雷天大壯)은 위는 우레이고, 아래는 하늘이다. 하늘 위에서 우레가 움직이고 있는 상이다. 우레가 천지에 울려 퍼지듯 힘차고, 장성한다는 뜻이다. 이 괘는 매우 강해 주변을 압도할 수 있는 강한 기세를 가졌다.

반면에 우레 소리는 들리는데 목마른 대지를 적셔줄 비는 내리지 않아 산천초목들은 목이 말라서 애가 탄다는 뜻도 있다. 힘차게 진취적으로 나아가지만, 결정적으로 뭔가 이루는 것은 없는 상황으로 해석할 수 있다. 오랜 세월 기다린 끝에 힘차게 나아갈 때가 왔지만, 제대로 활용하지 못하면 겉으로만 화려할 뿐 실속은 없거나, 너무 의욕만 앞서서 감당하지 못할 일을 벌이거나, 경솔하게 행동해서 실패를 하게 된다고 강조하고 있다.

기업 경영에서 뇌천대장은 앞길에 막힘이 없어 승승장구하는 모습을 나타낸다. 회사가 큰 성공과 성장 잠재력을 가지고 있음을 시사한다. 이 때는 강력하고 유능한 리더십과 그에 걸맞는 팀이 필요하다. 하지만 이 러한 힘을 활용하고 신중하게 방향을 잡아야 한다고도 경고하고 있다. 너무 힘이 커 가는 시기로, 지나친 경향이 있고 멈춰야 하는데도 멈출 수 없게 돼 도리어 화를 초래하는 결과를 낳게 되기 때문이다.

기업은 이때를 만나면 완급을 조절할 줄 알아야 지속할 수 있다는 것을 명심해야 한다. 즉, 시장을 지배할 잠재력을 가지고 빠르게 성장하는 회 사는 환경과 지역 사회에 미치는 영향도 염두에 두어야 하며, 근로자를 착취하거나 비윤리적인 관행에 관여하지 않도록 주의를 기울여야 한다. 즉, 기업이 큰 힘을 얻고 성공을 거둘 수도 있지만, 이러한 힘을 책임감 있고 신중하게 사용해야 한다는 것을 시사한다.

## 실천 항목

18년 이상 시카고대학과 하버드대학에서 전략 및 마케팅 겸임교수로 재직한 밀렌드 M. 레레는 기업이 매출이 아닌 독점적 지위를 차지하기 위한 전략을 구사해야 한다고 주장했다. 흔히 사람들은 '독점'이라는 단어를 보면 소비자에게 손해를 가하는 나쁜 기업이나 경영방식을 떠올리곤 한다. 하지만 독점의 전제는 시장에서 이익을 남기는 최대한의 기술을 의미한다. 수익성이 높은 독점을 남보다 먼저 찾고, 오랫동안 유지하며, 변화에 능동적으로 대처해 오랫동안 사업 영역을 지배하는 것을 말한다. 여기서 그가 말하는 독점은 규모는 작지만, 완벽하게 합법적이며, 특정 범위나 좁은 범위의 시장 규모에 집중하는 것을 말한다.

기업의 혁신적인 상품이나 서비스는 사실상 독점이 아닌 것이 거의 없다. 독점을 부정적인 관점으로만 볼 것이 아니라 어떻게 하면 소비자가 선택할 수밖에 없는 가치를 만들어 낼까의 관점에서 볼 필요가 있다. 실제로 애플, 마이크로소프트, 아마존, 구글, 월마트 등 다양한 글로벌 기업들은 독점을 통해 수익을 창출하고, 시장을 지배하고 있다.

레레는 독점적 지위를 확보하는 전략으로 먼저 제품 차별화를 들었다. 기업은 독특한 제품이나 서비스를 개발해 제품 차별화를 달성할 수 있고, 이를 통해 기업은 고객에게 더 매력적인 제품을 제공함으로써 높은 가격 정책을 펼칠 수 있다는 것이다. 그 다음으로 특허나 브랜드 이름 또는 정부 규제를 통해 진입 장벽을 구축해 새로운 기업이 시장으로 진입하는 것을 어렵게 만드는 것을 들었다. 마지막으로 규모의 경제를 활용해 비용을 절감하고 가격을 낮추는 것을 들었다.

또한 레레는 기업이 독점적 지위를 유지하려면 지속적인 혁신과 비용 절감, 진입 장벽을 강화해야 한다고 제안했다. 기업은 지속적으로 혁신해야만 경쟁에서 앞서 나갈 수 있고, 비용을 절감해 가격을 낮추면 경쟁우위를 유지할 수 있으며, 이를 통해 진입 장벽을 더 높게 쌓아 올리면 다른 기업의 시장 진입을 막을 수 있다고 주장한 것이다.

**기업 사례**

애플이 아이폰을 출시한 이후, 삼성은 대항마로 갤럭시 시리즈 개발에 박차를 가하면서 세계 스마트폰 시장에서 애플과 양자 대결 구도를 형성했다. 삼성에게 새롭게 도약할 수 있는 때가 온 것이다. 스마트폰은 우리 생활을 혁신적으로 변화시켰을 뿐만 아니라 전 세계 산업지형 자체를 바꿔버렸다. 무궁무진한 신시장에 삼성은 흥분할 수밖에 없었다. 삼성은 스마트폰 생산 능력을 이미 검증받았고, 자체 모바일 운영체제도 개발하고 있었다.

그 와중에 2004년 앤디 루빈은 자신이 설립한 회사에서 개발한 모바일 운영체제인 안드로이드(Android)를 삼성에 매각하려 했다. 그러나 삼성은 안드로이드에 관심이 없었다. 삼성은 당시 자체 운영체제인 바다(Bada)를 개발하고 있었다. 결국 안드로이드는 2005년 5,000만 달러에 구글로 인수됐다.

당시 일화를 소개하자면 2004년 당시 앤디 루빈은 삼성전자 임원 20여 명 앞에서 "누구나 쓸 수 있는 스마트폰 운영체제를 개발해 제조사에 무료로 공급한다"는 아이디어를 발표했다. 하지만 돌아온 것은 "지금 당신 회사에 8명이 있다고 했는데, 우리는 그 분야에 2,000명을 투입하고 있다"는 대답이었다. 삼성이 안드로이드를 인수하지 않은 것은 스마트폰 역사에 큰 영향을 미쳤다. 안드로이드는 구글에 인수된 후 큰 성공을 거두었다. 안드로이드는 현재 세계에서 가장 인기 있는 모바일 운영체제로 자리 잡았다.

안드로이드. 출처: Pixabay

역설적으로 삼성은 안드로이드의 초기 사용 업체 중 하나였다. 2009년 삼성은 첫 번째 안드로이드폰인 갤럭시S를 출시했다. 갤럭시S는 큰 성공을 거두었으며, 삼성은 이후 안드로이드폰을 출시하는 데 주력해 왔다. 만약 삼성이 안드로이드를 인수했다면 역사가 어떻게 달라졌을까? 삼성은 안드로이드를 활용해 자체 모바일 생태계를 구축할 수 있었을 것이다. 특히 안드로이드를 기반으로 애플 iOS에 대한 경쟁력을 높일 수 있었을 것이다.

그러나 사용자 입장에서는 삼성이 안드로이드를 인수하지 않은 것이 다행이라는 주장도 있다. 안드로이드를 구글이 소유하고 있기 때문에 구글의 지원을 받을 수 있었다는 의견이다. 또한 안드로이드는 오픈 소스이기 때문에 성공할 수 있었다는 것이다. 오픈 소스 소프트웨어는 누구나 무료로 사용할 수가 있다. 이는 안드로이드를 사용할 수 있는 기기들의 수와 안드로이드용 앱 사용을 증가시켰다.

결국 삼성이 안드로이드를 인수하지 않은 것이 좋은 결정이었는지 나쁜 결정이었는지는 말하기 어렵다. 그러나 안드로이드의 성공에 여러 요인이 기여했음은 분명하다. 삼성 입장에서 안드로이드를 인수했다면 세계 모바일 시장이 크게 달라졌을 것이다. 안드로이드가 더 큰 시장점유율을 차지하고 더 빠르게 발전했을 가능성이 높다.


구글의 안드로이드 독과점 논란

한편 안드로이드는 구글에 인수된 뒤 승승장구를 이어갔지만, 독과점 논란도 끊이지 않고 있다. 스마트폰 시장이 본격적으로 성장하기 시작한 2010년대 초반부터 안드로이드는 모바일 시장 OS 점유율에서 1위 자리를 고수하고 있다. 안드로이드 운영체제는 무료이며 오픈 소스이므로 제조업체에서 널리 채택돼 모바일기기 시장점유율이 현재 대략 73%에 이른다. 모바일기기 시장의 지배적인 운영체제가 된 것이다.

안드로이드의 오픈 소스 특성으로 인해 많은 제조업체가 시장에 진입하고 자체 기기를 제공할 수 있었지만, 구글은 지배적 위치를 이용해 반경쟁적 행동에 가담했다는 비난도 받고 있다. 이를테면 구글은 제조업체가 모든 안드로이드 기능에 접근하기 위해 기기에 구글 앱과 서비스를 사전 설치하도록 요구했다는 비난을 받았다. 이로 인해 구글이 검색 및 광고와 같은 다른 시장에서 지배력을 유지하기 위해 모바일기기 시장에서 지배적인 위치를 활용했다는 주장이다.

구글은 안드로이드 OS를 무료로 제공하지만, 개발자가 앱을 구글 플레이(Google Play) 스토어에 게시하려면 구글 플레이 스토어 정책에 동의해야 한다. 이 정책에는 구글이 앱 개발자로부터 30%의 수수료를 부과하는 조항이 포함되어 있다. 이러한 수수료는 일부 개발자들에게 부담이 되고 있으며, 경쟁 앱 스토어를 운영하는 기업들로부터 비판을 받고 있다. 그 결과, 유럽연합은 2017년 구글이 안드로이드 시장에서 독점력을 행사했다고 판결하고, 24억 유로의 벌금을 부과했다. 또한 유럽연합은 제조업체가 모바일기기에 구글 검색 및 구글 크롬을 사전 설치하도록 요구한 2018년, 43억 4,000만 유로의 벌금을 포함해 안드로이드의 반경쟁 행위에 대해 구글에 여러 차례 벌금을 부과했다.

구글은 이러한 비판에 대해 안드로이드 OS는 오픈 소스이며 누구나 무료로 사용할 수 있다고 반박했다. 그리고 안드로이드의 독점이 합법적이라며, 안드로이드를 사용하는 스마트폰 제조업체가 많기 때문에 독점력이 없다고 주장했다. 또한 구글 플레이 스토어는 개발자와 사용자 모두에게 이익이 된다고도 주장했다. 구글 플레이 스토어는 200만 개 이상의 앱을 보유하고 있으며, 개발자가 전 세계 사용자에게 앱을 배포할 수 있는 플랫폼을 제공하고 있다. 하지만 구글의 안드로이드 독점 논란은 앞으로도 계속될 것으로 보인다. 유럽연합은 2022년에도 구글의 안드로이드 시장 독점 행위에 대한 조사를 재개했다. 미국에서도 구글의 안드로이드 시장 독점 행위에 대한 소송이 제기되어 있는 상태다.

# 35. 화지진(火地晉)

진보의 길 –
"상호작용하라"

晉, 康侯用錫馬蕃庶, 晝日三接.

진 강후 용석마번서 주일삼접

晉如摧如, 貞吉, 罔孚, 裕无咎.

진여최여 정길 망부 유무구

晉如愁如, 貞吉, 受玆介福于其王母.

진여수여 정길 수자개복우기왕모

衆允, 悔亡.

중윤 회망

晉如鼫鼠, 貞厲.

진여석서 정려

悔亡, 失得勿恤, 往吉, 无不利.

회망 실득물휼 왕길 무불리

晉其角, 維用伐邑, 厲吉, 无咎, 貞吝.

진기각 유용벌읍 려길 무구 정린

[진(나아감)은 편하게 다스리는 제후다. 여러 차례 말을 하사받고, 하루에 세 번이나 천자를 접견한다.]

[나아가 꺾이는 듯하면 끝내 길하다. 믿음을 얻지 못하더라도 넉넉하게 대하면 허물이 없다.]
[나아가면 근심스럽지만 끝내 길하다. 큰 복을 왕모로부터 받는다.]
[백성의 믿음이 있어야 후회가 없다.]
[나아감에 들쥐처럼 욕심을 내면 끝내 위태롭다.]
[후회가 없다. 잃고 얻음에 근심하지 말라. 그렇게 나아가면 길하고 이롭지 않음이 없다.]
[나아가는데 뿔을 세우고 이웃 마을을 치게 되면 위태롭지만 길하다. 허물은 없더라도 끝내는 부끄럽다.]

《주역》 34번째 괘 화지진(火地晉)은 위는 불이고, 아래는 땅이다. 태양이 지평선에서 떠오르는 상이다. 새벽 동이 터 올라 하루의 시작을 알린다는 뜻이다. 이 괘를 만나면 태양이 높이 오를수록 어둠이 사라지고, 천하를 굽어 비추는 지경에 오를 수 있다. 반면에 하루의 시작은 희망이 있지만, 아직 어려울 때다. 자만에 빠지거나 겸손한 자세를 잃으면 성공할 수 없다고 경고하고 있다.

기업 경영에서 화지진은 꾸준한 발전과 성장을 의미하며, 인내심과 끈기가 있다면 큰 성공을 거둘 수 있는 잠재력을 가지고 있다. 이를테면 고객을 꾸준히 늘리고, 매 분기마다 매출을 늘리고 있는 스타트업이나 새로운 지역 또는 제품군으로 성공적인 확장을 하고 있는 기존 기업을 들 수 있다. 또는 장기적인 성공을 달성하기 위한 종합적인 계획을 수립하기 위해 함께 노력하는 리더와 팀을 의미할 수도 있다. 각 구성원이 고유한 기술과 전문성을 발휘하여 이러한 노력에 기여하고 있기 때문이다.

급격한 성장을 경험하고 있는 기업이라면 계속 전진하고 변화를 수용하라는 의미도 담고 있다. 이 시기에는 새로운 기술에 투자하고, 새로운 시장으로 확장하거나, 새로운 제품 라인을 출시하여 앞서 나가기 위해 노력해야 한다. 이때 리더는 미래 지향적이고 변화하는 상황에 적응할 수 있어야 하며, 그 과정에서 발생할 수 있는 잠재적인 장애물과 함정을 인식하고 있어야 한다. 특히 내부적인 도전이나 갈등에 직면한 기업은 긍정적인 태도를 유지하고, 최종 목표에 집중하는 동시에 필요할 때 진로를 조정할 수 있을 만큼 유연성을 발휘하는 것도 중요하다.

구체적인 전략으로는 회사가 강력하고 탄탄한 인프라를 구축하며, 매력적인 브랜드를 개발하는 데 집중해야 한다. 여기에는 경쟁에서 뒤처지지 않기 위해 고군분투하는 회사라면 대담하게 위험을 감수하라는 의미도 담고 있다. 대담한 접근방식을 취하고, 한계를 뛰어넘는 새로운 제품과 서비스를 개발하거나 마케팅 및 광고에 대대적으로 투자해 새로운 시장으로 확장하는 것이 좋다.

'펜로즈 효과(Penrose Effect)'는 기업의 성장에 관한 이론으로, 기업이 적정 규모가 있다고 믿는 경영자의 오류를 지적한다. 즉, 사람들은 기업이 어느 정도 성장하면 성장을 멈추는 것이 좋다고 생각하는 것이다. 그러나 미국의 경제학자이자 경영학자인 에디스 펜로즈(Edith Penrose)는 1959년에 출간한 책《기업의 성장 이론(The Theory of the Growth of the Firm)》에서 "기업의 적정 규모는 존재하지 않는다. 단지 경영 능력의 한계가 존재한다"고 말했다. 즉, 경영자의 책무는 기업의 지속적인 성장을 가능케 하는 자원을 확보하는 것이며, 이는 단순한 운영을 위한 자원이 아니라 미래 성장을 위한 자원이라는 것이다.

펜로즈는 기업의 성장이 자본, 노동력, 기술과 같은 다양한 요인에 의해 영향을 받는다며, 이러한 요인 중에서 가장 중요한 것은 경영자의 능력이라고 말했다. 그는 기업이 효과적으로 운영되고 성장할 수 있도록 하는 전략을 개발하고 실행할 책임이 경영자에게 있다고 강조했다. 펜로즈는 기업이 끊임없이 성장하고 진화하는 유기체라며, 기업은 적정 규모가 없고, 성장은 기업의 관리 능력에 달려 있다고 말했다.

펜로즈 효과는 기업이 성장을 촉진하기 위해 경영 능력을 개발하고 향상시키는 데 집중해야 한다고 말한다. 또한 기업은 혁신과 새로운 아이디어에 개방적이어야 하며, 새로운 기회를 활용할 준비가 되어 있어야 한다고 강조한다. 펜로즈 효과는 기업의 성장에 대한 시사점이 매우 크다.

경영자는 기업의 성장을 위해 일상적인 업무에서 벗어나 미래의 성장 기회를 탐색하고 성공의 방법을 찾아야 한다. 또한 경영자는 기업의 지속적인 성장을 가능케 하는 자원을 확보하기 위해 노력해야 한다. 이러한 노력이 이루어질 때 기업은 지속적으로 성장하고 경쟁력을 유지할 수 있다.

펜로즈 효과는 기업의 성장을 이해하고자 하는 경영자와 정책 입안자에게 유용한 도구다. 이 이론은 기업이 성장을 촉진하기 위해 어떤 전략을 채택해야 하는지 결정하는 데에도 도움이 될 수 있다. 하지만 펜로즈 효과를 적용한다고 해서 모두 성공하는 것은 아니다. 이 이론은 모든 기업이 성공할 수 있다고 가정하지만, 그렇다고 해서 모든 기업이 성공하는 것은 아니다. 또한 이 이론은 모든 경영자가 성공적인 경영자가 될 수 있다고 가정하지만, 모든 경영자가 성공적인 경영자가 되는 것은 아니다.

## 기업 사례

페이팔보다 쓰기 편리하다는 스트라이프(Stripe)는 빠르게 성장하여 현재 세계에서 가장 성공적인 온라인 결제 처리 회사 중 하나가 되었다. 우리나라에서는 낯선 이름이지만, 미국에서는 페이팔과 양대산맥을 이루는 온라인 결제업체다. 2010년 아일랜드 출신의 패트릭 콜리슨과 존 콜리슨 형제가 설립한 스트라이프는 개발자 친화적인 결제 API와 사용자 친화적인 인터페이스를 통해 빠르게 인기를 얻었다. 또한 세밀한 고객 서비스와 지원으로 찬사를 받고 있으며, 소상공인들에게 페이팔보다 편리하다는 평가로 주목을 받고 있다. 스트라이프는 판매자가 결제 시스템을 구축하는 어려움을 해결하기 위해 결제 API 솔루션을 제공하고 있다. 이를 통해 판매자는 몇 줄의 코드를 복사하여 붙이면 자신의 웹사이트에 바로 적용할 수 있다.

스트라이프 창업자 콜리슨 형제. 출처: Recap.app

스트라이프의 결제 API 운영 방식은 페이팔에 비해 훨씬 간단하다. 페이팔은 최대 9단계의 과정을 거쳐 결제 시스템을 연동해야 한다. 그러나 스트라이프는 이 과정을 3단계로 간소화했다. 또한 스트라이프는 사용자에게도 편리한 결제 환경을 제공하고 있으며, 낮은 이용료로 인해 경쟁력도 갖추고 있다. 스트라이프는 부가 서비스인 '아틀라스'를 통해 기업이 미국 외에서도 미국 은행 계좌를 개설하고, 전 세계에서 송금 결제를 받을 수 있도록 지원하고 있다. 특히 인공지능과 빅데이터를 활용한 사기 탐지 시스템 '레이더'를 구축하고 있으며, 대출 서비스인 '캐피탈'도 제공하고 있다.

스트라이프를 창업한 패트릭 콜리슨과 존 콜리슨 형제는 이미 이베이와 아마존에서 거래관리 프로그램을 만든 경험이 있으며, 스트라이프를 설립하기 전에도 사업가로서의 능력을 인정받았다. 스트라이프는 페이팔 창업자인 피터 티엘과 테슬라의 일론 머스크를 비롯한 다양한 투자자들의 지원을 받아왔다. 2021년 투자 유치 당시 100조 원 이상의 기업 가치를 인정받았던 스트라이프는 앞으로 더욱 성장할 것으로 예상되고 있다.

한편 스타트업의 돈줄 역할을 해오던 실리콘밸리은행이 유동성 위기에 몰리면서 결국 파산했다. 이 사태로 벤처 및 스타트업의 줄도산 우려까지 나오고 있는 가운데 세상에서 제일 비싼 스타트업 기업 스트라이프도 매서운 투자 혹한기를 지나고 있다. 이 위기를 콜리슨 형제가 어떻게 뚫고 나갈지 주목된다.

정리하자면, 결제 모듈은 모든 비즈니스에 필수적인 솔루션이다. 철강 산업이 국가 경제를 견인하는 것처럼 결제 서비스는 기본 서비스이자 핵심 솔루션으로 간주된다. 사업을 시작하려는 창업자가 늘어나면 자연스럽게 새로운 고객이 생겨나고, 기존 기업은 모바일 영역으로 사업을 확장해 새로운 고객을 유치할 수 있다. 이때 제공되는 서비스의 특성에 따라 서비스 고유의 장점이 발휘된다. 스트라이프는 '모바일 환경'에서 간편하게 결제할 수 있는 솔루션을 제공함으로써 웹에서 모바일로 넘어가는 흐름 속에서 필수적인 서비스를 개발해 시대의 헤게모니를 만들고 있다. 이렇게 중요한 서비스를 제공함으로써 기업의 가치를 높일 수 있었다.

특히 매력적인 점은 개발자가 비교적 쉽게 구현할 수 있다는 것이다. 개발자는 서비스 개발 과정에서 코드 몇 줄만 입력하면 스트라이프 모듈 활용이 가능하다. 스트라이프는 결제 후 정산 관련 사항부터 금융 서비스에 필수적인 보안 조치까지 모든 것을 처리한다. 백엔드에 강력한 솔루션을 구축해 안정적인 서비스를 제공하므로 결제 모듈이 필요한 기업이라면 최소한의 수정만으로 주저 없이 선택할 수가 있다.

신용카드뿐 아니라 비트코인, 알리페이 등 다양한 결제 수단도 지원한다. 이는 서비스 이용 고객의 편의성 확대를 의미한다. 고객이 편리한 결제 옵션을 사용할 수 있게 되면 개발자는 스트라이프를 더 많이 사용하게 될 수밖에 없다. 결국 서비스 개발자는 모든 비즈니스의 기반이 되는 핵심 서비스를 쉽게 설치할 수 있고, 결제 고객 입장에서도 다양한 결제 수단을 사용할 수 있다는 장점이 있다. 서비스 개발자가 스트라이프를 선택하도록 장려하면 더 많은 고객을 유치하는 데 도움이 된다. 이것이 바로 스트라이프가 높은 가치를 인정받는 이유다.

# 36. ䷗ 지화명이(地火明夷)

극복의 길−
"어둠을 뚫고 나아가라"

明夷, 利艱貞.
명 이  이 간 정


明夷于飛, 垂其翼, 君子于行, 三日不食. 有攸往, 主人有言.
명 이 우 비  수 기 익  군 자 우 행  삼 일 불 식  유 유 왕  주
인 유 언

明夷, 夷于左股, 用拯馬壯, 吉.
명 이  이 우 좌 고  용 증  마 장 길

明夷于南狩, 得其大首, 不可疾貞.
명 이 우 남 수  득 기 대 수  불 가 질 정

入于左腹, 獲明夷之心, 于出門庭.
입 우 좌 복  획 명 이 지 심  우 출 문 정

箕子之明夷, 利貞.
기 자 지 명 이  이 정

## 不明晦, 初登于天, 後入于地.
불 명 회   초 등 우 천   후 입 우 지

[명이(어두움)는 완성하고 마무리까지 어렵다.]

[어두움이 온다. 나는 새가 날개를 늘어뜨린다. 군자의 길을 떠남에 3일 동안 먹지 못한다. 시간이 지나가도 주인의 꾸지람이 있다.]

[어두운 때에 왼쪽 허벅지에 화살을 맞더라도 힘센 말이 구원해 주면 길하다.]

[어두운 때에 남쪽을 정벌해 우두머리를 사로잡는다 해도 끝까지 서두르지 마라.]

[왼쪽 뱃속에 들어가 명이(주왕)의 마음을 알았다면 그 문에서 나와야 한다.]

[어둠이 오고 있음을 알고 있는 기자는 끝까지 이롭다.]

[밝지 않고 어두워진다. 처음에는 하늘에 올라도 곧 땅으로 들어간다.]

《주역》36번째 괘 지화명이(地火明夷)는 위는 땅이고, 아래는 불이다. 태양이 땅 아래 잠겨가는, 즉 해가 서산에 지는 상이다. 이때는 빛이 어두워지는 시기다. 이는 일이 무너지고 있는 쇠퇴의 시기를 의미한다. 그렇다고 내내 움츠러들 수만은 없다. 서산으로 지는 해는 다음 날 아침 다시 뜨게 마련이다. 그 때까지 밝음을 숨기고 내면의 실력을 쌓으며 참고 기다려야 한다.

기업 경영에서 지화명이는 리더십이나 의사결정의 부재, 혁신의 부족, 시장 경쟁 등으로 인해 비즈니스가 쇠퇴하고 있음을 나타낸다. 이는 기업의 수익을 비롯해 직원 사기, 고객 충성도의 손실로 이어진다. 그러나 이때를 쇄신과 재창조의 기회로 볼 수도 있다. 한 발 물러서서 상황을 재평가하고, 약점과 장애물을 파악하고, 이를 극복하기 위한 새로운 전략을 마련해야 할 때라는 것을 암시한다. 여기에는 리더십의 변화, 회사의 구조 조정, 새로운 시장과 기회 발굴 등이 포함된다.

이 시기를 성공적으로 헤쳐 나가기 위해서는 기업 경영진이 긍정적이고 탄력적인 태도를 유지하며, 회사의 장기적인 목표에 집중하는 것이 좋다. 또한 상황을 반전시키기 위해 기꺼이 어려운 결정을 내리고, 위험을 감수하며, 직원과 이해관계자의 피드백과 협업에 개방적이어야 한다. 이를테면 시장점유율을 잃어가고 있는 기업의 리더라면 제품 라인을 전면 개편하고, 연구 개발에 막대한 투자를 해야 한다. 이를 위해서는 예산과 인력에 대한 어려운 결정을 내려야 할 뿐만 아니라 기존의 검증되지 않은 기술과 아이디어에 대한 위험도 기꺼이 감수해야 한다.

또 다른 예로 과거의 성공에 안주해 오다가 스캔들이나 주요 제품 실패와 같은 중대한 위기에 직면한 기업을 들 수 있다. 이런 기업의 리더는 문제의 근본 원인을 신속하게 파악하고, 실수에 대한 책임을 지며, 복구 계획을 수립해야 한다. 또한 회사 문화를 바꾸고, 조직을 재구성해 향후 문제를 예방하기 위한 새로운 정책과 절차를 시행해야 한다.

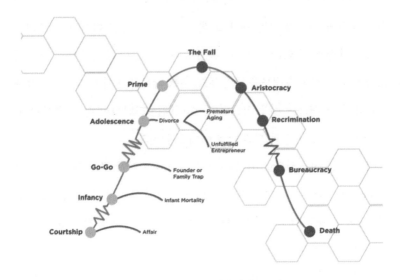

Adizes의 조직성장 단계

'조직수명주기(Organizational Life Cycle) 이론'은 퀸(Quinn)과 캐머런(Cameron)이 1983년 여러 학자들이 제안한 다양한 조직수명주기 모델을 검토해 종합적인 모델로 통합한 것이다. 래리 E. 그레이너(Larry E. Greiner)의 작업을 기반으로 한 이 모델은 조직이 일반적으로 거치는 주요 성장 단계인 창업, 성장, 성숙, 쇠퇴의 단계를 거치며 이루어진다.

창업 단계는 조직의 시작 단계다. 이 단계에서 조직은 새롭고, 성장 중이며, 생존을 위해 고군분투한다. 조직은 소규모이고 융통성이 있으며 위험을 감수할 의향이 있다. 명확한 목표와 전략이 없을 수 있으며, 종종 혼란과 불확실성에 직면한다.

집단 공동체 단계는 조직이 성장하고 안정을 찾는 단계다. 이 단계에서 조직은 더 큰 규모로 확장되고, 더 많은 직원을 고용한다. 조직은 보다 구조화되고, 명확한 목표와 전략을 개발하기 시작한다. 또한 조직은 보다 안정적이고, 예측 가능해지고 있으며, 성장한다.

공식화 단계는 조직이 구조화되고 관료적이 되는 단계다. 이 단계에서 조직은 규칙과 절차를 개발하고, 더 복잡한 운영 방식을 개발한다. 조직은 보다 공식적이고, 융통성이 떨어지며, 직원을 감독하고 통제하기 시작한다. 또한 보다 예측 가능하고, 안정적이 되며, 효율성과 수익성을 향상시키기 시작한다.

정교화 단계는 조직이 규모와 복잡성으로 최대화되는 단계다. 이 단계에서 조직은 효율성을 개선하고, 비용을 절감하기 위해 노력한다. 보다 혁신적이고, 창의적이 되며, 새로운 제품과 서비스를 개발하기 시작한다. 또한 보다 경쟁적이고, 수익성이 높아지며, 시장점유율을 높이기 시작한다.

쇠퇴 단계는 조직이 규모와 복잡성을 줄이는 단계다. 이 단계에서 조직은 수익성을 개선하고, 수익을 창출하기 위해 노력한다. 보다 효율적이고, 비용을 절감하기 시작한다. 또한 보다 혁신적이고, 창의적이 되며, 새로운 제품과 서비스를 개발하기 시작한다.

보잉737 Max는 2018년과 2019년 두 차례의 치명적인 추락 사고를 일으킨 후, 전 세계적으로 운항이 중단된 보잉사의 상업용 항공기 라인업이다. 첫 번째 추락은 2018년 10월 인도네시아 자카르타에서 라이온에어 610편이 추락하면서 189명이 사망했다. 두 번째 추락은 2019년 3월 에티오피아 아디스아바바에서 에티오피아항공 302편이 추락하면서 157명이 사망했다.

보잉737 맥스. 출처: TheFlightChannel

두 사고 모두 항공기의 자동 조종 장치인 MCAS(Maneuvering Characteristics Augmentation System) 결함으로 인해 발생한 것으로 밝혀졌다. MCAS는 항

공기가 과도하게 기울어지는 것을 방지하도록 설계되었지만, 오작동하여 항공기가 추락한 것이었다. MCAS의 결함은 항공기의 센서에서 잘못된 데이터가 수신될 때 발생했다. 이로 인해 MCAS가 비정상적으로 작동한 것이었다.

2년간 346명의 목숨을 앗아간 보잉737 Max 항공기 추락 사고는 보잉이 설계 결함 등 중요 정보를 감추고, 감독기관인 미 연방항공국이 감독을 소홀히 해서 발생했다는 미 하원 보고서가 나왔다. 미 하원 교통위원회는 18개월에 걸쳐 조사한 보잉737 Max 사고 보고서에서 "추락 사고가 일회성 고장이나 기술적 실수, 잘못된 관리 탓이 아니라 보잉과 연방항공국의 잘못이 결합된 결과"라고 지적했다.

보잉737 Max의 운항 중단은 보잉사에 큰 타격을 입혔다. 회사는 항공기의 결함을 수정하고, 항공사와 승객의 신뢰를 회복하기 위해 노력했다. 보잉은 2020년 말에 737 Max의 운항을 재개했지만, 여전히 완전한 회복을 이루지는 못했다.

그러던 중 2020년 1월 8일 새벽, 테헤란 남부의 이맘 호메이니 국제공항에서 우크라이나국제항공의 우크라이나 키예프행 보잉737-800 여객기가 이륙 직후 추락했다. 탑승객 176명 전원이 사망했다. 추락 원인은 기체 결함 때문으로 전해졌다. 이란 국영 통신사인 IRNA와 이란 도로교통부 대변인에 따르면, 항공기가 공항에서 이륙한 직후 일부 엔진에 불이 붙으면서 추락했다고 한다. 사고가 발생한 보잉737-800은 보잉737-NG 계열의 항공기로, 보잉 737-700·800·900 등이 보잉 737-NG 계열에 속한다. 보잉의 주력 항공기로 5,000여 대가 전 세계에서 운용 중이다.

2022년 3월 21일에는 중국에서 132명이 탄 중국 동방항공 소속 보잉 737-800 항공기가 수천 미터 상공에서 추락하는 사고가 발생했다. 불과 몇 분 사이에 수직 낙하한 전례 없는 추락사고로 전 세계는 또 한 번 충격에 빠졌다. 항공업계에 따르면, 현재까지 정확한 원인 규명이 이뤄지지 않았다고 한다. 조종사의 개인 과실부터 기체 결함에 이르기까지 모든 가능성을 열어놓고 조사가 이뤄지고 있다고 한다. 추락한 비행기도 보잉의 737-800NG(넥스트 제너레이션) 기종이다. 보잉737은 1967년 처음 생산해 지금까지도 운항되고 있는 항공기 모델이다. 최장수 항공기 모델로, 가장 많은 대수가 팔린 기종이기도 하다. 한국에서도 총 96대가 운항되고 있다.

항공업계에서는 보잉737-800이 이미 안전성이 입증된 항공기라 기계 결함 가능성 낮다고 말하지만, 소비자로서는 불안함을 지울 수가 없다. 아직까지 사고 원인이 명쾌하게 드러나지 않았기 때문에 우려될 수밖에 없다.

보잉737 Max 추락의 내부 문제로는 여러 가지가 있다. 먼저 보잉의 사내 문화는 항공기 생산 속도를 우선시하는 문화로 유명했다. 이로 인해 회사는 항공기의 안전을 위협할 수 있는 결함을 수정하기 위해 충분한 시간을 할애하지 못했다. 또한 보잉에는 항공기의 위험을 식별하고 평가하기 위한 프로세스가 제대로 갖춰져 있지 않았다. 이로 인해 회사는 항공기의 결함을 식별하고 수정하지 못했다. 의사소통에도 문제가 있었다.

보잉은 항공기 결함에 대해 항공 당국은 물론 항공사와도 효과적으로 의사소통하지 못했다. 이로 인해 항공 당국과 항공사는 항공기의 위험을 제대로 평가하지 못했던 것이다.

보잉이 앞으로 위기를 극복하기 위해 취해야 할 조치는 항공기의 안전을 최우선으로 하는 것이다. 보잉은 항공기 안전을 위해 모든 노력을 기울여야 하고, 항공기를 가능한 한 안전하게 설계하고 제조해 결함을 신속하게 수정해야 한다. 또한 투명성도 높여야 한다. 보잉은 항공기의 안전에 대해 투명해야 한다. 회사는 항공기의 결함을 신속하게 공개하고 승객과 항공 당국에 문제를 해결하기 위한 조치를 취하고 있음을 보여줘야 한다.

항공 당국과 긴밀한 협력도 필요하다. 보잉은 항공 당국과 긴밀히 협력해 항공기의 안전을 개선해야 한다. 회사는 항공 당국과 협력하여 항공기의 결함을 식별하고, 수정해야 하며, 항공 당국에 항공기의 안전에 대한 정보를 제공해야 한다.

특히 무엇보다 승객의 신뢰를 회복해야 한다. 회사는 항공기의 안전을 개선하기 위한 조치를 취하고 있음을 보여줘야 하며, 항공기의 안전에 대한 승객의 우려를 해결할 수 있어야 한다.

# 37. 풍화가인(風火家人)

가정을 지키는 길—
"가정을 경영하라"

家人, 利女貞.
가인 이여정

閑有家, 悔亡.
한유가 회망

无攸遂, 在中饋, 貞吉.
무유수 재중궤 정길

家人嗃嗃, 悔厲, 吉, 婦子嘻嘻, 終吝.
가인학학 회려 길 부자희희 종린

富家, 大吉.
부가 대길

王假有家, 勿恤, 吉.
왕가유가 물휼 길

有孚, 威如, 終吉.
유부 위여 종길

[가인(家族)은 성장과 완성 시절의 여성이다.]


[집안을 잘 단속해야 후회가 없다.]

[따를 것이 없다. 음식을 드리면 끝까지 길하다.]

[가인이 엄격하게 단속하면 후회와 염려가 있지만 길하다. 여자와 아이들이
희희낙락하면 결국 부끄럽다.]

[집안을 부유하게 하면 크게 길하다.]

[왕이 가정을 이룬다. 근심하지 않아야 길하다.]

[믿음을 가지고 위엄으로 다스리면 끝까지 길하다.]


《주역》37번째 괘 풍화가인(風火家人)은 위는 바람이고, 아래는 불이다.
바람과 태양이 아름답게 어울리는 모양으로, 꽃이 떨어지고 열매가 맺히
는 상이다. 여럿이 화합하고 믿음과 안정으로 발전하는 모습이다. 그러
나 《주역》은 길흉이 늘 함께한다. 인간은 풍요로우면 따분하고 나태해져
구설과 시시비비가 따른다.

기업 경영에서 풍화가인은 가족과 같은 친밀한 그룹이나 커뮤니티를
지칭한다. 기업이 공동의 목표를 달성하기 위해서는 모든 구성원이 조화
롭게 협력해 친밀한 가족처럼 기능해야 한다는 것을 조언하고 있다.

이때 기업의 리더는 서로 지원하고 협력하는 환경에서 함께 일하는 직
원들로 구성된 긴밀한 팀을 구축해야 한다. 해당 조직의 리더는 소속감
을 조성하고, 팀원 간의 강력한 관계를 구축하는 데 최우선순위를 두어야

한다. 특히 소그룹 내 개인이 소속감과 공유된 목적을 느껴야 한다. 리더는 팀원들이 자신의 역할에서 가치를 인정받고, 전폭적인 지원을 받고 있다고 느끼도록 하는 것이 매우 중요하다.

대기업은 여러 부서로 구성되어 있으며, 각 부서는 고유한 목표와 목적을 가지고 있다. 이러한 차이에도 불구하고 목적의식을 공유하고 팀워크와 협업을 강조하는 소규모 조직이 성공할 수 있는 것이다. 각자의 고유한 기술과 경험을 가진 다양한 개인들로 구성된 스타트업이 새로운 비즈니스를 시작하는 데 따르는 어려움에도 불구하고 팀이 효과적으로 협력할 수 있는 것은 회사의 사명과 가치에 대한 공동의 노력 덕분이다.

## 실천 항목

100년 가족기업이란 한 가족이 소유하고 운영하는 기업으로 100년 이상 존속한 기업이다. 이러한 기업은 가족이 장기적으로 기업을 소유하고, 운영하는 독특한 구조와 가족이라는 문화를 가지고 있기 때문에 성공할 수 있었다. 100년 가족기업의 특징은 가족 가치를 중심으로 구축된다. 이러한 가치는 가족의 모든 구성원이 목적과 목표를 공유하고, 기업의 운영 및 의사결정에 영향을 미친다. 특히 100년 가족기업을 종종 가족 구성원이 경영하는 것을 볼 수 있는데, 이는 기업이 가족의 가치와 목표에 따라 운영되도록 보장했기 때문이다.

글로벌 경쟁력을 갖춘 히든챔피언 대부분이 장수 가족기업에서 탄생하고 있다. 장수 기업은 장기적으로 존속하는 기업을 의미하지만, 국가별 역사적 배경과 경제 환경에 따라 규정이 다양하다. 대개 '100년 이상 지속된 기업'으로 정의하고 있다.

장수 기업의 본산은 일본이다. 중소벤처기업부에 따르면, 전 세계에서 200년 이상 된 기업 총 7,212곳 중 절반 이상인 3,937곳이 일본에 있다고 한다. 일본 이시카와현에 있는 전통 료칸인 호시료칸은 718년에 설립되어 업력만 1,301년 된 세계에서 가장 오래된 호텔이다. 일본에는 창업한 지 1,000년 이상 된 회사가 7곳이며, 500년 이상은 32곳, 200년 이상이 3,937곳에 달한다. 일본은 100년 이상 된 기업이 33,069곳에 달해 장수 기업 축에도 끼기 힘들 정도다.

독일은 제조업 분야에 장수 기업이 많다는 특징이 있다. 200년 이상 된 기업만 1,563곳에 달하는데, 가족기업 비중이 매우 높다. 2006년 기준, 독일 전체 기업 309만 9,493곳 중 가족기업은 295만 2,900곳에 달한다. 반면 한국은 100년 이상 된 장수 기업이 두산(1896년), 동화약품(1897년), 몽고식품(1905년), 광장(1911년), 보진재(1912년), 성창기업(1916년) 등 6곳이다. 신한은행(옛 한성은행, 1897년)과 우리은행(옛 상업은행, 1899년)을 포함해도 8곳에 불과하다.

장수 기업들이 오랜 기간 생존하고 성장할 수 있었던 이유로는 다음과 같은 요인을 꼽고 있다.

1. 기업의 이념과 가치를 존중하고 계승: 장수 기업들이 오랜 기간 생존할 수 있었던 가장 큰 이유로는 기업의 이념과 가치를 존중하고 계승한 것을 꼽고 있다. 기업의 이념과 가치는 기업의 존재 이유와 목적을 규정하는 것으로, 기업이 나아가야 할 방향을 제시하는 역할을 한다. 기업의 이념과 가치가 명확하다면 어떤 어려움에도 흔들리지 않고 꿋꿋하게 나아갈 수 있기 때문이다.

2. 고객 중심 경영: 고객은 기업의 생명줄이다. 따라서 고객의 요구와 니즈를 파악하고, 충족시키는 것이 무엇보다 중요하다. 장수 기업들은 고객의 소리에 귀를 기울이고 고객의 요구를 충족시키기 위해 끊임없이 노력해 왔다.

3. 직원에 대한 존중과 배려: 직원은 기업의 가장 중요한 자산이다. 따라서 직원을 존중하고 배려하는 것이 중요하다. 장수 기업들은 직원에게 좋은 근무 환경과 복리후생을 제공하고, 직원의 역량 개발을 지원해 왔다.

4. 끊임없는 혁신과 도전: 시장은 끊임없이 변화하고 있다. 따라서 기업도 변화에 적응하고, 혁신해야만 생존할 수 있다. 장수 기업들은 새로운 기술과 아이디어를 적극적으로 도입하고, 혁신에 대한 투자를 아끼지 않았다.

5. 사회와의 상생: 기업은 사회의 일원이기 때문에 지역 사회와 상생하는 것이 중요하다. 장수 기업들은 지역 사회에 공헌하고, 사회적 책임을 다하기 위해 끊임없이 노력해 왔다.

루이비통(Louis Vuitton)은 160년 이상 사업을 해온 세계에서 가장 유명한 명품 브랜드 중 하나다. 모노그램 패턴의 가방으로 유명하며, 의류, 신발, 액세서리 등 다양한 제품을 생산한다. 1821년 프랑스 안시에 태어난 루이 비통에 의해 1854년 설립되었다.

비통은 가방 장인의 아들로 태어나 어렸을 때부터 이 기술을 배웠다. 18세가 되자 그는 파리로 이주하여 자신의 가방 가게를 열었다. 비통의 가방은 견고하고 우아하게 만들어졌으며, 곧 부유하고 유명한 사람들 사이에서 큰 인기를 얻었다. 1896년 비통은 모노그램 패턴에 대한 특허를 냈고, 이 패턴은 현재 세계에서 가장 유명한 패턴 중 하나로 루이비통의 모든 제품에 사용되고 있다.

루이비통

1987년에 루이비통은 LVMH 그룹에 인수되었다. LVMH는 세계 최대 명품 그룹으로, 루이비통 외에도 디올, 펜디, 셀린느 등 다른 여러 브랜드를 소유하고 있다.

루이비통은 다양한 전략을 통해 성공을 거두었다. 루이비통은 최고급 재료와 장인정신을 활용하여 고품질 제품을 생산하는데, 제품의 내구성이 뛰어나 오래 사용할 수가 있다.

또한 루이비통은 럭셔리 브랜드 이미지를 구축했다. 이로 인해 부유하고 유명한 사람들이 선호해 프리미엄 가격을 받을 수 있었다. 특히 전략적으로 세계 주요 도시의 중심부에 매장을 열어 부유하고 유명한 사람들이 자주 찾는 곳으로 만들었다. 루이비통은 강력한 마케팅을 통해 브랜드를 홍보라고 있다. 유명인들을 브랜드 앰버서더로 고용해 고품질 광고 캠페인을 실행하는 것이 대표적이다.

루이비통의 가장 유명한 일화를 소개한다. 1885년 루이 비통은 세계 일주 트렁크를 만들었다. 이 트렁크는 여행을 위해 특별히 설계되었으며, 여행자가 모든 소지품을 넣을 수 있도록 충분한 공간을 가지고 있었다. 이로 인해 세계 일주 트렁크는 곧 성공을 거두었으며, 오늘날에도 여전히 인기 있는 제품으로 자리하고 있다.

또 하나는 마담 에펠과의 우정이다. 루이비통은 마담 에펠과 친구였다. 마담 에펠은 에펠탑의 설계자인 귀스타브 에펠의 아내였다. 루이비통은 에펠탑 건립을 기념하기 위해 특별한 트렁크를 만들었다. 이 트렁크는 에펠탑의 모양을 본떠서 만들어졌으며, 마담 에펠에게 선물로 주었다.

루이비통은 혁신에 중점을 두고 있다. 새로운 제품과 서비스를 지속적으로 출시하여 경쟁에서 앞서고 있다. 루이비통은 슈프림(Supreme), 나이키(Nike), 야요이 쿠사마(Yayoi Kusama)를 비롯한 여러 브랜드와도 협업했다. 이러한 협업은 루이비통의 이미지를 더 젊고 세련되게 만드는 데 도움이 되었다.

1970년대, 루이비통은 미국 시장 진출을 모색했다. 미국에 진출하기 위해 유명한 패션 디자이너와 협력하고 싶었다. 그 결과, 당시 이름이 잘 알려지지 않았던 디자이너 마크 제이콥스(Marc Jacobs)를 선택했다. 제이콥스는 루이비통의 모노그램 패턴을 사용하여 새로운 라인의 의류와 액세서리를 만들었고, 곧 큰 성공을 거두었다.

지금도 루이비통은 성공하기 위해 유명인, 영향력 있는 인물, 디자이너와 협업을 하고 있다. 루이비통은 항상 브랜드를 홍보하고, 고객에게 더 쉽게 접근할 수 있는 새로운 방법을 찾고 있다. 2007년부터는 재활용 프로그램도 운영하고 있다. 이미 사용된 루이비통 제품을 수거하여 새로운 제품으로 재활용한 이 프로그램은 폐기물을 줄이고, 지속 가능한 제품 생산을 지원하는 데 도움이 되었다.

오랜 역사와 전통을 가진 루이비통은 오늘날에도 세계에서 가장 유명한 명품 브랜드 중 하나다. 전 세계에 400개 이상의 매장을 운영하고 있으며, 연간 매출은 100억 달러가 넘는다.

# 38. 화택규(火澤睽)

어긋남의 길 –
"갈등을 극복하라"

睽, 小事吉.
규 소 사 길

悔亡, 喪馬, 勿逐自復, 見惡人, 无咎.
회 망 상마 물축자복 견악인 무구

遇主于巷, 无咎.
우 주 우 항 무구

見輿曳, 其牛掣, 其人天且劓. 无初有終.
견 여 예 기 우 체 기 인 천 자 의 무 초 유 종

睽孤, 遇元夫, 交孚, 厲无咎.
규 고 우 원 부 교 부 려 무 구

悔亡, 厥宗噬膚, 往何咎
회 망 궐 종 서 부 왕 하 구

睽孤, 見豕負塗, 載鬼一車, 先張之弧, 後說之弧, 匪
寇, 婚媾, 往遇雨 則吉.

[규(어긋남)는 작은 일에는 길하다.]

[후회가 없다. 잃어버린 말을 쫓지 않아도 스스로 돌아오기 마련이다. 악인
을 만나면 허물이 없다.]

[좁은 골목에서 군주를 만나면 허물이 없다.]

[수레를 끄는 소를 가로막았다. 소를 돌보는 사람의 이마에 먹실을 넣고 코
를 베임을 보니, 처음은 없지만 끝은 있다.]

[어긋남에 외롭다. 선한 사람을 만나 믿음으로 사귀면 위태로워도 허물은
없다.]

[후회함 없이 친족이 고기를 씹도록 나아감에 무슨 허물이 있을까.]

[어긋남에 외롭다. 진흙투성이 돼지와 귀신을 수레에 가득 실었다. 먼저 화
살을 당기려 하다 나중에 활을 풀어 놓으니 도적이 아니라 혼인을 청하러
오는 것이다. 함께 나아가 비를 만나 진흙이 씻겨 나갈 것이니 길하다.]

《주역》38째 괘 화택규(火澤睽)는 위는 불이고, 아래는 연못이다. 불은
위로 타오르고 연못의 물은 아래로 흘러가니 서로 상반되고 등져 어긋나
는 상이다. 하늘과 땅은 어긋나지만, 하는 일이 같다. 보는 관점에 따라
다르게 보이지만, 사물의 이치는 본래가 같다는 뜻이다. 또 만물은 만 가

지로 어긋나 있기 때문에 만물이 될 수 있다. 음과 양은 대립하지만, 서로 뜻을 합하면 생명의 창조가 이루어진다. 음과 양은 섞이는 것이 아니고, 제 본성을 지키면서 조화를 이룬다.

기업 경영에서 화택규는 회사 내에서 갈등이나 의견 충돌이 발생하는 상황을 암시한다. 조직 내 여러 구성원 또는 팀 간에 아이디어나 접근방식이 충돌할 수 있다는 것이다. 이는 긴장, 경쟁 또는 공개적인 적대감으로 이어질 수 있다. 두 회사가 합병하는 경우도 생각해 볼 수 있다. 서로 다른 문화와 가치를 가지고 있기 때문에 합병 과정에서 갈등이 생길 수 있다. 이러한 갈등은 회사가 성공하기 위해 극복해야 할 어긋남이다.

또는 시장 경쟁이나 규제 변화와 같은 외부 요인으로 인해 회사에 도전이나 장애물이 발생하고 있음을 나타낼 수도 있다. 이런 경우 경영진은 조직의 지속적인 성공을 위해 갈등의 원인을 파악하고, 이를 극복하기 위한 전략을 세워야 한다. 이때 기업의 리더는 이러한 상황을 헤쳐 나가는 데 중요한 역할을 해야 한다.

그러나 화택규는 이러한 갈등이 성장과 발전의 기회가 될 수 있음을 시사하기도 한다. 서로 반대되는 관점을 인식하고 해결함으로써 회사는 다양한 관점을 통합해 보다 균형 잡힌 접근방식을 찾을 수 있다. 때로는 어긋남이 새로운 아이디어와 혁신의 원천이 될 수도 있다. 이를테면 두 회사가 협력해 새로운 제품이나 서비스를 개발하는 경우, 서로 다른 관점과 경험을 공유함으로써 새로운 아이디어를 창출할 수 있다.

무엇보다 화택규는 기업에게 기회와 도전의 시기일 수 있음을 상기시켜 주고 있다. 궁극적으로 화택규는 기업 비즈니스에서 긍정적인 것이 될 수도 있고, 부정적인 것이 될 수도 있다. 중요한 것은 어긋남을 인식하고, 극복하는 방법을 찾는 것이다.

## 실천 항목

기업 회의에서 참석자들의 의견이 항상 일치하는 것은 아니다. 그러나 이러한 의견 차이를 조화롭게 통합할 수 있다면, 회의는 더 생산적이고 효과적일 수 있다.

GE의 잭 웰치 전 회장. 출처: GE News

잭 웰치는 1981년부터 2001년까지 GE의 CEO를 역임했다. 그는 GE를 세계에서 가장 성공적인 기업 중 하나로 만들었다. 웰치는 또한 매우 독특한 회의 방식을 가지고 있었다. 회의 방식은 매우 간단했고, 웰치는 회의를 효과적으로 이끌기 위해 다음과 같이 몇 가지 원칙을 세웠다.

첫째, 그는 회의의 목적을 명확히 했다. 회의에 참석하는 모든 사람이 회의의 목적을 알고 있는지, 동일한 목표를 향해 노력하고 있는지 확인했다.

둘째, 그는 회의 전에 논의할 내용에 대해 미리 생각해 보고, 필요한 모든 자료를 준비했다.

셋째, 그는 회의를 주도하고, 회의가 궤도를 벗어나지 않도록 했다.

넷째, 그는 모든 사람이 자신의 의견을 가지고 있음을 기억하고, 모든 사람의 의견을 경청했다.

다섯째, 그는 다른 의견에 개방적이며, 자신의 의견이 항상 옳지 않다는 것을 인식했다.

여섯째, 그는 타협할 의향이 있으며, 모든 사람이 만족할 수 있는 솔루션을 찾으려고 노력했다.

일곱째, 그는 회의를 요약하고, 회의에서 결정한 사항을 모든 사람에게 상기시켰다.

웰치의 회의 방식은 매우 효과적이었다. 그는 매우 짧은 시간에 많은 것을 성취할 수 있었다. 또한 그는 모든 사람의 의견을 경청하고, 모든 사람의 의견을 존중했다. 이를 통해 웰치는 매우 효과적인 리더가 될 수 있었다. 웰치의 이러한 회의 방식은 모든 기업에서 사용이 가능하다.

GE의 제프리 이멜트 전 CEO 겸 회장. 출처: Fortune

잭 웰치의 뒤를 이어 GE의 회장 겸 CEO를 역임한 제프리 이멜트는 색다른 회의 방법을 개발해 냈다. 모두가 같은 컵을 사용하는 일명 '주전자 회의'로, 협업과 의사소통을 장려하도록 설계되었다. 이 회의에서 참석자들은 회의 중 모두가 하나의 커피와 차와 컵을 공유했다. 이 컵은 테이블 중앙에 놓여 있었으며, 참석자는 누구나 필요에 따라 컵을 사용했다.

모두가 같은 컵을 사용하는 주전자 회의는 회의를 위한 보다 포괄적이고 포용적인 환경을 조성하는 데 도움이 되었다. 이 방법은 모든 사람이 동등하다는 인식을 심어주어 회의에서 자신의 의견을 표현하는 것을 더 편하게 만들어 주었다. 모두가 같은 컵에 같은 차를 마시면 회의 참석자들은 서로가 연결되어 있고, 회의에 더 몰입되어 있다고 느낄 수 있기 때문이었다.

실제로 모두가 같은 컵을 사용하는 주전가 회의는 매우 성공적인 것으로 입증되었다. GE는 이 회의 방법을 시작한 이후로 매출과 수익이 크게 증가했다. 또한 이 회의 방법은 GE의 직원들이 회사에 더 몰입하고, 더 열심히 일하도록 만드는 데 도움이 되었다.

## 기업 사례

기업 인수합병에서 문화적 차이를 극복한 사례는 많다. 2005년 미국 소프트웨어 회사인 어도비(Adobe)가 영국 소프트웨어 회사인 매크로미디어(Macromedia)를 인수한 것이 대표적이다. 사실 두 회사는 매우 다른 문화를 가지고 있었다. 어도비는 매우 진지하고 전문적인 회사였고, 매크로미디어는 매우 캐주얼하고 재미있는 회사였다. 이러한 문화적 차이로 인해 두 회사 직원들 사이에 갈등이 발생했다.

어도비는 이러한 문화적 차이를 극복하기 위해 여러 가지 조치를 취했다. 첫 번째는 직원들을 위한 교육 프로그램을 개발했다. 이 프로그램은 직원들에게 서로의 문화에 대해 알려주고, 서로를 이해하도록 도왔다. 두 번째는 두 회사 직원들이 함께 일할 수 있는 프로젝트를 시작했다. 이 프로젝트는 직원들이 서로를 알아가고, 협업하는 법을 배우도록 도왔다. 이러한 노력의 결과로 어도비와 매크로미디어는 문화적 차이를 극복하고, 성공적으로 통합할 수 있었다.

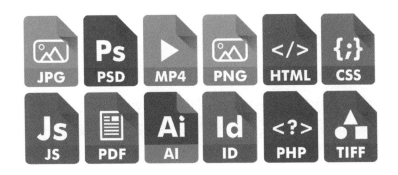

문화적 차이는 인수합병을 할 때 일반적으로 발생하는 문제다. 그러나 두 회사의 문화를 존중하고 이해하면, 이러한 차이를 극복하고 성공적인 인수합병을 이룰 수 있다.

다음은 두 회사가 문화적 차이를 극복하는 과정에서 있었던 실제 사례다.

어도비는 매우 위계적인 회사였고, 직원들은 상사에게 복종했다. 반면에 매크로미디어는 매우 수평적인 회사였으며, 직원들은 자신의 의견을 적극적으로 표현할 수 있었다. 어느 날 어도비 직원이 매크로미디어 직원들과 회의하는 도중 자신의 아이디어를 제안했다. 매크로미디어 직원들 모두가 그 아이디어에 동의하지 않았다. 어도비 직원은 매우 당황했다. 그러자 매크로미디어 직원들은 그에게 자신의 의견을 표현할 수 있고, 상사에게 복종할 필요가 없다고 설명했다. 어도비 직원은 매우 놀랐고, 다음부터는 자신의 의견을 더 많이 표현하기 시작했다.

매크로미디어는 매우 혁신적인 회사였으며, 새로운 것을 시도하는 것을 두려워하지 않았다. 반면에 어도비는 매우 보수적인 회사로, 변화를 두려워했다. 어느 날 매크로미디어 직원이 어도비 직원과의 회의에서 새로운 아이디어를 제안했다. 하지만 어도비 직원들은 모두 그 아이디어가 위험하다고 답했다. 매크로미디어 직원은 매우 실망했다. 하지만 어도비 직원들에게 자신의 아이디어가 위험할 수도 있지만, 그만한 가치가 있다고 설명했다. 어도비 직원들은 고개를 저었지만, 결국 매크로미디어 직원이 아이디어를 시도하는 데 동의했다. 그 아이디어는 결국 성공했다.

이렇게 서로를 알아가고, 협업하는 법을 배우고, 서로의 문화를 이해하고, 협력할 수 있다면 어떤 일이든 가능하다.

# 39. 수산건(水山蹇)

고난의 길 –
"장애물을 극복하라"

蹇, 利西南, 不利東北, 利見大人. 貞吉
건 이 서 남 불 리 동 북 이 견 대 인 정 길

往蹇, 來譽.
왕 건 래 예

王臣蹇蹇, 匪躬之故.
왕 신 건 건 비 궁 지 고

往蹇, 來反.
왕 건 래 반

往蹇, 來連.
왕 건 래 연

大蹇, 朋來.
대 건 붕 래

往蹇, 來碩, 吉, 利見大人.
왕 건 래 석 길 이 견 대 인

[건(장애)은 서남쪽이 이롭고 동북쪽은 불리하다. 대인을 만나는 것이 끝까지 길하다.]

[나아가면 험하고, 돌아오면 명예롭다.]

[왕과 신하가 험난하고 어려운 것은 자신을 위한 것이 아니다.]

[어려움이 가면 반대 상황이 오게 된다.]

[나아가면 어려우니 돌아와 연합하라.]

[큰 어려움에 벗이 찾아온다.]

[나아가면 어렵고 돌아오면 크게 길하다. 대인을 만나는 것이 이롭다.]


《주역》 39째 괘 수산건(水山蹇)은 위는 물이고, 아래는 산이다. 산 위에 물이 있으니, 산을 넘어도 다시 물이 앞길을 막고 있는 상이다. 본래 건(蹇)은 다리를 절어 나아가기가 불편하고 힘들다는 뜻이다. 이때는 어떤 일을 하든 어려움에 처하기 쉽다. 함정에 빠지기도 하고, 실패의 쓴맛을 보기도 한다. 업무나 프로젝트만 어려운 것이 아니다. 사람과의 관계에서도 문제가 발생한다. 특히 가장 주의할 것은 온갖 감언이설을 내뱉는 '간신배'들이다.

　기업 경영에서 수산건은 비즈니스를 추진하는 데 있어 절대로 서두르지 말아야 한다는 조언을 준다. 섣불리 무리해서 추진하면 손해를 입을 수 있기 때문이다. 이때는 최대한 안전장치를 마련해야 한다. 특히 투자를 할 때는 가능한 한 신중하게 판단해야 한다.

이 시기는 조직이 목표나 목적을 달성하는 데 방해가 되는 중대한 도전이나 장애물에 직면하고 있는 상태다. 경쟁이 심화되거나 규제 변화, 수요 감소 등 시장과 경제 환경에서 발생하는 어려움을 나타날 수 있다. 커뮤니케이션이 단절되거나 주요 이해관계자 간의 의견 조율에 문제가 발생하는 것과 같이 조직 내부에 문제가 있을 수도 있다.

《주역》은 반드시 길과 흉이 함께한다. 아무리 곤란한 일이 있다고 하더라도 정신을 차리고 있으면 반드시 빠져나갈 길이 생긴다. 중요한 점은 이 어려움이 느닷없이 오는 것 같지만, 보이지 않은 숨겨진 질서에서 온다는 사실이다. 나아가지 말고 멈춰서 어려움을 견디다 보면 타개할 길은 반드시 존재한다.

기업의 리더는 이러한 장애물과 도전이 비즈니스 환경의 자연스러운 부분임을 인식해야 한다. 또한 리더는 험난함에 빠져 허우적거려서는 안 되고, 냉철함을 유지해야 한다. 이러한 장애물을 극복하고 성장과 성공을 위한 새로운 기회를 찾기 위해 기업의 리더는 구성원들에게 인내심과 끈기, 창의성을 마음껏 발휘하도록 장려해야 한다.

## 실천 항목

'회복탄력성'은 조직이 위기에 대처하고 회복할 수 있는 궁극적인 능력으로, 이 개념은 1960년대에 일부 IT 데이터의 백업 차원에서 실무에 도입되기 시작했다. 그 후 9·11 사태, 허리케인 카트리나, 동일본 대지진과 같은 크나큰 재난을 겪으면서 기업 경영에서도 회복탄력성의 중요성이 부각되었다. 회복탄력성은 무엇보다도 조직이 미래에 닥칠 도전에 대비하는 데 매우 중요하다. 또한 조직이 위기를 극복하고 성장하는 데에도 도움이 된다.

회복탄력성의 대표적인 기업으로는 일본의 토요타를 꼽을 수 있다. 토요타는 2009년부터 2010년까지 발생한 급발진과 관련해 자동차 부문 사상 최대 규모인 1,000만 대가량의 리콜을 실시했다. 어디 그뿐인가. 사장이 미국 의회로 불려가 그 사태에 대한 해명까지 해야 했다. 하지만 신뢰에 치명적인 타격을 받은 토요타는 그 위기를 3년 만에 성공적으로 극복했다.

회복탄력성은 조직이 위기와 어려움을 극복하는 능력이다. 회복탄력성은 다음과 같이 여러 가지 이점을 제공한다. 먼저 회복력 있는 조직은 위기와 어려움을 극복할 가능성이 더 높기 때문에 향상된 수익성을 누릴 가능성이 더 크다. 또 고객과 투자자로부터 강력한 지지를 얻을 수 있고, 직원 유지율도 높으며, 새로운 아이디어와 솔루션에 대한 탐구력도 강하다.

회복탄력성을 구축하기 위해 조직이 취할 수 있는 것으로는 다음과 같은 것이 있다.

1. 강력한 윤리 문화 조성

2. 명확한 목표와 전략 설정

3. 직원에게 적절한 교육과 훈련 제공

4. 유연하고 적응력이 뛰어난 조직문화 조성

5. 재정적 건전성 유지

6. 비상 계획 수립

회복탄력성은 조직 성공에 필수적이다. 회복탄력성을 구축하기 위해 조직은 위의 여섯 가지 요소를 염두에 두어야 한다. 회복탄력성은 다음과 같은 다양한 요인에 의해 영향을 받을 수도 있다.

1. 먼저 조직의 규모다. 대기업은 소규모 기업보다 회복력이 더 클 가능성이 높다.

2. 일부 산업은 다른 산업보다 위기와 어려움에 더 취약할 수 있다.

3. 재정이 건전한 조직은 재정적으로 취약한 조직보다 회복력이 더 클 가능성이 높다.

4. 강력한 리더십을 가진 조직은 리더십이 약한 조직보다 회복력이 더 클 가능성이 높다.

5. 위기와 어려움에 대처하는 전략을 가지고 있는 조직은 계획이 없는 조직보다 회복력이 더 클 가능성이 높다.

테라노스(Theranos)는 2003년 엘리자베스 홈즈(Elizabeth Holmes)가 의료 검사 산업에 혁명을 일으키겠다는 목표로 설립한 미국 생명공학 회사다. 홈즈는 테라노스의 주력 제품인 에디슨을 통해 피 몇 방울만으로도 암, 당뇨 등의 질병을 진단할 수 있다고 홍보했다. 그로 인해 테라노스는 수많은 투자자로부터 수십억 달러를 투자받았으며, 전 국무장관인 조지 슐츠 등이 이사로 영입되면서 회사 가치가 한때 90억 달러까지 치솟았다. 그리고 홈즈는 〈포브스〉에 세계에서 가장 어린 억만장자로 선정되었다. 투자자 중에는 전 국방장관 제임스 매티스, 미디어 업계 거물 루퍼트 머독, 벤처 업계 큰손 팀 드레이퍼, 소프트웨어 재벌 래리 엘리슨, 약국 체인 월그린 등이 포함됐다.

그러나 나중에 이 기술과 검사 결과가 매우 부정확하고, 신뢰할 수 없다는 사실이 밝혀졌다. 이 사건은 2015년 〈월스트리트 저널〉의 탐사 저널리즘을 통해 테라노스의 주장이 문제가 있다고 전폭적으로 폭로되면서 드러나기 시작했다. 전직 직원과 업계 전문가들은 에디슨 머신으로 알려진 이 회사의 기술이 정확한 결과를 제공할 수 없으며, 대부분의 테스트가 실제로는 다른 제조업체의 기존 제품을 사용하여 수행되었다고 주장했다.

미국 증권거래위원회와 법무부는 엘리자베스 홈즈와 전 사장 겸 최고운영책임자 라메시 서니 발와니를 여러 건의 사기 혐의로 기소했다. 기

소된 혐의에는 투자자, 의사, 환자에게 기술의 기능과 신뢰성에 대해 허위 주장을 한 것이 포함되었다. 2018년, 홈즈와 발와니는 금융 사기 및 금융 사기 공모 혐의로 기소됐다. 엘리자베스 홈즈에 대한 재판은 2021년에 시작되었으며, 그녀는 투자자로부터 수백만 달러를 가로챈 혐의를 받았다. 2022년 11월 재판에서 홈즈는 여러 건의 사기 혐의에 대해 유죄를 선고받았다. 당시 판사는 홈즈가 뛰어난 사업가라고 말하면서 이렇게 덧붙였다.

"누구나 실패할 수 있습니다. 하지만 사기로 인한 실패는 옳지 않습니다."

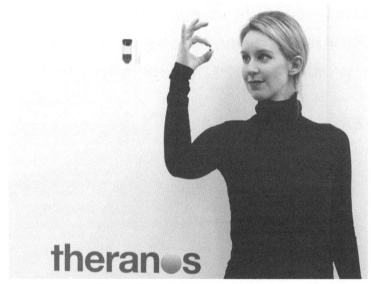

테라노스 창업자 엘리자베스 홈즈. 출처: HBO

2023년 5월, 미 캘리포니아주 새너제이 연방지방법원은 홈스와 테라노스 전 최고운영책임자 라메시 서니 발와니에게 공동으로 4억 5천만 달러를 배상하라고 판결했다.

스탠포드대학을 중퇴한 후 19세의 나이로 테라노스를 창업한 홈스는 한때 거침없는 언변과 검은 색 목폴라티를 즐겨 입어 '여성 스티브 잡스'로 칭송받으며 세계 최연소로 자수성가한 억만장자 반열에 올랐다. 하지만 홈스가 선전한 기술은 별다른 것이 없었다. 그 후 테라노스를 상대로 수많은 소송이 제기됐고, 2018년에 회사는 결국 문을 닫았다.

테라노스 사기는 회사의 유명세와 해당 기술이 의료 산업에 미칠 수 있는 잠재적 영향력 때문에 중요한 사건이었다. 이 사건은 기술 발전을 과대 포장하는 것의 위험성과 의료 분야에서 적절한 규제, 조사, 실사의 필요성을 환기시켰다. 이 사건은 큰 경각심을 불러일으키며 생명공학 및 헬스케어 업계의 다른 기업들에 대한 조사를 강화하는 계기가 됐다.

# 40. 뇌수해(雷水解)

해소의 길 –
"어려움을 해소하라"

解, 利西南, 无所往, 其來復吉, 有攸往, 夙吉.
해 이 서 남 무 유 왕 기 래 복 길 유 유 왕 숙 길

无咎.
무 구

田獲三狐, 得黃矢, 貞吉.
전 획 삼 호 득 황 시 정 길

負且乘, 致寇至, 貞吝.
부 차 승 치 구 지 정 린

解而拇, 朋至斯孚.
해 이 무 붕 지 사 부

君子維有解, 吉, 有孚于小人.
군 자 유 유 해 길 유 부 우 소 인

公用射隼于高墉之上, 獲之, 无不利.
공 용 사 준 우 고 용 지 상 획 지 무 불 리

[해(풀림)는 서남쪽이 이롭다. 나아갈 곳이 없으면 다시 돌아오는 것이 길하고, 나아갈 것이면 빨리 해야 길하다.]

[허물이 없다.]

[사냥을 나가 여우 세 마리를 잡고, 황금 화살까지 얻었으니 끝까지 길하다.]

[짐을 짊어지고 마차를 올라탔기 때문에 도둑을 불러들여 끝까지 부끄러워진다.]

[엄지발가락이 풀리면 벗이 찾아와 믿음을 함께한다.]

[군자가 해결할 수 있으니 길하다. 소인에게 믿음을 두게 한다.]

[공(왕자)이 높은 성벽 위의 매를 쏘아 잡으니 이롭지 않음이 없다.]


《주역》 40번째 괘 뇌수해(雷水解)는 위는 천둥 우레고, 아래는 물이다. 천둥이 진동해 비를 내리니 초목이 봄을 만난 상이다. 이는 얼어붙었던 대지가 풀리는 것으로, 지금까지의 고난이 해소되는 것을 의미한다.

기업 경영에서는 막혔던 일이 풀리고, 계획했던 사업을 과감히 실행에 옮길 수 있는 좋은 때가 온 것이다. 또한 인간관계에서는 서로의 오해가 풀리고, 새로 힘을 합칠 수 있어 공동 사업 등을 꾀하면 순조롭게 진행될 것이다. 반면에 아무리 일이 순조롭게 진행되더라도 모두 풀린 것은 아니다. 방심하거나 노력을 게을리하면 결과가 좋지 않다. 실제로 '해(解)'는 '조깨서 나눈다'는 뜻도 있어 지금까지의 상태가 무너져 파탄에 이를 수도 있다고 조언한다.

뇌수해는 기업이 위기나 위험에 직면할 수 있지만, 올바른 길을 따라가면 도전을 극복하고 승리할 수 있는 상황을 나타낸다. 이때 중요한 것이 현명한 리더십과 현명한 의사결정이다. 대표적인 예로 핵심 시장에서 매출 감소로 어려움을 겪는 기업을 들 수 있다. 이러한 문제를 극복하기 위해서는 새로운 시장을 개척하거나 다른 고객층이 소구할 수 있는 신제품을 개발해야 한다.

또한 스캔들이 터지거나 부정적인 언론 보도로 인해 홍보 위기를 겪는 기업도 있을 수 있다. 이를 극복하기 위해서는 이미지를 회복하고, 고객과 이해관계자의 신뢰를 회복하기 위한 적극적인 조치를 취해야 한다.

## 실천 항목

'트리즈(TRIZ, Theory of Inventive Problem Solving)'는 창의적 문제 해결을 위한 체계적인 접근방식이다. 1940년대 구 소련 엔지니어 겐리히 알츠슐러(Genrich Altshuller)가 개발했으며, 전 세계적으로 수십만 명의 엔지니어와 디자이너가 사용하고 있다. 트리즈는 발명 문제를 해결하는 데 도움이 되는 40가지 원리를 기반으로 하고 있다. 이러한 원리는 수십 년 동안 특허를 조사해 도출되었으며, 다양한 유형의 문제를 해결하는 데 사용하고 있다.

트리즈를 사용하려면 먼저 문제를 정의해야 한다. 그런 다음 문제에 적용할 수 있는 발명 원리를 식별해야 한다. 마지막으로, 이러한 원리를 사용하여 문제를 해결하는 방법을 찾아야 한다. 이를테면 자동차를 더 빠르게 만들고, 연비도 높이고 싶다. 이 두 가지 목표는 상충하므로 둘 다 달성할 수 있는 방법을 찾는 것은 모순이다. 하지만 트리즈의 40가지 발명 원리를 사용하면 모순을 해결할 수 있다. 트리즈의 첫 번째 발명 원리인 '물체를 독립된 부분으로 나눈다'는 것으로 엔진을 자동차의 나머지 부분과 분리하면 더 빠르게 만들 수 있다.

다음은 트리즈의 40가지 발명 원리다.

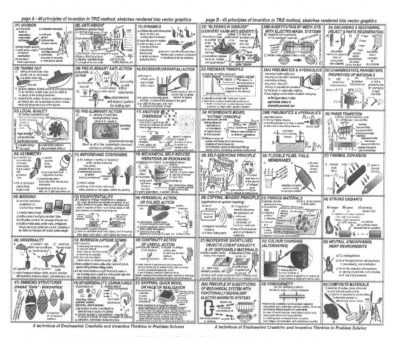

트리즈의 원리. 출처: Method

1. 분할(Segmentation): 물체를 독립된 부분으로 나눈다.

2. 분리(Extraction): 방해가 되는 부분이나 속성을 물체로부터 분리한다.

3. 국소 품질(Local quality): 동일한 구조의 물체나 환경을 이질적인 구조로 변환한다.

4. 비대칭(Asymmetry): 물체의 구조를 대칭 구조에서 비대칭 구조로 바꾼다.

5. 병합(Merging): 동일하거나 비슷한 물체들을 가까이 모아 두거나 병합한다.

6. 범용성(Universality): 시스템이 여러 기능을 수행하도록 한다.

7. 포개기(Nesting): 하나의 물체를 다른 물체 속에 넣는다.

8. 평형추(Counterweight): 물체의 무게를 양력을 가진 다른 물체와 연결하여 상쇄한다.

9. 사전 예방 조치(Preliminary anti-action): 어떠한 작용을 해야 할 경우 사전에 이에 대한 역작용을 고려한다.

10. 사전 준비 조치(Prior action): 물체가 겪게 될 변화를 미리 겪게 한다.

11. 사전 보호 조치(Beforehand cushioning): 신뢰성이 낮은 물체에 대해서 미리 비상수단을 준비해 둔다.

12. 높이 유지(Equipotentiality): 물체가 올라가거나 내려가지 않도록 작업 조건을 변화시킨다.

13. 반전(Inversion): 문제를 해결하기 위해서 반대의 조치를 취한다.

14. 타원체(Spheroidality): 직선 대신에 곡선을 이용한다.

15. 유연성(Flexibility): 최적의 작동 조건을 위해 물체나 외부 환경을 변화시

킨다.

16. 조치 과부족(Partial or excessive action): 주어진 해결방법을 이용하여 목표를 100% 달성할 수 없다면, '조금 덜' 또는 '조금 더'와 같은 방법을 이용한다.

17. 다른 차원(Another dimension): 물체를 2차원 혹은 3차원 공간으로 옮긴다.

18. 기계적 진동(Mechanical vibration): 물체를 진동시킨다.

19. 주기적 조치(Periodic action): 연속적인 조처 대신에 주기적인 조치를 취한다.

20. 유용한 조치의 지속(Continuity of useful action): 물체의 모든 부분이 항상 최대한으로 작동하게 한다.

21. 건너뛰기(Skipping): 유해하거나 위험한 공정을 최고 속도로 수행한다.

22. 유해물 이용(Convert harm into benefit): 바람직한 효과를 달성하기 위해서 해로운 요인을 부분적으로 사용한다.

23. 피드백(Feedback): 공정을 개선하기 위해서 피드백을 이용한다.

24. 중간 매개물(Intermediary): 중간 매개체 혹은 중간 공정을 사용한다.

25. 셀프서비스(Self-service): 보조기능을 수행함으로써 물체가 자신에게 서비스하도록 한다.

26. 대체수단(Copying): 비싸고, 깨지기 쉽고, 이용하기 어려운 물체 대신에 간단하고 값싼 복제품을 이용한다.

27. 일회용품(Cheap short-living objects): 비싼 물체를 값싼 물체로 교체한다.

28. 기계식 시스템의 대체(Replace a mechanical system): 기계적인 방법을 감각

(빛, 소리, 냄새)을 이용하여 대체한다.

29. 공압 및 수압(Pneumatics and hydraulics): 고체 대신에 기체나 액체를 이용한다.

30. 연한 껍질이나 얇은 막(Flexible shells and thin films): 3차원 구조 대신에 유연한 쉘이나 얇은 필름을 이용한다.

31. 다공성 소재(Porous materials): 물체를 다공성으로 만들거나 다공성 물질을 첨가한다.

32. 색상 변화(Color changes): 물체나 외부 환경의 색을 변화시킨다.

33. 동질성(Homogeneity): 똑같은 재료 혹은 동일한 특성을 갖는 물체와 상호작용하는 물체를 만든다.

34. 폐기 또는 복구(Discarding and recovering): 기능을 수행했거나 더 이상 필요하지 않은 물체는 증발시키거나 용해시켜 없앤다.

35. 모수 변화(Parameter changes): 물체의 물리적 상태를 변화시킨다.

36. 상태 전이(Phase transitions): 상태 전이 시 발생하는 현상을 이용한다.

37. 열팽창(Thermal expansion): 물질의 열팽창을 이용한다.

38. 강한 산화제의 이용(Use strong oxidizers): 일반 공기를 산소가 많은 공기로 바꾼다.

39. 불활성 환경(Inert environment): 정상적인 환경을 불활성 상태로 만든다.

40. 복합 재료(Composite materials): 복합 재료를 이용한다.


트리즈는 창의적 문제 해결을 위한 강력한 도구가 될 수 있다. 일반적으로 발명에 한해서 사용하는 것으로 알고 있지만, 다양한 분야에서 문제 해결 방식으로 사용하고 있다.

## 기업 사례

애플은 그들만의 성공 방정식이 있다. "애플 성공의 비결은 말로는 쉽지만 실천은 어려운 공식, 즉 씻고(wash) 헹구고(rinse) 반복하고(repeat) 재창조하는(reinvent) 것이라며, 분기가 이어져도 애플은 점점 더 열심히 지속적으로 뛰어난 실적을 가져다주는 이 기본 공식을 고집스레 따르고 있다"고 씨넷은 전했다.

씨넷이 설명하는 '씻기'는 제품에 대한 존경심과 팬들의 기반을 유지하기 위해 기존 제품을 충분히 새롭게 하고, 애플의 우아함으로 업그레이드하는 과정이다. '헹구기'는 제품 주변으로 멋지고 탁월한 분위기를 만드는 과정이다. 결정적 단계인 '반복'은 앞의 씻고 헹구는 사이클을 계속 반복하는 과정이다. 이를 통해 애플 제품은 지속적인 재창조가 이루어진다.

애플의 성공 스토리를 보면, 처음부터 획기적인 아이디어로 접근한 것이 아니다. 기존에 실패한 제품들을 낚아채서 씻고 헹구고 반복하고 재창조한 것이다. 기존 제품들이 실패한 이유는 너무 빨리 시장에 출시되었거나, 시장에 인프라가 충분히 구축되지 못했거나, 고객을 지원하는 앱이나 서비스가 미비했기 때문이다.

애플의 아이패드 에어

먼저 시계(Watch)를 예를 들어보자. 2001년에 미국 IBM연구소와 일본의 씨티즌(Citizen)은 공동으로 리눅스를 탑재한 손목 시계형 컴퓨터인 워치패드(WatchPad 1.5)를 개발했으나, 모두 실패했다. 마이크로소프트도 2003년에 스마트 개인 객체기술(SPOT, Smart Personal Object Technology)을 탑재한 시계를 개발해 빌 게이츠 회장이 라스베가스 쇼에서 발표했으나 실패했다. 이 SPOT은 AM이나 FM 주파수의 남는 주파수를 이용하여 이메일, 약속, 생일, 캘린더, 날씨, 주식, 스포츠 경기 결과, 게임, 교통정보, 영화관 찾기 등을 시계로 알려주는 것이었다. 삼성전자도 이 당시 시계를 출시했으나 다 실패했었다. 애플은 이렇게 실패한 기존 제품을 낚아채서 썼고 헹궈 나름대로의 아이워치를 재창조한 것이다.

이번엔 아이패드를 보자. 2001년에 휴대전화+음성녹음+카메라+MP3 등이 융합된 PDA가 출시되었으나 모두 실패했다. 2002년에 IBM은 씽크패드(Think Pad)에서 메타패드(Meta Pad)를 개발했으나 실패했다. 2003년에는 마이크로소프트도 휴대용 미라(Mira)를 발표했고, 여러 제조사들이 이를 탑재한 스마트 디스플레이(Smart Display)를 출시했으나 모두 실패했다. 애플은 이들 실패한 기존 제품들을 다시 낚아채서 반복하고 재창조하여 2010년에 9.7인치짜리 아이패드를 출시했으며, 2013년에는 7.5밀리미터 두께의 5세대 제품인 아이패드 에어를 출시했다.

이번엔 부엌의 스마트 지능화(Counter Intelligence)를 보자. 2004년에 MIT 공대 미디어랩(MIT Media Lab)은 야심차게 부엌의 지능화 프로젝트를 시작했다. 그러나 추진 결과 개념상의 프로토타이프로 끝나 실패했다. 그 이후 2008년에 인텔(Intel)의 디지털 키친(Digital Kitchen) 프로젝트, 워싱턴대학(Univ of Washington)의 디지털 키친 프로젝트, 마이크로소프트의 디지털 홈(Digital Home) 프로젝트 등 많은 기업과 대학 연구소들이 부엌의 디지털화를 추진했으나 모두 실패하였다.

이를 성공시키기 위해서는 부엌의 테이블을 서피스 테이블(Surface Table)로 바꾸고, 요리법(Recipe)을 개발하여 그에 따라 테이블의 식기 위치가 바뀌어야 하며, 3차원 프린터로 용기나 쉬운 음식을 만들 수 있어야 한다. 이제 인프라가 갖추어졌고 3차원 프린터도 100만 원대로 낮아져 진입장벽이 없다고 판단한 애플은 스마트 홈과 사물인터넷의 일환으로 실패한 부엌의 디지털화를 낚아채서 아이키친(iKitchen)이라는 새로운 사업을 추진 중이다.

혁신은 새로운 곳에서도 나올 수 있다. 하지만 기존의 실패한 제품들이 왜 실패했는지를 면밀히 분석해 실패한 부분을 씻고, 헹구고, 반복하여 새로운 차원의 신제품을 재창조하는 애플의 전략에서 우리는 새로운 혁신 방법을 배울 수 있다. 새로운 것만 찾는 한국 기업들은 이를 되새겨볼 필요가 있다.

- 글: 차원용 아스펙미래기술경영연구소 소장 -

# 부동산 투자

만날 때마다 밥을 사는 친구가 있다. 그의 말을 빌리자면, 필자 때문에 큰돈을 벌었다는 것이 그 이유다.

코로나19 대유행이 시작되자 부동산 투자를 전문으로 하는 친구가 풀이 죽은 모습으로 필자를 찾아왔다. 코로나19 대유행은 전 세계 경제에 큰 영향을 미쳤는데, 그중에서도 부동산 시장이 큰 타격을 입었다. 그로 인해 국내 부동산도 침체기에 들어갔다. 친구는 "부동산에서는 도저히 답이 보이지 않는다"며, "코로나로 막 뜨고 있는 원격 근무 솔루션 회사에 주식 투자를 할까 고민하고 있다"면서 전망을 물었다.

필자는 "이왕 투자할 거면 그냥 하던 대로 부동산에 집중하라"고 조언했다. 그러자 대뜸 "전 세계 부동산 경기가 이렇게 안 좋은데 무슨 말이냐"며 말도 안 된다는 투로 볼멘소리를 했다.

"그렇다면 원격 근무 솔루션 회사에 주식 투자는 왜 하느냐"고 다시 물었다. "코로나 때문에 뜨고 있지 않느냐"고 당연하다는 듯 친구가 말했다. 그의 말을 받아 필자는 "바로 그것이다"라고 답했다.

필자의 설명은 이러했다.

"코로나 대유행기에 더 수요가 늘어날 부동산 분야는 먼저 재택근무 중

가로 인한 주거용 부동산일 것이다. 이는 도시 외곽의 저렴한 주거지에 대한 수요를 증가시킬 것이다. 거기다 코로나19로 인해 많은 사람들이 건강에 대한 관심이 증가해 대형 병원 인근 주거용 부동산 수요도 늘어날 것이다. 특히 온라인 쇼핑 증가로 인해 물류창고와 유통센터 같은 물류 부동산의 수요가 증가할 것이다."

결론적으로 친구는 대형 물류창고를 몇 개 사들여 임대 수익을 내다가 코로나가 절정에 다다랐을 때 투자금의 몇 배가 넘는 금액으로 되팔았다. 그러니 밥을 살 수밖에 없었던 것이다.

당시 친구의 상황은 《주역》 51번째 괘 중뢰진 (重雷震)이었다. 위도 우레고, 아래도 우레다. 우뢰가 겹쳐 크게 진동하니 많은 사람들이 놀라 두려워한다. 하지만 이 시기에는 위험과 기회가 동시에 존재한다. 부동산 시장은 항상 변화하고, 그 변화 속에서 새로운 기회가 생겨난다. 부동산 투자는 이러한 기회를 포착하는 것이다. 하지만 위험도 동반한다. 부동산 시장은 예측하기 어려워 실패할 수도 있기에 늘 신중하게 계획하고, 위험을 충분히 인식하는 것이 중요하다.

# 41. 산택손(山澤損)

손해의 길 –
"덜어낼 것은 덜어내라"

損, 有孚, 元吉, 无咎, 可貞, 利有攸往. 曷之用 二簋
可用享.
손 유부 원길 무구 가정 이유유왕 갈지용 이궤
가용향

已事遄往, 无咎, 酌損之.
이사천왕 무구 작손지

利貞, 征凶, 弗損益之.
이정 정흉 불손익지

三人行, 則損一人, 一人行, 則得其友.
삼인행 즉손일인 일인행 즉득기우

損其疾, 使遄有喜, 无咎.
손기질 사천유희무구

或益之, 十朋之, 龜, 弗克違, 元吉
혹익지 십붕지 구 불극위 원길

## 弗損益之, 无咎, 貞吉, 利有攸往, 得臣无家.
불 손 익 지　무 구　정 길　이 유 유 왕　득 신 무 가

[손(덜어냄)은 믿음이 있어야 처음부터 길하고 허물이 없다. 그 뜻을 끝까지 유지해 가면 이롭다. 어디에 쓰일까 했더니 두 제기를 제사 지내는 데 쓴다.]

[이미 지난 일은 빨리 보내버리면 허물이 없다. 덜어낼 것을 헤아려야 한다.]

[완성하고 마무리하는데, 더 나아가려 하면 흉하다. 덜어내지 않으면 이익이 있다.]

[세 명이 함께 가면 한 명은 덜어내야 하고, 한 명이 가면 친구를 얻게 된다.]

[덜어내고 병을 얻으면 빨리 고쳐야 기쁨이 있고 허물이 없다.]

[혹시 누군가 더하는데 십붕의 비싼 거북이를 보내면 거절할 수가 없다. 처음부터 길하다.]

[덜어내지 않고 더하는 것이면 허물이 없고 끝까지 길하다. 나아가는 것이 이로우니 국가가 없어도 신하를 얻을 수 있다.]

《주역》 41번째 괘 산택손(山澤損)은 위는 산이고, 아래는 연못이다. 산 아래 연못이 있으면 산이 헐며 물이 내려가는 상이다. 일반적인 해석은 아래에서 덜어 위로 보내는 것으로 손해를 뜻한다. 또는 위에 있는 산은 물 기운을 아래로 흘려보내 연못에 보태고, 아래에 있는 연못의 기운은

위로 올라가서 산에 보태는 상으로, 산이나 연못이나 각각 자신의 기운을 덜어내니 손해를 보고 있는 것을 뜻한다.

하지만 전체로 보면 서로가 이익을 보고 있다. 산에서 물을 흘려보내 연못을 채우고, 연못의 물을 퍼내어 산 위로 올려 보내니 나무들이 유용하게 사용할 수 있기 때문이다, 때로는 덜어내 베풀고 손해를 볼 때도 있어야 조화와 균형 속에 이익이 된다. 따라서 사익과 공익의 균형과 조화가 있어야 보다 이상적인 국가나 사회, 기업을 만들 수 있다.

기업 경영에서 산택손은 더 큰 성공을 이루기 위해 비즈니스의 한쪽을 줄이거나 축소해야 할 필요성을 시사한다. 또한 궁극적으로 더 큰 이익을 달성하기 위해 리더가 일시적인 손실이나 실패를 받아들여야 할 필요가 있다고 조언하고 있다. 경쟁이 치열한 시장에 있는 기업은 가장 수익성이 높고 성장 잠재력이 큰 제품에 집중하기 위해 현재 제공하는 제품이나 서비스의 수를 줄여야 한다.

또 재정적 어려움을 겪고 있는 기업은 단기적인 매출이나 이익 감소를 감수하더라도 생존을 위해 비용과 간접비를 줄여야 한다. 특히 장기적으로 리스크를 줄이고 안정성을 높이기 위해서는 특정 공급업체나 고객에 대한 의존도를 낮춰야 할 수도 있다. 이때 리더는 조직의 프로세스를 재평가하고 비효율적인 부분을 파악하여 전반적인 효율성과 수익성을 개선하기 위한 변화를 구현해야 한다.

 ESG는 환경(Environmental), 사회(Social), 지배구조(Governance)의 약자다. 기업의 비재무적 성과를 평가하는 지표로, 기업의 지속가능성을 측정하는 데 사용된다. 환경은 기업이 환경에 미치는 영향을 평가하는 지표로, 온실가스 배출량, 폐기물 발생량, 물 사용량 등을 측정한다. 사회는 기업의 사회적 책임을 평가하는 지표로, 인권, 노동, 안전, 윤리 등을 측정한다. 지배구조는 기업의 지배구조를 평가하는 지표로, 투명성, 책임성, 독립성 등을 측정하는데, 가장 중요한 요소는 기업의 투명성이다.

 ESG는 기업의 지속가능성을 측정하는 중요한 지표다. 환경에 미치는 영향, 사회적 책임, 지배구조는 기업의 장기적인 생존과 성장에 영향을 미치는 요소이기 때문이다. ESG는 투자에도 중요한 지표다. ESG 투자는 환경, 사회, 지배구조를 고려하여 투자하는 투자방식이다. ESG 투자는 기업의 지속가능성을 고려해 투자하기 때문에 장기적인 수익을 창출할 가능성이 높다. ESG는 기업과 투자자 모두에게 중요한 지표다. 기업은 ESG를 개선함으로써 지속가능성을 확보하고 장기적인 생존과 성장을 도모할 수 있고, 투자자는 ESG 투자를 통해 장기적인 수익을 창출할 수 있기 때문이다.

 유럽연합은 기후 위기에 대처하고, 지속 가능한 경제를 구축하기 위해 ESG를 장려하고 있다. 유럽연합은 2050년까지 탄소 중립을 달성하겠다는 목표를 세웠고, 이를 달성하기 위해서는 ESG가 필수적이라고 보고 있다. 그래서 유럽연합은 기업이 ESG를 개선할 수 있도록 ESG 정보 공개를 의무화하고 있으며, ESG 투자를 장려하기 위한 다양한 정책도 시행하고 있다.

2022년 영국(2030년까지), 프랑스(2040년까지), 독일(2035년까지)은 각국 내에서 내연기관 자동차 판매를 금지하는 법안을 발표했다. 이 법안은 각국이 2050년까지 탄소 중립을 달성하기 위한 조치 중 하나다. 이러한 법안은 내연기관 자동차의 수출에 부정적인 영향을 미칠 것으로 예상된다. 특히 유럽은 세계에서 가장 큰 자동차 시장 중 하나로 내연기관 자동차 제조업체에 큰 타격을 줄 것으로 보인다.

그래서 일부 자동차 제조업체는 이미 전기자동차로의 전환을 시작했다. 여전히 내연기관 자동차에 의존하고 있는 국내 자동차 제조업체들도 전기자동차로의 전환을 계획하고 있다. 현대자동차는 2021년부터 유럽에서 판매되는 모든 자동차에 탄소 배출량을 인증하고 있으며, 2035년까지 유럽에서 판매하는 모든 자동차를 무공해차로 전환하겠다는 계획을 발표했다. 폭스바겐도 2035년까지 유럽에서 내연기관 자동차 판매를 중단할 계획이다.

이제 ESG는 기업의 장기적인 생존과 성장에 필수적인 요건이 되었다. 유럽연합은 ESG 정책으로 기업이 ESG를 개선하고 지속 가능한 경제를 구축하도록 촉진하고 있다.

우리가 잘 몰랐던 손해보고 장사하는 기업들이 있다. 소비가 많지 않아 제품을 생산하는 것이 오히려 손해임에도 불구하고 소위 '땅 파서 장사하는' 기업들이 대표적이다. 최근 소비자들은 이른바 '착한 소비'에 지갑을 여는 추세다. 장기적으로 생존하려면 단순히 돈을 버는 것뿐만 아니라 어떻게 사회와 조화롭게 살아가야 하는지를 보여주는 착한 기업들이 등장한 배경이 여기에 있다.

매일유업의 앱솔루트

매일유업은 국내 유아식 전문 기업 중 유일하게 1999년부터 선천성 대사이상 아이들을 위한 특수 분유를 개발해 판매하고 있다. 세상의 모든 아아에게 최고의 식품은 '모유'다. 하지만 모유는 물론 분유마저도 먹을 수 없는 아이들이 있다. 바로 선천적으로 신진대사에 이상을 갖고 태어나는 선천성 대사이상(유전 대사 질환) 아이들이다.

신생아 5만 명 중 1명꼴로 태어나는 선천성 대사이상 아이들은 선천적으로 아미노산을 분해하는 효소가 부족하거나 만들어지지 않아 모유는 물론 고기, 생선, 심지어 쌀밥에 포함된 단백질조차도 마음대로 먹을 수 없다. 식이관리를 제대로 하지 않을 경우, 분해하지 못하는 아미노산 및 대사산물이 축적되어 운동발달 장애, 성장장애, 뇌세포 손상으로까지 이어지게 된다.

매일유업은 선천적으로 아미노산 대사이상 질환을 갖고 태어난 유아들을 위해 특정 아미노산은 제거하고, 비타민, 미네랄 등 영양 성분을 보충한 특수 유아식을 국내에서 유일하게 생산하고 있다. 해당 제품은 소비량이 적고 짧은 유통기한으로 인해 이윤이 나지 않지만, 꾸준히 생산해 판매 중이다. 2017년부터는 오히려 제품 라인업을 추가해 페닐케톤뇨증, 고호모시스틴혈증, 요소회로 대사이상 등을 겪고 있는 아이들을 위해 총 8종, 12개 제품을 순수 자체 기술로 개발해 공급하고 있다.

또한 매일유업은 1975년부터 열어온 '1일 어머니 교실'도 계속해서 운영하고 있다. 분유 업계에서 최초로 시작한 '앱솔루트 맘스쿨'은 예비 엄마와 초보 엄마를 대상으로 한 교육 프로그램이다. 지금도 전국을 순회하며 임신, 출산, 육아에 관한 신뢰성 있는 정보와 다양한 문화 콘텐츠를 무료로 제공하고 있다.

유한킴벌리의 기저귀 제품

　한편 유한킴벌리는 이른둥이의 여린 피부를 고려해 부드럽게 만든 이른둥이 전용 기저귀를 만들어 제공하고 있다. 일명 미숙아로 불리는 이른둥이는 다른 아이들에 비해 몸이 작고 피부가 연약하다. 이 때문에 일반 기저귀를 사용하기에는 적합하지 않다.

　하지만 유한킴벌리가 개발한 이른둥이 전용 기저귀는 이른둥이의 몸에 맞게 작고, 피부를 보호할 수 있는 소재로 만들어져 있다. 이른둥이 전용 기저귀는 수요가 극히 적은 제품이기에 이익을 기대할 수 없다. 유한킴벌리는 의료비 부담이 큰 이른둥이 부모들을 위해 무상으로 제공하는 캠페인도 시행하고 있다.

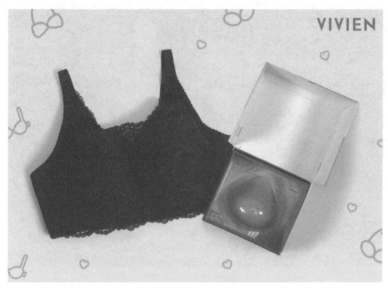

비비안의 유방암 속옷

남영비비안은 2003년부터 유방암 환자 전용 속옷을 판매하고 있다. 유방암 전용 속옷은 유방암 수술 후 가슴이 작아지거나 변형된 여성들을 위해 디자인된 속옷이다. 남영비비안의 유방암 전용 속옷은 부드럽고 편안한 소재로 만들어져 있으며, 압박감이 적어 착용감이 좋다. 또한 가슴을 안정적으로 받쳐주고, 움직임에 따라 가슴이 흔들리는 것도 방지해준다. 남영비비안의 유방암 전용 속옷은 유방암 환자들이 자신감을 가지고 일상생활을 영위할 수 있도록 다양한 디자인으로 출시되어 있어, 자신의 스타일에 맞게 속옷을 선택할 수 있다. 또한 유방암을 겪은 소외계층에게는 기부 등을 통해 사회공헌 활동을 지속하고 있다.

정식품의 그린비아

　정식품은 유당불내증 아이를 위한 베지밀, 소아당뇨와 신장질환자를 위한 그린비아를 생산하고 있다. 베지밀은 1966년 창업자 정재원 회장이 유당불내증 아이를 위해 개발한 제품이다. 그 뒤 아들인 정성수 회장이 기업을 승계하면서 그 뜻을 이어받아 환자용 영양식 그린비아를 개발해 생산, 판매 중이다.

　CJ제일제당의 BYO 식물성 피부 유산균은 국내 최초로 식약처에서 인정한 피부 기능성 개별 인정형 유산균이다. 유아 및 어린이를 대상으로 인체 적용 시험을 진행한 결과, 피부 가려움 지수와 민감도 지수 등이 개선된 것으로 나와 피부가 가렵거나 민감한 아이들에게 도움을 줄 수 있는 제품이다. 이 제품은 CJ제일제당 연구원이 아토피로 힘들어하는 자녀를 위해 7년간의 연구 개발 끝에 개발한 것으로, 전통 발효식품인 김치에서 분해한 유산균이다. 이 유산균은 장 건강뿐만 아니라 면역물질의 과분비를 조절함으로써 가려운 피부 증상을 개선하는 효과가 있는 것으로 나타났다.

BYO 식물성 피부 유산균은 캡슐 형태로 되어 있어 섭취가 간편하다. 또한 장까지 살아 가는 생존 유산균이라 장 건강에 더욱 효과적이다. CJ제일제당은 여기에 그치지 않고 피부 면역 관련 정보와 음식 레시피를 공유하는 온라인 카페를 개설하고, 아토피를 주제로 한 세미나를 진행하는 등 아토피 아이들을 위한 다양한 행사도 진행하고 있다.

CJ제일제당의 저단백 햇반

또한 CJ 제일제당은 2009년부터 선천성 대사질환인 페닐케톤뇨증 환자들을 위해 저단백 햇반을 특별히 개발했다. 페닐케톤뇨증 환자들은 단백질을 분해하는 효소가 결핍되어 있어 단백질을 섭취할 수 없다. 따라서 저단백 햇반은 페닐케톤뇨증 환자들이 안전하게 섭취할 수 있도록 단백질 함량을 10분의 1로 줄였다.

저단백 햇반은 일반 햇반과 동일한 쌀을 사용하지만, 단백질을 분해하는 특수 공정을 거친다. 이 공정을 통해 쌀의 단백질 함량을 90% 이상 제거했다. 저단백 햇반은 일반 햇반과 동일한 맛과 식감을 가지고 있어 페닐케톤뇨증 환자들의 삶의 질을 향상시키는 데에도 기여하고 있다. 개발 비용이 8억 원이나 들었고, 연간 매출액이 5천만 원도 채 되지 않는 제품이지만, 꾸준히 생산 중이다.

# 42. 풍뢰익(風雷益)

이익의 길 –
"지속적인 수익을 내라"

益, 利有攸往, 利涉大川.
익 이유유왕 이섭대천

利用爲大作, 元吉, 无咎.
이용위대작 원길 무구

或益之, 十朋之, 龜, 弗克違, 永貞吉, 王用享于帝, 吉.
혹익지 십붕지 구 불극위 영정길 왕용형우제 길

益之用凶事, 无咎, 有孚中行, 告公用圭.
익지용흉사 무구 유부중행 고공용규

中行, 告公從, 利用爲依, 遷國.
중행 고공종 이용위의 천국

有孚惠心, 勿問, 元吉, 有孚, 惠我德.
유부혜심 불문 원길 유부 혜아덕

莫益之, 或擊之, 立心勿恒, 凶.
막익지 혹격지 입심물항 흉

[익(더함)은 시간이 지나야 결실이 있다. 큰 강을 건너야 이롭다.]

[크게 일을 일으켜 나가도록 사용해야 이롭고 처음부터 길하고 허물이 없다.]

[누군가가 보태줌은 십붕(붕은 고대 화폐 단위)의 비싼 거북점으로도 어긋나게 할 수 없어 계속 끝까지 길하다. 왕이 천제에게 제사를 지내니 길하다.]

[흉한 일에 보탬을 쓰면 허물이 없다. 믿음을 가지고 중용에 따라 공에게 고하고 원칙에 따라 사용하라.]

[중용을 행하고 공에게 고하여 그 따름을 사용해 도읍을 옮기면 이롭다.]

[베푸는 마음에 믿음이 있다면 물을 필요도 없이 처음부터 길하다. 믿음이 있어 내 덕과 은혜에 보답한다.]

[보태주는 사람은 없고, 오히려 공격하는 자만 있다. 항상 이익에 마음을 세우지 않으면 흉하다.]

《주역》 42번째 괘 풍뢰익(風雷益)은 위는 바람이고, 아래는 우레다. 우레와 바람은 서로 더해주는 성질이 있다. 바람이 불고 천둥이 치니 비가 오는 상이다. 비는 만물을 골고루 적셔 유익함을 주기 때문에 더하고 증가해 이익이라는 뜻이다. 위에서 덜어내 아래로 보내는 것으로, 온갖 만물이 이익을 얻는 모든 조직의 민주주의 세상을 말한다. 리더는 구성원들의 뜻을 살피고, 그들의 뜻을 존중하고 따라야 한다. 즉, 겸손한 마음으로 수시로 변화하는 흐름을 잘 읽고 시의적절하게 움직여야 한다.

기업 경영에서 풍뢰익은 비즈니스의 성장이나 확장, 성공의 시기를 나타낸다. 핵심 메시지는 자신감을 가지고 행동을 취하며, 앞으로 나아갈 때라는 것이다. 다만 성장과 성공의 기회가 있지만, 이를 달성하기 위해서는 노력과 결단이 필요하다는 것을 암시한다. 동시에 이러한 성장기에는 신중한 계획을 가지고 접근하는 것이 중요하다. 적절한 관리 없이 급격한 확장은 예기치 못한 문제와 좌절을 초래할 수 있다. 따라서 이 시기에는 집중력과 전략적 계획을 유지하는 것이 매우 중요하다.

유리한 시장 상황으로 인해 급격하게 성장하는 회사라면, 이러한 성장기를 최대한 활용해야 할 것이다. 그리기 위해서는 선제적으로 기회를 파악하고, 계산된 리스크를 감수하는 동시에, 전략적 계획과 체계적인 실행이 뒤따라야 할 것이다.

## 실천 항목

기업 경영자가 꼭 알아야 할 경영 이론 중 '고객 평생 가치(CLV: Customer Lifetime Value)'가 있다. 이는 회사와 거래하는 동안 고객이 창출할 것으로 예상되는 수익의 총액을 말한다. 쉽게 설명하면, 페덱스(FedEx)의 경우 직원들은 고객과 상호작용할 때 고객 평생 가치를 고려하도록 권장하고 있다. 이를테면 고객의 가치를 1회 택배비용 5,000원으로 인식하는 대신 잠재적 평생 가치로 인식한다. 서비스 비용에 서비스 이용 횟수(월 3회), 개월 수(12개월), 예상 고객 수명(50년)을 곱하면, 해당 고객의 평생 가치는 900만 원이 된다. 이 개념을 단순화하더라도 그 고객의 가치를 5,000원이라고 생각하는 것과 900만 원이라고 생각하는 것은 매우 큰 차이가 있다.

마찬가지로 볼티모어 지역의 한 도미노 피자(Domino's Pizza)는 단골 고객의 평생 가치를 약 500만 원으로 계산했다. 고객이 평균 10년 동안 연간 1만 원짜리 피자 50개를 주문하는 고객을 단골로 산출한 수치다. 이 곳 사장은 직원들에게 1만 원 아니라 500만 원 가치의 고객에게 서비스를 제공하고 있다고 강조한다. 결국 이러한 사고방식은 배달이나 고객 서비스 정책에 영향을 미쳐 큰 성공을 거뒀다.

이러한 예는 고객 평생 가치를 통해 기업이 고객 관계 관리(CRM)의 중요성을 이끌어낸다. 고객 관계 관리는 지속적으로 고객을 유지하고 고객의 요구에 맞는 제품과 서비스를 제공함으로써 수익성을 극대화하는 것을 목표로 하는 통합 프로세스다.

고객 평생 가치는 기업이 마케팅, 제품 개발 및 고객 서비스 등에서 전략적 의사결정을 내리는 데 도움이 되는 중요한 지표로, 고객 유지, 고객 만족도, 고객 획득 비용 등 다양한 요인에 따라 달라진다. 이를 계산하는 방법은 여러 가지가 있다. 가장 일반적인 방법은 평균 고객 구매 금액×구매 빈도×평균 고객 서비스 이용 기간이라는 세 가지의 중요 구매 관련 요소로 계산을 진행한다. 따라서 현장에서는 고객 평생 가치를 통해 비즈니스 의사결정 및 고객 관계 관리의 성과지표로서 활용하고 있다.

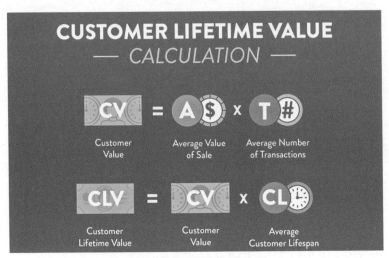

고객 가치와 고객 평생 가치 측정. 출처: Clevertap

고객 평생 가치는 기업이 고객을 유지하고 만족시키기 위해 투자하는 것이 가치 있는지 여부를 결정할 때 도움이 되는 중요한 지표다. 고객 평생 가치가 높을수록 고객을 유지하고, 만족시키는 것이 더 가치가 있다는 의미다. 고객 평생 가치를 높이는 방법으로는 우수한 고객 서비스를 제공하고, 고객 만족도를 높이기 위해 노력하며, 고객에게 가치 있는 제품과 서비스를 제공하고, 고객을 유지하기 위해 보상 프로그램을 제공하는 것 등이 있다.

특히 최근 고객들은 정보를 파악하는 능력이 과거에 비해 월등해졌다. 게다가 가격과 서비스에 더욱 민감해졌고, 입소문을 넘어 SNS를 활용해 자신의 생각과 의견을 가감없이 드러내고 있다. 그들을 사로잡기 위해 고객 평생 가치를 높이는 방안을 강구할 필요성이 더욱 커진 이유다.

디지털 광고의 세계에서 고객 평생 가치는 성공을 이끄는 데 중요한 역할을 한다. 디지털 광고 업계를 선도하는 페이스북(현재 메타)은 고객 평생 가치가 어떻게 전략적 의사결정을 내리고, 장기적인 수익성을 창출할 수 있는지 보여주는 대표적 사례라 할 수 있다.

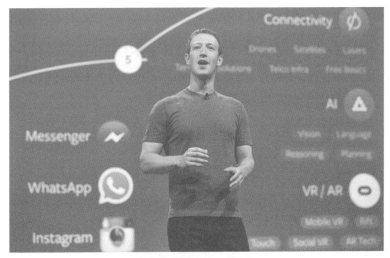
페이스북 창업자 마크 저커버그

2009년은 페이스북은 기록적인 수익성을 나타냈다. 하지만 이러한 성공은 하루아침에 이루어진 것이 아니었다. 2004년부터 2008년까지 4년 동안 페이스북은 당장의 수익성보다 고객 확대에 우선순위를 두기로 결정했다. 이러한 전략적 결정은 더 많은 고객이 플랫폼에 광고를 게재할 수록 장기적으로 고객당 순고객 평생 가치가 크게 증가할 것이라는 페이스북의 예측에 따른 것이었다.

고객 평생 가치 예측을 통해 페이스북은 상당 기간 고객 확보에 초점을 맞춘 전략을 수립하고, 적자를 감수할 수밖에 없었다. 이러한 대담한 접근방식은 페이스북에 큰 성과를 가져다주었다. 뿐만 아니라 트위터, 아마존, 왓츠앱과 같은 다른 거대 기술 기업들에게도 유사한 고객 평생 가치 중심 전략을 채택하도록 영감을 주었다.

페이스북은 사용자의 잠재적 생애 가치를 이해하고, 궁극적인 수익이 단기적인 재무적 영향보다 더 크다는 것을 인식한 후, 신규 고객 확보에 대한 투자를 정당화하고 지속할 수 있었다. 이러한 접근방식은 페이스북의 성공 스토리에 중요한 역할을 했으며, 페이스북이 디지털 광고업계에서 독보적인 입지를 굳힐 수 있게 해주었다. 이처럼 기업에게 고객 평생 가치는 재정적 이득을 넘어 각 고객이 가져다주는 장기적인 가치를 구상할 수 있도록 해준다.

페이스북은 이러한 고객 평생 가치에 중점을 둠으로써 자원과 광고 전략 및 사용자 경험을 조정해 고부가가치 고객에게 효과적으로 대응할 수 있었다. 또한 페이스북의 고객 평생 가치 중심 접근방식은 광고 타기팅, 개인화 및 사용자 유지 노력에도 영향을 미쳤다. 페이스북은 사용자 행동, 참여 패턴, 과거 데이터를 분석해 광고 캠페인을 최적화함으로써 고부가가치 사용자의 관심사에 맞는 콘텐츠를 맞춤화할 수 있었다. 그리고 이를 통해 그들의 참여와 전환 가능성을 높이고, 고객 라이프사이클을 연장할 수 있었다.

　페이스북의 고객 평생 가치를 활용한 기업 사례를 들어보자. 한 의류 회사는 고객 평생 가치를 활용하여 가장 가치가 높은 고객을 식별하고, 그들에게 할인 및 기타 프로모션을 제공하여 구매를 장려한 결과 수익이 10% 증가했다. 한 소매 업체는 고객 평생 가치를 활용해 고객의 구매 주기를 분석하고, 고객이 제품을 구매한 후 몇 주 후 할인 쿠폰을 제공하여 구매를 장려한 결과, 재구매율이 5% 증가했다. 한 보험 회사는 고객 평생 가치를 활용해 고객을 유지하고, 보험료 할인과 기타 혜택을 제공한 결과 고객 이탈률이 10% 감소했다.

　이 사례들은 비즈니스 전략과 장기적인 수익성을 형성하는 데 있어 고객 평생 가치의 힘을 잘 보여준다. 이는 고객의 평생 가치를 이해하는 것이 얼마나 중요한지, 그것이 지속 가능한 성장에 어떠한 영향을 주는지 입증하는 사례라 할 수 있다. 기업이 끊임없이 진화하는 디지털 환경을 헤쳐 나가는 과정에서 고객 평생 가치를 주요 지표로 채택하면 고객 중심 전략을 추진하고 지속적인 관계를 구축하여 성공을 위한 새로운 길을 열 수 있다.

# 43. 택천쾌(澤天夬)

결단의 길 –
"과감하게 결단하라"

夬, 揚于王庭, 孚號 有厲 告自邑, 不利卽戎, 利有攸往.
쾌 양우왕정 부호유려 고자읍 불리즉융 이유유왕

壯于前趾, 往不勝爲咎.
장우전지 왕불승위구

惕號, 莫夜有戎, 勿恤.
척호 막야유융 물휼

壯于頄, 有凶, 獨行遇雨, 君子夬夬, 若濡 有慍, 无咎.
장우구 유흉 독행우우 군자쾌쾌 약유 유온 무구

臀无膚, 其行次且, 牽羊悔亡, 聞言不信.
둔무부 기행차차 견양회망 문언불신

莧陸夬夬, 中行无咎.
현육쾌쾌 중행무구

无號, 終有凶.
무호 종유흉

[쾌(과감하고 단호한 결단)는 왕의 뜰에서 드러낸다. 미덥게 호령해 위태롭게 여겨야 한다. 고을에 명을 내려 전쟁에 나감은 이롭지 않다. 끝까지 나아가야 이롭다.]

[강한 기운이 앞발에 모여 있으니 가서 이길 수 없으면 오히려 허물만 남는다.]
[두려워서 호령하니 한밤중에 급습해 오더라도 걱정하지 말라.]
[큰 기운이 광대뼈에 있다면 흉하다. 군자라면 결연히 결단해 홀로 가다가 비를 만나 온 몸이 젖고 화를 내더라도 허물이 없다.]
[엉덩이에 살이 없으니 행동을 머뭇거린다. 양을 끌듯 하면 후회는 없겠지만 말은 들어주더라도 믿지 않는다.]
[자리공을 베듯이 과감하고 단호히 제거한다. 중도를 행하면 허물이 없다.]
[호소할 데가 없으면 끝내 흉하다.]


《주역》 43번째 괘 택천쾌(澤天夬)는 위는 연못이고, 아래는 하늘이다. 하늘 위에 호수가 떠 있는 상으로, 하극상이다. 이 시기에는 과감하게 결단을 내려야 한다. 모든 것이 곧 무너지고 큰 변화가 오고, 옛 세대가 가고 새 세대가 오기 때문이다. 이는 자연의 순리다. 따르지 않고 고집을 부리면 회복할 수 없는 실패를 맞을 수 있다. 우환거리는 단호하고 과감하게 결단을 내려야 한다. 연못 속의 하늘이 아름답다고 뛰어들면 안 된다.

　기업 경영에서 택천쾌는 조직의 위기와 쇠퇴의 시기에 문제를 해결하고, 중대한 변화에 급진적 전환이 필요하다는 신호일 수 있다. 그 영향을 최소화하기 위해서는 손실을 줄이고 수익성이 없는 프로젝트나 사업부를 정리해야 한다. 또한 조직을 재구성하고, 대대적인 변화를 일으킬 수 있는 기회이기도 하다. 특히 조직의 프로세스를 비판적으로 살펴보고, 효율성과 수익성을 높이기 위해 프로세스를 개선해야 한다.

택천쾌는 앞으로 나아가기 위해 낡은 것을 버리고 새로운 것을 받아들여야 하는 시기다. 이는 어려운 결정을 내리고 위험을 감수하는 것을 의미할 수 있지만, 커다란 성장과 발전으로 이어질 수도 있다. 기업 리더에게는 도전적인 위기와 불확실성의 시기다. 하지만 리더가 과감하게 단호한 조치를 취하고 새로운 아이디어를 기꺼이 수용한다면, 혁신적 변화의 기회가 될 수 있다.

### 실천 항목

'제2의 말콤 글래드웰'로 불리는 닉 태슬러(Nick Tasler). 현재 GE, 마이크로소프트, 카길, 코카콜라 등 〈포춘〉 선정 500대 기업 CEO를 비롯해 행정 관료와 정치인 등 수많은 리더들이 그의 조직심리에 기반한 의사결정 방법론에 대한 컨설팅을 받고 있다. 그는 전략적 행동가는 명확한 목표 설정, 신속한 의사결정, 적극적인 행동을 통해 성공을 이끈다고 강조한다. 그의 핵심적인 의사결정 모델은 'KNOW-THINK-DO', 즉 '알고 생각하고 실행하라'로 이루어져 있다. 이는 개인의 삶부터 글로벌 기업의 전략 수립까지 다양한 상황에 적용될 수 있는 강력한 도구다.

닉 태슬러. 출처: https://www.NICKTASLER.com

'KNOW' 단계는 명확한 상황 인식을 말한다. 전략적 행동가는 문제의 핵심을 확실히 파악하고, 관련 정보를 충분히 수집하며, 다양한 관점을 고려해 상황을 정확히 이해해야 한다. 무엇보다 현실을 있는 그대로 직시하고, 편견이나 오해를 배제하는 것이 중요하다. 이때 핵심 질문은 '문제의 본질은 무엇인가?', '관련된 모든 정보는 무엇인가?', '다양한 관점에서 상황을 어떻게 볼 수 있는가?', '내가 가진 지식과 경험은 무엇인가?' 이다.

'THINK' 단계는 깊이 있는 분석과 전략 수립을 말한다. 전략적 행동가는 수집된 정보를 분석하고, 다양한 가능성을 검토하며, 최적의 해결책을 찾기 위해 노력해야 한다. 창의적인 사고방식과 논리적 사고력을 활용해 현실적인 실행 계획을 세워야 한다. 이때 핵심 질문은 '가능한 해결책은 무엇인가?', '각 해결책의 장단점은 무엇인가?', '어떤 해결책이 가장 효과적인가?', '어떤 위험과 예상치 못한 상황이 발생할 수 있는가?', '실행 계획은 무엇인가?'이다.

'DO' 단계는 단호한 행동과 끊임없는 실행을 말한다. 전략적 행동가는 계획을 세우는 것만으로 만족하지 않고, 즉각적인 행동을 통해 계획을 실현해야 한다. 두려움이나 불안감을 극복하고, 적극적으로 행동하며, 목표를 향해 나아가야 한다. 무엇보다 실행 과정에서 발생하는 어려움에도 굴하지 않고, 적극적으로 대처하며, 목표 달성을 향해 최선을 다해야 한다. 실수를 통해 배우고 개선하며, 끈기 있게 노력하는 것이 중요하다. 이때 핵심 질문은 '지금 당장 무엇을 해야 하는가?', '누가 책임을 맡아야 하는가?', '어떤 자원이 필요한가?', '진행 상황을 어떻게 평가하고 측정할 것인가?', '어떤 문제가 발생하고 어떻게 대처할 것인가?'이다.

'KNOW-THINK-DO' 모델은 단순하지만 강력하다. 이 모델을 통해 명확한 목표를 설정하고, 전략적 방향에 어떤 선택이 잘 맞는지 생각한 다음, 신속하게 의사결정을 내리고, 이를 바탕으로 적극적이고 단호하게 행동하면 개인의 성공과 조직의 성과를 달성할 수 있다.

1997년 스티브 잡스가 다 쓰러져 가는 애플로 돌아온 후, 그는 시장에 출시된 다양한 제품 라인을 급격하게 축소하는 과감한 결정을 내린다. 당시 약 30가지 이상의 제품을 생산하던 애플은 잡스의 선택으로 기존 제품군의 70%를 정리한다. 그는 애플이 너무 많은 제품을 출시하면 고객이 혼란스러워하고, 어떤 제품을 선택해야 할지 모른다고 믿었다. 제품 라인업을 엄격하게 제한해 각 제품에 집중하고 개선했다. 이를테면 애플이 생산하는 데스크톱 컴퓨터 수를 아이맥(iMac) 하나로 줄였고, 휴대폰 수를 아이폰과 아이패드 둘로 줄였다.

잡스는 제품에 불필요한 기능을 추가하는 것을 싫어했다. 그는 사용자가 실제로 사용하는 기능에 집중하고, 그 기능을 최대한 잘 작동하도록 노력했다. 이러한 철학은 아이팟, 아이폰, 아이패드와 같은 제품들의 디자인과 기능에 명확하게 반영했다. 잡스는 사용자 친화적이고, 직관적인 인터페이스가 제품 성공의 필수 요소라고 믿었다. 그는 복잡한 기술 용어와 메뉴를 제거하고, 사용자가 쉽게 이해하고 사용할 수 있도록 인터페이스를 디자인했다.

이처럼 획기적인 제품 단순화 전략은 단순히 비용 절감을 위한 조치가 아니었다. 잡스는 제품 라인을 단순화함으로써 애플이 진정으로 중요시하는 핵심 가치에 집중할 수 있다고 믿었다. 제품 라인을 줄임으로써 애플은 각 제품에 더 많이 투자하고, 개발 노력을 집중할 수 있었다. 이는 더 나은 품질, 더 강력한 기능, 더 매력적인 디자인으로 이어졌다. 다양한 제품 라인은 고객들에게 혼란을 야기하고, 선택을 어렵게 만들었다. 하지만 제품 단순화는 고객들이 쉽게 이해하고 선택할 수 있도록 제품 라인을 명확하게 만들었다.

이렇게 핵심 제품에 집중함으로써 애플은 브랜드 이미지를 명확하게 구축하고 일관된 사용자 경험을 제공할 수 있었다. 결국 단순화된 제품 라인은 애플의 수익성을 크게 향상시켰고, 브랜드 인지도를 높였으며, 고객 충성도를 강화시켰다. 또한 혁신을 위한 토대를 마련해 아이맥, 아이팟, 아이폰, 아이패드. 애플워치와 같이 획기적인 제품들을 탄생시키는 데 기여했다.

물론 잡스의 전략에 대한 비판도 존재했다. 일부 사람들은 애플이 다양한 고객층의 요구를 충족시키지 못한다고 주장했지만, 잡스는 명확한 비전과 확고한 신념을 가지고 자신의 전략을 추진했다. 그의 과감한 결단력은 애플을 오늘날 우리가 알고 사랑하는 세계적인 기업으로 만들었다.

현대의 복잡한 사회에서 단순화는 더욱 중요해지고 있다. 과도한 정보와 선택의 폭은 사람들을 압도하고, 스트레스를 유발할 수 있다. 잡스의 단순화 전략은 우리가 삶을 더 간단하고 의미 있게 만들 수 있도록 귀중한 교훈을 제공한다.

# 44. 천풍구(天風姤)

만남의 길 –
"지혜롭게 만나라"

姤, 女壯, 勿用取女.
구 여장 물용취여

繫于金柅, 貞吉, 有攸往, 見凶, 羸豕孚蹢躅.
계우금니 정길 유유왕 현흉 이시부척촉

包有魚, 无咎, 不利賓.
포유어 무구 불리빈

臀无膚, 其行次且, 厲, 无大咎.
둔무부 기행차차 려무대구

包无魚, 起凶.
포무어 기흉

以杞包瓜, 含章, 有隕自天.
이기포과 함장 유운자천

姤其角, 吝, 无咎.
구기각 린 무구

[구(만남)는 여자의 기운이 세면 취하지 말아야 한다.]

[쇠처럼 단단한 말뚝인 '금니'로 묶어 놓으면 끝까지 길하다. 시간이 지날수록 흉함을 만난다. 굶주린 돼지가 날뛰는 것과 같다. 믿음을 가져야 한다.]
[자루에 있는 물고기는 허물은 없으나 손님에게는 이로울 것이 없다.]
[엉덩이가 살이 없어 나아가지 못하고 있다. 위태롭게 여기면 큰 허물은 없다.]
[자루에 물고기가 없으면 흉한 일이 일어난다.]
[구기자나무(박달나무) 잎으로 오이를 감싸니 빛이 난다. 하늘에서 떨어짐이 있다.]
[그 뿔에서 만난다. 부끄러우나 허물은 없다.]


《주역》 44번째 괘 천풍구(天風姤)는 위는 하늘이고, 아래는 바람이다. 바람이 하늘 아래로 다니며 만물을 두루 만나는 상이다. 사람은 때를 잘 만나고, 또 사람을 제대로 만나야 그 뜻을 이룰 수 있다. 아무리 큰 뜻을 품고 있더라도 때를 만나지 못하고, 사람을 만나지 못하면 다 묻히고 만다. 하늘과 땅이 서로 만나 모든 만물이 생명을 잉태하듯, 시간이든 공간이든 사람이든 만나야 뭔가 이루어진다.

기업 경영에서 천풍구는 네트워킹, 이벤트 및 컨퍼런스 참석, 제휴 구축 등과 같이 업계에서 조화로운 관계를 형성하는 것을 의미한다. 기업이 고객, 투자자, 유능한 직원을 유치하거나 두 당사자가 공동의 목표를 향해 함께 노력하는 상황을 나타낸다. 비즈니스 전략에서는 파트너십, 합병 또는 합작 투자를 나타낼 수 있다. 이러한 협업에서 성공하기 위해서는 리더가 열린 커뮤니케이션 라인을 구축하고, 신뢰를 구축하는 것이 필수적이다.

만나는 것은 무엇보다 타이밍이다. 천풍구는 비즈니스의 성공이 적시에, 적재적소에 비롯될 수 있음을 시사하고 있다. 또한 새로운 제품이나 서비스를 출시할 때도 타이밍이 중요하다. 리더는 시장 동향과 소비자 행동을 면밀히 분석해 새로운 제품을 도입하기에 가장 좋은 시기를 결정해야 한다.

《주역》에서 변화는 피할 수 없다. 새로운 환경을 만나 적응하는 능력은 비즈니스 성공에 매우 중요하다. 유연하고 개방적인 리더가 끊임없이 변화하는 시장에서 성공할 가능성이 높다. 경쟁이 치열한 산업에서는 제휴를 하는 것이 매우 중요하다. 리더는 다른 회사나 조직과 협력해 각자의 강점을 활용하고, 더 강력한 집단적 성공 입지를 구축할 수 있는 방법을 모색해야 한다.

변화에 적응한다는 것은 기존 산업을 파괴하는 새로운 기술이나 비즈니스 모델을 수용하는 것을 의미할 수도 있다. 리더는 트렌드를 예측하고 새로운 플랫폼이나 도구에 기꺼이 투자할 수 있어야 한다.

　서로 다른 두 기업이 제휴하기란 여간 힘든 게 아니다. 하지만 전략적 제휴는 기업이 경쟁우위를 확보하는 데 큰 도움이 된다. 전략적 제휴를 통해 다른 기업이 보유한 기술을 획득할 수 있기 때문이다. 또한 전략적 제휴를 통해 물류, 생산, 마케팅 등을 공동으로 수행하면 비용도 절감할 수 있다. 어디 그뿐인가. 진출해보지 않은 새로운 시장에도 진출할 수가 있다. 무엇보다 전략적 제휴는 기업이 위험을 분산할 수 있다는 장점이 있다.

　전략적 제휴는 기업이 경쟁우위를 확보하는 데 도움이 되는 매우 중요한 전략이다. 그러나 전략적 제휴를 성공시키기 위해서는 공동의 목표, 상호 이익, 신뢰, 소통, 유연성 등이 필수다. 공동의 목표가 명확하지 않으면 전략적 제휴는 실패할 가능성이 높다. 한 기업만 이익을 얻는 전략적 제휴는 성공할 가능성이 낮다.

　전략적 제휴는 기본적으로 신뢰가 바탕이 되어야 한다. 두 기업은 서로를 신뢰하고, 서로의 비밀을 지켜줘야 한다. 전략적 제휴는 소통이 무엇보다 중요하다. 두 기업은 서로의 목표, 전략, 진행 상황 등을 공유해야 한다. 유연성도 중요하다. 시장 환경이 변화하면 두 기업은 전략적 제휴를 변경해야 할 수도 있기 때문이다.

에어비앤비(Airbnb)는 기존의 숙박 산업을 혁신한 기업이다. 기존 호텔은 대규모 자본을 투자해야만 운영할 수 있는 고정식 시설이었지만, 에어비앤비는 개인이 자신의 집이나 방을 임대하는 방식으로 누구나 쉽게 숙박업을 시작할 수 있도록 했다. 에어비앤비는 사업을 운영하는 도시는 물론 항공사, 여행사 등 다양한 비즈니스 파트너와 긴밀한 관계를 구축해 왔다. 이러한 관계를 통해 사업을 확장하고, 고객에게 보다 종합적인 여행 경험을 제공하고 있다.

2008년 미국 샌프란시스코에서 설립된 숙박 공유 서비스 업체인 에어비앤비는 2022년 기준, 전 세계 220개국에 약 400만 명의 호스트와 600만 개의 숙소를 활용하고 있으며, 사용자 수는 대략 1억 5천만 명이 넘는다. 2012년부터는 한국에도 진출하여 빠르게 성장하고 있다. 에어비앤비는 2022년 기준으로 한국에서 100만 개 이상의 숙소를 보유하고 있다.

에어비앤비는 2008년 샌프란시스코에서 룸메이트 브라이언 체스키(Brian Chesky), 조 게비아(Joe Gebbia), 네이선 블레차직(Nathan Blecharczyk)이 산업 디자인 컨퍼런스 참가자들에게 거실을 임대하면서 시작된 숙박 공유 서비스 업체다. 에어비앤비라는 이름은 집주인이 에어 베드와 아침식사(Air-bed and breakfast)를 제공한다는 의미에서 따왔다. 현재 에어비앤비의 슈퍼호스트는 전 세계 200여 개국에서 100만 명을 돌파했다. 슈퍼호스트는 연간 최소 10회 이상의 숙박을 호스팅한 경험이 있어야 하고, 전

체 평점이 4.8점 이상 되어야 한다. 또한 예약 취소율이 1% 미만이어야
하며, 예약 관련 메시지에 24시간 이내 응답한 비율이 90% 이상을 기록
해야 한다.

에이앤비 접속 화면

에어비앤비는 끊임없이 새로운 것을 시도하고 있다. 최근에는 '에어비
앤비 체험'이라는 새로운 서비스를 출시했다. 이는 에어비앤비의 호스트
가 여행객에게 현지 문화를 체험할 수 있는 기회를 제공하는 서비스다.

에어비앤비가 성공할 수밖에 없었던 일화들은 무수히 많다. 그중 하나
를 소개한다.

2011년 에어비앤비를 통해 숙소를 임대한 한 여행객이 숙소 주인에게
맛있는 음식을 대접받았다. 그 여행객은 그 음식이 너무 맛있어서 숙소

주인에게 요리법을 물어봤고, 숙소 주인은 기꺼이 요리법을 알려주었다. 이 여행객은 그 요리법에 따라 집에서 요리를 해먹었고, 가족과 친구들에게도 소개했다. 이 일화는 에어비앤비가 여행객들에게 현지인과 문화를 교류할 수 있는 기회를 제공한다는 것을 보여주는 대표적인 사례다.

다음은 에어비앤비가 여행객들에게 현지인과 친구가 될 수 있는 기회를 제공한 사례다. 2012년에 한 여행객이 에어비앤비 숙소 주인과 친해졌다. 숙소 주인은 여행객에게 지역의 관광 명소와 맛집을 소개해주었고, 여행객은 숙소 주인과 함께 그 지역을 여행했다. 여행객은 숙소 주인과 함께한 여행이 너무 즐거웠고, 숙소 주인과 지금도 연락을 주고받고 있다. .

또 2013년에는 이런 일도 있었다. 한 여행객이 숙소 주인의 집 침대 밑에서 손편지를 발견했다. 편지에는 한 소녀가 여행객을 위해 집을 빌려준 것에 감사하다는 내용이 적혀 있었다. 호스트는 매우 감동해 해당 내용을 SNS를 통해 알린 후, 그 소녀 가족에게 숙소 무료 이용권을 선물했다.

에어비앤비는 이처럼 기존 숙박업과 여행 산업의 패러다임을 바꾸고 있다. 에어비앤비는 여행객들이 현지인과 문화를 교류할 기회를 제공함으로써 여행의 즐거움을 배가시키고 있다.

# 45. 택지취(췌)(澤地萃)

모이는 길 –
"공생을 도모하라"

萃, 亨王假有廟, 利見大人, 亨利貞, 用大牲吉, 利有
攸往.

취 형왕가유묘 이견대인 형이정 용대생길 이유
유왕

有孚 不終, 乃亂乃萃, 若號, 一握爲笑, 勿恤, 往无咎.

유부불종 내란내췌 약호 일악위소 물휼 왕무구

引吉, 无咎, 孚乃利用禴.

인길 무구 부내이용약

萃如嗟如, 无攸利, 往无咎, 小吝

취여차여 무유리 왕무구 소린

大吉, 无咎.

대길 무구

萃有位, 无咎, 匪孚, 元永貞, 悔亡.

취유위 무구 비부 원영정 회망

[취(모임)는 성장한다. 왕이라면 종묘에 나가 제사를 드리고 대인을 만나는 것이 이롭다. 성장해 완성하고 마무리하려면 제사에 큰 제물을 사용해야 길하고 나아가면 이롭다.]

[믿음은 있으나 끝까지 하지 못하니 혼란스럽다. 호통 한 번으로 손을 잡고 웃을 수 있을 것이니 걱정하지 말고 나아가면 허물이 없다.]

[끌어당기면 길하고 허물이 없다. 믿음과 정성으로 검소하게 제사를 지내면 이롭다.]

[모이려고 하나 호응하는 사람이 없어 한탄하니 이로운 것이 없다. 나아가면 허물은 없으나 조금 부끄럽다.]

[크게 길해야 허물이 없다.]

[모임에는 위계가 있어야 허물이 없다. 믿음이 없더라도 처음부터 끝까지 유지될 수 있어 후회가 없다.]

[슬퍼서 한숨을 쉬고 눈물과 콧물을 흘리며 통곡하면 허물은 없다.]

《주역》 45번째 괘 택지췌(澤地萃)는 위는 연못이고, 아래는 땅이다. 땅 위에 연못이 있으니 만물이 연못으로 모여드는 상이다. 무슨 일이든 모이면 이익이 찾아온다. 이 시기는 지위가 높아지고, 풍족하게 뻗어갈 때다. 반면에 큰일을 도모하기 위해 많은 사람들을 모이다 보면 미처 생각지 못한 일들도 발생한다. 이때 《주역》은 대인이면 길하고 소인이면 흉하다고 조언한다. 인위적이 아니라 순리를 따라야 한다는 것이다.

기업 경영에서 택지췌는 공동의 목표를 달성하기 위한 팀워크와 협업의 필요성을 나타낸다. 이때는 부서 간의 칸막이를 허물고 협업을 촉진하는 것이 중요하다. 또한 팀원 간의 효과적인 커뮤니케이션도 중요하다.

특히 리더는 팀원들 사이에서 공동체 의식을 키우도록 적극 장려해야한다. 여기에는 직원들이 업무 외적으로 친목을 도모하고 유대감을 형성할 수 있는 기회를 만들고, 학습 조직, 팀워크, 협업을 중시하는 기업문화를 조성하는 것이 필요하다.

가령, 회식은 직원들이 서로를 알아가고, 친밀감을 쌓을 수 있는 좋은 기회가 된다. 직원들은 회식을 통해 칭찬을 받거나 동료들과 즐거운 시간을 보내면서 자신의 가치를 인정받고, 사기를 높일 수 있다. 무엇보다직원들은 회식에서 서로의 협력과 협동심을 배울 수 있고, 이를 통해서업무 능률을 향상시킬 수 있다.

그러나 회식에는 몇 가지 문제점도 존재한다. 회식은 직원들에게 부담을 줄 수 있다. 회식에 참석하기 위해 직원들은 자신의 시간을 할애해야하고, 직원들의 사생활을 침해할 수도 있다. 대개 회식에서는 술을 마시게 되는데, 이는 직원들의 업무 능률을 저하시키는 데 영향을 미칠 수 있다. 따라서 회식을 할 때는 이러한 문제점을 고려해야 한다.

'집단지성(Collective Intelligence: CI)'은 집단의 지적 능력이 개인의 지적 능력보다 크다는 개념이다. 집단지성은 사람들이 서로 협력해 문제를 해결하고 창의적인 아이디어를 생성할 때 만들어진다. 또한 집단지성은 팀워크, 의사소통, 문제 해결 및 창의성에 도움이 된다.

집단지성 이론은 MIT 슬로안 경영대학원 교수이자 MIT 조직과학센터 설립자인 토마스 말론(Thomas Malone)에 의해 개발됐다. 말론은 집단이 개인보다 더 많은 지식을 보유할 수 있기 때문에 집단지능이 개인지능보다 우월하다고 주장했다. 또한 집단이 개인보다 더 효과적으로 문제를 해결하고 창의적인 아이디어를 생성할 수 있기 때문에 집단지능이 개인지능보다 우월하다고 피력했다.

집단지성 이론은 조직관리, 교육 및 훈련에 중요한 영향을 주었다. 조직관리에 집단지능을 활용하면 팀워크, 의사소통 및 문제 해결을 향상시킬 수 있다. 교육 및 훈련에 집단지능을 활용하면 팀원들이 협력하고 창의적으로 생각하는 방법을 배울 수 있다.

집단지성은 개인과 조직 모두에게 중요한 능력이다. 개인의 집단지능을 향상시키기 위해서는 팀워크, 의사소통 및 문제 해결 기술을 개발해야 한다. 조직의 집단지능을 향상시키기 위해서는 직원들이 협력하고, 창의적으로 생각할 수 있는 환경을 조성해야 한다.

집단지성 이론에 따르면, 다양성, 독립성, 분산화, 통합 등 4가지 요소가 집단지능 발휘에 중요한 역할을 한다. 이를 간단히 정리하면 다음과 같다.

1. 집단의 구성원이 다양할수록 집단지능이 높아진다.
2. 집단의 구성원들은 서로의 의견에 휩쓸리지 않고, 자신의 생각을 자유롭게 표현할 수 있어야 한다.
3. 집단의 구성원들은 서로의 지식과 경험을 공유할 수 있어야 한다.
4. 집단의 구성원들은 서로의 아이디어를 통합할 수 있어야 한다.

### 기업 사례

집단지성의 대표적 사례로는 위키피디아(Wikipedia)가 있다. 이 온라인 백과사전은 누구나 기사를 만들고 편집할 수 있다. 공동 편집 및 검토 프로세스를 통해 위키피디아는 사용 가능한 가장 크고, 가장 포괄적인 지식 자원 중 하나가 되었으며, 지식 생성 및 공유에서 집단 지성의 힘을 여실히 보여주고 있다. 위키피디아는 2001년 1월 15일에 설립되었으며, 현재 320개 이상의 언어로 약 600만 개의 기사가 올라와 있다. 위키피디아는 세계에서 가장 인기 있는 웹사이트 중 하나로, 매달 15억 명이 넘는 사람들이 방문한다.

위키피디아는 누구나 편집할 수 있는 백과사전이기 때문에, 편집의 질에 대한 우려가 제기되기도 한다. 그래서 편집 과정을 관리하고 개선하기 위해 다양한 방법을 도입하고 있다. 이를테면 편집 내용을 검토하고 승인하는 숙련된 편집자들이 있으며, 논쟁을 해결하기 위한 토론 기능도 있다.

온라인 백과사전 위키피디아 로고

이러한 우려에도 불구하고, 위키피디아는 정확하고 신뢰할 만한 정보의 원천으로 인정받고 있다. 위키피디아는 다양한 출처의 정보를 수집하고 검토해 최신의 정확한 정보를 제공한다. 또한 누구나 편집할 수 있기 때문에 새로운 정보와 아이디어가 지속적으로 업데이트되고 있다.

현재 위키피디아는 다양한 분야에서 활용되고 있다. 학생들에게는 학습할 수 있는 훌륭한 자원으로, 연구자들에게는 최신의 연구 결과를 접할 수 있는 통로로 사용된다. 또한 위키피디아는 여가 시간을 보내는 좋은 방법이 되기도 한다. 위키피디아에는 다양한 주제의 기사가 올라와 관심 있는 주제에 대해 자세히 알아볼 수도 있다.

위키피디아는 개방성과 투명성으로 대규모의 사용자 커뮤니티가 만들어 가고 있다. 그야말로 멍석만 깔아 놓았을 뿐인데, 모두 몰려와 즐겁게 놀고 있는 셈이다.

델이 집단지성으로 활용하는 아이디어 스톰

미국의 컴퓨터 제조업체 델(Dell)도 집단지성을 잘 활용하고 있는 대표적인 기업이다. 1984년 마이클 델이 설립했으며, 본사는 미국 텍사스주 로렌스에 있다. 델은 개인용 컴퓨터, 서버, 스토리지, 소프트웨어, 서버 등을 제공하고 있고, 전 세계 100여 개국에서 사업을 운영하고 있으며, 직원 수는 13만 명에 이른다. 델은 세계 최대의 컴퓨터 제조업체 중 하나로, 현재 시장점유율은 17%가량을 차지하고 있다.

델은 고객과 함께 새로운 가치를 창출하기 위해 '아이디어 스톰(Ideas-torm)' 커뮤니티를 개설해 운영하고 있다. 아이디어 스톰 커뮤니티는 델의 고객, 파트너, 직원, 학생 등 누구나 참여할 수 있는 온라인 커뮤니티다. 아이디어 스톰 커뮤니티는 델의 제품과 서비스에 대한 의견을 공유하고, 새로운 아이디어를 제안하여 문제를 해결한다. 델은 아이디어 스톰 커뮤니티에서 수집된 의견과 아이디어를 제품 개발, 마케팅, 고객 서비스 등에 활용하고 있다. 가령, 마이크로소프트가 윈도 비스타를 출시할 당시 대부분의 PC 제조사들이 윈도 비스타를 프로모션할 때에도 델은 아이디어 스톰 커뮤니티의 의견을 반영해 윈도XP를 신제품의 운영체제로 결정했다. 그로 인해 델은 윈도 비스타의 실패를 피해갈 수 있었다.

아이디어 스톰 커뮤니티는 델이 집단지성을 효과적으로 활용한 좋은 사례로 평가받고 있다. 아이디어 스톰 커뮤니티를 통해 델은 고객의 요구를 파악하고, 새로운 제품과 서비스를 개발하며, 고객 서비스의 질을 향상시킬 수 있었다. 아이디어 스톰 커뮤니티는 델이 경쟁에서 우위를 차지하고, 큰 성공을 거두는 데 크게 기여했다.

# 46. 지풍승(地風升)

상승의 길 –
"달리는 말에 올라타라"

升, 元亨, 用見大人, 勿恤, 南征吉.
승 원형 용견대인 물휼 남정길

允升, 大吉.
윤승 대길

孚乃利用禴, 无咎.
부내이용약 무구

升虛邑.
승허읍

王用亨于岐山, 吉, 无咎.
왕용형우기산 길 무구

貞吉, 升階.
정길 승계

冥升, 利于不息之貞.
명승 이우불식지정

[승(올라감)은 처음부터 성장하는 것이다. 대인을 만나 쓰임을 받으면 근심 걱정이 없다. 남쪽으로 가면 길하다.]

[진실하게 자라나야 크게 길하다.]
[믿음과 정성으로 검소하게 제사를 지내면 이롭고 허물이 없다.]
[비어 있는 고을로 올라간다.]
[왕이 기산에 올라 제사를 지내면 길하고 허물이 없다.]
[끝까지 길하다. 계단을 오르듯 상승한다.]
[오르는데 어둡다. 높은 자리에 끝까지 오르려는 마음이 없어야 이롭다.]

《주역》 46번째 괘 지풍승(地風升)은 위는 땅이고, 아래는 바람이다. 땅속에 바람이 불어 씨앗이 강한 힘으로 하늘로 치솟는 상이다. 이때는 하루가 다르게 성장할 수 있다. 땅속, 즉 하층부의 도움으로 서서히 솟아오른다는 의미이기도 하다. 뭐를 해도 된다는 뜻이다. 반면에 《주역》은 오르더라도 바르고 순리대로 올라야 한다고 조언하고 있다. 오르고 나면 자만에 빠지기 쉽다. 출중한 능력만큼 자신을 다스릴 내공이 있어야 한다.

기업 경영에서 지풍승은 확장, 발전, 상장의 시기를 나타낸다. 회사 전체가 성장하는 시기일 수도 있고, 직원들의 역량을 높이기 위해 노력하는 시기일 수도 있다. 이 시기에는 빠르게 성장하고 있는 스타트업 기업이 늘어나는 팀을 수용하기 위해 더 큰 사무실로 이전할 준비를 할 때다. 또는 열심히 일하며 커리어를 꾸준히 발전시켜 온 직원이 더 높은 직급으로 승진할 수 있는 기회를 얻기도 한다. 흑자 전환에 어려움을 겪어 왔지만, 새로운 마케팅 및 영업 전략으로 인해 성장과 개선의 조짐을 보이기 시작한 회사도 이 시기에 해당된다.

하지만 무궁한 성장과 확장만을 의미하는 것이 아니라는 점에 주의해야 한다. 또한 꾸준한 성장과 발전이라는 것이지 무조건 밀어붙이기식은 위험하다. 신중하고 또 신중한 계획이 필요하다. 앞으로 나아가고 발전하는 것도 중요하지만, 지속 가능하고 신중한 방식으로 의사결정을 하는 것도 그에 못지않게 중요하다.

## 실천 항목

'그로스 해킹(Growth Hacking)'에서 나온 '그로스 해커'라는 새로운 직함을 가진 사람들이 등장했다. 그로스 해킹은 창의성, 분석적인 사고, 소셜망을 이용하여 제품을 팔거나 노출시키는 마케팅 방법으로, 스타트업 회사들에게서 나왔다. 성장을 뜻하는 그로스(Growth)와 해킹(Hacking)이 결합된 단어로, 고객의 반응에 따라 제품 및 서비스를 수정해 제품과 시장의 궁합(Product-Market Fit)을 높이는 것을 의미한다.

여기서 말하는 고객의 반응이란 '정량 데이터와 정성 데이터로 산출한 마케팅 아이디어를 전체 개발 과정에 걸쳐 제품에 녹여내는 전략'이다.

즉, 제품과 서비스를 성장시키기 위해 온라인 행동 데이터를 분석하여 이를 바탕으로 사용자 경험을 최적화하는 전략이다. 원래는 스타트업에서 자주 쓰던 용어지만, 현재는 회사의 매출 증대를 위해 대기업도 활용하고 있는 추세다.

그로스 해킹. 출처: Upthrust

그로스 해킹은 고객의 웹사이트 방문 기록, 머문 시간, 회원 가입 전환 비율 등 다양한 데이터를 기반으로 다양한 실험을 통해 제품 및 서비스의 성장을 가속화한다. 또한 그로스 해커는 빠르게 실행하고, 실패를 빠르게 인정하고 수정하며, 사용자의 행동을 분석하여 제품 및 서비스의 성장을 이끌어낸다. 그로스 해킹은 다음과 같은 단계를 거친다.

1. 먼저 비즈니스의 문제를 정의한다. 고객의 행동, 경쟁사, 시장 환경 등 다

양한 요인에서 문제를 찾는다.

2. 문제를 정의한 후에는 가설을 설정한다. 문제의 원인을 설명하고, 해결
   책을 제시한다.

3. 가설을 설정한 후에는 실험을 진행한다. 다양한 마케팅 전략을 테스트
   하고, 그 효과를 측정한다.

4. 실험을 진행한 후에는 결과를 분석한다. 분석을 통해 사용자 중심의 효
   과적인 마케팅 전략을 찾고, 비즈니스의 성장을 가속화한다.

그로스 해킹은 데이터와 실험을 기반으로 하기 때문에, 비즈니스의 성
장을 가속화하는 데 효과적이다. 하지만 그로스 해킹을 성공적으로 수행
하기 위해서는 기본적으로 데이터 분석에 대한 이해와 실험을 통해 배우
는 자세가 필요하다.

## 기업 사례

우버의 그로스 해킹 전략은 운송 산업에 혁명을 일으키고, 글로벌 리더
로 자리매김하는 데 중요한 역할을 했다. 다음은 우버의 성공적인 마케
팅 그로스 해킹 사례이다.

우버의 추천 프로그램은 가장 효과적인 그로스 해킹 전략 중 하나였다.
우버는 신규 사용자를 플랫폼에 추천한 라이더와 드라이버 모두에게 인

센티브를 제공했다. 추천 코드를 제공하고, 할인이나 무료 승차 혜택을 제공함으로써 기존 사용자가 친구나 가족을 초대하도록 동기를 부여하여 빠른 사용자 확보와 기하급수적인 성장을 이룰 수 있었다.

또 우버는 모바일 앱을 통해 원활하고 사용자 친화적인 경험을 제공하는 데 집중했다. 편리한 예약, 실시간 추적, 현금 없는 거래를 제공함으로써 기존 택시 서비스의 번거로움을 없앴다. 이러한 탁월한 사용자 경험은 신규 고객을 유치하는 데 큰 힘이 되었고, 충성도 높은 사용자가 되도록 유도하는 데 지렛대가 되었다.

우버의 공유 운송 서비스

우버는 전 세계 여러 도시에서 고도로 타기팅된 현지화 마케팅 캠페인을 시행해 입소문을 내고 인지도를 높였다. 소셜 미디어 플랫폼과 현지

인플루언서, 이벤트 및 파트너십을 활용해 타깃 고객에게 자신들의 비즈니스를 효과적으로 전달했다. 이러한 접근방식을 통해 우버는 새로운 시장에 빠르게 진입하고, 고객 기반을 확장할 수 있었다.

특히 논란의 여지가 있지만, 우버의 가격 인상 전략은 그로스 해킹 기법임이 입증되었다. 피크 시간대나 수요가 많은 기간 동안 우버는 수요와 공급의 역학관계에 따라 가격을 인상했다. 이러한 접근방식은 바쁜 시간대에 더 많은 드라이버가 플랫폼에 참여하도록 장려하고, 어려운 상황에서도 효율적인 운송 솔루션을 제공해 고객 만족도와 충성도를 높이는 데 기여했다.

또한 우버는 인기 있는 플랫폼 및 서비스와 전략적 제휴를 맺었다. 이를테면 구글 지도와 같은 지도 애플리케이션과 서비스를 통합해 사용자가 더 쉽게 차량 서비스를 예약할 수 있도록 했다. 여행, 숙박, 요식업 분야의 기업들과도 협력해 공동 프로모션과 크로스 플랫폼 혜택을 제공함으로써 새로운 고객층을 확보할 수 있는 기회를 확대했다.

우버는 게릴라 마케팅 전술을 창의적으로 활용하여 입소문을 내고, 기억에 남는 경험을 선사하기도 했다. 고양이나 아이스크림을 주문형으로 배달하는 등 독특한 프로모션 스턴트를 기획해 긍정적인 브랜드 인지도를 형성하고, 소셜 미디어에서 화제를 불러일으키며 큰 관심을 불러일으키는 것은 물론 무료 홍보 효과를 얻기도 했다.

이러한 그로스 해킹 전략과 파괴적인 비즈니스 모델, 기술 혁신, 고객 경험에 대한 끊임없는 집중은 우버의 운송 서비스를 전 세계로 빠르게 확장하는 원동력이 되었다. 이처럼 파격적이고 확장 가능한 마케팅 기법을 사용함으로써 우버는 대규모 사용자 기반을 확보하고, 운송 업계에 지각 변동을 일으키며 시장의 지배적인 플레이어로 자리매김할 수 있었다.

# 47. ䷮ 택수곤(澤水困)

곤궁에서 벗어나는 길 –
"곤궁에서 빠져나와라"

困, 亨, 貞, 大人吉, 无咎, 有言不信.
곤 형정 대인길 무구 유언불신

臀困于株木, 入于幽谷, 三歲不覿.
둔곤우주목 입우유곡 삼세부적

困于酒食, 朱紱方來, 利用享祀, 征凶, 无咎.
곤우주식 주불방래 이용향사 정흉 무구

困于石, 據于蒺藜, 入于其宮, 不見其妻, 凶.
곤우석 거우질려 입우기궁 불견기처 흉

來徐徐, 困于金車, 吝, 有終.
래서서 곤우금거 린 유종

劓刖, 困于赤紱, 乃徐有說, 利用祭祀.
의월 곤우적불 내서유열 이용제사

困于葛藟, 于臲卼, 曰動悔, 有悔, 征吉.
곤우갈류 곤얼올 왈동회 유회 정길

[곤(곤궁함)은 성장부터 마무리까지의 일이다. 대인은 길하고 허물이 없다. 말을 해도 믿지 않는다.]


[엉덩이가 죽은 나무 등걸 때문에 곤란하다. 어두운 골짜기로 들어가 삼년 동안 세상을 돌아보지 마라.]

[술과 밥 때문에 곤경에 처하지만 붉은 주갑이 올 것이니 제사를 드리는 것이 이롭다. 정벌하면 흉하나 허물은 없다.]

[돌에 걸려 넘어져 가시나무에 쓰러졌다. 집에 들어가더라도 아내를 만날 수 없으니 흉하다.]

[천천히 내려오는 황금 수레에 어려움을 당한다. 부끄럽지만 잘 마칠 수 있다.]

[코를 베이고 발목을 베인다. 붉은 주갑 때문에 곤경에 처하지만, 늦게 기쁨이 있으니 제사를 지내는 것이 이롭다.]

[칡덩굴처럼 얽혀 곤경에 처해 있다. 움직이면 후회한다고 말하나 후회가 있다면 가는 것이 길하다.]


《주역》 47번째 괘 택수곤(澤水困)은 위는 연못이고, 아래는 물이다. 연못 아래에 있는 물이 다 새어나가는 상이다. 물이 빠져 바싹 마른 연못 바닥에서 파닥이는 붕어와 같다. 이 시기에는 생계가 어려울 정도로 극심한 생활난을 겪을 수 있다. 이때는 사방이 꽉 막힌 상태로, 아무리 노력해도 힘만 들뿐 실속이 없다. 한 걸음 뒤로 물러서서 때를 기다려야 한다.

이 시기에는 유혹이 많을 때다. 어떤 유혹에도 흔들리지 않도록 뜻을 명확히 세워야 한다. 이 우주는 명료하다. 부서지고 깨지는 것은 균형을 맞추기 위함이다. 아무리 곤궁해도 곤란을 타개할 수 있는 굳은 신념을 가져야 한다. 이 곤란을 기쁘게 받아들이면 반드시 길이 열린다. 이는 보통 사람은 할 수가 없다. 이치를 깨달아야 곤란을 통해서 기쁨을 얻을 수 있다.

기업 경영에서 택수곤은 회사나 조직이 장애물, 어려움, 좌절을 겪고 있는 상황을 나타낸다. 변화에 대한 저항, 내부 갈등, 회사가 앞으로 나아가기 어렵게 만드는 외부의 도전이 뒤따를 수 있다. 이러한 도전을 극복하기 위해서는 기업의 경영진에게 인내심과 끈기, 전략이 필요하다. 장기적인 전략과 관점을 유지하고, 회사의 사명과 비전에 집중하며, 직원 간의 신뢰와 협력을 구축하기 위한 조치를 취해야 한다.

또한 택수곤은 경영진이 구조 조정, 리더십 교체, 새로운 전략 채택과 같은 어려운 결정을 내려야 할 수도 있음을 시사한다. 그러나 이러한 결정은 직원, 고객, 주주를 포함한 모든 이해관계자들을 고려해 신중하게 내려야 한다. 택수곤은 개인과 조직에서 발생할 수 있는 번아웃 상태를 상징할 수도 있다. 경영자나 관리자가 너무 밀어붙이면 직원들은 지치고 피로도가 높아져 생산성이 떨어지는 것을 볼 수 있다. 피로가 쌓이면 반드시 실수가 생기게 마련이다. 기업 입장에서는 효율성이 떨어진다는 의미다. 리더에게는 '넘어진 김에 쉬었다 간다'는 지혜가 필요하다.

'시나리오 경영(Scenario planning)'은 미래에 발생할 수 있는 잠재적 상황을 예측하고, 그에 따라 적절한 전략을 수립하는 과정을 말한다. 시나리오 경영은 미래가 불확실하고 예측하기 어려운 현대의 경영환경에서 기업이 성공하기 위해 필요한 중요한 도구다. 1975년 미국 랜드연구소의 허먼 칸(Herman Kahn)이 〈기원 2000년(The Year 2000: A Framework for Speculation on the Next Thirty-Three Years)〉시나리오를 발표하면서 미래에 대한 연구가 학문적 차원에서 본격적으로 논의되기 시작했고, 현재는 사회 전반에 활용되고 있다.

시나리오 경영은 다음과 같은 단계를 거친다.

1. 미래의 잠재적인 상황을 예측한다. 이 단계에서는 다양한 요인을 고려해야 한다. 이를테면 기술의 발전, 경제의 변화, 사회의 변화, 정치의 변화 등이 있다.
2. 미래의 잠재적인 상황을 예측한 후에는 적절한 전략을 수립해야 한다. 이 단계에서는 기업의 강점과 약점, 경쟁 환경, 고객의 요구사항 등을 고려해야 한다.
3. 적절한 전략을 수립한 후에는 실행해야 한다. 이 단계에서는 전략의 실행에 필요한 자원을 확보하고, 조직을 변화시키며, 직원들을 교육해야 한다.

4. 전략을 실행한 후에는 그 결과를 평가해야 한다. 이 단계에서는 전략이 목표를 달성하고 있는지, 실행 과정에서 발생한 문제는 없는지 등을 확인해야 한다. 필요한 경우 전략을 수정해야 한다.

이와 같은 시나리오 경영을 통해 기업은 미래의 잠재적인 상황을 예측하고, 그에 따라 적절한 전략을 수립하여 성공적인 미래를 준비할 수 있다. 무엇보다 시나리오 경영의 장점은 기업이 미래의 잠재적인 상황을 예측하여 위험에 대비할 수 있다는 것이다. 적절한 전략을 수립하면 경쟁우위를 확보할 수 있고, 변화하는 환경에 적응할 수 있으며, 성공적인 미래를 준비할 수 있다.

## 기업 사례

올세인츠(AllSaints)는 1994년 영국 런던에서 설립된 패션 브랜드다. 이스트 런던의 문화를 담은 확고한 브랜드 콘셉트로 영국 패션의 상징으로 여겨진다. 그러나 올세인츠는 2008년 글로벌 금융위기로 크게 휘청거렸다. 무리하게 사업을 확장하던 올세인츠는 결국 2011년 법정관리 직전까지 갔다. 다행히 영국의 사모펀드 라이언 캐피탈(Lion Capital)이 약 1,547억 원에 회사를 인수한 후, 2012년에 CEO로 취임한 윌리엄 김이 디지털 혁신을 통해 이 회사를 회생시키는 데 성공했다.

올세인츠

　윌리엄 김은 1972년 괌에서 태어나 유년 시절을 한국에서 보내고, 다시 미국으로 건너간 이민 1.5세대다. 그는 콜로라도대학교에서 회계학을 전공했다. 졸업 후, 그는 이탈리아 명품 브랜드 구찌에 입사하여 CFO로 근무했다. 이후, 영국 명품 브랜드 버버리로 이직해 리테일·디지털 부문 수석부사장을 역임했다.

　그는 올세인츠의 CEO로 취임한 후 온라인 판매를 강화하고, 소셜 미디어를 적극적으로 활용했다. 특히 그는 IT 혁신기업들을 벤치마킹하고, 본격적인 디지털화를 위해 '디자인 씽킹(Design Thinking)'으로 회사의 밑바탕을 혁신했다. 신제품 출시 주기도 계절 단위에서 월별 단위로 바꿨고, 젊은 소비자층을 겨냥한 새로운 마케팅 전략도 선보였다. 이러한 노력으로 올세인츠는 2015년부터 흑자 전환에 성공했다. 올세인츠는 현재 전 세계에 200여 개 매장을 운영하고 있으며, 연간 매출액은 1조 5천억 원에 달한다.

올세인츠는 파산 직전에서 성공적으로 회생한 패션 브랜드의 대표적인 사례로 꼽힌다. 올세인츠의 성공에는 여러 가지 요소가 있지만, 크게 세 가지가 핵심이라고 할 수 있다. 첫째, 온라인 판매를 강화하고, 소셜 미디어를 적극적으로 활용한 디지털 혁신을 실천했다는 것이다. 둘째, 이스트 런던의 문화를 담은 확고한 브랜드 콘셉트는 그대로 유지한 채 고급스러운 소재와 정체성이 뚜렷한 디자인을 선택해 젊은 소비자층의 마음을 사로잡았다는 것이다. 셋째, 고품질의 제품을 생산하기 위해 노력했으며, 합리적인 가격 정책을 통해 소비자의 만족도를 높였다는 것이다. 올세인츠의 성공 사례는 전통적인 산업으로 분류되던 패션업계에도 디지털 혁신이 중요하다는 것을 제대로 보여준다.

한편 윌리엄 김은 올세인츠를 파산 직전에서 성공적으로 회생시킨 공로로 2017년 영국 패션 어워드에서 올해의 CEO상을 수상했다. 그는 삼성전자 무선사업부 리테일 이커머스 총괄 부사장으로 GDC(Glob al Direct to Consumer)센터를 이끌다가 2022년 글로벌 자전거 의류 브랜드 라파의 대표이사로 영입되어 디지털 플랫폼을 확장했다. 이후 2023년 신세계인터내셔널 총괄 대표이사로 영입되었으며, 신세계인터내셔널의 패션 부문, 코스메틱 부문 대표이사와 이사회 의장도 겸하고 있다.

# 수풍정(水風井)

변화를 도모하는 법 –
"고인 물은 썩는다"

井, 改邑, 不改井, 无喪无得, 往來井井, 汔至亦未繘
井, 羸其瓶, 凶.

정 개읍 불개정 무상무득 왕래정정 흘지역미율
정 이기병 흉

井泥不食, 舊井无禽.

정니불식 구정무금

井谷, 射鮒, 甕敝漏.

정곡 사부 옹폐루

井渫不食, 爲我心惻, 可用汲, 王明, 並受其福.

정설불식 위아심측 가용급 왕명 병수기복

井甃, 无咎.

정추 무구

井洌, 寒泉食.

정열 한천식

## 井收勿幕, 有孚, 元吉.
정 수 물 막  유 부  원 길

[정(우물)은 우물을 바꾸지 않고 마을을 바꾸면 손해도 없고 이득도 없다. 물을 길러 우물에 왕래한다. 거의 이르러서 줄을 다 올리지 못하고 뒤집혀 두레박이 깨진다면 흉하다.]

[우물 바닥에 진흙이 쌓여 먹을 수 없는 오래 방치된 우물은 새가 찾아오지 않는다.]

[우물물이 골짜기를 타고 흘러 송어에게 향하고 동이도 깨져서 물이 샌다.]

[우물이 깨끗해도 아무도 먹지 않으니 내 마음이 슬프다. 능히 물을 길을 수 있으니 왕이 현명하면 더불어 그 복을 누린다.]

[우물은 벽돌을 쌓으면 허물이 없다.]

[우물물이 깨끗해 달고 시원한 샘물을 먹는다.]

[우물을 긷고 뚜껑을 덮지 않으니 처음부터 믿음이 있어 길하다.]

《주역》 48번째 괘 수풍정(水風井)은 위는 물이고, 아래는 바람이다. 바람이 물 밑에 있다? 여기서 바람은 나무를 뜻한다. 바람처럼 움직일 수 있는 나무, 즉 두레박을 뜻한다. 우물에서 두레박으로 맑은 물을 끌어올리는 상이다.

우물은 퍼내 써야 물이 마르지 않고, 맑은 상태를 유지한다. 우물은 오가는 사람 누구나 자유롭게 사용해야 한다. 우물의 물을 퍼내 쓰기 위해 필요한 것이 두레박이다. 군자는 우물에서 물을 마시기 위해 쓰는 두레박처럼 웅대한 목표와 주변 사람들을 위해 기꺼이 자신의 몸을 던져야 한다.

기업 경영에서 수풍정은 탄탄한 기반 위에 지식, 인재, 금융 자본 등 풍부한 내부 자원을 활용해야 목표를 달성할 수 있음을 시사한다. 이 시기에는 기업이 대규모의 인력이나 충성도 높은 고객층을 가진 확고한 브랜드를 구축하고 있을 때다. 혹은 새로운 프로젝트나 이니셔티브에 투자할 수 있는 상당한 규모의 재정적 자본을 보유한 상황이다. 수풍정은 이를 바탕으로 조직을 성공으로 이끌 수 있는 리더가 필요하다고 조언한다. 이때 리더는 직원 및 이해관계자와 좋은 관계를 유지하고, 직원들의 동기 부여와 참여를 유지하기 위해 원활한 소통해야 한다.

우물은 여러 세대에 걸쳐 생명을 유지할 수 있는 지속적인 물의 원천이다. 기업의 리더는 우물처럼 장기적으로 미래를 생각하고 계획하며, 시간이 흘러도 지속 가능한 비즈니스 모델을 만들어야 한다. 또한 우물은 성장과 발전의 상징이기도 하다. 기업 경영에서 이는 직원의 역량 개발에 집중하고, 조직 내에서 학습과 성장 문화를 조성하는 것을 의미한다. 직원의 역량 개발은 기업이 장기적으로 성공할 수 있는 가장 강력하고, 가장 지속 가능한 파이프라인이다.

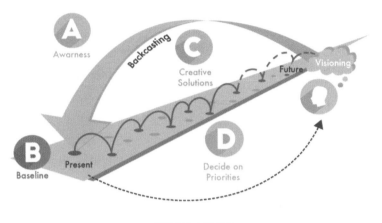

백캐스팅 수행 단계

미래 연구 분야에서 사용하는 '백캐스팅(Backcasting)'은 이상적인 미래 상태를 설정하고, 거꾸로 거슬러 올라가 현재의 상태에서 어떤 변화를 가져와야 하는지 도출하는 방식이다. 포캐스팅과는 반대로 현재의 상황을 바탕으로 미래를 예측하는 것이 아니라, 이상적인 미래 상태를 설정하고, 그 상태를 달성하기 위한 전략을 수립하는 것이다. 미래의 목표에서 시작하여 현재의 상황을 분석하는 백캐스팅은 포캐스팅보다 더 현실적이고 구체적인 전략을 세울 수 있다. 또한 미래의 불확실성을 고려해 전략을 수립할 수 있다는 장점도 있다.

백캐스팅을 수행하는 단계는 다음과 같다.

1. Visioning: 이상적인 미래 상태를 설정한다.
2. Identify the Gap: 현재의 상태와 이상적인 미래 상태의 차이를 분석한다.
3. Identify Pathways: 차이를 해소하기 위한 전략을 수립한다.
4. Implementation and Evaluation: 전략의 실행 가능성을 평가한다.
5. Action Planning: 최종적으로 전략을 실행한다.

백캐스팅은 조직과 개인이 현재의 제약을 넘어 생각하고, 변혁적인 미래를 구상하도록 장려하기 때문에 전략이나 미래 지향적 사고를 위한 강력한 도구가 된다. 원하는 결과를 달성하는 데 필요한 단계를 식별해 원하는 미래를 만드는 데 보다 체계적이고 의도적인 접근이 가능하다. 이화여대 윤정구 교수는《황금 수도꼭지》에서 소위 지금까지 경영의 패러다임을 장악해왔던 벤치마킹하고, 카리스마를 발휘하고, 치열하게 싸우는 전략경영을 넘어 목적을 가지고 미래로 먼저 가서 사람들을 불러들이는 목적경영이야말로 새로운 황금 수도꼭지를 만드는 방법이라고 주장했다.

오늘을 바꾸면 미래가 달라진다. 미래를 바꾸면 과거가 바뀐다. 이처럼 백캐스팅은 원하는 미래 상태에 집중하고 거꾸로 작업함으로써 더 나은 미래를 위한 의사결정, 즉 전략적 우선순위를 설정하고, 혁신을 추진하는 데 도움이 된다.

상상력의 제국으로 불리는 픽사와 디즈니 애니메이션의 뒤에는 마르지 않는 창의성의 대가 에드윈 켓멀(Edwin Catmull)이 있었다. 그는 컴퓨터 과학자로, 픽사 공동창립자이자 픽사&디즈니 애니메이션 전 CEO를 역임했다. 그는 컴퓨터 애니메이션 분야에 큰 기여를 했으며, 2014년에 출판한 《창의성을 지휘하라(Creativity, Inc.: Overcoming the Unseen Forces That Stand in the Way of True Inspiration)》는 창의성과 리더십에 대한 고전으로 여겨지고 있다.

캣멀은 창의성이 단순히 재능이나 영감이 아니라, 시스템과 프로세스를 통해 촉진될 수 있다고 믿었다. 그는 픽사에서 창의적인 환경을 조성하기 위해 다양한 방법을 사용했다. 직원들에게 실패에 대한 두려움 없이 아이디어를 자유롭게 제시할 수 있는 분위기를 조성했고, 직원들이 서로 협력하고 아이디어를 공유할 수 있는 기회도 제공했다. 이러한 노력은 곧 성과로 이어졌다. 픽사는 그의 리더십 아래 '토이 스토리'와 '몬스터 주식회사'와 같은 다수의 히트작을 만들어냈다. 또한 캣멀은 디즈니 애니메이션 스튜디오의 CEO를 역임하며 디즈니를 애니메이션 분야의 강자로 재탄생시켰다.

1991년에 픽사가 제작한 첫 장편 영화 '토이 스토리'는 애니메이션과 영화계의 역사를 바꾼 대표적인 작품 중 하나로 꼽힌다. 이 애니메이션의 성공을 시작으로 전통적인 2D 제작 방식이 점차 사양세를 타고 3D CG

애니메이션이 업계의 대세가 되었다. 단순히 3D로의 전환뿐 아니라 가족애와 우정, 사랑, 동심 등을 깊이 담아내고 있다는 점에서 이 작품은 그의미가 더 깊고 크다고 할 수 있다. 다음은 그의 책 한 구절이다.

"1995년, 스티브 잡스가 픽사를 상장해야 한다고 우리를 설득했을 때 내세운 논지 중 하나는 '픽사가 언젠가는 흥행 실패작을 내놓아 큰 손실을 볼 날이 올 테니, 주식을 상장해 돈을 모아두어야 한다'는 것이었다. 픽사 주식을 상장해 자금을 모으면 더 자유롭게 작품을 제작할 수 있을 뿐만 아니라 흥행에 실패해도 버텨 나갈 안전망을 마련할 수 있었다. 잡스는 픽사의 생존이 작품 한 편 한 편의 흥행에 전적으로 의존해서는 안 된다고 생각했다.

우리는 잡스의 주장에 충격을 받았다. 우리가 제작할 작품 중에서 언젠가는 실패작이 나올 것이며, 이는 피할 수 없는 일이라는 논리 때문이었다. 우리는 언제 얼마나 큰 실패를 겪을지 몰랐다. 따라서 우리는 모르는 문제(숨은 문제)에 대비해야 했다.

그날 이후 나는 숨은 문제를 최대한 많이 파악하기로 결심했다. 숨은 문제를 파악하려면 철저한 자기평가가 필요하다. 잡스의 주장대로 주식을 상장해 금융적 완충 장치를 마련한 덕분에 픽사는 한두 편 실패해도 회복할 여력이 생겼다. 하지만 나는 항상 보이지 않는 위험을 경계하고, 위험 신호를 찾아다니는 것을 픽사 사장으로서의 목표로 삼았다."

캣멀의 창의성에 대한 통찰력은 기업과 조직의 리더들에게 큰 영감을

주고 있다. 그의 책 《창의성을 지휘하라》는 창의성을 촉진하는 방법에
대한 실용적인 조언을 제공한다. 캣멀의 이야기는 창의성이 성공의 핵심
요소임을 여실히 보여주고 있다.

# 택화혁(澤火革)

혁신의 길 –
"세상을 바꿔라"

革, 已日乃孚, 元亨, 利貞, 悔亡.
혁 이일내부 원형 이정 회망

鞏用黃牛之革.
공용황우지혁

已日乃革之, 征吉, 无咎.
이일내혁지 정길 무구

征凶, 貞厲, 革言三就, 有孚.
정흉 정려 혁언삼취 유부

悔亡, 有孚, 改命, 吉.
회망 유부 개명 길

大人虎變, 未占有孚.
대인호변 미점유부

君子豹變, 小人革面, 征凶, 居貞吉.
군자표변 소인혁면 정흉 거정길

[혁(변혁)은 때가 도래하고 믿음이 있기에 처음부터 끝까지 후회가 없다.]

[질긴 황소 가죽으로 단단히 묶어야 한다.]
[때가 도래했다면 개혁으로 나아가야 길하고 허물이 없다.]
[나아가면 흉하다. 끝까지 위태롭다. 개혁하자는 말이 세 번(세 가지 측면) 있어야 사람들이 믿는다.]
[후회가 없고 믿음이 있다면 천명을 고쳐도 길하다.]
[대인은 호랑이가 변하듯 변혁하니 점을 쳐보지 않아도 믿을 수 있다.]
[군자는 표범처럼 변하고 소인은 두려움에 낯을 바꾼다. 나아가면 흉하다. 끝내 멈춰야 길하다.]


《주역》 49번째 괘 택화혁(澤火革)은 위는 연못이고, 아래는 불이다. 연못 아래 불이 있어 물이 끓는 상이다. 물이 끓어 증발하면 큰 변화를 일으킨다. 연못 밑에 뜨거운 불이 있어 화산이 폭발해 용암이 분출하듯 그 맹렬함이 세상을 깜짝 놀라게 한다는 의미로, 아래에서 위의 문제를 해결하기 위해서는 적극 일어나 확 바꾸지 않으면 안된다고 조언하고 있다. 정치적인 문제라면 혁명(쿠데타)이 일어나는 상황이다. 실제로 제후 탕왕은 폭정을 일삼던 하나라 천자 걸왕을 죽이고 은나라(상나라)를 세웠다. 또 주나라 무왕은 은나라 폭군 주를 징벌했다. 민심이 곧 천심이라는 얘기다.

기업 경영에서 택화혁은 중대한 변화, 혼란, 격변과 관련 있다. 현상 유지가 더 이상 통하지 않고, 변화가 필요한 시기를 나타내며, 상황을 반전시키기 위해 급진적인 변화가 필요하다는 것을 시사한다. 이 시기는 기존의 업무 방식이 더 이상 효과적이지 않고, 새로운 접근방식이 필요한 때다. 즉, 회사 정책의 전면적인 개편, 회사 구조의 재편, 기업문화의 변화를 의미한다.

이러한 변화의 시기에 리더는 대담하고, 결단력이 있으며, 능동적이어야 한다. 위험을 감수하고, 새로운 아이디어와 전략에 개방적이어야 하는 시기다. 그러나 변화에 대한 잠재적인 저항도 염두에 두어야 한다. 모든 이해관계자에게 변화의 필요성을 명확하게 효과적으로 전달하는 것이 중요하다.

특히 혁명적인 특성 때문에 불확실하고 예측 불가능한 일이 발생할 수도 있다. 리더는 이러한 상황을 기꺼이 받아들이고, 접근방식에 유연함과 과감함을 발휘해야 한다. 조직은 내외부적으로 격동의 시기를 겪겠지만, 궁극적으로는 발전과 성장으로 이어질 수 있는 중요한 변화의 시기임을 명심해야 한다.

## 실천 항목

'파괴적 혁신(Disruptive Innovation)'은 하버드 비즈니스 스쿨의 저명한 교수인 클레이튼 크리스텐슨(Clayton Christensen)이 그의 저서 《혁신기업의 딜레마(The Innovator's Dilemma)》에서 소개한 개념이다.

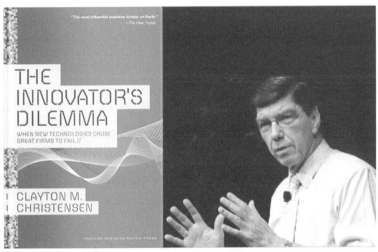

클레이튼 크리스텐슨 교수와 저서《혁신기업의 딜레마》

이는 더 작고 단순하며 초기에는 열등한 제품이나 서비스가 시장에 진입하여 결국 기존 산업이나 시장 부문을 파괴하고 재편하는 과정을 말한다. 그가 주창한 '파괴적 혁신'이란 개념은 스티브 잡스, 제프 베조스, 리드 헤이스팅스 등과 같은 실리콘밸리 기업인들에게 많은 영감을 주었다.

파괴적 혁신은 기본적으로 기존 제품이나 서비스로부터 소외된 고객을 타기팅하는 것에서 시작된다. 이러한 고객을 기존 기업에서는 간과하거나 중요하지 않은 것으로 간주한다. 파괴적 혁신은 바로 이러한 고객에게 더 접근하기 쉽고, 더 저렴하며, 더 편리한 대안을 제공한다.

처음에는 파괴적 혁신이 기존 제품이나 서비스의 성능 표준을 충족하지 못할 수도 있다. 그러나 단순성, 저렴한 비용, 편의성 향상 등 고객을 끌어들이는 다른 특성을 가지고 있다. 그리고 시간이 지남에 따라 성능이 향상되면서 더 많은 고객을 확보하여 결국 기존 솔루션을 능가하는 지점에 도달하게 된다. 이러한 파괴적 혁신은 기존 기업의 제품이나 서비스를 대체하는 결과를 낳는다.

파괴적 혁신에는 크게 두 가지 유형이 있다. 먼저 로엔드형(Low-End)은 신규 진입자가 기존 제품이나 서비스로 인해 과잉 서비스를 받고 있는 고객을 타깃으로 한다. 신규 진입자는 더 간단하고 저렴한 대안을 제공함으로써 점진적으로 시장점유율을 확보한다. 기존 기업은 수익성이 높은 고객을 우선시하기 때문에 이러한 저가형 파괴적 혁신을 무시하는 경우가 많다. 따라서 기존 기업의 강력한 경쟁자가 될 때까지 성장하고 발전할 수 있다는 장점을 가진다.

그 다음은 신규 시장형(New Market)으로, 새로운 진입자가 이전에 존재하지 않았던 시장을 창출하는 것을 말한다. 이러한 신규 시장형 혁신가들은 충족되지 않은 니즈나 소외된 고객 세그먼트를 파악해 이를 충족할 수 있는 혁신적인 솔루션을 개발한다. 이들은 더 간단하고, 더 저렴하며, 더 쉽게 접근할 수 있는 새로운 제품이나 서비스를 출시해 새로운 고객층을 확보하고, 결국 주류 시장으로 확장한다.

파괴적 혁신은 경쟁 구도를 재편하고, 기존 기업이 적응하거나 도태될 위험을 제공하며, 새로운 플레이어가 등장할 수 있는 기회를 창출하기 때문에 산업 지형에 중대한 영향을 미칠 수 있다. 따라서 파괴적 혁신을 탐색하는 기업은 급변하는 시장에서 성공할 가능성이 매우 높다. 그러나 모든 혁신이 파괴적인 것은 아니다. 많은 혁신은 시장의 역학을 근본적으로 바꾸기보다는 기존 제품이나 서비스를 지속적으로 개선하는 데 중점을 둔다. 산업 지형을 재편하고 새로운 시장을 창출하는 파괴적 혁신은 기술 발전과 변화하는 고객 니즈가 가져오는 도전과 기회를 이해하고 탐색하는 데 중요한 개념이다.

한편, 세계적인 경영학의 대가인 클레이튼 크리스텐슨 교수는 2020년 1월 23일 향년 67세로 돌아가셨다.

## 기업 사례

애플은 파괴적 혁신의 아이콘이다. 애플은 아이폰을 출시하면서 기존의 휴대폰 시장을 완전히 바꿔놓았다. 아이폰은 기존의 휴대폰보다 더 작고, 더 가볍고, 더 사용하기 쉬웠다. 또한 앱스토어(App Store)를 통해 다양한 앱을 제공하며 사용자들에게 새로운 경험을 제공했다. 이러한 혁신적인 제품과 서비스로 인해 애플은 단기간에 휴대폰 시장의 강자로 자리매김할 수 있었다.

애플의 성공은 클레이턴 크리스텐슨이 말하는 파괴적 혁신의 핵심 요소들을 모두 갖추고 있었기 때문에 가능했다, 먼저 애플은 기존의 시장에서 소외된 고객층을 대상으로 혁신적인 제품과 서비스를 제공했다. 두 번째로 애플은 기존의 강자들이 제공하지 못했던 새로운 가치를 창출했다. 기존의 휴대폰 제조업체들은 하드웨어에 집중했지만, 애플은 하드웨어뿐만 아니라 소프트웨어와 서비스에도 집중했다. 세 번째로 애플은 기존 강자들의 약점을 파고들어 빠르게 시장을 장악했다. 기존의 휴대폰 제조업체들은 아이폰의 등장에 제대로 대응하지 못했다. 그 결과, 애플은 단기간에 휴대폰 시장의 강자로 자리매김할 수 있었다.

애플의 제품 라인업. 출처: Apple

이처럼 애플의 성공은 기업들이 파괴적 혁신을 통해 기존의 시장을 혁신하고 새로운 강자로 자리매김할 수 있음을 보여주는 대표적인 사례다. 애플의 파괴적 혁신 사례를 살펴보자.

2001년 아이팟 출시는 사람들이 음악을 듣는 방식에 혁명을 일으켰다. 당시 음악 산업은 CD와 물리적 미디어가 지배적이었다. 그러나 작은 크기, 직관적인 사용자 인터페이스, 아이튠즈(iTunes)와 완벽한 통합을 갖춘 아이팟은 음악을 저장하고 들을 수 있는 편리하고 휴대하기 쉬운 방법을 제공함으로써 시장을 뒤흔들었다. 이 제품은 디지털 음악 플레이어라는 개념을 새로 개척했으며, 궁극적으로 전통적인 음악 산업의 쇠퇴와 디지털 음악의 부상을 가져왔다.

2003년, 애플은 합법적인 음악을 합리적인 가격에 다운로드할 수 있는 디지털 플랫폼인 아이튠즈 스토어(iTunes Store)도 출시했다. 아이튠즈 스토어 이전에는 CD와 같은 물리적 미디어가 음악 산업을 지배했다. 하지만 아이튠즈 스토어는 불법 복제에 대한 합법적이고 편리한 대안을 제공함으로써 음악 산업에 지각 변동을 일으켰다. 아이튠즈 스토어는 음악 소비를 물리적 미디어에서 디지털 포맷으로 전환하고, 업계가 디지털 배포 모델로 전환하는 데 중요한 역할을 했다.

아이팟과 아이튠즈 스토어는 파괴적 혁신의 서막에 불과했다. 2007년에 출시된 아이폰은 휴대폰 업계의 판도를 바꿨을 뿐만 아니라 산업 지형 자체를 재편한 게임체인저였다. 터치스크린 인터페이스, 인터넷 연결, 다양한 애플리케이션을 하나의 디바이스에 결합했다. 아이폰은 기존 피처폰의 기능을 뛰어넘는 사용자 친화적인 올인원 솔루션을 제공함으로써 시장에 지각 변동을 일으켰다. 이 제품의 성공은 스마트폰의 광범위한 보급으로 이어져 휴대폰 산업뿐 아니라 사진, 게임, 모바일 앱 등 다양한 산업에 변화를 가져왔다.

애플은 아이폰과 함께 앱 스토어(App Store)를 도입했다. 이 플랫폼을 통해 타사 개발자는 아이폰용 애플리케이션을 제작하고 배포할 수 있었으며, 혁신의 물결을 일으켰다. 앱 스토어는 모바일 앱을 위한 중앙 마켓플레이스를 제공하고, 개발자가 방대한 고객층을 확보할 수 있도록 지원함으로써 소프트웨어 업계에 지각변동을 일으켰다. 새로운 비즈니스 모델의 출현을 촉진하고, 앱 경제의 성장으로 이어져 사람들이 모바일 장치를 사용하고 상호작용하는 방식을 변화시켰다. 이후 IT 산업뿐 아니라 대부분 사업에서 플랫폼, 즉 생태계 구축에 눈을 뜨기 시작했다.

2015년 애플워치(Apple Watch)의 출시는 기존 시계 산업에 지각변동을 가져왔다. 스마트워치는 기존에도 이미 존재했지만, 애플워치는 기능, 스타일 등을 다른 애플 디바이스와 통합했다. 웨어러블에 대한 인식을 단순한 피트니스 트래커에서 다양한 작업을 수행할 수 있는 종합적인 연결 장치로 변화시킨 것이다. 애플워치의 성공은 스마트워치 시장의 성장에 크게 기여했으며, 후속 기기의 디자인과 기능에도 영향을 미쳤다.

이러한 사례는 고객의 니즈를 파악하고 혁신적인 솔루션을 개발해 새로운 시장을 창출하거나 기존 시장을 크게 재편하는 애플의 능력을 보여준다. 사용자 경험, 디자인, 통합 및 에코시스템 구축에 대한 애플의 집중력은 파괴적인 혁신과 회사의 지속적인 성공에 중요한 역할을 했다.

# 50. 화풍정(火風鼎)

안정의 길 –
"새로운 것을 취하라"

鼎, 元吉, 亨.
정 원길 형

鼎顚趾, 利出否, 得妾, 以其子, 无咎.
정전지 이출비 득첩 이기자 무구

鼎有實, 我仇有疾, 不我能卽, 吉.
정유실 아구유질 불아능즉 길

鼎耳革, 其行塞, 雉膏不食, 方雨, 虧悔終吉.
정이혁 기행색 치고불식 방우 휴회종길

鼎折足, 覆公餗, 其形渥, 凶.
정절족 복공속 기형악 흉

鼎黃耳金鉉, 利貞.
정황이금현 이정

鼎玉鉉, 大吉, 无不利.
정옥현 대길 무불리

[정(솥)은 처음부터 길하고 성장해 나간다.]

[솥의 발이 뒤집혔으나 나쁜 음식을 버리니 이롭다. 첩을 얻어 자식까지 얻으니 허물이 없다.]

[솥에 음식이 가득한데, 내 원수가 병이 들었다. 내게 오지 못하니 길하다.]

[솥의 귀가 변해 옮기는 것이 어려워 꿩고기를 먹을 수 없다. 비가 와서 후회를 없앨 것이니 마침내 길하다.]

[솥의 다리가 부러져 공에게 바칠 음식이 뒤집혀 쏟아지고 공의 얼굴이 붉어지니 흉하다.]

[솥의 귀에 누런 황금 고리를 달면 끝까지 이롭다.]

[솥에 옥으로 장식한 고리가 달려 크게 길하고 이롭지 않음이 없다.]

《주역》 50번째 괘 화풍정(火風鼎)은 위는 불이고, 아래는 바람이다. 정(鼎)은 귀가 둘이고, 발이 셋인 솥이다. 불 밑에 바람이 불고 있는 상으로, 음식을 하기 위해 아궁이에 불을 지피고, 먹고 남은 찌꺼기를 비우고, 새롭게 음식물을 만들어 가는 과정을 뜻한다. 바람과 불이 상생해 서로 도움이 되고, 가마솥 안에서 여러 가지 재료들이 어우러져 조화로운 맛을 낸다는 의미다. 이는 개별적으로는 큰 힘이 없으나 여럿이 모여 상생하면서 새로운 것을 만들어 낸다고 《주역》은 강조한다.

기업 경영에서 화풍정은 공동의 목적을 위해 사람과 자원을 한데 모으는 시기를 의미한다. 기업의 리더는 공동의 목표를 향해 효과적으로 협력할 수 있도록 강력한 팀을 구성하고, 개개인의 특성에 맞는 인재를 육성하는 데 초점을 맞춰야 함을 시사한다. 이때 리더는 개인의 성장과 변화를 가능케 하는 교육 지원에 집중하는 프로세스를 만들어야 한다. 이는 지속적인 학습과 열린 커뮤니케이션을 장려함으로써 이룰 수 있다. 그 다음에는 여러 목소리가 조화를 이루어 합창을 하듯이 완벽한 팀워크와 협동을 만들어 내야 한다.

화풍정은 성공적인 결과가 공동의 목표에 대한 모든 사람의 헌신과 기여에 달려 있음을 시사한다. 이는 모두가 프로젝트의 성공에 대한 책임과 의무를 느끼는 주인의식을 가질 때 달성할 수 있다. 모든 일이 그렇듯 중지를 모으고 서로의 결점을 보완해 주는 덕을 지니면 좋은 결과를 얻는다. 반면에 세 다리 가운데 어느 것 하나라도 완전치 못하면 솥은 이내 한쪽으로 기울게 된다는 점을 리더는 명심해야 한다.

### 실천 항목

"지체되는 개발 프로젝트에 인력을 더하는 것은 개발을 늦출 뿐이다."

브룩스의 법칙으로 유명한 프레더릭 브룩스가 1975년에 소프트웨어 공학과 프로젝트 관리에 관해 출간한 《맨먼스 미신(The Mythical Man-Month: Essays on Software Engineering)》에 나오는 얘기다. 브룩스는 이 책에서 소프트웨어 개발은 본질적으로 복잡한 작업이며, 인력을 추가한다고 해서 개발 속도가 비례적으로 증가하는 것은 아니라고 말한다. 이 이론을 '미신'이라고 부르는 이유다. 인력을 추가하면 오히려 의사소통과 조정 비용이 증가하여 개발 속도가 느려질 수 있다. 또한 인력을 추가하면 프로젝트 규모가 커지기 때문에 개발에 필요한 자원과 시간이 증가하게 된다.

프레더릭 브룩스의 《맨먼스 미신》

이 이론은 IBM에서 OS/360 프로젝트를 관리했던 브룩스의 경험에 바탕을 두고 있다. OS/360은 당시로서는 매우 복잡한 프로젝트였고, 브룩스는 프로젝트를 완료하기 위해 많은 인력을 투입했다. 그러나 인력을 더 투입할수록 프로젝트는 지연되었고, 결국은 예정보다 2년이나 늦게 출시됐다. 브룩스의 주장은 소프트웨어 개발 현실을 잘 반영하고 있다는 평가를 받고 있다. 오늘날에도 많은 개발자들이 브룩스의 법칙을 바탕으로 개발 프로젝트를 관리하고 있다.

'맨먼스 미신'을 해결하기 위해서는 프로젝트를 잘 계획하고, 관리하는 것이 중요하다. 프로젝트를 계획할 때는 그 규모와 복잡성을 고려하여 적절한 인력을 배치해야 한다. 또한 프로젝트를 관리할 때는 소통과 협업을 통해 진행 상황을 공유하고, 문제를 해결해야 한다.

1986년 일어난 챌린저호 폭발사고의 원인 중 하나는 발사팀에 인력이 너무 많았기 때문이라고 한다. 챌린저호 사고 조사위원회의 보고서에 따르면, 발사팀은 100명 이상으로 구성되어 있었고, 각자는 자신의 업무에 집중하고 있었다. 이로 인해 의사결정이 지연되었고, 사고를 막을 수 있는 기회를 놓치게 되었다. 사고 이후 미국 항공우주국은 발사팀 규모를 줄이고, 의사결정 과정을 단순화했다. 또한 책임을 명확히 하여 의사결정이 지연되는 것을 방지하고 있다.

모두 알다시피 챌린저호 폭발사고의 주된 원인은 발사 당일 고드름이 얼 정도로 추운 날씨에 뻣뻣해져 제 역할을 하지 못한 '오링(O-ring)' 때문이었다. 오링은 기계 부품 이음매에서 기체가 새나가지 않도록 하는 고무패킹을 말한다. 실제로 우주왕복선의 고체 로켓 부스터를 설계하고 제작한 경험이 많은 오링 기술자가 회의 때 발사를 취소하거나 일정을 조정해달라고 몇 번이나 요청하기도 했다. 매우 낮은 온도 때문에 오링이 언다면 제 역할을 하지 못할 것이라는 말도 덧붙였다. 그러나 미국 항공우주국과 회사 고위 관리자들은 그의 말을 무시하고 발사를 허가했다.

맨먼스 미신은 소프트웨어 개발 분야에만 국한되지 않는다. 다른 분야에서도 인력을 추가로 투입했는데도 불구하고 프로젝트가 지연되거나 예산을 초과하는 경우가 종종 있다. 어떤 분야에서건 프로젝트 관리를 맡고 있는 사람이라면 반드시 그의 책을 읽어보기를 권한다.

제프리 무어는 《캐즘 마케팅(Crossing the Chasm)》에서 첨단기술 기업이 제품을 주류 시장에 진입시키는 데 실패하는 이유 중 하나가 집중할 수 있는 프로젝트 수를 제한하는 규율이 없기 때문이라고 주장했다. 그는 첨단기술 기업이 너무 많은 프로젝트를 동시에 진행하는 경우가 많다고 지적했다. 이러한 프로젝트는 모두 중요한 것처럼 보이지만, 그중에는 주류 시장에서 성공할 가능성이 낮은 프로젝트도 많다. 무어는 첨단기술 기업이 이러한 프로젝트 중에서 주류 시장에서 성공할 가능성이 가장 높은 프로젝트에 집중해야 한다고 주장했다. 첨단기술 기업뿐 아니라 모든 기업들 역시 성공적인 제품을 개발하고, 시장에 출시하기 위해서는 무어의 주장을 참고해야 한다.

## 기업 사례

변신과 변화는 다르다. 변신은 전혀 다른 모습으로 바뀌는 것이고, 변화는 정체성을 유지하며 업그레이드를 하는 것이다. 변신과 변화가 항상 긍정적인 것은 아니다. 기업의 변화는 선택이 아닌 필수다. 《주역》도 끊임없이 변화하라고 가르치고 있다. 고객의 니즈가 하루가 다르게 변화하고, 후발 기업들의 추격이 거세지면서 기업은 시장에서 크고 작은 변화를 끊임없이 시도하고 있다. 이러한 환경에서 기업의 변화는 선택이라기보다는 필수에 가깝다. 이런 환경 변화에 대응하기 위한 변화를 변신으로 착각하는 기업들은 심각한 성과 하락을 경험할 뿐만 아니라, 최악의 경우 기업의 몰락으로까지 이어지게 된다.

마이크로소프트 전 CEO 스티브 발머. 출처: Microsoft

2006년 세계 최대의 컴퓨터 소프트웨어 기업인 마이크로소프트의 CEO 스티브 발머(Steve Ballmer)는 금융 전문가들과의 연례 모임에서 마이크로소프트의 '새로운 시대'가 시작됐음을 알리면서 "엔터테인먼트와 온라인 사업에 승부를 걸겠다"고 말했다. 그는 "우리는 사람들이 수년간 생각해왔던 것처럼 데스크톱 회사였다"며, "그러나 이러한 정체성은 변화를 맞고 있으며, 우리는 이제 온라인과 오락이라는 2가지 핵심을 구축해 승부를 걸겠다"고 선언했다.

마이크로소프트는 이러한 구상에 맞춰 애플의 아이팟에 맞설 음악 재생기 '준(Zune)'을 미국에서 출시하고, 해외 시장에 다양한 버전을 내놓겠다고 밝혔다. '준'은 아잇팟과는 달리 무선인터넷 장치를 갖추고 있어 사람들이 음악과 비디오를 공유할 수 있도록 해준다는 전략도 내놓았다. 이와 더불어 구글을 능가하는 보다 정교한 온라인 광고 시스템을 준비 중이라고도 밝혔다. 이 모두 애플과 구글의 서비스에 대항마로 내놓은 것이다. 빌 게이츠가 역사상 가장 위대한 프로그래머로 꼽은 마이크로소프트의 최고 소프트웨어 설계 책임자(CSO) 레이 오지(Ray Ozzie)가 "PC가 IT 세상에서 핵심 역할을 맡던 시대는 끝났다"고 단언한 것도 마이크로소프트의 전략 변화를 대변하고 있다.

하지만 빌 게이츠의 뒤를 이어 2000년부터 2014년까지 마이크로소프트의 CEO를 역임한 스티브 발머는 재임 기간 동안 몰락의 길을 걸었다. 마이크로소프트의 몰락에는 물론 여러 가지 이유가 있다. 그중에서도 가장 큰 이유를 들자면, 발머가 모바일 시대에 제대로 대응하지 못했다는 것이다.

발머는 2007년 애플이 아이폰을 출시했을 때, 이 제품이 성공하지 못할 것이라고 생각했다. 그러나 아이폰은 큰 성공을 거두었고, 마이크로소프트는 애플과 구글에 밀려 모바일 시장에서 점유율을 상당 부분 잃었다. 특히 발머의 또 다른 실책은 동시다발적인 프로젝트 진행이었다. 발머는 마이크로소프트를 다양한 사업 분야로 확장하려 했지만, 궁극적으로는 자원을 분산시키는 결과만 낳았다. 발머는 클라우드 컴퓨팅, 인공지능, 가상현실 등 다양한 분야에 투자했지만, 성공을 거두지 못했다.

그 외에도 발머는 마이크로소프트의 CEO로 있는 동안 수많은 실수를 저질렀다. 윈도우 비스타의 실패와 야후 인수 실패 등으로 마이크로소프트의 주가는 하락했고, 직원들은 대규모로 해고되었으며, 기업 가치는 크게 감소했다. 내부 경영에도 문제가 많았다. 직원 평가 시스템인 '스택 랭킹'은 직원들 사이에 성적 순위를 매기는 것으로, 최상위 10%, 상위 70%, 하위 20%로 나누고, 하위 20% 직원들은 해고 대상이 되는 구조였다. 대부분의 직원들이 혐오했던 스택 랭킹으로 직원들의 사기는 저하되었고, 혁신은 뒷전으로 밀려났다. 마이크로소프트가 침체기를 겪은 이유 중 하나로 스택랭킹을 꼽고 있을 정도다. 스택 랭킹을 폐지한 후, 마이크로소프트는 다시 성장하기 시작했다.

결국, 발머가 2014년 물러나고, 사티아 나델라가 새로운 CEO로 취임했다. 나델라는 마이크로소프트를 클라우드 컴퓨팅 회사로 전환했고, 마이크로소프트는 그제서야 다시 성장하기 시작했다. 2024년 5월 현재, 마이크로소프트는 시가총액 1위다. 스티브 발머의 실패는 기업이 변화와 변신을 구분하지 못하면 어떻게 몰락할 수 있는지를 보여주는 대표적인 사례다. 기업은 변화하는 환경에 적응하기 위해 혁신을 추구하고, 새로운 기술에 투자한다. 변화인지 변신인지 리더는 심사숙고를 해야 한다.

# 진로 선택

필지는 대학이나 기업, 공공기관으로 미래 기술과 미래 전략 강의를 자주 나간다. 한번은 모 대학원 강의에서 만난 A씨가 진로를 고민하고 있었다. 40대인 그는 당시 모 대기업 인사부에 근무하고 있었는데, 하는 일이 도무지 즐겁지도, 보람되지도 않다고 했다. 더욱이 자신이 무엇을 하고 싶은지도 잘 모르고, 어떤 직업이 자신에게 맞는지도 몰랐다.

A씨는 주역학회가 개발한 '빅 체인지 유형 진단 도구'로 진단을 한 후, 상담을 통해 자신의 성격, 재능, 적성을 파악하고, 그에 맞는 직업을 찾을 수 있었다. A씨는 상담을 통해 자신이 사람들을 돕는 것을 좋아한다는 것을 알게 되었고, 사람들과 소통을 잘한다는 것도 알게 되었다. 그 후 그는 결국 사회복지사가 되기로 결정했고, 현재 모 기관에서 사회복지사로 일하며 사람들을 돕는 일을 즐기고 있다.

A씨의 경우 《주역》 58번째 괘 중택태 (重澤兌)에 해당한다. 위도 연못이고, 아래도 연못이다. 연못에서 물이 이어져 호수를 이루며, 대지의 모든 만물에게 골고루 물을 나누어주는 상이다. 즉, 베푸는 곳에 기쁨이 있다는 의미다. 이런 유형의 사람은 사교적이고, 섬세하며, 부드러운 에너지를 가지고 있다. 고객 서비스 전문가로서 영업직이나 호텔리어 등과 같

이 사람을 상대하는 직업에 적합하다.

《주역》은 우주의 이치를 이해하고, 개인의 삶에서 중요한 선택을 하는 데 사용할 수 있는 유용한 도구다. 그렇다고 점을 친다는 얘기가 아니다. 《주역》 안에는 우주의 탄생부터 138억 년 동안의 모든 이치와 지혜가 담겨 있다.

# 51. 중뢰진(重雷震) 진위뇌(震爲雷)

격변의 길 –
"위기를 기회로 바꿔라"

震, 亨. 震來虩虩, 笑言啞啞, 震驚百里, 不喪匕鬯.

진 형 진래혁혁 소언액액 진경백리 불상비창

震來虩虩, 後笑言啞啞, 吉.

진래혁혁 후소언액액 길

震來, 厲, 億喪貝, 躋于九陵, 勿逐, 七日得.

진래 려 억상패 제우구릉 물축 칠일득

震蘇蘇, 震行, 无眚.

진소소 진행 무생

震遂泥.

진수니

震往來, 厲, 億, 无喪有事.

진왕래 려 억 무상유사

震索索, 視矍矍, 征凶, 震不于其躬, 于其鄰, 无咎,
婚媾有言.
진 삭 삭   시 확 확   정 흉   진 불 우 기 궁   우 기 린   무 구
혼 구 유 언

[진(천둥/진동)은 성장한다. 천둥이 거침없이 치니 무섭고 두려워 웃음과 말도
없다, 천둥이 백 리를 놀라게 해도 종묘의 제기와 제주(술)를 잃지 않는다.]

[천둥이 쳐 무섭고 두려운 후에도 웃음과 말을 삼가야 길하다.]

[천둥이 치니 위태롭고 재물을 잃을까 헤아리며 언덕으로 올라도 이미 잃은
것을 좇지 마라. 7일이면 얻는다.]

[천둥이 다시 살아나니 다 지나가야 허물이 없다.]

[천둥에 놀라 진흙 구덩이에 빠진다.]

[천둥에 오고 감에 위태로우니 헤아려 대비한다. 잃는 것은 없겠지만 해야
할 일은 있다.]

[천둥이 찾고 찾는다. 두리번거리며 보니 가면 흉하다. 천둥이 내 몸에 미치
지 않고 그 이웃에 미치면 허물이 없지만, 혼인을 청한다면 말들이 많다.]

《주역》 51번째 괘 중뢰진(重雷震)은 위도 우레이고, 아래도 우레다. 위
도 아래도 우레가 겹쳐 크게 진동하니 많은 사람들이 놀라 두려워하거나
위엄을 떨치는 상이다. 이 시기는 왕성한 활동력을 지닌 상태로, 어떠한

어려운 일도 뚫고 나아갈 수 있는 용기와 능력이 있다. 반면에 너무 자만하거나 야심만만하면 독선으로 흐르기 쉽다. 이런 이유로 일을 성급하게 처리하여 실패하기 쉽다. 자신의 감정을 잘 억제하고 교만하지 않아야 이 시기를 잘 활용할 수 있다.

기업 경영에서 중뢰진은 도전과 잠재적 위기로 격변의 시기를 나타낸다. 또는 어려움에 직면했을 때 기꺼이 결단력 있는 행동으로 새로운 비즈니스 기회가 왔음을 암시한다. 이러한 조짐은 여러 군데에서 나타난다. 새로운 경쟁자가 시장에 진입해 현상 유지를 방해하거나 소비자의 행동 및 기술의 갑작스러운 변화, 데이터 유출, 자연재해나 경기 침체와 같은 예기치 않은 위기 등이 그것이다.

천둥은 종종 현상 유지를 방해하는 갑작스럽고 예기치 않은 사건과 관련이 있다. 이때 리더는 조직 내에서 이루어지는 변화와 조직 밖의 격변 상황을 잘 간파해야 한다. 이때의 충격과 혼란은 인수합병, 대대적인 구조 조정, 전략적 방향 전환 등 조직에 중대한 변화를 가져온다. 따라서 세상에 존재하지 않는 새로운 비즈니스 모델로 혁신과 변화를 꾀하는 기회로도 볼 수 있다. 다시 말하지만, 이러한 불확실성, 변화, 위기의 상황에서는 강력하고 결단력 있는 리더십이 매우 중요하다. 《주역》은 예상치 못한 사건에서 위기를 기회로 만드는 것이 오롯이 리더의 몫이라고 조언하고 있다.

'퀀텀 점프(Quantum Jump)', 즉 양자 도약은 양자역학에서 사용하는 용어다. 이는 양자가 불연속적으로 도약하는 현상을 말하는데, 낮은 에너지 준위에 있는 양자가 높은 에너지 준위로 이동할 때 일어나는 현상이다. 양자계에서 에너지 준위는 불연속적이어서 양자가 에너지를 흡수하거나 방출할 때는 계단을 오르듯이 이동한다.

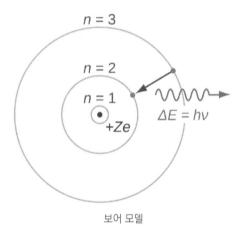

보어 모델

이러한 물리학 용어인 퀀텀 점프를 경제학에서도 차용해 사용하고 있다. 경제학에서 말하는 퀀텀 점프는 기업이 사업 구조나 사업 방식 등에서 기존의 틀을 깨는 혁신을 통해 단기간에 비약적으로 성장하거나 발전하는 경우를 이른다. 연속적 성장곡선을 그리는 대신, 갑자기 다음 단계로 뛰어오르는 모습이 양자역학의 퀀텀 점프를 연상시킨다.

가령, 연매출 20억 원가량이던 회사가 3~4년 만에 500~600억 원대 회사로 급성장한 경우가 퀀텀 점프에 해당한다고 할 수 있다. 일반적으로 매출액이 전년 대비 30% 이상 성장했을 경우, 퀀텀 점프라는 용어를 사용한다. 스마트폰 시장의 급성장으로 스마트폰 제조업체들이 단기간에 엄청난 성장을 이룬 것이 대표적이다.

그러나 퀀텀 점프는 쉽게 달성할 수 있는 것이 아니다. 퀀텀 점프는 오히려 기업이나 산업이 새로운 도전에 직면했을 때 나타날 수 있다. 새로운 기술 개발로 기존 기술이 경쟁력을 잃을 수도 있고, 새로운 시장 개척으로 기존 시장이 축소될 수도 있다. 이러한 도전에 대응하기 위해 기업이나 산업은 새로운 기술이나 비즈니스 모델을 도입해 퀀텀 점프를 만들어야 한다.

기업은 사업 구조나 사업 방식 등을 혁신하기 위해 많은 노력과 투자를 해야 하며, 또한 시장 변화에 민감하게 대응해야 한다. 퀀텀점프를 하기 위해서는 기업의 리더가 새로운 시장을 개척할 수 있는 창의적인 아이디어와 혁신적인 경영 마인드를 가져야 한다. 또한 장기적인 비전을 가지고 연구 개발, 교육, 인프라 구축에 과감한 투자를 해야 한다. 특히 기업 임직원들이 변화에 적응하고, 새로운 기술을 습득할 수 있도록 지속적인 교육을 제공해야 한다.

　전기자동차는 1881년에 개발됐지만, 바로 상용화되지는 못했다. 전기자동차의 배터리 성능이 좋지 않았기 때문이다. 전기자동차의 배터리는 주행거리가 짧고, 충전 시간이 길었으며, 가격 또한 비쌌다. 그 결과, 1886년 내연기관 자동차의 등장으로 인해 전기자동차는 역사의 뒤안길로 사라졌다.

　하지만 21세기 들어 테슬라는 그러한 배터리 성능을 혁신하여 전기자동차를 상용화했다. 테슬라는 리튬이온 배터리를 사용한 전기자동차를 개발하여 주행거리를 늘리고, 충전 시간을 단축했으며, 전기자동차의 가격도 낮추었다. 그 결과, 테슬라는 전기자동차에 대한 인식을 바꾸고, 전기자동차의 대중화를 이끌고 있다. 최근에는 관련 기술이 발전하고, 환경에 대한 관심이 높아지면서 전기자동차의 상용화가 가속화하고 있다. 테슬라의 미래가 밝은 이유다.

테슬라의 전기자동차. 출처: Electrek

하지만 테슬라가 처음부터 성공한 것은 아니었다. 테슬라는 2003년에 일론 머스크, 리브 바인, 제레미 스캐그스, 마틴 에버하드가 설립했다. 물론 초기에는 많은 어려움을 겪었다. 무엇보다 100년 이상 존재했지만, 사용화가 어려울 것이라는 자동차 업계의 전문가들을 비롯해 투자자와 일반 대중의 인식도 넘어야 할 장벽이었다. 설립 초기에는 자본의 한계로 전기자동차를 대량 생산할 수 있는 기술과 자본도 부족했다. 설사 성공하더라도 가격이 비싸고 충전 인프라가 거의 없는 상태에서 전기자동차를 대량 생산한다 해도 대중화에 성공한다는 보장이 없었다.

테슬라는 이러한 어려움을 극복하기 위해 가장 먼저 배터리 기술 개발에 집중했다. 결국 배터리 용량을 늘리고, 충전 시간을 단축하는 데 성공했다. 이후 테슬라는 전기자동차의 성능과 디자인을 혁신하고, 배터리 가격을 낮추고, 전기자동차의 충전 인프라를 확충했다.

테슬라는 2008년에 첫 번째 전기자동차 로드스터를 출시했다. 로드스터는 스포츠카 수준의 성능과 디자인으로 전기자동차에 대한 인식을 바꾸는 데 큰 역할을 했다. 2012년에는 두 번째 전기자동차 모델S를 출시했다. 모델S는 럭셔리 세단 수준의 성능과 디자인으로 전기자동차의 대중화를 이끌었고, 출시 이후 전 세계적으로 20만 대 이상 판매됐다.

2015년에 출시된 세 번째 전기자동차 모델X는 SUV 수준의 성능과 디자인을 갖춰 전기자동차의 새로운 가능성을 보여주었다. 모델 X는 출시 이후 전 세계적으로 10만 대 이상 판매됐다. 2020년에 출시된 네 번째 전기자동차 모델3은 중형 세단 수준의 성능과 디자인으로 전기자동차의 가격을 낮추는 데 큰 역할을 했다. 모델3은 출시 이후 전 세계적으로 100만 대 이상 판매됐으며, 전 세계에서 가장 많이 팔린 전기자동차가 되었다.

한편 테슬라 기가팩토리(Gigafactory)는 테슬라가 전기차 배터리와 전기차를 생산하는 공장이다. 테슬라는 2014년 6월 미국 네바다주에 첫 번째 기가팩토리를 착공해 2016년 완공했다. 10억을 뜻하는 '기가(giga)'에서 알 수 있듯이, 기가팩토리는 건물 바닥 면적만 18만㎡에 달하는 엄청난 규모로 연간 50만 대의 전기자동차와 35GWh의 배터리 셀을 생산할 수 있다. 전기차 배터리를 생산하는 이 공장은 올해 말까지 지붕에 태양광 패널을 설치해 필요한 전력까지 모두 생산할 계획이다.

테슬라는 이후 연간 100만 대의 전기자동차와 150GWh의 배터리 셀을 생산할 수 있는 미국의 뉴욕·텍사스, 연간 150만 대의 전기자동차와 210GWh의 배터리 셀을 생산할 수 있는 중국 상하이, 연간 50만 대의 전기자동차와 50GWh의 배터리 셀을 생산할 수 있는 독일 베를린에 기가팩토리를 건설했다. 기가팩토리에는 전기자동차 배터리의 생산 효율성을 높이기 위해 다양한 기술을 사용하고 있다. 이를테면 전기자동차 배터리를 생산하는 데는 기가프레스 공법을 사용한다. 기존의 자동차 공장에서 작은 패널을 용접해 큰 차체 부품을 만들던 것과 달리 이 공법은 큰 차체 부품을 한 번에 찍어낸다. 이렇게 하면 생산 단가가 줄어들기 때문이다.

또한 테슬라는 전기자동차 배터리에 사용되는 원재료를 재활용하여 전기자동차 배터리의 생산 과정에서 발생하는 환경오염을 줄이고 있다.

테슬라 기가팩토리에서 생산된 배터리는 테슬라의 전기자동차뿐 아니라 다른 전기자동차 회사에도 공급되고 있다. 테슬라 기가팩토리의 성공은 전기자동차의 가격을 낮추고, 전기자동차의 생산량을 늘리는 데 큰 영향을 끼쳤다.

# 52.

## 중산간(重山艮)
## 간위산(艮爲山)

머무름의 길 –
"멈춰야 할 때 멈춰라"

艮其背, 不獲其身, 行其庭, 不見其人. 无咎.

간 기 배  불 획 기 신  행 기 정  불 견 기 인  무 구

艮其趾, 无咎, 利永貞.

간 기 지  무 구  이 영 정

艮其腓, 不拯其隨, 其心不快.

간 기 비  부 증 기 수  기 심 불 쾌

艮其限, 列其夤, 厲, 薰心.

간 기 한  열 기 인  여 훈 심

艮其身, 无咎.

간 기 신  무 구

艮其輔, 言有序, 悔亡.

간 기 보  언 유 서  회 망

敦艮, 吉.

돈 간  길

[간(멈춤)은 등에서 멈추고, 그 몸을 얻지 못해 뜰을 지나도 그 사람을 볼 수 없어 허물이 없다.]

[발꿈치에서 멈추니 허물이 없고 이로움이 끝까지 지속된다.]
[장딴지에서 멈춰 그를 구제하지 못하니 마음이 불쾌하다.]
[허리에서 멈춰 등뼈를 갈라놓는 고통이니 위태롭고 애가 탄다.]
[몸에서 멈춰 움직이지 않으니 허물은 없다.]
[볼에서 멈춰 말에 조리가 있으니 후회가 없다.]
[돈독하게 멈추니 길하다.]

《주역》 52번째 괘 중산간(重山艮)은 위도 산이고, 아래도 산이다. 산 넘어 산, 그야말로 첩첩산중이다. 산은 움직이지 않으므로 거기에 머무르라는 뜻이다. 그러나 단순한 이는 그침이 아니다. 산처럼 안정되게, 스스로 멈추고 편안하게 있으라는 뜻이다. 하지만 멈출 때 멈추더라도 나아갈 때는 나아가야 한다. 그야말로 움직이지는 않지만, 내면은 끊임없이 움직이는 정중동이다. 또 멈추더라도 갑자기 멈추면 안 된다. 나아갈 때도 마찬가지다. 우리가 살고 있는 공간의 특징이 그렇다.

　기업 경영에서 중산간은 낮은 자세를 유지하고, 너무 많은 관심을 끌지 않아야 한다고 조언한다. 경쟁사를 상대하거나 민감한 상황에서는 더욱 그렇다. 《주역》은 이러한 상황에서는 불필요한 위험을 피하기 위해 가만히 낮은 자세를 유지하는 것이 더 낫다고 말하고 있다.

중산간은 기업이 앞으로 나아가기 전에 잠시 멈춰 서서 과거의 성과를 되돌아볼 필요가 있는 때다. 이 시기애는 내부 프로세스와 시스템을 검토하고, 개선이 필요한 부분을 파악해 불필요한 부분을 조정해야 한다. 《주역》은 이와 같은 인내의 가치를 가르쳐 주고 있다. 어려움에 직면했을 때는 성급하거나 충동적으로 행동하고 싶은 유혹이 따르게 마련이다. 하지만 이는 득보다 실이 클 수 있다. 오히려 침착하고 인내심 있는 태도를 유지하고, 한 발짝 물러나 적절한 기회를 기다리는 것이 좋다.

이때가 오면 기업의 리더는 잠시 멈춰 서서 시장, 업계, 경쟁사 사이에서 자사의 위치와 전략을 재평가해야 한다. 또한 장애물을 탐색하고, 개선 영역을 파악한 후, 경쟁우위를 확보하기 위한 전략적 움직임을 취해야 한다.

## 실천 항목

국내에서 한 스님이 《멈춰야 비로소 보인다》라는 책을 출간해 베스트셀러에 오른 적이 있다. 멈춤이 인문 철학에만 통용되는 것은 아니다. 한때 잘나가던 기업들이 위기에 몰리고 몰락한 것도 대부분 승승장구할 때의 방법을 고집하며 멈출 줄 몰랐기 때문이다.

소니는 1970년대부터 1980년대까지 워크맨, 트릴비, 베타맥스 등 아날로그 기술을 기반으로 한 제품들로 큰 인기를 얻었다. 그러나 디지털 기술이 빠르게 발전하면서 아날로그 기술로 승승장구하던 소니는 삼성전자 등 경쟁 업체에 뒤쳐지게 되었다. 사업 구조를 전환할 적절한 타이밍을 놓친 결과였다. 소니는 2000년대 들어서야 디지털 기술에 대한 투자를 늘리기 시작했지만, 이미 경쟁 업체들과 격차가 크게 벌어진 뒤였다.

《삼국지》의 제갈량은 촉한의 중원 통일을 위해 위나라 정벌에 전력을 다한 인물이었다. 가정전투에서 '읍참마속 (泣斬馬謖)'이라는 고사성어를 낳은 후에도 다시 출전하려는 제갈량에게 많은 이들은 "북벌은 아직 때가 아니다. 지금은 힘을 길러야 할 때다"라고 말했다. 그러나 제갈량은 그들을 소인배라고 비난하며 전쟁에 다시 참전했다. 제갈량은 출중한 지성과 결단력, 추진력을 갖춘 인물이었지만, 결국 자신의 목표를 이루지 못하고 전쟁터에서 목숨을 잃었다.

훗날 평가에서는 촉한의 멸망 원인을 제갈량이 일으킨 잦은 전쟁 탓으로 돌리기도 했다. 충성심과 애국심으로 한나라의 부흥과 촉한의 천하통일을 위해 목숨을 바친 그에게는 아이러니한 평가가 아닐 수 없다.

소니와 제갈량 사례는 기업이 한때 성공했던 방식을 고집하고 변화에 적응하지 못하면 어떻게 위기에 빠질 수 있는지 보여준다. 실제로 성공한 기업이 혁신을 하기 어려운 이유이기도 하다. 기업의 리더는 변화하는 환경에 적응하고, 새로운 기술을 도입하기 위해 노력해야 한다. 그렇지 않으면 경쟁 기업에 뒤쳐져 결국 몰락하게 된다는 것을 《주역》은 가르쳐주고 있다.

IBM은 20세기 초에 만들어진 다국적 기술 회사다. 지난 100년 사이 IBM은 저울, 시계, 타뷸레이팅 머신을 제작하던 소규모 회사에서 40만 명의 직원이 근무하며 미래에 대한 강력한 비전을 제시하는 글로벌 기업으로 발전했다. IBM은 오랫동안 컴퓨터 산업을 석권하다시피 했고, 거의 독점으로 시장을 지배했다. 1981년에는 IBM PC를 내놓으며 애플과 함께 개인용 컴퓨터 시대를 열었다. 오늘날 초일류 기업인 인텔과 마이크로소프트는 당시만 해도 IBM의 하청 업체에 불과했다. 심지어 1984년에는 IBM의 매출이 세계 IT 산업의 70%를 차지할 정도였다.

이때를 정점으로 IBM은 매출과 수익률이 서서히 떨어지고 말았다. IT 시장에 변화의 바람이 불어왔기 때문이다. 1990년대 초에 닷컴 기업들이 출현하자 IBM은 점차 쇠퇴기에 접어들었다. 매출 감소와 함께 마이크로소프트, 애플 등 경쟁사에 시장을 빼앗겼기 때문이다. 이때까지만 해도 경영진은 컴퓨터 시장의 환경 변화라는 위기 상황을 전혀 감지하지 못하고 있었다. 전통적으로 추구해온 집단 합의에 따른 경영방식은 IBM을 시장의 흐름에 뒤떨어지고, 경쟁에서 뒤처지게 만들었다. IBM의 위기는 1990년 초에 본격적으로 드러나기 시작했지만, 실제로는 1980년대 중반부터 이미 그 징조가 나타나고 있었다.

IBM의 퀀텀랩

　IBM은 결국 과거의 영광에 사로잡힌 고집스러운 경영 대신 멈춤을 선택했다. IBM 이사회는 1993년 4월 위기 상황을 극복하기 위해 새로운 CEO로 루 거스너를 영입했다. 거스너는 환경 변화에 신속하게 모든 것을 바꿔 나갔고, 안정성을 유지하며 격변의 시기를 극복하는 데 집중했다. 그 후 IBM은 하드웨어 중심 기업에서 시장 변화와 기술 발전에 따라 전환 전략을 펼쳐 나갔다. 그리고 1990년대에는 소프트웨어와 IT 서비스에 집중하고, 클라우드 컴퓨팅, 인공지능, 빅데이터 등 새로운 기술 영역으로 진출하며 과감하게 연구 개발에 투자한 결과 경쟁사와 차별화하는 데 성공했다.

　그중 IBM 연구소(IBM Research)는 1945년에 설립된 IBM의 연구 자회사로, 인공지능, 클라우드 컴퓨팅, 양자 컴퓨팅, 반도체, 보안, 소프트웨어, 시스템 등 다양한 분야에서 연구를 수행하고 있다. IBM 연구소는 100개 이상의 국가에 2만 5천 명 이상의 과학자, 엔지니어, 기술자, 디자이너를 보유하고 있으며, 전 세계에서 가장 영향력 있는 연구 기관 중 하나로 꼽힌다. IBM 연구소는 다양한 혁신 기술을 개발한 것으로도 유명하다. IBM 연구소가 개발한 기술로는 인공지능 컴퓨터 왓슨, IBM 클라우드, 양자 컴퓨터 IBM Q, 반도체 기술 IBM 2나노(nm) 공정 등이 있다. IBM 연구소는 이러한 기술을 통해 IBM이 기술 산업의 선두주자로 자리매김하는 데 크게 기여했다.

IBM은 장기적인 안정성을 위해 다양한 수익 모델도 구축했다. 하드웨어, 소프트웨어, 서비스 등 다양한 부문에서 수익을 창출하며, 고객사와 장기 계약을 통해 안정적인 수익을 확보하고 있다. 또한 다양한 산업 분야와 솔루션 및 서비스를 제공하는 파트너십을 구축해 안정성을 확보하고 성장을 이끌어냈다. 다양한 기업과 합작이나 인수합병을 통해 기술, 솔루션, 시장점유율 등을 강화하고, 안정성과 경쟁력도 끌어 올렸다.

IBM은 안정적인 조직 구조를 유지하는 데도 노력했다. 실제로 IBM은 오랫동안 안정성과 일관성을 강조하는 계층적 관리 구조로 널리 알려져 있다. 이러한 접근방식은 2000년대 초 닷컴 버블과 2008년 글로벌 금융 위기 등 여러 가지 어려움을 극복하는 데 도움이 되었다.

또한 IBM은 기업의 사회적 책임에도 힘써 왔다. IBM은 오랜 기간 동안 사회적, 환경적 책임을 장려해 왔으며, 지속 가능한 다양성 및 포용성 등에서도 그 노력을 인정받아 왔다. 이러한 가치와 철학 덕분에 IBM은 고객 및 이해관계자와 강력한 관계를 구축할 수 있었으며, 이는 장기적인 성공에 밑거름이 되었다. IBM은 멈춰야 할 때 멈출 줄 아는 지혜로 수많은 도전을 극복하고 세계에서 가장 성공적인 기술 기업 중 하나로 떠오를 수 있었다.

# 53. 풍산점(風山漸)

점진의 길 –
"차근차근 전진하라"

漸, 女歸吉, 利貞.

점 여귀길 이정


鴻漸于干, 小子厲, 有言, 无咎.

홍점우간 소자려 유언 무구

鴻漸于磐, 飲食衎衎, 吉.

홍점우반 음식간간 길

鴻漸于陸, 夫征不復, 婦孕不育, 凶, 利禦寇.

홍점우륙 부정불복 부잉불육 흉 이어구

鴻漸于木, 或得其桷, 无咎.

홍점우목 혹득기각 무구

鴻漸于陵, 婦三歲不孕, 終莫之勝, 吉.

홍점우릉 부삼세불잉 종막지승 길

鴻漸于陸(逵), 其羽 可用爲儀, 吉

홍점우륙 기우 가용위의 길

[점(천천히 나아감)은 여인이 시집가는 것이니 길하고 끝까지 이롭다.]

[기러기가 물가로 천천히 나아가니 어린 자녀가 위태로워 말들이 있겠지만 허물은 없다.]

[기러기가 반석으로 나아가니 마시고 먹는 것이 즐거워 길하다.]

[기러기가 뭍으로 천천히 나아가니 남편이 멀리 가서 돌아오지 못하고, 부인은 임신해도 키우기 어려워 흉하다. 도적을 막아야 이롭다.]

[기러기가 나무로 천천히 나아가니 혹 그 가지를 얻는다면 허물이 없다.]

[기러기가 큰 언덕으로 천천히 나아갔으나 부인이 3년 동안 임신하지 못했다. 그를 끝내 이기지 못하니 길하다.]

[기러기가 하늘로 천천히 날아가니 그 깃털을 의례의 장식으로 사용할 수 있다.]

《주역》 53번째 괘 풍산점(風山漸)은 위는 바람이고, 아래는 산이다. 산 위에 따뜻한 바람이 불어오니 만물이 점점 자라나는 상이다. 산 위의 큰 소나무는 단번에 큰 것이 아니다. 눈에 보이지 않게, 쉬지 않고 순서를 밟아 단계적으로 성장한 결과 큰 나무가 된 것이다. 이 시기에는 일확천금을 바라는 헛꿈을 꾸지 않고, 성실하고 근면하게 한 발짝 한 발짝 전진하면 성공이 찾아온다. 백년 앞을 내다보는 안목으로 모든 일에서 과정을 중요시해야 한다. 정식 절차를 밟아 나아가면 언젠가는 원하는 꿈을 이룰 수 있다.

기업 경영에서 풍산점은 천천히 발전하는 때를 암시한다. 기업은 점진적이고 꾸준한 접근방식으로 모든 비즈니스에서 절차를 지켜 나아가야 한다고 《주역》은 조언하고 있다. 특히 기업이 100년 뒤의 미래를 내다보고 펼치는 전략 중 하나가 인재 등용이다. 기업의 핵심 역량 중 하나를 꼽으라고 한다면 무엇보다 사람이 제일 우선이다. 또 하나가 빠른 문제 해결이나 단기적인 이익보다는 장기적인 성장과 발전에 초점을 맞춰야 한다는 것이다. 이를테면 기업은 비용을 절감하고 빠른 수익을 창출하기보다는 제품과 서비스를 개선하기 위해 연구 개발에 투자해야 한다. 효율성과 생산성을 개선하기 위해 새로운 기술이나 새로운 프로세스도 점진적으로 도입해야 한다.

이 시기에는 시장 환경이 아무리 급변해도 크고 전면적인 변화보다는 작고 점진적인 변화를 통해 경영해야 한다. 한 번에 모든 것을 정비하기보다는 지속적인 개선에 초점을 맞추고, 시간이 지남에 따라 프로세스와 절차에 작은 변화를 주어야 한다고 《주역》은 강조한다.

## 실천 항목

기원전 8세기 주나라 선왕은 닭싸움을 매우 좋아했다. 어느 날 선왕은 기성자라는 이름의 투계 조련사에게 최고의 싸움닭을 만들어 달라고 했다. 그러자 기성자는 닭을 훈련시켰고, 열흘 뒤 선왕이 어떻게 되었는지 물었다. 그러자 기성자가 선왕에게 말했다.

"아직 닭이 싸울 준비가 되지 않았습니다. 닭이 강하긴 하지만 아직 자신을 과대평가하고 교만한 태도를 가지고 있습니다."

다시 열흘이 지난 후 선왕이 다시 묻자 기성자가 이렇게 답했다.

"닭이 교만함은 버렸지만 상대방의 소리와 그림자에 너무 쉽게 반응하는 조급함이 여전히 남아 있습니다."

닭이 여전히 주변의 자극에 예민하게 반응하고, 조급한 태도를 가지고 있다는 뜻이었다.

또 다시 열흘이 지나 선왕이 묻자 기성자가 답했다.

"닭이 조급한 태도는 버렸지만, 상대방을 노려보는 공격적인 눈초리를 가지고 있습니다."

또 다시 열흘이 지난 후 선왕이 다시 물으니 기성자가 답했다.

"이제 다 됐습니다. 닭이 어떤 소리를 듣더라도 아무런 반응을 보이지 않습니다. 완전히 마음의 평정을 찾았습니다. 닭은 마치 나무와 같이 평온하고 냉정한 상태가 됐으며, 어떤 닭이라도 그 모습만 봐도 도망치게 될 것입니다.".

나무로 만든 닭을 비유한 고사성어 '목계지덕(木鷄之德)'은《장자 외편》의〈달생〉편에 나오는 이 이야기에서 유래했다. 목계지덕을 지닌 사람은 교만하지 않고, 침착하며, 인내심이 있다. 목계지덕을 지닌 사람은 어떤 어려움에도 흔들리지 않고, 결국에는 승리한다. 기업의 리더라면 목계지덕의 덕으로 감정에 흔들리지 않고 침착한 태도를 지켜야 한다.

킥스타터(Kickstarter)는 2009년 설립된 미국의 크라우드 펀딩 플랫폼으로, 창작자들이 자신의 프로젝트를 소개하고, 후원자들에게 자금을 모금할 수 있도록 도와준다. 킥스타터는 영화, 음악, 게임, 기술, 예술 등 다양한 분야의 프로젝트를 지원한다. 하지만 이것도 전문가들을 위한 것으로, 대다수 일반인들은 아이디어가 있어도 실제 만들어 낼 생각은 엄두도 내지 못하고 있다.

이런 틈새를 노린 회사가 바로 쿼키(Quirky)로, 2009년에 설립된 미국의 스타트업 기업이다. 쿼키는 제품 개발 및 아이디어 공유 플랫폼으로, 개인이 제품 아이디어를 제출하고, 공동 협업으로 혁신적인 제품을 개발하는 것을 목표로 삼고 있다. 쿼키의 비즈니스 모델은 대략 다음과 같다.

우선 일반 사용자들이 자신의 제품 아이디어를 쿼키 웹사이트에 제출한다. 이 아이디어를 커뮤니티 회원들이 평가하고, 피드백을 제공한다. 그러면 쿼키가 아이디어를 선택한다. 그리고 이 아이디어를 제품 디자인 및 생산에 참여하는 파트너들과 협력해 실제 제품을 만들어 시장에 출시하고 수익을 나눈다. 한마디로 쿼키는 단체나 기업은 물론 개인이 아이디어를 제안하면 이를 검토한 후 대신 상업화해주는 소셜 제품 개발 플랫폼 기업인 것이다.

쿼키가 만든 제품 샘플

쿼키가 아이디어의 상업화에 성공한 대표적인 제품으로 직선형 멀티탭의 단점을 보완한 곡선형 멀티탭 '피봇 파워(Pivot power)'가 있다. 이 아이디어를 내놓은 사람은 제품이 공전의 히트를 치면서 거둬들인 로열티로 백만장자의 반열에 올랐다. 2014년 한국을 방문한 벤 카우프만 쿼키 대표는 "시간을 많이 들인다고 해서 꼭 좋은 제품이 나오는 것이 아니다. 직원 200명 규모의 쿼키는 매주 3개의 신제품을 개발해 출시한다"며, "대부분의 대기업에서는 시간이나 자금 등 자원이 충분한 게 오히려 제품 개발에 방해 요소로 작용한다"고 말했다.

쿼키는 이러한 혁신적인 제품 개발 방식으로 벤처 캐피탈 회사인 노스

웨스트벤처파트너스, RRE벤처스, GE벤처스, 안드레센 호로위츠, 클라이너퍼킨스코필드앤드바이어스 등 여러 기업에서 어벤져스급 스타트업이라는 찬사를 받으며 1억 8,500만 달러의 투자금을 받았다. 실제로 쿼키는 2014년 한해에 1억 달러에 가까운 매출을 올릴 정도로 성공 가도를 달렸다.

그러나 아이러니하게도 이러한 완벽한 협업과 제품 개발 방식으로 인해 문제점들이 발생했다. 펀딩이 충분하다 보니 한꺼번에 너무 다양한 제품들을 출시한 결과, 쿼키가 만든 제품을 모아놓은 사이트는 마치 스카이몰(여행 기념용 이커머스 액세서리) 같다는 비아냥을 들어야 했다. 이런 다양한 제품들이 만들어지다 보니 쿼키는 고유한 제품 아이덴티티를 확보하지 못했고, 소비자들에게 쿼키라는 브랜드가 인식되지 않았다. 그리고 지속적인 제품 구매를 유도하기 어려워지자 자연스레 매출 감소로 이어졌다.

쿼키는 다양한 제품 개발과 생산을 하기 위해 상당한 비용을 지출해야 했다. 이에 따라 물류 및 인프라 구축, 마케팅, 운영비용 등이 높아져 회사의 재정 건전성에 악영향을 주었다. 결국 '꿈 공장의 상징'으로 불리던 쿼키는 비즈니스 모델의 한계와 재정상의 어려움으로 2015년에 파산했다. 쿼키는 집단지성과 협업을 기반으로 한 제품 개발 플랫폼으로 주목을 받았지만, 한마디로 너무 성급했다는 지적이 나왔다.

# 54. 뇌택귀매(雷澤歸妹)

잘못된 인연 –
"잘못된 만남은 바로잡아라"

歸妹, 征凶, 无攸利.
귀매 정흉 무유리

歸妹以娣, 跛能履, 征吉.
귀매이제 파능이 정길

眇能視, 利幽人之貞.
묘능시 이유인지정

歸妹以須, 反歸以娣.
귀매이수 반귀이제

歸妹愆期, 遲歸有時.
귀매건기 지귀유시

帝乙歸妹, 其君之袂, 不如其娣之袂良, 月幾望, 吉.
제을귀매 기군지몌 불여기제지몌량 월기망 길

女承筐无實, 士刲羊, 无血. 无攸利. 言.
여승광무실 사규양 무혈 무유리 언

[귀매(여자가 시집감)는 나아가면 흉하고 이로울 것이 없다.]


[여동생을 잉첩으로 보내니, 절름발이 걸음이지만 가면 길하다.]

[애꾸눈으로 본다. 그윽하고 조용히 있는 것이 끝까지 이롭다.]

[여동생을 기다리다 시집가니, 다시 돌아와 잉첩으로 시집간다.]

[여동생이 시집가는 시기를 늦춘다. 지체가 되었지만 그 때가 있다.]

[제을이 여동생을 시집보내니 본처의 소매가 잉첩의 소매만큼 아름답지 않다. 달이 거의 보름달에 가까워 길하다.]

[여인은 알맹이가 없는 빈 바구니를 이어받고 남자는 양을 찔렀으나 피가 없으니 이로울 것이 없다.]


《주역》 54번째 괘 뇌택귀매(雷澤歸妹)는 위는 우레고, 아래는 연못이다. 천둥이 진동함에 연못이 움직이는 상이다. 절차를 어겨 이로울 것이 없으나, 기존 가치 체제에 파란을 일으키는 형국이다. 이 또한 천지 조화의 이치다. 이 시기에는 부드러운 것이 굳센 것 위에서 호기를 부린다. 즉, 부드러움이 강함을 주도한다. 대체로 어떤 일을 시작하려고 할 때 처한 상황을 말한다. 따라서 실패를 피하려면 자중을 해야 한다. 《주역》은 여기서 일의 시작이 매우 중요하다는 가르침을 준다. 우리 주변에 있는 모든 불행의 근원을 살펴보면, 한순간의 잘못된 선택에 의한 것이 대부분이다.

기업 경영에서 뇌택귀매는 확장 및 성장의 시기로, 경쟁과 같은 전통적인 '남성적' 특성보다 양육과 협업 같은 '여성적' 특성이 두드러지는 때다. 《주역》은 균형이 필요하다고 강조한다. 이 시기는 공동의 목표를 달성하기 위해 서로 다른 당사자가 함께 모여 협력, 파트너십, 협업을 하는 때를 나타낸다. 기업 간 인수합병, 파트너십 또는 협업과 관련이 있다.

이때 기업의 리더에게는 적응력, 유연성, 다른 사람과 융합할 수 있는 능력이 필요하다. 서로 다른 기업문화를 이해하고, 통합하는 능력이 성공에 중요한 역할을 한다. 다만, 이 시기에는 시장에서 경쟁력을 유지하기 위해 인수합병이나 파트너십에서 절차를 무시하고 갈등관계에서 진행하는 경우가 있더라도 크게 문제가 되지는 않는다. 프로젝트가 끝난 후 개방적이고 수용적인 태도를 취해도 늦지 않다.

## 실천 항목

'창의적 사고(Creative Thinking)'는 1950년대에 미국의 심리학자인 J. P. 길포드(J. P. Guilford)가 제시한 창의성 이론이다. 길포드는 창의성을 '새롭고, 독창적이고, 유용한 것을 만들어 내는 능력'으로 정의하고, 그 핵심 요소로 '확산적 사고'를 제시했다. 확산적 사고란 주어진 문제에 대해 하나의 정답을 찾는 대신 다양하고 많은 정보를 자유롭게 찾아내는 사고를 말한다. 길포드는 확산적 사고를 창의성의 기본이 되는 사고유형으로 보았다.

길포드는 확산적 사고에는 다음과 같이 여러 요소가 있다.

1. 문제에 대한 민감성이다. 이는 감수성을 가지고 문제를 찾아내고, 평가하는 능력이다. 주변 환경에 예민한 관심을 보이고, 새로운 탐색 영역을 넓히는 능력을 말한다.

2. 사고의 유창성이다. 이는 지각한 문제에 대해 다양한 해결안을 산출해 내는 능력을 말한다. 어휘의 유창성, 관념의 유창성, 연상의 유창성, 표현의 유창성 등이 있다.

3. 사고의 유연성이다. 이는 어떤 문제를 새로운 각도에서 바라보고, 다양한 해결책을 생각해 내는 능력을 말한다. 자발적 융통성과 적응적 융통성으로 구분할 수 있다.

4. 사고의 독창성이다. 이는 새롭고 독특하며 비상한 아이디어를 만드는 능력을 말한다. 비범성과 기교성이 여기에 포함된다.

5. 사고의 정교성이다. 이는 어떤 문제의 의미를 명확하게 파악하고, 수정·보완할 수 있는 능력을 말한다.

6. 사고의 재구성력이다. 이는 어떤 대상에 새로운 의미를 부여하기 위해 일반적인 해석을 버리고 새로운 방법으로 구성할 수 있는 능력을 말한다.

7. 사고의 집요성이다. 이는 어떤 문제에 호기심이나 의문이 생기면 해결하기 위해 체계적이고 논리적으로 접근해 포기하지 않고 문제를 해결할 수 있는 능력을 말한다.

길포드의 창의적 사고 이론은 창의성을 이해하고 개발하는 데 매우 중요하다. 리더라면 이 정도 기본적인 창의성 이론은 알아야 한다.

이를테면 알렉스 오스본(Alex Osborn)의 브레인스토밍(brainstorming)은 어떤 조직이나 수행하는 가장 기본적이고도 창의적인 회의법이다. 만약 구성원들이 자신의 생각을 솔직하고 자신 있게 표현하기 어려운 경우에는 자신의 아이디어를 종이에 쓴 다음 서로 교환하는 브레인라이팅(brainwriting) 방식을 써야 한다. 참고로 브레인스토밍 기법을 창안한 오스본은 확산적 사고를 향상시키기 위해 아이디어를 이끌어 내는 질문 사용을 제안했다. 이후에 밥 에벌(Bob Eberle)은 오스본의 체크리스트 기법을 보완하고 발전시켜 다음과 같은 스캠퍼 발상법을 제시했다.

1. 대치하기(Substitute) : 다른 것으로 바꾸기

2. 결합하기(Combine) : 다른 것과 결합하기

3. 적용하기(Adapt) : 다른 것에 적용하기

4. 수정하거나(Modify) 확대하기(Magnify)

5. 다르게 활용하기(Put to other uses)

6. 제거하기(Eliminate)

7. 반대로(Reverse) 또는 재배열하기(Rearrange)

　기업의 인수합병은 방식에 따라 '우호적 인수합병'과 '적대적 인수합병'으로 나뉜다. 상대 기업의 대주주와 원만한 협상을 통해 적정한 가격에 경영권을 넘겨받는 것을 '우호적 인수합병', 대주주의 의사에 반해 경영권을 빼앗는 경우를 '적대적 인수합병'이라고 한다. 우호적 인수합병 달리 적대적 인수합병에는 다양한 방법이 동원된다.

　2017년 개봉한 '파운더(The Founder)'는 맥도날드의 창업자 레이 크록(Ray Kroc)의 이야기를 다룬 영화로, 그는 미국 자본주의의 상징으로 불리는 맥

영화 '더 파운더'

맥도날드의 레이 크록

도날드의 최초 창립자 리처드 제임스 맥도날드(Richard James McDonald)와 모리스 제임스 맥도날드(Maurice James McDonald) 형제에게서 모든 로열티를 빼앗고, 그들을 내쫓은 야망 있는 사업가였다. 영화는 1950년대 미국을 배경으로 밀크셰이크 믹서기 세일즈맨으로 일하던 레이 크록이 맥도날드 형제의 햄버거 레스토랑을 방문해 그들의 사업 잠재력을 보고, 프랜차이즈 사업을 제안하는 데서 시작한다.

당시 맥도날드 형제가 운영하던 식당은 매우 혁신적이었다. 지금과는 달리 주력 메뉴도 햄버거가 아닌 바비큐였다. 햄버거는 당시 취급하던 27가지 메뉴 중 곁다리에 불과했다. 가게 이름도 '맥도날드 페이머스 바비큐'였다. 그렇다 보니 주문하고 음식을 받는 데 시간이 꽤 걸렸다. 주문을 받을 점원들이 많이 필요해 인건비 지출이 심했으며, 고객들의 만족도도 떨어졌다. 결국 그들은 햄버거를 빠르고 맛있게 만드는 방법을 개발해 맛과 양을 표준화하고, 주문과 동시에 30초 안에 조리되는 시스템까지 갖추게 되었다. 그러자 사업은 그야말로 대성공이었다.

이때 믹서기 외판원으로 일하던 50대의 레이 크록이 믹서기를 대량으로 구입하는 맥도날드 형제의 식당을 찾아간다. 그는 헨리 포드의 자동차 공장 같은 분업화 시스템에 감탄을 금치 못한다. 이에 맥도날드 형제와 프랜차이즈 사업 계약을 맺는다. 그는 미국 전역으로 프랜차이즈 사업을 확장하기 위한 전략으로 비용을 줄이고자 가루형 밀크셰이크와 냉동 감자튀김 도입 등을 도입하려 하지만, 품질을 최우선으로 하는 맥도날드 형제는 이를 단칼에 거절한다.

사업 확장을 두고 형제와 불화가 깊어진 크록은 급기야 고심 끝에 경영권을 빼앗기 위해 적대적 인수합병을 진행한다. 그는 프랜차이즈 사업을 돕는 '맥도날드 주식회사'라는 부동산 회사 법인을 별도로 설립해 모든 맥도날드 프랜차이즈 점들의 땅을 사들인다. 이 부동산 회사가 결국 지금의 맥도날드가 된다. 결국 자신들이 차린 가게 하나 밖에 건지지 못한 맥도날드 형제는 1961년 크록에게 가게와 프랜차이즈 권리를 '270만 달러+연 이익의 1.9%'를 지급받는 조건으로 넘긴다. 하지만 연 이익의 1.9% 지급은 구두로 계약해 한 푼도 못 받게 된다.

영화 '파운더'는 레이 크록의 야망과 성공 스토리를 그린 영화지만, 동시에 맥도날드 형제의 억울함과 분노도 함께 그려내고 있다. 레이 크록은 이 영화에서 맥도날드 형제의 사업 아이디어를 훔쳐 성공한 것처럼 그려져 비판을 받기도 했다. 이 영화는 맥도날드의 성공 스토리를 통해 미국의 자본주의와 기업문화를 말한다는 점에서 의미가 있다. 이 영화는 레이 크록의 야망과 성공 스토리를 통해 미국의 자본주의가 개인의 성공을 가능케 하는 시스템이라는 것을 보여준다. 그와 함께 맥도날드 형제의 억울함과 분노를 통해 미국의 자본주의가 개인의 성공을 위해 타인의 희생을 강요하는 시스템이라는 것도 보여준다.

크록은 맥도날드 형제로부터 사업권을 인수한 후, 프랜차이즈 사업을 본격적으로 확장하기 시작했다. 1963년에는 미국 내에 100여 개의 맥도날드 매장이 생겨났고, 1971년에는 1,000여 개를 돌파했다. 1984년 크록이 사망할 당시에는 전 세계에 8,000여 개로 급속히 늘어났다. 그리고 오늘날 맥도날드는 전 세계 100여 개국에서 38,000여 개의 매장을 운영하고 있는 세계 최대의 패스트푸드 체인점이 되었다.

# 55. 뇌화풍(雷火豊)

풍요로움의 길 –
"잘나갈 때 조심하라"

豊, 亨, 王假之, 勿憂, 宜日中.
풍 형 왕가지 물우 의일중

遇其配主, 雖旬, 无咎, 往有尙.
우 기 배 주 수 순 무 구 왕 유 상

豊其蔀, 日中見斗, 往得疑疾, 有孚發若, 吉.
풍 기 부 일 중 견 두 왕 득 의 질 유 부 발 약 길

豊其沛(旆), 日中見沬, 折其右肱, 无咎.
풍 기 패 일 중 견 매 절 기 우 굉 무 구

豊其蔀, 日中見斗, 遇其夷主, 吉
풍 기 부 일 중 견 두 우 기 이 주 길

來章, 有慶譽, 吉.
래 장 유 경 예 길

豊其屋, 蔀其家, 闚其戶, 闃其无人, 三歲不覿, 凶.
풍 기 옥 부 기 가 규 기 호 격 기 무 인 삼 세 부 적 흉

[풍(풍성함)은 성장기다. 왕이 온다. 근심하지 않게 하려면 해가 중천에 있듯이 해야 한다.]

[그 짝이 되는 주인을 만난다. 비록 똑같지만 허물이 없어야 가면 가상함이 있다.]
[가리개가 풍성해(일식) 대낮에도 북두칠성이 보인다. 가면 의심병만 얻지만 믿음이 드러나야 길하다.]
[풍성함이 장막에 가려 해가 중천에 있지만 작은 별이 보인다. 오른팔이 꺾여야 허물이 없다.]
[가리개가 풍성해 대낮에도 북두칠성이 보인다. 동이족 주인을 만나면 길하다.]
[아름답고 훌륭한 인재(밝음)가 오면 경사와 명예가 있어 길하다.]
[집이 풍요로우니 그 집을 막아버렸다. 그 집을 엿보니 고요하고 사람도 없다. 3년이 지나도 만날 수 없으니 흉하다.]


《주역》 55번째 괘 뇌화풍(雷火豊)은 위는 우레고, 아래는 불이다. 천둥이 치고 비가 내린 후 햇볕이 밝게 빛나는 상이다. 만물이 성장하여 풍성한 결실을 맺는다. 세상이 풍요로우면 자칫 무질서해질 것 같지만, 이를 정리하고 적당히 조율할 줄 아는 훌륭한 리더가 나타난다.

천둥 번개가 무섭게 치면 환하게 세상의 다툼과 어리석음을 하나하나 밝게 비춰 옥석을 가려내야 한다. 즉, 풍요로움 속에 일어날 수 있는 갖가지 분쟁과 범죄에 대해 적절히 대처를 해야 한다. 밝은 해가 세상을 비추고 있지만, 이것도 언젠가는 진다. 채움과 비움을 반복하는 것은 조화롭게 때를 맞춰 이루어진다. 사람의 일도 마찬가지다. 그러니 조심스럽게 미래를 대비해야 한다. 기회가 곧 위기다. 《주역》은 길흉이 반드시 함께 존재한다고 말하고 있다.

기업 경영에서 뇌화풍은 큰 성장과 성공의 시기를 나타낸다. 변화가 필요한 시기이기도 한다. 변화는 기업의 생존과 성장에 필수다. 새로운 기회를 창출하고, 경쟁력을 강화할 수 있기 때문이다. 풍요로움은 현재의 위치에 만족해 변화를 거부하고, 새로운 시도를 피하게 한다.

소위 잘나가는 기업의 리더는 성공에 취해 다른 사람의 의견을 무시하는 경향에 빠질 수 있다. 독선에 빠져 기업의 혁신을 저해할 수도 있다. 이런 기업은 부패와 낭비, 자원 배분의 불균형 등이 생기기 쉽다. 리더에게는 이러한 문제점을 인식하고, 해결하기 위한 신중한 관리가 필요한 시기다.

## 실천 항목

디지털 마케팅은 웹사이트, 소셜 미디어, 이메일 마케팅, 검색엔진 최적화, 유료 검색 광고, 소셜 미디어 광고, 인플루언서 마케팅, 콘텐츠 마케팅, 비디오 마케팅, 이메일 마케팅, 전자 상거래 마케팅, 모바일 마케팅, 리타기팅 광고, 퍼포먼스 마케팅, 데이터 분석 등 다양한 채널을 통해 수행할 수 있다. 디지털 마케팅은 타깃 고객에게 더 직접적으로 도달할 수 있고, 고객의 행동을 추적 및 분석하여 마케팅 캠페인의 효과를 측정할 수 있으며, 전통적인 마케팅 방식보다 저렴할 뿐만 아니라 무료로도 활용할 수 있다는 장점이 있다.

우리는 현재 데이터 시대에 살고 있으며, 데이터 분석은 디지털 마케팅 분야에서 필수적인 역량이 되었다. 마케팅 담당자는 이제 고객 데이터 분석으로 통찰력을 얻고, 이를 마케팅 및 비즈니스 전략에 적극적으로 활용하고 있다. 특히 네이버, 다음, 구글 등 검색엔진의 검색 데이터와 페이스북, 인스타그램 등 플랫폼의 소셜 미디어 데이터를 비롯해 다양한 광고 채널의 데이터, CRM 고객 데이터, 웹사이트 방문자의 웹 로그 데이터 등 다양한 데이터 소스를 활용하면 시장과 고객에 대한 깊은 이해를 얻을 수 있다.

이러한 다양한 디지털 데이터 소스는 고객 행동, 선호도, 관심사 및 상호작용에 대한 귀중한 정보를 제공한다. 마케터는 통계 분석과 빅 데이터 분석 등 다양한 분석 방법을 사용하여 의미 있는 인사이트를 추출할 수 있다. 또한 데이터 분석 기술을 활용하여 정보에 입각한 결정을 내리고, 마케팅 캠페인을 최적화할 수 있으며, 고객 경험을 개인화하고, 전반적인 비즈니스 성과를 개선할 수도 있다.

웹 분석이라고도 하는 웹 로그 분석은 웹사이트 방문자의 활동을 기록하는 웹 로그에서 데이터를 수집하고 분석하는 작업으로, 디지털 마케팅에서 데이터를 분석하기 위해 널리 사용되는 방법이다. 웹 로그 분석은 사용자 행동, 선호도 및 상호작용에 대한 귀중한 통찰력을 제공하는데, 마케팅 담당자는 이러한 정보에 따른 결정을 함으로써 온라인 인지도를 높이고, 마케팅 전략을 최적화할 수 있다는 장점을 가지고 있다.

현재 국내에는 다양한 웹 분석 서비스가 존재한다. 많은 기업들이 구글 애널리틱스(Google Analytics), 어도비 애널리틱스(Adobe Analytics), 네이버 애널리틱스 등과 같이 잘 알려진 플랫폼에서 제공하는 웹 분석 서비스를 활용하고 있다. 이러한 도구는 필수 추적 및 보고 기능을 제공해 기업이 웹사이트 트래픽, 사용자 인구 통계, 인기 있는 콘텐츠, 전환율 및 기타 중요한 지표를 모니터링할 수 있다. 또한 에이스카운터(Ace Counter), 로거(Logger) 등 보다 특화된 기능과 지원을 제공하는 웹 분석 서비스도 있다.

## 기업 사례

몰락하는 기업에게는 일반적인 공통점이 있다. 가장 저지르기 쉬운 실수는 과욕이다. 포르쉐(Porsche)가 자기보다 덩치 큰 폭스바겐(VW, Volkswagen)을 인수하려다 자금조달 실패로 되레 팔린 사례가 대표적이다.

2008년에 포르쉐는 소유권을 약 30%에서 70% 이상으로 늘려 폭스바겐 인수를 시도했다. 포르쉐는 수년 동안 폭스바겐의 지분을 축적해 왔으며, 이는 인수를 통해 강하고 큰 자동차 그룹을 만들려는 중요한 전

략의 일환이었다. 당시 포르쉐 CEO는 벤델린 비데킹(Wendelin Wiedeking)
이었다. 그는 1993년부터 CEO를 역임하며 어려움을 겪고 있던 포르쉐를
수익성이 높고 성공적인 브랜드로 전환시킨 인물이었다. 그런 만큼 야망
도 클 수밖에 없었다.

포르쉐 전 CEO 벤델린 비데킹

그러나 포르쉐는 인수 자금을 조달하는 데 상당한 어려움을 겪었다. 글
로벌 금융위기로 은행들이 돈을 빌려주기를 꺼리자 포르쉐는 인수 자금
을 확보할 수 없었다. 이로 인해 포르쉐는 유동성 위기가 발생했고, 자금

조달을 위해 일부 자산을 매각해야만 했다. 포르쉐가 매각한 자산 중 일부는 폭스바겐 지분이었다.

하지만 매각 시점이 안타까웠다. 포르쉐는 수년 동안 폭스바겐 주식을 꾸준히 축적해 왔으며, 소유 지분이 증가함에 따라 폭스바겐 주가에 대한 영향력도 그만큼 커졌다. 포르쉐가 지분 매각을 발표하자 폭스바겐 주가는 폭락했고, 주가 상승에 베팅한 많은 투자자들은 손실을 입었다. 이 매각은 되레 폭스바겐이 포르쉐를 인수하려는 일련의 사건을 촉발시켰다. 결국 2009년 폭스바겐이 오히려 포르쉐의 지분을 인수했고, 2012년에 포르쉐를 합병해 버렸다.

포르쉐 CEO 벤델린 비데킹의 폭스바겐 인수 시도는 매우 야심 찬 계획이었다. 하지만 과욕으로 자금 조달 문제 등 시장의 흐름을 제대로 읽어내지 못해 결국 실패하고 말았다. 그리고 비데킹은 2009년 폭스바겐 인수 시도 실패와 그에 따른 재정 문제로 인해 포르쉐 CEO에서 사임했다.

이 사례는 기업 인수 관련 리스크와 도전에서 건전한 재무 계획 및 위험 관리의 중요성을 시사한다. 특히 시장의 흐름을 제대로 읽어내지 못하고 과욕을 부린 리더로 인해 기업이 어떻게 몰락하는지를 잘 보여준다.

스티브 잡스, 제프 베조스, 래리 페이지 등 실리콘밸리 거물들이 힘들 때면 찾는 사람이 있다. 빌 캠벨(Bill Campbell)다. 그는 놀랍게도 과거에 콜롬비아대학교의 무명 풋볼 코치였다. 애플과 구글을 1조 달러 기업으로 만들어 '1조 달러 코치(trillion dollar coach)'라고 불린 그는 2016년 세상을 떠날 때까지 베일에 싸인 비밀스러운 존재였다.

실리콘밸리부터 록스타에 이르기까지 다양한 사람들을 코칭한 캠벨은 1983년 당시 애플의 CEO였던 존 스컬리의 부탁으로 마케팅 부문 부사장으로 일하다 1987년 존 스컬리와의 갈등으로 애플을 퇴사했다. 그러다가 1997년 스티브 잡스가 CEO로 복귀한 후 이사회에 합류해 맥 컴퓨터, 아이팟, 아이폰, 아이패드의 성공에 많은 영향을 끼쳤다. 그는 앙숙이었던 스티브 잡스와 존 스컬리 모두와 친한 것으로도 유명했다. 이후 17년 동안 애플 이사회 임원직을 역임하고 2014년 회사를 떠난 후, 자산관리 소프트웨어 기업인 인튜이트(Intuit)의 CEO로도 맹활약했다.

캠벨은 애플의 스티브 잡스와 구글의 래리 페이지, 세르게이 브린, 에릭 슈미트 등 수많은 실리콘밸리 IT 공룡기업 CEO들과 돈독한 친분을 유지하면서 그들을 조언해왔다. 2001년 구글의 CEO로 영입된 에릭 슈미트와 구글의 공동 창업자 래리 페이지, 세르게이 브린 사이의 갈등을 중재하면서 초창기 구글이 자리를 잡는 데에도 결정적인 역할을 했다. 에릭 슈미트 구글 회장은 15년 동안이나 일주일에 한 번씩 캠벨의 코칭을 받았을 정도다. 2010년 애플과 구글이 경쟁 구도를 형성하자 구글에 대한 코칭을 그만두었다. 업계 전문가들은 그의 뛰어난 코칭 능력이 과거 콜롬비아대학교의 풋볼 코치를 지내며 얻은 것으로, IT 업계의 경력을 쌓기 시작하면서 그가 자신의 능력을 마음껏 발휘했다고 분석했다.

빌 캠벨은 1940년 미국 캘리포니아에서 태어났다. 그는 캘리포니아대학교 버클리캠퍼스에서 경제학을 전공했으며, 대학 졸업 후에는 풋볼 코치로 활동했다. 1980년대에 빌 캠벨은 기업 경영 코칭을 시작했으며, 그의 코칭을 받은 기업들은 모두 성공을 거두었다. 빌 캠벨은 기업 경영 코칭의 핵심은 '사람'이라고 강조했다. 그는 "훌륭한 기업은 훌륭한 사람들이 만든다"며, "리더는 직원들을 존중하고 신뢰하며, 그들의 잠재력을 이끌어낼 수 있어야 한다"고 말했다. 또한 빌 캠벨은 "기업 경영은 예술이고, 정답이 없는 게임"이라며, "리더는 항상 변화하는 환경에 적응하고, 창의적인 아이디어를 발휘할 수 있어야 한다"고 강조했다.

# 56.

# 화산려(火山旅)

여행의 길 –
"계속해서 나아가라"

旅, 小亨, 旅貞吉.

려 소 형 려 정 길

旅瑣瑣, 斯其所取災.

여 쇄 쇄  사 기 소 취 재

旅卽次, 懷其資, 得童僕, 貞.

려 즉 차  회 기 자  득 동 복  정

旅焚其次, 喪其童僕貞, 厲.

여 분 기 차  상 기 동 복 정  려

旅于處, 得其資斧, 我心, 不快.

여 우 처  득 기 자 부  아 심  불 쾌

射雉一矢亡, 終以譽命.

사 치 일 시 망  종 이 예 명

鳥焚其巢, 旅人先笑後號咷, 喪牛于易, 凶.

조 분 기 소  여 인 선 소 후 호 도  상 우 우 역  흉

[려(여행/나그네)는 성장 초기부터 있다. 방황을 끝내야 길하다.]


[여행은 사소한 일에 골몰하면 재앙을 자초한다.]

[여행하다 묵을 곳에 들어간다. 재물을 품고 어린 종을 얻으면 좋다.]

[여행하다 묵을 곳을 불태우고 어린 종을 잃었으니 끝까지 염려한다.]

[여행하다 잠시 거처하다 도끼를 얻었으나 마음이 즐겁지 않다.]

[꿩을 잡기 위해 활을 쏘아 화살 한 개를 잃지만, 마침내 명예로운 천명을 받는다.]

[새가 둥지를 불태운다. 나그네는 처음에는 웃지만 뒤에는 대성통곡한다. 바뀌는 곳에서 소를 잃으니 흉하다.]


《주역》 56번째 괘 화산려(火山旅)는 위는 불이고, 아래는 산이다. 저녁 노을이 산마루에 걸려 있는 상이다. 태양이 산에서 떠서 산으로 지는 것은 나그네의 여정과 같다. 방황하는 나그네가 지는 해를 바라보며 힘든 몸을 의탁할 장소를 찾고 있는 모습이다. 물리적 여정이든 은유적 여정이든 여행을 떠나는 것과 관련이 있다. 산은 멈추어 있고, 불은 머물러 있지 않고 이동하기 때문에 산을 떠나게 된다. 모든 일은 때와 상황에 맞게 해야 하지만, 나그네는 이를 감당하기가 어렵다. 따라서 신중하게 움직여야 한다. 한편으로는 산에서 불타는 마음은 내면의 밝음을 찾기 위한 나그네의 방황을 비유한다. 마음과 몸은 하나다. 큰 뜻을 품은 사람은 마음이 몸 밖으로 나와 끊임없이 여행을 하며 방황한다.

기업 경영에서 화산려는 전환기, 불확실성, 탐색의 시기를 나타낸다. 이를테면 스타트업의 경우, 급성장기에 있으며 새로운 시장으로 확장하고 있는 모습이다. 앞으로의 기회에 대한 기대도 크지만, 확장에 따른 위험과 불확실성도 잠재되어 있는 모습이다.

기업의 리더는 앞으로의 여정을 받아들이고, 다가올 위험을 감수하며, 그 과정에서 경험을 통해 배워야 한다. 대기업이라면 업계에서 혼란의 시기에 직면하고 있는 모습이다. 또한 미래에 어떤 일이 벌어질지 확신하지 못하고, 전전긍긍하면서 새로운 접근방식과 전략을 모색하고 있는 모습이다. 이런 경우, 경쟁에서 앞서 나가기 위해서는 기꺼이 위험을 감수하고, 새로운 전략을 시도해야 한다.

이 시기에 기업의 리더는 불확실성과 상실감을 느끼게 하는 개인적, 직업적 도전에 직면할 수 있다. 이때는 자신의 경험을 여행으로 여기고, 시공간의 지배에서 벗어나 회사를 멀리서 바라보며 새로운 전략을 세워야 한다. 이 과정을 통해 더 강하고 온전한 리더로 거듭날 수 있을 것이다.

## 실천 항목

"열심히 일한 당신 떠나라"라는 광고 카피가 한동안 사람들의 마음을 사로잡은 적이 있었다. 그 광고를 보면서 누구나 떠나고 싶은 마음이 간절했을 것이다. 하지만 이런저런 이유로 우리는 쉽게 여행을 떠나지 못한다. 하지만 일이 잘 풀리지 않더라도 과감히 떠나야 한다. 여행은 많은 이점을 제공한다. 새로운 문화와 사람들을 경험하고, 새로운 아이디어와 관점을 배우며, 스트레스를 해소하고, 동기를 부여하며, 힘을 축적할 수 있다.

하지만 여행은 가는 게 중요한 것이 아니다. 어떻게 가느냐가 중요하다. 여행을 통해 새로운 것을 배우고, 새로운 경험을 하고, 새로운 사람들을 만날 때 나는 어떻게 해야 할지를 고민해야 한다. 여행을 하는 방법은 사람마다 다르다. 하지만 어떤 방법을 선택하든 목적지보다 과정이 더 중요하다는 것을 반드시 기억해야 한다. 우리는 여행을 통해 세상에 대한 새로운 시각을 얻고, 더 열린 마음을 가질 수 있기 때문이다.

가령, 기업의 리더라면 물리적인 여행이 쉽지 않을 때는 수많은 현자들을 만나볼 수 있는 독서 여행에 빠져보는 것도 좋다. 독서의 중요성은 굳이 설명하지 않아도 잘 알 것이다.

참고로 조선 세종 때는 독서 휴가제도인 '사가독서(賜暇讀書)'가 있었다. 그 대상은 주로 집현전 학사들이었는데, 뛰어난 자를 선발해 독서에만 전념할 수 있도록 휴가를 주었고, 경비 일체를 나라에서 부담했다. 기한은 최단기인 경우 1개월에서 3개월이었으며, 최고는 1년까지 있었다. 이후 몇 번의 우여곡절로 잠시 중단된 적도 있었지만, 영조 때까지 명맥을 이어오다가 규장각 설립과 함께 폐지되었다. 세종 1426년부터 영조 1773년까지 총 48차에 걸쳐서 320인이 선발되었고, 사가독서를 통해 많은 인재를 배출했음은 물론이다.

스티브 잡스는 1955년 미국 캘리포니아주 샌프란시스코에서 태어났다. 그는 어린 시절부터 혁신적인 아이디어로 주목을 받았으며, 1976년 워즈니악과 함께 애플컴퓨터를 설립했다. 애플컴퓨터는 1984년 맥킨토시(Macintosh)를 출시하면서 큰 성공을 거두었고, 스티브 잡스는 세계적인 기업가가 됐다.

1985년 스티브 잡스는 애플컴퓨터에서 해고된 후 넥스트(NeXT)라는 회사를 설립했지만, 큰 성공을 거두지는 못했다. 하지만 1997년 애플컴퓨터로 복귀해 2007년 아이폰을 출시하면서 다시 한 번 전 세계적으로 큰 성공을 거두었다. 스티브 잡스는 2011년 췌장암으로 사망했다. 56세의 나이로 세상을 떠났지만, 그의 혁신적인 아이디어는 오늘날에도 전 세계 사람들에게 큰 영향을 미치고 있다.

스티브 잡스의 혁신은 여행에서 비롯됐다. 그는 히피문화에 관심이 많았고, 인도 여행을 통해 다른 문화와 사람들을 경험하고 새로운 아이디어를 얻었다. 인도 여행은 스티브 잡스 인생에 큰 영향을 미쳤다. 그는 인도에서 명상을 통해 자신의 내면을 들여다보고 자신을 찾는 시간을 가졌고, 돌아와서는 선불교를 통해 삶의 의미와 목적에 대해 배웠다. 이후 인도에서의 경험은 잡스의 삶을 크게 변화시켰다. 인도에서 배운 단순함과 직관의 중요성은 그가 애플컴퓨터를 설립하고 성공시키는 데 큰 도움이 되었다. 잡스는 여행을 통해 새로운 것을 경험하고, 배우고, 성장하는 것

을 좋아했다. 그는 여행이 자신의 창의성과 혁신성을 키우는 데 도움이
되었다고 말했다.

영화 '잡스(Jobs)' 중 한 장면

2016년 팀 쿡 애플 CEO는 뭄바이의 유명한 시드히비나약(Siddhivinayak) 사원을 방문,
스티브 잡스를 상기시켰다. 출처: Shree Siddhivinayak

선불교, 명상, 직관을 통해 설계된 스티브 잡스의 제품과 서비스는 특

출난 엔지니어들도 넘볼 수 없는 영역으로 아직 남아 있다. 어쩌면 이 차이가 애플과 다른 IT 대기업의 차이일 수도 있다. 애플은 여전히 시가총액 1, 2위를 다투고 있다. 스티브 잡스의 여행은 그가 세계적인 기업가이자 혁신가로 성장하는 데 매우 중요한 역할을 했다. 그의 여행은 우리에게 삶을 더 풍요롭게 만들고, 새로운 것을 경험하고 배우고 성장하는 것이 얼마나 중요한지 잘 보여준다.

# 57. ䷸ 중풍손(重風巽)
# 손위풍(巽爲風)

공손함의 길 –
"경청하고 겸손하라"

巽, 小亨, 利有攸往, 利見大人.
손  소 형  이유유왕  이견대인

進退, 利武人之貞.
진 퇴  이 무 인 지 정

巽在牀下, 用史巫紛若, 吉, 无咎.
손 재 상 하  용 사 무 분 약  길  무 구

頻巽, 吝.
빈 손  인

悔亡, 田獲三品.
회 무  전 획 삼 품

貞吉, 悔亡, 无不利, 无初有終, 先庚三日, 後庚三日, 吉.
정 길  회 무  무 불 리  무 초 유 종  선 경 삼 일  후 경 삼 일  길

[손(공손히 들어감)은 성장 초기부터 있다. 나아가면 이롭다. 대인을 만나는 것이 이롭다.]

[나아갈 줄 알고 물러날 줄 아는 무인은 끝까지 이롭다.]

[공손함이 상 아래에 있다. 사관과 점치는 사람을 많이 사용하면 길하고 허물이 없다.]

[자주 공손하면 부끄럽다.]

[후회가 없으면 사냥을 나가 3품의 짐승(옛날에는 사냥에서 잡은 짐승을 구분하여 상품, 중품, 하품 세 등급으로 나누고 각기 용도를 달리 함)을 얻는다.]

[끝까지 길하며 후회가 없어 이롭지 않음이 없다. 시작은 없어도 끝은 있다. 선경 3일과 후경 3일이 길하다.]

[공손함이 상 아래에 있다면 물자와 도끼를 잃을 것이니 끝까지 흉하다.]

《주역》 57번째 괘 중풍손(重風巽)은 위도 바람이고, 아래도 바람이다. 부드러운 바람이 거듭해서 잇따라 부는 상이다. 하나의 음이 두 양의 아래에서 순종하고 따르는 모습이다. 바람은 부드러운 속성이 있어서 사람들과의 관계에서 살며시 파고드는 공손함을 뜻한다. 이 시기는 어려운 상황이기에 공손한 마음으로 누군가의 도움이나 조언을 받는 것이 좋다.

너무 강하게 밀어붙이지 말고, 공손하고 부드럽게 나아가면 무슨 일을 하더라도 성공할 수 있다.

기업 경영에서 중풍손은 리더가 공손하게 지시하면 유순한 사람들이 그 일을 행하기가 쉽다는 뜻이다. 윗사람이라고 너무 딱딱하게 지시하면 도리어 역효과를 가져올 수 있다. 마치 바람이 사람의 마음에 들어오듯 부드럽게 주변 사람을 대해야 한다.

또한 이 시기에 리더는 기업 내의 변화를 일으키기 위해 아주 작은 균열과 틈새까지 침투할 수 있도록 부드러운 바람 같아야 한다. 그리고 조직에는 따뜻함과 빛을 제공하는 태양 같아야 한다. 특히 변화하는 시장 상황에 대응하기 위해서는 바람처럼 스며드는 협업과 유연성을 중시해야 한다. 이러한 노력이 결실을 맺는다면 업계에서 강력한 발판을 마련할 수가 있다.

그러나 접근방식은 부드러워야겠지만, 조직의 규칙과 프로젝트를 추진하는 데는 단호해야 한다. 이러한 부드러움과 단호함의 균형에서 직원들은 자신이 존중받고 가치 있다고 느끼며, 자신의 행동에 책임을 다하는 모습을 보이게 된다.

### 실천 항목

'홀라크라시(Holacracy)'는 조직의 직계를 없애고, 모든 구성원이 동등한 위치에서 업무를 수행하는 제도를 말한다. 경영진을 뺀 나머지는 모두 직급상 수평적으로 같기 때문에 조직 파괴라 할 수 있다. 전체를 뜻하는 그리스어 'holos'와 통치를 뜻하는 'cracy'가 합쳐져 만들어진 홀라크라시는 자율경영 이론 중 가장 널리 알려지고 가장 구체적인 시스템이다.

REAL ORGANIZATION CHART

현존하는 구조의 예_통합교육(Integration Training)의 마크 월시(Mark Walsh)

특히 스스로 진화하는 홀라크라시는 기존의 조직 모델을 보완하는 대안 중 하나로, 매우 도전적이고 혁신적인 모델로 꼽힌다. 홀라크라시는 기본적으로 위계적인 조직 구조를 없애고, 직원들이 스스로 업무를 결정하고 책임지도록 하는 경영방식이다. 따라서 직원들에게 자율성과 책임감을 부여하고, 직원들과의 소통을 강화해 기업의 경쟁력을 강화하고 성장을 촉진하는 효과가 있다.

홀라크라시를 창시한 브라이언 로버트슨(Brian Robertson)은 1961년 미국에서 태어났다. 그는 어린 시절, 재능을 인정받아 과학영재학교에 들어갔지만, 획일적인 교육 과정에 실망해 자퇴한다. 독학으로 진학한 대학도 마찬가지 이유로 그만둔다. 그는 남들보다 일찍 사회생활을 시작해 18살의 나이에 천재적인 프로그래머로 명성을 얻게 된다. 학교, 기업 등 전통적인 조직이 인간의 잠재력과 창의력을 충분히 끌어내지 못하는 것에 실망해 대안을 찾으려고 사업을 시작한다.

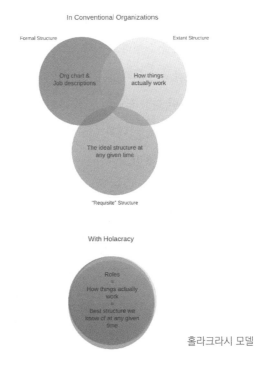

홀라크라시 모델

그는 소프트웨어 기업을 운영하면서 기존의 경영방식이 직원들의 창의성과 혁신성을 제한하고, 직원들과의 소통을 어렵게 만들고 있다고 생각했다. 그 결과, 소프트웨어 기업을 성공적으로 운영하면서 영웅적인 리더나 중간관리자 없이도 모든 구성원이 문제의식을 공유하고, 이를 조직 발전의 자양분으로 삼는 방법을 실험한다. 그리고 2010년 자신의 경험과 생각을 정립해 '홀라크라시 헌장'을 발표한다. 이 헌장은 지금도 홀라크라시를 채택한 수많은 조직과 사람들이 수정, 보완하며 계속 진화하고 있다. 현재 그는 홀라크라시원(HolacracyOne)을 이끌며 전 세계에 홀라크라시 시스템을 소개하고 있다.

우리가 기술 변화에만 관심을 가지고 있을 때, 세계의 혁신기업들은 이처럼 새로운 경영 플랫폼을 실험하고 있다. 조직 구성원들이 능동적으로 문제를 해결하는 유연하고 창의적인 경영방식인 홀라크라시는 사실 새로운 개념이 아니다. 이미 피터 드러커 등 수많은 현대 경영 이론의 대가들도 기업의 문제해결 능력을 극대화하는 방법으로 자율경영 시스템의 필요성을 이야기했다. 현재 홀라크라시는 자포스 등 전 세계 1,000여 개 조직에서 사용 중이다. 이런 유사한 경영방식을 마이크로소프트, 구글, 메타, 넷플릭스, 파타고니아 등이 도입해 이미 성과도 내고 있다. 수직적 직제와 관료주의 문화가 강한 우리 기업이 전통적인 경영방식만 고수한다면 머지않아 생존을 위협받고, 수많은 기회를 놓칠지도 모른다.

"앞으로 보스가 없는 직장을 만들 것입니다. 만약 받아들일 수 없다면 회사를 떠나주십시오."

2015년 3월, 미국의 혁신적인 온라인 신발 및 의류 유통기업 '자포스닷컴'의 CEO 토니 셰이(Tony Hsieh)가 전 직원 1,500여 명에게 보낸 이메일의 내용이다. 리더가 없는 조직, 즉 '홀라크라시(Holacracy)'를 만들겠다는 선포였다.

토니 셰이가 획기적으로 조직 개편을 단행한 이유는 단순했다. 2009년 세계 최대 인터넷 판매업체인 아마존닷컴에 편입되면서 안정적인 입지는 구축했지만, 회사 내에 많은 관리자가 생겨나면서 '자포스 특유의 문화'가 사라졌기 때문이다. '고객만족을 최우선으로 유연하게 사고하고 행동하라', '약간의 독특함을 추구하라'는 사명 아래 캐주얼한 옷과 문신, 격식 없는 인테리어, 애완견 동반 출근 등 자포스만의 자유분방한 분위기와 개성이 점차 흐려지고 있었던 것이다.

토니 셰이가 도입한 홀라크라시는 여러 개의 '서클(circle)'로 구성되고, 목표 달성을 위한 의사결정은 '자율'을 기본으로 필요할 때마다 회의를 통해 이루어진다. 이 때문에 특정인이 지위와 권력을 내세워 의사결정을 좌지우지할 수 없어 계층 구조가 존재하지 않는다. 누구라도 해당 목표나 문제에서 뛰어난 전문성으로 동료들을 돕고, 남다른 영향력을 갖게 되면 리더가 된다. 즉, 홀라크라시에서 '리더'는 자연적으로 발생한 '영향력'

을 기준으로 만들어진다. 홀라크라시는 역할에 따라 다음 4가지로 나뉜다. 각 팀 사이의 교류와 업무 전달을 맡는 '링크', 투표로 지정되어 회의를 진행하는 '진행자', 회의 내용을 기록하는 '서기', 그리고 자신에게 맡겨진 역할을 수행하는 홀라크라시의 최소 단위인 '홀론'이 그것이다.

홀라크라시를 도입한 자포스. 출처: Insights

홀라크라시 선언 이후 자포스는 전체 직원의 18%인 260여 명이 퇴직금을 받고 퇴사했고, 이후에도 60여 명이 추가적으로 회사를 떠났다. 이들 대부분은 수직적 의사결정에 익숙한 관리자들이었다. 또한 자포스는 온라인 쇼핑 서버 시스템을 아마존의 슈퍼 클라우드 시스템으로 교체하는 중대 작업을 진행하는 과정에서 업무를 담당하던 핵심 직원들이 대거 떠나 버렸다. 이전에 자포스의 연간 퇴사자는 10~20여 명으로 두둑한 성과급과 직원 복지, 자유로운 조직문화로 미국 내 '좋은 직장' 순위에서 늘 상위권에 올랐었다.

공교롭게도 홀라크라시 도입 이후, 자포스의 매출이 급감하자 일각에서는 홀라크라시의 실패를 논하기도 했다. 많은 경영 전문가들은 3년의 시간을 두고 홀라크라시의 도입을 장려했지만, 적응하지 못한 직원들이 20%에 달한 점을 들어 너무 성급했다고 평가했다. 또한 많은 이들은 홀라크라시를 도입할 때, 그 특성이 프로그램과 같기 때문에 부분적인 도입보다는 전면적으로 도입해야 한다고 강조했다. 그렇지 않으면 해당 조직이 갖는 장점을 파괴할 수 있다는 것이었다. 홀라크라시 조직이 목적 중심이고, 그것이 잘 수행되었을 때는 확실하게 목적 달성을 이룰 수 있지만, 그만큼 혁신적이고 파격적인 조직 형태이기에 좀 더 신중하게 도입했어야 한다는 것이다.

하지만 홀라크라시는 혁명과 같다. 소수의 손에 권한과 책임이 집중되고, 사내 정치를 피할 수 없으며, 조직에서 피라미드 아래로 내려갈수록 동기부여가 결여되는 전통적인 계층 구조를 근본적으로 혁신한다는 것은 사실 매우 어려운 일이다.

미래의 변화에 대비해 새로운 경영 플랫폼을 찾고 있는가? 그런 사람이라면 홀라크라시 창립자인 로버트슨의 말에서 그 해답을 찾을 수 있을 것이다.

"독재에서 민주주의로 나아가는 국가를 상상해 보라. 가장 쉬운 길은 독재자가 독단적으로 이것이 우리의 헌법이라고 선언하는 것이다. 민주주의로 나아가기 위해 독재자의 법령이 필요하다는 점에서 아이러니하지만, 실제로는 민주화에 이르는 가장 순조롭고 강력한 길이다. 조직에서도 마찬가지다."

# 58. ䷹ 중택태(重澤兌)
# 태위택(兌爲澤)

기쁨의 길 –
"베풀고 기뻐하라"

兌, 亨, 利貞.
태  형  이정

和兌, 吉.
화 태  길

孚兌, 吉, 悔亡.
부 태  길  회 무

來兌, 凶.
래 태  흉

商兌未寧, 介疾有喜.
상 태 미 녕  개 질 유 희

孚于剝, 有厲.
부 우 박  유 려

# 引兌.

인 태

[태(기뻐함)는 성장하며 완성하고 마침이다.]

[화합하여 기뻐하니 길하다.]

[믿음이 있어 즐거우니 길하고 후회가 없다.]

[와서 기뻐하니 흉하다.]

[기뻐함을 헤아리니 편안하지 않다. 질병을 분별해야 기쁨이 있다.]

[깎아내는 것에 믿음을 두면 위태롭다.]

[끌어당기는 기쁨이다.]

《주역》 58번째 괘 중택태(重澤兌)는 위도 연못이고, 아래도 연못이다. 연못이 이어져 흐르는 상이다. 연못은 대지에 있는 모든 만물에게 골고루 물을 나누어준다. 즉, 베푸는 곳에 기쁨이 있다. 또는 연못 자체가 기쁨을 상징한다. 기쁨이 두 배니 소통과 사교, 화려한 모임 등을 나타낸다. 이 시기는 겉보기에는 즐거운 것 같아도 마음속은 괴로운 상태다. 즉, 외면과 내면이 다른 모습이다.

기업 경영에서 중택태는 회사 전체 조직이 기뻐함을 나타낸다. 이 시기는 비전을 공유하며 창의성, 협업, 감성 지능을 키우는 긍정적이고 즐거운 업무 환경을 조성한 회사를 나타낸다. 이때는 직원들의 동기부여와 만족도를 유지하는 것이 중요하다. 행복하고 만족스러운 회사는 긍정적인 결과와 높은 생산성을 창출하기 때문이다.

이때는 《맹자》에 나온 '여민동락(與民同樂)'의 시기이다. 기업의 리더가 먼저 직원들을 기쁘게 해주면 직원들은 수고로움을 잊은 채 회사를 위해 힘껏 일하고, 리더가 어려운 일에 솔선수범하여 뛰어들면 직원들도 앞장서서 뛰어든다. 이때는 야유회 등과 같은 정기적인 팀 빌딩 이벤트 및 사교활동을 통해 공동체 의식을 높이고, 팀원 간의 관계를 돈독히 해야 한다. 또한 직원 복지를 강화하기 위해 원격 근무나 탄력 근무제 등 유연한 근무방식을 제공해야 한다. 아울러 브레인스토밍 세션을 통해 열린 소통과 협업을 장려하고, 전사적인 혁신대회 등을 통해 직원들이 재능과 창의성을 발휘할 기회를 제공하며, 승진이나 보너스, 공개적인 칭찬을 통해 직원들의 노고와 공헌에 보상을 해주어야 한다.

이때 기업의 리더는 한마디로 겉은 부드럽고 속은 강한 외유내강(外柔內剛)을 발휘해야 한다. 그런 리더라야 구성원의 기쁨을 끌어낼 수 있다. 뻣뻣한 리더십으로는 기쁨을 끌어낼 수 없다. 이는 나라를 이끄는 정치인이나 회사를 이끄는 CEO 등 모든 리더에게 필요한 덕목이다.

**실천 항목**

인간에게는 같은 돈이라도 들어올 때의 기쁨보다 나갈 때의 고통이 훨

썬 크다. 이런 현상을 설명한 경영 이론이 '전망 이론(Prospect Theory)'이다. 인간은 기본적으로 얻는 것보다 잃는 것에 대해 체감효과를 더 크게 느낀다는 인간의 의사결정 과정을 설명한 이론이다. 1979년 프린스턴대학의 심리학자 다니엘 카너만(Daniel Kahneman)과 아모스 트버스키(Amos Tversky)가 〈위험 상황에서의 의사결정 분석〉이라는 논문에서 발표했다. 참고로 대니얼 카너먼은 2002년 노벨 경제학상을 수상했다.

전망 이론은 인간이 위험 상황에서 의사결정을 할 때, 이성적으로 판단하지 않고 자신의 감정에 따라 결정을 내린다는 것이다. 이를테면 사람들은 큰 이익을 얻을 수 있는 확률이 낮은 선택보다는 작은 이익을 얻을 수 있는 확률이 높은 선택을 더 선호한다. 또한 사람들은 손실을 경험하는 것을 두려워하기 때문에, 이를 피하기 위해 이익을 얻을 수 있는 기회를 포기하기도 한다. 이 이론은 심리학적 연구를 토대로 한 행동경제학의 발전에 중요한 역할을 했다.

이 이론은 두 가지 단계의 의사결정을 보여주고 있다. 어떤 발견법에 의해 얻어진 경험에 따라 가능한 의사결정의 결과가 순서대로 정리되었을 때, 먼저 사람들은 기본적으로 이득과 손해가 같을 것이라고 생각되는 점을 준거점으로 잡고, 이보다 낮은 경우 손해, 높은 경우 이득이라고 본다. 다음 단계에서 사람들은 어떤 결정에 대한 효용을 평가하게 되는데, 그들은 전망에 따른 확률에 따라 행동하고, 여기서 높은 효용을 가진 대안을 선택하게 된다.

이를테면 확실히 80만 원을 얻을 수 있는 안과 100만 원을 얻을 수도 있지만 성공 확률이 85%인 안이 있을 때 어떤 것을 선택할지 물으면 대부분은 전자를 선택한다. 이는 위험을 싫어하는 전통적인 경제학으로 충분히 설명이 가능하다. 그런데 질문을 변경하면 결과는 180도 달라진다. 무조건 1,000만 원을 잃는 안과 2,000만 원을 잃을 수도 있지만, 발생 가능성이 60%인 안이 있다고 가정해보자. 합리적으로는 전자를 선택해야 하지만, 실제로는 후자를 선택한다. 이처럼 사람들은 이익을 추구하는 안을 선택할 때는 전통적인 이론과 같이 위험회피적인 성향을 보이지만, 손실에 대한 선택을 할 때는 오히려 위험을 더 선호하는 경향을 보인다.

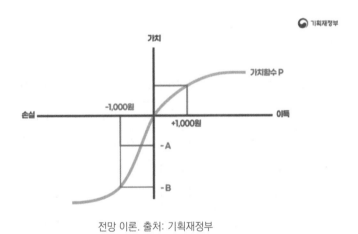

전망 이론. 출처: 기획재정부

전망 이론에 따르면, 사람들의 효용 수준은 이익보다 손실에 더 민감하며, 특히 이익 구간에서는 안전한 선택을, 손실 구간에서는 위험한 선택을 선호하게 된다. 또한 S자 모양의 효용곡선에서 볼 수 있는 것처럼, 효용은 '기준점'을 기반으로 하므로, 이득이나 손실의 수준이 똑같더라도 어떤 기준점에서 측정하는가에 따라 느끼는 효용이 다르다. 전망 이론은 현재 경제학, 심리학, 경영학 등 다양한 분야에 적용되고 있으며, 보험 상품의 설계, 투자 전략의 수립, 마케팅 전략의 개발 등에 활용되고 있다.

## 기업 사례

영화 '300'에서 수십만 대군의 페르시아 군대는 300명의 스파르타 군대를 상대로 한 전투에서 큰 피해를 입는다. 이는 궁지에 몰린 사람들이 더 위험하고 극단적인 선택을 할 수 있다는 인간의 행동심리를 설명한다.

우버는 피크 시간대, 축제 기간, 교통량이 많은 시간대에 할증요금을 적용해 수익을 극대화한다. 수요가 많고 차량 공급이 제한적인 시간에 요금을 인상함으로써 더 많은 드라이버가 운행에 나서도록 유도해 승객을 태울 확률을 높이고, 더 높은 수익을 창출한다. 이와 같은 프리미엄 요금에 대한 소비자의 반응은 행동경제학 관점에서 볼 때 매우 흥미롭다. 연구에 따르면, 고객은 정상 가격의 2배보다 약간 넘는 할증료를 받아들일 가능성이 더 높은 것으로 나타났다. 이러한 인식은 단순히 2배는 적당히 가격을 올린 것 같지만, 2.1배는 복잡한 알고리즘을 기반으로 이루어졌다고 소비자들이 인식해 덜 불공평하게 느끼기 때문이었다.

이와 마찬가지로 또 다른 온라인 플랫폼인 이베이(eBay)도 특정 품목의 경매에서 가격을 50달러 대신 49.999달러로 올릴 때 더 빨리 판매되는 것을 관찰할 수 있었다. 이는 판매자의 가격이 '0'으로 끝나는 경우 입찰자들이 긴급성을 더 크게 인식하기 때문이었다.

행동경제학에 기반한 우버의 운행 시스템

프리미엄 가격 책정에 대한 우버의 접근방식은 행동경제학에 기반을 두고 있다. 우버는 운전자가 더 오랫동안 도로에 머무르도록 유도해 차량 공급을 일정하게 유지하는 것을 목표로 한다. 이를 위해 운전자에게 수입을 강조하는 메시지를 보내 퇴근하지 말고 계속 운전할 것을 제안하는 등 심리적 기법을 사용하고 있다. 이러한 전략은 우버가 수수료 수익을 유지하고 플랫폼에 정기적으로 의존하는 고객을 유지하는 데 도움이 되기 때문이다.

비평가들은 우버가 이렇게 행동경제학 기법을 사용해 운전자의 노동력을 착취하고 있다고 주장한다. 반면 우버는 운전자에 대한 직접적인 통제권을 부인하며, 운전 시간 결정은 전적으로 운전자 자신에게 달려 있다고 주장한다. 그럼에도 불구하고 우버는 운전자들이 고객의 수요를 충족하고, 근무 시간을 연장하도록 인센티브를 제공하는 다양한 방법, 즉 요금 조정, 운전자 행동에 영향을 미치는 심리적 전술, 가격에 대한 고객 반응 이해 등을 적극적으로 활용하고 있다.

# 59.  풍수환(風水渙)

흘어짐의 길 –
"이완과 수렴을 하라"

渙, 亨, 王假有廟, 利涉大川, 利貞.
환 형 왕가유묘 이섭대천 이정

用拯馬壯, 吉.
용증마장 길

渙奔其机, 悔亡.
환분기궤 회무

渙其躬, 无悔.
환기궁 무회

渙其羣, 元吉, 渙有丘, 匪夷所思.
환기군 원길 환유구 비이소사

渙汗其大號, 渙王居, 无咎.
환한기대호 환왕거 무구

渙其血去逖出, 无咎.
환기혈거적출 무구

[환(흩어짐)은 성장기다. 왕이 가서 제사 지낼 종묘가 있으면 과감히 큰 강을 건너면 이로우니 끝까지 이롭다.]

[기운이 강한 말의 도움을 받으면 길하다.]
[흩어짐에 궤(책상)로 달아나야 후회가 없다.]
[몸을 흐트러뜨려야 후회가 없다.]
[무리가 흩어져 나아가야 처음부터 길하다. 동시에 흩어지고, 언덕처럼 많이 모이는 것을 보통 사람들은 생각하지 못한다.]
[큰 호령에 흩어지는 것을 땀나게 한다. 왕이 흩어짐에 머물러야 허물이 없다.]
[그 피를 흩어내고 멀리 달아나 벗어나야 허물이 없다.]

《주역》 59번째 괘 풍수환(風水渙)은 위는 바람이고, 아래는 물이다. 물 위에 바람이 불어 물에 파문이 일고, 사방으로 흩어지는 상이다. 얼었던 물이 봄바람에 녹아 모든 사물이 흩어지고, 소멸하는 상황을 나타낸다. 예측이 불가능한 어려운 시기로, 확고한 의지로 부단히 노력하지 않으면 안 되는 시기다. 오래된 패턴이 해체되고, 새로운 패턴이 등장하는 변화와 움직임의 시기다.

기업 경영에서 풍수환은 물과 바람이 모이고 흩어짐을 반복하는 것처럼 기업의 성장과 하락이 반복한다. 이때 기업의 리더가 회사의 흩어진 상황을 그대로 방치하면 몰락하기 쉽다. 흩어진 비전과 목표를 다시 추스르고, 모으는 것이 마땅히 취해야 할 당면 과제다. 이때는 회사가 특정 제품이나 서비스에 너무 편중된 상황으로, 경쟁력을 유지하기 위해 제품을 다양화해야 한다. 그러나 단순히 자원을 사방으로 뿌리기보다는 사려 깊고 전략적인 방법으로 이를 수행하는 것이 중요하다.

이 시기에는 조직 목표를 달성하기 위해 부서를 재구성하거나 새로운 관점을 가진 새로운 팀원을 채용하는 등 변화의 시기를 겪을 수도 있다. 이때는 무엇보다 기존의 틀을 깨고 에너지와 아이디어의 자유로운 흐름을 만들어야 한다. 직원들의 분산화와 자율성을 장려해 혁신과 민첩성을 높여야 한다. 큰 뜻을 품은 기업의 리더라면 경쟁 기업이 직원과 고객에게 문제를 야기하는 경우 시장 지배력을 키우거나 인수합병 등으로 강력하게 대처해야 한다.

## 실천 항목

성공한 기업의 특징 중 하나는 모두가 독점(monopoly)으로부터 출발했다는 것이다. 독점은 오직 하나의 회사가 시장을 독차지하고 있는 경우를 뜻한다. 적은 수의 기업이 시장을 독차지하고 있는 경우를 과점이라고 한다. 과점을 하고 있는 기업들이 담합을 하면 독점과 같은 상황을 만들 수 있는데, 이를 독과점이라고 한다.

경제학 원론에서는 대개 독점을 부정적으로 가르친다. 하지만 이는 상황에 따라 다르다. 사실 독점은 우리 주위에서도 흔히 볼 수 있다. 애플의 아이폰 운영체제인 iOS나 잉크젯 프린터의 토너, 할리 데이비슨의 전용 액세서리 등이 대표적이다. 독점은 경쟁을 제한하고 소비자에게 피해를 줄 수 있기 때문에 대부분의 국가에서는 금지하고 있다. 우리는 독점이 소비자의 선택권을 제한하고, 가격을 인상하며, 품질을 저하시키는 등의 문제를 초래해 경제 성장을 막고, 사회 발전을 저해할 수 있다고 배워왔다.

독점 기업은 고객에게 단 하나의 선택지만 주는 상황을 만든다. 그 시장을 지배할 수 있는 강력한 요소를 가진 기업들은 독점적 지위를 만들어 지속적인 성공과 수익을 창출한다. 이런 기업들에게는 강력한 브랜드 파워나 탁월한 제품, 저렴한 가격 등의 수식어가 붙는데, 알고 보면 모두 '독점'의 다른 말이다.

독점은 기업 규모나 자본력에서 비롯되는 것이 아니라, 고객의 마음을 사로잡는 혁신적인 제품과 서비스를 제공하는 데서 나온다. 스타벅스는 고객에게 편안하고 여유로운 분위기를 제공하는 혁신적인 매장 전략을 통해 커피 시장을 장악했다. 마이크로소프트는 윈도우 운영체제를 통해 PC 시장에서 독점력을 구축했다. 델은 고객이 직접 PC 사양을 선택하고, 주문할 수 있는 혁신적인 방식을 통해 PC 시장에서 성공을 거두었다. 애플은 아이폰, 아이패드, 아이맥 등 혁신적인 제품을 출시해 스마트폰, 태블릿PC, 데스크톱PC 시장을 선도하고 있다. 월마트는 저렴한 가격과 편리한 쇼핑 환경을 제공하여 유통 시장에서 성공을 거두었다.

이러한 사례들은 미래 시장을 주도하는 기업들이 혁신적인 제품과 서비스로 고객의 마음을 사로잡는 데서 독점력을 구축한다는 것을 보여주고 있다.

밀린드 레레의
《Monopoly Rules》

"모든 회사는 어떤 형태로든 독점을 보유해야 한다!"

전략 컨설팅 회사에서 임원을 역임하고, 시카고 경영대학원에서 전략 및 마케팅 겸임교수로 재직한 밀린드 레레(Milind Lele)가 《Monopoly Rules: How to Find, Capture, and Control the Most Lucrative Markets in Any Business》에서 한 말이다. 경영 전략의 영원한 고전이자 우월한 경제적 가치를 창출하는 독점 기술을 가져야 한다는 것이다. 그는 매출을 올리는 전략과 마케팅 이전에 가장 먼저 독점의 위치를 차지하라며 이렇게 말하고 있다.

"우리 회사는 어떤 형태의 독점을 보유할 수 있는가?'라는 근본적인 질문을 해야 한다."

## 기업 사례

노키아는 한때 세계 휴대폰 시장에서 1위를 차지했던 기업이다. 그러나 2010년대 초반 스마트폰 시장의 급성장에 적응하지 못해 몰락했다. 노키아의 몰락은 핀란드 경제에 큰 타격을 주었다. 노키아는 핀란드 GDP의 20%를 차지하는 주요 기업이었다. 노키아의 붕괴로 많은 엔지니어와 기술자들이 실직했고, 이는 핀란드의 노동시장에 큰 영향을 미쳤다.

그 후 핀란드는 뿔뿔이 흩어진 노키아의 인재들이 창업할 수 있는 생태계를 조성하고, 스타트업을 육성하는 데 힘썼다. 그 결과, 핀란드는 현재 세계적인 스타트업 강국으로 자리 잡았다. 핀란드 정부는 기술혁신청을 설립해 노키아에서 실직한 엔지니어와 기술자들을 지원하기 위해 창업을 장려하고, 스타트업을 육성하기 위해 다양한 정책을 시행했다. 또 북유럽 국가 중 가장 낮은 법인세를 부과하는 등 신선한 아이디어를 가진 젊은이들의 창업을 적극적으로 유도했다.

그 결과, 게임 스타트업 로비오가 개발한 '앵그리 버드' 등 핀란드산 게임들이 세계 곳곳에서 대박을 터트렸다. '앵그리 버드'는 전 세계적으로 10억 건 이상 다운로드 되었고, 핀란드에서만 약 2,000여 개의 일자리를 창출했다. 그 밖에 '클래시 로얄'로 유명한 게임 스타트업 슈퍼셀의 경우, 설립 4년 만인 2014년에 15억 4,500만 유로의 매출을 올렸다. 현재 핀란드는 IT, 헬스케어, 교육 등 다양한 분야에서 세계적인 경쟁력을 갖춘 스타트업들이 대거 포진하고 있다.

현재는 이처럼 많은 스타트업들이 핀란드 경제에 에너지를 불어넣고 있다. 핀란드 스타트업은 2022년 기준으로 핀란드 GDP의 10% 이상을

핀란드 스타트업 콘퍼런스 '슬러시'. 출처: Slush

차지하고 있다. 또한 핀란드에서는 스타트업이 매년 10,000개 이상 창업을 하고 있다. 작고 빠른 스타트업들이 공룡기업 노키아의 빈자리를 메우며 핀란드 경제는 허리와 하체가 튼튼해졌다. 없으면 안 될 것 같았던 노키아가 망했지만, 핀란드는 더 건강해졌다.

# 60. 수택절(水澤節)

절제의 길 —
"과감히 삭제하라"

節, 亨, 苦節, 不可貞.
절 형 고절 불가정

不出戶庭, 无咎.
불출호정 무구

不出門庭, 凶.
불출문정 흉

不節若, 則嗟若, 无咎
부절약 즉차약 무구

安節, 亨.
안절 형

甘節, 吉, 往有尙.
감절 길 왕유상

苦節, 貞凶, 悔亡.
고절 정흉 회무

[절(절제)은 성장이다. 고통스러운 절제는 끝까지 이룰 수 없다.]


[집 안마당(호정)에 나가지 않아도 허물은 없다.]

[집 앞마당(문정)에서 나가지 않으면 흉하다.]

[절제하지 못한 고통으로 탄식이 있다면 허물은 없다.]

[편안하게 절도를 지키는 것이 성장이다.]

[기쁘게 절제해야 길하고, 그렇게 가면 가상함이 있다.]

[고통스러운 절제는 끝까지 흉하나 후회는 없다.]


《주역》 60번째 괘 수택절(水澤節)은 위는 물이고, 아래는 연못이다. 연못 위에 물이 가득 차 있는 상이다. 물은 많으면 넘치고, 모자라면 흐르지 못한다. 물은 중도를 지키는 절제를 뜻한다. 절제는 정도나 한계를 넘어서 나아가려는 것을 억눌러 멈추게 하는 것이다. 즉, 욕망이나 충동을 억누르고, 적절한 수준으로 유지하는 것을 말한다.

그러나 절제가 지나치면 고집스러운 독선이 된다. 이를 경계해야 한다. 물이 흐르지 않고 한 곳에 머물러 있으면 썩는 것과 같다. 경우에 따라서는 융통성도 발휘해야 한다. 그래야 건강하고 안정적인 삶을 살 수 있다. 현대사회에서 지나친 절제는 스트레스의 주된 이유가 된다, 오히려 적당히 풀고 살아야 한다고 《주역》은 조언하고 있다.

기업 경영에서 수택절은 경영진이 낭비, 오용 또는 과잉을 피하기 위해 조직의 활동, 자원, 사람을 통제해야 한다고 조언하고 있다. 대표적으로 재정적 어려움에 직면하여 경영 정상화를 위해 긴축 조치를 시행해야 하는 회사, 금융이나 의료 등 고위험 산업에 속한 회사가 위험을 피하기 위해 엄격한 통제를 시행해야 하는 경우 등을 들 수 있다.

이 시기에 기업의 리더는 명확한 한계와 제한을 설정해 예선 초과와 낭비를 방지하고, 조직의 자원을 더 잘 관리하는 것이 성공을 위한 최선의 방법이다. 또한 의사결정에 절제와 주의도 필요하다. 이를테면 재정적 책임을 강조하고, 과도한 지출이나 차입을 피하며, 비윤리적이거나 불법적인 행동을 제한하기 위해 명확한 정책과 절차를 수립해야 한다. 특히 불확실성이나 변동성이 큰 이 시기에는 의사결정에 보다 신중하고, 보수적인 태도를 취해야 한다.

## 실천 항목

덴마크의 철학하는 심리학자 스벤 브링크만(Svend Brinkmann)은 저서 《절제의 기술(The Joy of Missing Out: The Art of Self-Restraint in an Age of Excess )》에서 다음과 같이 유혹의 시대를 이기는 5가지 삶의 원칙을 제시한다.

### 1. 선택지 줄이기(심리학)

우리는 너무 많은 선택지 앞에 놓여 있다. 새로운 옷, 새로운 차, 새로운 음식, 새로운 경험 등 우리는 항상 더 나은 것을 찾고, 더 많은 것을 원한다. 하지만 이러한 선택지들은 우리를 불안하게 만들고, 만족하지 못하게 만든다. 브링크만은 선택지를 줄이는 것이 행복의 첫걸음이라고 말한다. 필요한 것만 선택하고, 나머지는 버려야 한다. 그럴 때 우리는 비로소 여유와 평화를 찾을 수 있다.

### 2. 진짜 원하는 것 하나만 바라기(철학)

우리는 항상 많은 것을 원한다. 하지만 진짜 원하는 것이 무엇인지 잘 모른다. 눈앞에 보이는 것들에 휩쓸려서 진짜 원하는 것을 놓치고 만다. 브링크만은 진짜 원하는 것 하나만 바라라고 말한다. 그것 하나만 바라고, 그것 하나를 위해 노력하라. 그럴 때 우리는 진정한 행복을 찾을 수 있다.

The Joy of Missing Out
Svend Brinkmann

스벤 브링크만의 저서 《절제의 기술》

### 3. 감사하고 기뻐하기(윤리학)

우리는 항상 부족함을 느낀다. 더 많은 것을 원하고, 더 나은 것을 원한다. 하지만 이미 가지고 있는 것에는 감사하지 않는다. 브링크만은 감사하고 기뻐하라고 말한다. 우리가 가진 것에 감사하고, 그 안에서 행복을 찾아라. 그럴 때 우리는 진정한 행복을 찾을 수 있다.

### 4. 단순하게 살기(정치학)

우리는 너무 복잡하게 산다. 많은 것을 가지려고 하고, 많은 일을 하려고 한다. 하지만 이러한 복잡함은 우리를 불안하게 만들고, 만족하지 못하게 만든다. 브링크만은 단순하게 살라고 말한다. 필요한 것만 가지고, 필요한 것만 하라. 그럴 때 우리는 비로소 여유와 평화를 찾을 수 있다.

### 5. 기쁜 마음으로 뒤처지기(미학)

우리는 항상 남과 비교한다. 남보다 더 잘살고, 남보다 더 성공하고 싶어 한다. 하지만 이러한 비교는 우리를 불안하게 만들고, 만족하지 못하게 만든다. 브링크만은 기쁜 마음으로 뒤처지라고 말한다. 남과 비교하지 말고, 자신의 삶에 집중하라. 그럴 때 우리는 비로소 진정한 행복을 찾을 수 있다.

이러한 원칙들은 행복이 채우는 게 아니라 비우고 나누는 데서, 욕망하는 것이 아니라 만족하는 데서 생긴다는 사실을 알려준다. 우리는 절제의 기술을 통해 적당히 만족함으로써 정말 중요한 일에 시간과 에너지를 쓰고, 세상에 휘둘리지 않으며 내 삶의 주인이 되는 법을 배울 수 있다.

### 기업 사례

레고(LEGO)는 1932년 덴마크 작은 마을의 가난한 목수였던 올레 키르크 크리스티안센(Ole Kirk Christiansen)이 창업했다. 현재 레고는 플라스틱 블록 장난감으로 유명하지만, 그 시작은 나무로 만든 장난감이었다. '잘 놀다'라는 뜻의 덴마크어 'leg godt'에서 유래한 '레고그룹'은 전 세계 어린 이로부터 큰 사랑을 받으며 2000년까지만 해도 세계 5위의 장난감 회사 였다.

  그러나 1990년대 들어 다양한 장난감들이 등장하고, 비디오 및 PC 게 임 시장이 성장하자 레고는 위기에 처한다. 이에 위기감을 느낀 레고그 룹은 '혁신'으로 위기를 타파해야겠다는 강박에 무절제하게 여러 방면으 로 사업을 확장했다. 1990년대 중반에는 매년 5개의 새로운 장난감 테마 를 선보이며 기존 제품인 '블록'을 넘어 레고와 관련된 영화, 책, 인형, 시 계, 아동복 등 다양한 형태의 엔터테인먼트에도 도전했다. 원래 덴마크 빌룬에 있던 레고랜드도 영국, 독일, 미국으로 확장했다.

레고 아이디어스

이 기간 동안 레고그룹은 기존 블록 외에도 새로운 유형의 블록을 도입했다. 대표적인 예로 1997년 출시한 '레고 스칼라' 시리즈가 있다. 이 시리즈는 기존의 레고 블록에서 벗어나 레고의 정체성에 대한 소비자들의 혼란을 야기했다. 레고그룹은 이러한 제품을 대거 생산했지만, 레고답지 않은 제품에 소비자들은 실망했다. 위기를 극복하기 위해 시도한 무절제한 혁신이 오히려 더 큰 위기를 불러온 것이다.

그 결과, 1998년 회사 설립 이후 처음으로 적자를 냈고, 1999년에는 전체 인력의 약 10%에 해당하는 1,000명을 해고했다. 상황은 더 악화되었고, 회사는 더욱 위기에 빠졌다. 그러자 외부의 지적재산권을 라이센싱한 '레고 스타워즈' 시리즈를 출시했다. 그 시리즈가 전체 매출의 17%를 차지하며 잠깐 실적 회복세를 보였지만, 이후 매출이 급락해 2004년에는 파산 직전까지 갔다.

이때 구원투수로 등장한 사람이 새로운 CEO 크누스토르프(Knudstorp)였다. 그는 가장 먼저 무절제하게 확장한 사업들을 정리했다. 그는 '레고'라는 이름에 담긴 '재미있게 놀다'라는 창업 이념의 중요성을 강조하고, 회사의 목적을 '기본에 충실하자'로 설정했다. 주요 고객 기반인 5~9세에 더욱 집중하는 동시에 10대 후반부터 30대 성인까지 범위를 확장하는 등 진정한 혁신의 토대도 마련했다.

이후 레고는 '스타워즈' 시리즈에 이어 일본의 닌자를 소재로 한 '닌자고', 영화 '반지의 제왕' 시리즈, 영화 '인디아나 존스' 테마 등 블록에 각종 스토리를 입혀 시리즈 제품을 출시했다. 그 결과, 매출이 12년 연속 증가했다. 2007년부터 2016년까지의 순이익은 약 9배가량 증가했으며, 직원 수 역시 4배가량 크게 증가했다.

하지만 위기는 끝나지 않았다. 스마트폰과 태블릿의 급속한 성장이 장난감 산업에 위협이 되면서 새로운 도전에 직면했다. 유튜브, 넷플릭스 등 온라인 플랫폼이 장난감의 주 고객인 어린이들을 사로잡았다. 당시 미국 세계 최대 완구업체인 토이저러스(ToysRUs)가 파산보호 절차를 신청했고, 북유럽 최대 장난감 회사인 탑토이도 파산 선고를 받았다. 마텔도 대규모 인력을 감축했다.

이 위기를 극복하기 위해 2017년 CEO로 임명된 IT 전문가 닐스 크리스티안센(Niels Christiansen)은 레고그룹의 장난감을 현대화하는 전략을 실행했다. 레고에 증강현실을 접목한 새 시리즈를 출시하고, 전용 앱을 통해 레고 장난감을 제어할 수 있는 온라인 플랫폼 '레고 부스트'와 레고 애호가들이 자신의 작품을 연결하고 공유할 수 있는 소셜 미디어 커뮤니티 '레고 라이프'를 내놓았다. 1990년대 인기 프로그램인 '미래 전사 볼트론' 시리즈를 출시하고, 영화 '해리포터' 속 성을 블록으로 재현한 '해리포터 호그와트 성'도 선보였다. 특히 '레고 아이디어스'라는 플랫폼에서는 고객이 자신의 창작 프로젝트를 자유롭게 공유하고, 10,000개 이상 추천받으면 심사 과정을 거쳐 상용화 기회까지 주었다. '미래 전사 볼트론' 시리즈는 필리핀의 한 레고 팬이 이 플랫폼에 아이디어를 제출해 심사를 통과한 것을 상용화한 것이다.

레고는 코로나19로 전 세계가 암흑기를 거칠 때 오히려 특수를 누리며 폭발적인 매출 증가율을 기록했다. 코로나19가 극심했던 2020년 상반기에는 자체 이커머스 플랫폼 덕에 오히려 매출이 늘었다. 오프라인 마케팅도 멈추지 않았다. 레고그룹은 2023년에만 165개의 신규 매장을 설립했다. 또한 잠재력이 큰 중국 시장 진출을 위해 텐센트와도 파트너십을 맺었다. 이후 중국에서 '레고 큐브'라는 모바일 게임을 출시해 두 자릿수 매출 성장을 거두며 중국 35개 도시에 140개 이상의 매장을 연다고 밝혔다.

최근 레고그룹은 또 다른 도전에 직면해 있다. 글로벌 인플레이션과 씨름하고 있으며, ESG 경영 강화를 위해 도입한 재활용 '친환경 블록'에 소비자 중 일부가 기존의 레고와 동일한 경험을 제공하지 않아 브랜드의 본질을 희석시키고 있다며 반발하고 있다. 글로벌 완구 시장의 침체 속에 레고그룹이 다시 한 번 위기 극복 능력을 발휘할 수 있을지 전 세계 유통업계가 예의 주시하고 있다.

# 신기술 투자

2020년 유전자 가위(CRISPR/Cas9)가 노벨화학상을 받았을 때다. 이 해 어느 날 벤처 캐피털을 운영하는 선배가 찾아왔다. 그 선배는 "그렇지 않아도 유전자 가위 기술 기반의 신약 개발 바이오 벤처에 투자를 하려고 했는데, 노벨상까지 받아서 투자의 적기가 아니냐?"라고 물어왔다.

하지만 필자는 적극 말렸다. 그럼에도 선배는 "이 회사는 이미 국내 대기업들도 수십억 원을 투자했고, 10년 가까이 연구한 회사다"라고 덧붙였다. 필자는 "그래서 안 된다는 것이다"라고 다시 단호하게 말했다.

당시 이 회사를 분석한 결과, 주역 62번째 괘인 뇌산소과(雷山小過)에 해당했다. 뇌산소과는 위는 현대 과학을 상징하는 우레고, 아래는 편안하고 안정적인 산으로, 상하 괘가 서로 등지고 있어 반목하는 상이다. 이때는 아무리 좋은 일이더라도 욕심에 의욕적으로 일을 벌렸다가는 오히려 낭패를 당하기 십상이다. 일을 성공하더라도 자신에게 돌아오는 것은 과오뿐이다.

욕심은 사람을 어리석게 만들고, 의욕은 사람을 무모하게 만들 수 있다. 욕심에 사로잡혀 의욕적으로 일하다 보면, 제대로 계획하지 못하고 위험을 무릅쓰게 된다. 그 결과, 실패를 하거나 심지어는 큰 과오를 범할 수도 있다. 최근 이 회사는 회계감사 결과 경영권이 악화됐다고 분석돼 해당 투자금을 전액 감액 처리했다.

결론은 어땠을까? 필자의 조언을 들은 선배는 투자를 하지 않았고, 결국 커다란 손실을 피할 수 있었다.

참고로 유전자 가위는 미래 기술 중 가장 혁신적이고, 경이로운 분야다. 매우 정밀하고 효율적인 유전자 편집 기술로 질병 치료, 농업, 바이오 연료 생산 등 다양한 분야에 응용될 수 있다. 이를테면 암 치료, 유전 질환 치료, 신약 개발, 작물 생산량 증가, 바이오 연료 생산 효율성 향상 등 다양한 분야에 혁명을 일으킬 것으로 기대되고 있다.

# 61. ䷼ 풍택중부(風澤中孚)

믿음의 길 –
"진성리더로 거듭나라"

中孚, 豚魚吉, 利涉大川, 利貞.
중부 돈어길 이섭대천 이정


虞吉, 有他 不燕.
우길 유타 불연

鳴鶴在陰, 其子和之, 我有好爵, 吾與爾靡之.
명학재음 기자화지 아유호작 오여이미지

得敵, 或鼓或罷, 或泣或歌.
득적 혹고혹파 혹읍혹가

月幾望, 馬匹亡, 无咎.
월기망 마필망 무구

有孚攣如, 无咎.
유부연여 무구

翰音登于天, 貞凶.
한음등우천 정흉

[중부(믿음)는 돼지와 물고기에게까지 미치면 길하다. 큰 강을 건너면 이롭고 또 끝까지 이롭다.]

[깊이 헤아리면 길하다. 다른 마음이 생긴다면 편안하지 않다.]

[어미 학이 그늘에서 부르면 그 새끼가 화답한다. 나에게 좋은 술이 있으니 너와 함께 나눈다.]

[적을 만나니 두드려도 보고 멈춰도 보고 울어도 보고 노래도 불러본다.]

[달이 거의 차오른다. 말이 짝을 잃지만 허물은 없다.]

[믿음을 계속 붙잡아 매면 허물이 없다.]

[황금 꿩의 소리가 하늘에 오르면 끝내 흉하다.]


《주역》 61번째 괘 풍택중부(風澤中孚)는 위는 바람이고, 아래는 연못이다. 상하 괘가 마치 입을 맞춘 듯 대칭을 이룬다. 어미 새가 알을 품고 있는 상이다. 어미 새가 알을 품어 따뜻하게 한다는 것은 곧 믿음을 뜻한다. 바람은 겸손이고, 연못은 기쁨을 뜻한다. 바람과 연못이 모이는 가운데에 믿음이 있다. 연못 위에 바람이 불어 안개가 걷히듯, 사람에 대한 불신이 걷히면 믿음이 생겨나 용서와 관용의 마음이 생겨난다. 반면에 어미 새가 알을 품고 있다는 것은 죽음과 삶의 교차점에 있다는 뜻이기도 하다. 아직은 어려운 시기로, 섣불리 행동하면 필패할 수밖에 없다. 모든 가능성을 미리 염두에 두고 위험을 예방하도록 힘써야 할 때다.

기업 경영에서 풍택중부는 회사 내의 중심을 잡고, 핵심 가치와 원칙에 충실하며, 조직의 목적과 목표에 대한 깊은 이해를 바탕으로 의사결정을 내리는 것이 중요하다는 점을 시사한다. 또한 기업의 리더에게는 자기 성찰을 통해 중심을 잡고, 달콤하게 유혹하는 외부 요인이나 단기적인 이익에 휘둘리지 말라고 조언하고 있다.

현재 부진한 상태에 있더라도 성실히 노력하면 머지않아 호전된다. 역량에 맞지 않는 일을 하거나 독단적으로 일을 처리하면 실패한다. 끊임없이 토론하고, 임직원들의 의견을 경청해야 한다. 이 시기에는 단기적인 이익에만 집중하기보다는 장기적인 목표와 지속 가능한 성장에 초점을 맞추고, 조직을 뒷받침할 강력한 기업문화를 개발하는 데 우선순위를 두어야 한다.

## 실천 항목

'진성리더십(Authentic Leadership)'은 자신의 가치관과 신념에 따라 행동하고, 구성원들에게 진정성 있는 모습을 보여주는 리더십이다. 진성리더십의 권위자이자 한국형 리더십의 본질에 대해 연구하고 있는 이화여자대학교 경영학과 윤정구 교수를 통해 기업들이 나아갈 방향과 리더십의 본질에 대한 통찰을 얻어보자. 다음은 그가 IT 전문 미디어인 IT News와 나눈 인터뷰 내용이다.

이화여대 경영학과 윤정구 교수

**진성리더십에 대해서 소개 부탁드립니다.**

수많은 리더십 스타일이 있고, 자신이 리더라고 주장하는 리더들이 있습니다. 진성리더십에 대한 관심은 이들 중 진짜 리더와 유사 리더를 어떻게 구별할 수 있는지에 대한 질문에서 파생되었습니다. '진성리더'란 누가 봐도 진짜 리더로서의 성정, 즉 성품과 정서를 가진 리더를 말합니다. 진성리더십이란 카리스마처럼 어떤 특정한 리더십 스타일을 말하는 것이 아닙니다. 진성리더십은 진짜 리더를 가려내고, 진짜 리더로서 필요한 것을 구성해 이에 대한 프로토타입을 만들어내는 방법론을 가르쳐 줍니다. 이렇게 해서 진짜 리더가 만들어졌다면 이 리더십 앞에 굳이 진성리더라는 이름을 붙일 필요는 없을 것입니다.

유사 리더와 달리 진성리더는 리더십의 필요충분조건을 갖춘 리더를 말합니다. 대부분의 리더들은 리더로서의 역량, 지식, 경험 등 필요조건을 갖추고 있지만, 충분조건을 갖추고 있지는 못합니다. 리더로서의 충분조건은 변화를 만들어내기 위한 지향점인 목적에 대한 믿음을 가지고 있는 것을 말합니다. 이런 목적에 대한 믿음을 충분조건으로 갖추었을 때, 이 목적을 구현하기 위한 필요조건도 나올 수 있습니다. 변화를 통해 도달해야 할 목적지가 불분명한 상태에서는 모든 경험, 역량, 지식이 다 필요할 것 같다는 생각에 리더를 스펙의 골리앗으로 만듭니다.

목적지에 도달할 수 있다는 믿음은 경영환경이 아무리 시시각각으로 변하고, 다른 모든 사람들이 길을 잃을지라도 자신을 나침반으로 삼기 때문에 길을 잃지 않을 개연성이 높습니다. 한국만 해도 신문에는 매일 길을 잃고 헤매는 유사 리더들의 이야기가 1면을 장식합니다.

**한국 기업의 리더들에게 진성리더십이 더 중요해진 이유가 있다면 무엇입니까?**

경영환경이 예측할 수 없게 변화무쌍하기 때문입니다. 이런 상황에서 리더십의 필요조건으로만 무장한 유사 리더들은 필연적으로 길을 잃게

됩니다. 리더가 길을 잃었을 때 조직과 구성원들의 고통은 말로 다 할 수가 없습니다. 매일매일 모래바람이 불어와 지형이 바뀌는 사막에서도 구성원들을 데리고 정해진 목적지까지 갈 수 있는 리더가 현대 리더의 전형입니다.

**미래 시대의 변화에 기업 리더들은 어떤 준비를 해야 할까요?**

디지털과 제조업이 결합되고 이것이 디지털 혁명으로 급속하게 통합되는 특이점에 와 있습니다. 이럴수록 리더들은 길을 잃을 가능성이 높습니다. 미래의 기업은 사람들의 숨겨진 고통을 해결할 수 있는 서비스나 제품들을 개념화하고, 구성해낼 수 있는 능력이 필수입니다. 그러기 위해서는 조직 구성원들이 사람들의 아픔을 인문학적으로 이해하고, 이를 자신의 제품과 서비스로 해결해줄 솔루션을 개념화하고, 구성할 수 있는 능력을 갖춰야 합니다. 여기서 리더는 목적에 대한 믿음을 가지고 이에 도달하기 위해 조직을 실험장으로 사용할 수 있는 사람들입니다.

**스타트업이나 벤처 기업들이 많아지고 있는데, 보다 관심을 가져야 하는 리더십 이슈가 있다면 무엇일까요?**

많은 사람들이 비즈니스에 대한 아이디어나 기술만 가지고 있으면 벤처 기업을 성공시킬 수 있다고 생각합니다. 기술이나 비즈니스 모형은 벤처를 성공시키기 위한 필요조건이지 충분조건은 아닙니다. 이런 기술이나 비즈니스 모형을 통해 어떤 목적지에 도달하려는지 개념이 없다면 벤처는 반짝 떠오르다 사라지는 별똥별일 뿐입니다. 창업을 준비하는 리더일수록 진성리더십에 대한 이해와 왜 목적이 혁신과 변화의 기반이 될 수밖에 없는지를 이해하는 것이 중요합니다.

**리더십이 꼭 기업의 리더들에게만 필요한 것인가요? 지극히 평범한 사람들에게 리더십은 어떤 의미일까요?**

평범한 사람들이나 직책을 가지고 있는 리더들이 다 놓치고 있는 리더십은 자신을 이끌 수 있는지의 문제입니다. 자신도 이끌지 못하면서 어떤 직책 때문에 리더의 흉내를 내고 있다면 이러한 리더는 진성리더가 아니라 유사 리더일 겁니다. 자신에 대한 변화를 잘 이끌기 위해서도 당연히 변화를 통해 도달해야 할 목적지에 대한 믿음에서 시작해야 합니다. 단, 리더들은 더 큰 목적을 가지고 있을 개연성이 높으므로 혼자서는 절대로 여기에 도달할 수 없을 것이고, 결국 도달하기 위해서는 다른 사람들의 자발적 도움을 어떻게 성공적으로 동원할 수 있는지가 관건이 될 것입니다. 결국 자신과의 관계는 공통분모이고, 여기에 다른 사람과의 관계도 중요한 문제로 부각되기 시작한다면 리더와 그냥 일반 사람들이 구별되기 시작할 것입니다.

로봇이나 인공지능과 같은 첨단기술이 발전함에 따라 많은 사람들이 편리함을 기대하면서도 한편으로는 막연한 두려움을 갖고 있습니다. 교수님께서는 이런 기술 진보의 시대에 사람들이 갖는 두려움에 대해서 어떻게 생각하시는지요?

두려움은 미진한 기술에서도 올 수 있고, 미래를 선도할 수 있는 자신감이 떨어져서 생길 수도 있습니다. 기술적으로도 업데이트를 해야 하지만, 이 기술을 이용해서 어떤 목적적 상태에 도달하고자 하는지도 중요합니다. 현재의 기술 상태를 최신 것으로 업데이트해야 하는 내비게이션도 중요하고, 이 기술과 기술들이 이어지는 연결선들이 어디로 향하고 있는지 방향을 잡아주는 나침반의 유무도 자신감과 두려움에 영향을 줄 것입니다.

그렇다면 두려움을 극복하는 방법은 무엇이 있을까요?

나침반의 극성을 세우고, 내비게이션을 업데이트하는 것이 핵심입니다. 즉, 인생의 목적을 보다 명확하게 확인하고, 이를 달성하기 위한 전문성을 지속적으로 쌓는 것입니다.

좋은 말씀 감사드립니다. 교수님께서 이후 리더십 분야에서 계획하시는 목표가 있다면 소개 부탁드립니다.

미래의 사회적 리더를 육성하는 '진성리더십 아카데미'를 진행하고 있습니다. 우리나라 리더들을 목적 지향적으로, 변화를 선도하는 진성리더들로 패러다임을 변화시키기 위해 노력할 예정입니다. 제가 이끌고 있는 ㈜한국조직경영개발학회를 플랫폼으로 삼아서 이런 전환을 도와줄 수 있는 전문가들을 육성하고, 이에 관련된 연구들도 진행할 예정입니다.

순다르 피차이(Sundar Pichai)는 2004년 구글에 입사해서 '구글 크롬' 탄생에 결정적인 역할을 했으며, 2014년에는 구글의 모든 제품을 총괄하는 부사장에 올랐다. 이후 구글이 모회사 알파벳을 설립하면서 기존 경영진이 자리를 옮기자 2015년 8월에 구글의 CEO가 되었다.

구글의 CEO로 취임한 이후 알파벳의 주가를 4배나 상승시킨 순다르 피차이는 뛰어난 공감 능력과 낙관적 리더십으로 구글을 세계 최대의 기술 기업 중 하나로 성장시켰다. 기본적으로 피차이의 리더십은 기술적 지식과 사람을 움직이는 능력을 바탕으로 하고 있다. 그는 기술에 대한 깊은 이해를 바탕으로 구글의 제품과 서비스를 개발하고 성장시켰으며, 직원들과 소통하고 협력하는 능력을 바탕으로 구글의 기업문화를 조성했다.

구글 CEO 순다르 피차이. 출처: Google IO 2023

구글은 그의 리더십 아래 검색, 광고, 클라우드 컴퓨팅, 인공지능 등 다양한 분야에서 세계적인 기업으로 성장했다. 피차이의 리더십은 구글의 기술 혁신을 이끌었고, 좋은 근무 환경과 보상 등으로 직원들의 사기를 높이는 데 큰 역할을 했으며, 구글이 환경보호, 교육, 의료 등 다양한 분야에서 기업의 사회적 책임을 다하도록 하는 데 기여했다. 그리고 이러한 피차이의 노력으로 구글은 세계에서 가장 존경받는 기업 중 하나가 되었다.

〈이코노미스트〉에 따르면, 피차이는 업무의 디테일한 부분까지 간섭하기보다는 부서별 적임자를 선정한 후 권한을 위임하는 스타일이라고 한다. 바로 임파워먼트 리더십이다. 그러나 한편으로는 피차이의 리더십에 대한 비판도 있다. 일부에서는 피차이가 구글의 혁신을 늦추고 있다고 비판한다. 한마디로 사람은 좋은데 결단력이 부족하다는 것이다. 실제로 구글 경영진은 오랫동안 아마존에 대항할 열쇠로 쇼피파이 인수를 검토해 왔다. 그러나 피차이는 장고 끝에 쇼피파이의 값이 너무 비싸다며 이를 거절했다. 그 사이 쇼피파이의 주가는 10배 이상 올랐다.

최근에는 구글이 AI 경쟁에서 마이크로소프트 등 경쟁자들에게 뒤처지고 있다는 평가도 받고 있다. 마이크로소프트가 오픈AI와 협력해 AI를 도입하면서 떠오르고 있고, 각종 검색 스타트업이 AI 기반 검색시장에서 부상하고 있지만, 기존 검색시장의 절대 강자였던 구글은 AI 검색의 도입에 어려움을 겪고 있다. 아이러니하게도 오픈AI와 마이크로소프트에게 얻어맞고 있는 생성AI는 구글이 원조다. 챗GPT를 개발한 오픈AI의 수석과학자인 일리야 수츠케버는 구글 출신으로, 구글이 2017년에 발표한 〈Attention is all you need〉라는 논문에 기반한 트랜스포머라는 모델의 개발자였다.

앞으로 피차이가 어떻게 이러한 어려움과 비판을 극복하고 구글을 지속적으로 성장시킬 수 있을지 주목된다. 하지만 이런 평판과는 달리 그가 CEO가 된 후 구글의 시가총액은 3배 이상 상승했고, 직원 수는 14만 명으로 2배가 됐다. 그는 2019년 12월, 래리 페이지가 경영 일선에서 완전히 은퇴하면서 그 자리를 대신해 알파벳과 구글의 CEO를 겸직하고 있다. 참고로 임파워먼트 리더십은 조직 구성원들이 알아서 하도록 내버려두는 방임이 아니다. 책임과 권한을 주되 나아가게 하는. 즉 일을 만들어내도록 하는 것이 바로 임파워먼트 리더십의 핵심이다.

이러한 그도 생성 AI의 등장으로 새로운 과제를 안고 있다. 일부 비평가들은 구글이 빠르게 진화하는 AI 환경에 느리게 대응해 생성 AI 기술의 개발과 배포에서 경쟁사에 뒤쳐지고 있다고 지적한다. 시장에서는 구글의 장기적인 전망과 함께 피차이가 현재의 난관을 극복할 수 있을지를 조심스럽게 지켜보고 있는 추세다. 참고로 구글이 자연어 처리를 위해 2017년에 발표한 트랜스포머(Transformer) 알고리즘이 AI 분야의 혁신을 이끌고 있다는 점은 매우 흥미롭다.

## 62. 뇌산소과(雷山小過)

지나침의 길 –
"작은 것들이 탁월하다"

小過, 亨, 利貞, 可小事, 不可大事, 飛鳥遺之音, 不
宜上, 宜下, 大吉.
소과 형 이정 가소사 불가대사 비조유지음 불
의상 의하 대길


飛鳥以凶.
비조이흉

過其祖, 遇其妣, 不及其君, 遇其臣, 无咎.
과기조 우기비 불급기군 우기신 무구

弗過防之, 從或戕之, 凶.
불과방지 종혹장지 흉

无咎, 弗過 遇之, 往厲必戒, 勿用永貞.
무구 불과 우지 왕려필계 물용영정

密雲不雨, 自我西郊, 公弋取彼在穴
밀운불우 자아서교 공익취피재혈

弗遇 過之, 飛鳥離之, 凶, 是謂災眚
불우 과지 비조이지 흉 시위재생

540 주역경영

[소과(작은 지나침)는 성장하고 완성하고 마무리 시기까지다. 작은 일은 할 수 있으나 큰일은 할 수 없다. 새가 울부짖을 때 날아올라가면 마땅치 않고 내려와야 마땅히 크게 길하다.]

[새가 날려 하니 흉하다.]

[할아버지를 지나쳐 할머니를 만난다. 왕께 미치지 못하고 신하를 만나면 허물이 없다.]

[지나치게 방비하지 않고 따르면 혹 끝장날 수도 있어 흉하다.]

[허물이 없으니 지나치게 만나려고 하지 말고, 가면 필히 위태롭다. 반드시 경계해야 하니 끝까지 쓰지 마라.]

[구름이 짙게 깔려도 비가 오지 않는다. 내가 서쪽 들에 있다. 공(公)이 구멍에 있는 짐승을 활로 쏘아 잡았다.]

[너무 지나쳐 만나지 못했다. 나는 새가 멀리 떠나니 흉하다. 이것은 인재이자 하늘의 재앙이다.]


《주역》 62번째 괘 뇌산소과 (雷山小過)는 위는 우레이고, 아래는 산이다. 상하 괘가 서로 등지고 있어 반목하는 상이다. 음이 양에 비해 약간 많다는 의미에서 '조금 지나치다'라는 뜻이다. 이 시기에는 큰일보다는 작은 일에 충실해야 한다. 아무리 좋고 큰일이더라도 욕심에 차 의욕적으로 일을 하다가는 오히려 낭패를 당한다. 만약 성공하더라도 자신에게 돌아오는 것은 과오뿐이다.

사업하는 사람은 회사 규모를 줄여야 하는 때다. 특히 사업 확장을 꿈꾸는 것은 망상에 가까워 십중팔구는 실패하고, 심지어는 몰락할 수도 있다. 특히 회사 내부의 갈등이나 사고 등에 조심해야 한다.

기업 경영에서 뇌산소과는 기업의 성공이 프로젝트의 세부 사항, 세심한 계획, 작은 작업의 신중한 실행을 통해 달성된다고 조언하고 있다. 리더는 큰 문제를 해결하기 위해 작은 일을 간과해서는 안 되고, 큰 그림을 그리기 위해 작은 일에 집중해야 한다는 것을 암시한다. 작은 힘도 집중하고 방향을 올바르게 잡으면 큰 영향을 미칠 수 있다. 직원 개개인이나 운영의 작은 변화와 같은 작은 것의 가치를 과소평가해서는 안 된다. 이러한 세부사항에 주의를 기울이고, 이를 적절히 관리하고 활용해야 더 큰 목표를 달성할 수 있다.

동시에 너무 작은 일에 얽매일 경우 더 큰 그림을 놓칠 수도 있음을 경계하고 있다. 리더는 세부사항에 대한 관심을 회사의 목표와 목적에 초점을 맞추도록 균형 능력을 발휘해야 한다.

## 실천 항목

'과유불급(過猶不及)'을 많은 사람들이 '지나침은 미치지 못함보다 못하다'라고 해석한다. 그러나 실제로는 '지나침은 모자람이나 마찬가지'라는 뜻이다. 이 유명한 말은 《논어》의 〈선진(先進)〉 편에 나오는 구절이다. 공자는 3,000명의 제자를 길렀다. 그중에서도 학문에 통달한 72명을 칠십이현(七十二賢)이라고 불렀다. 그중에 자공이 어느 날 스승인 공자에게 물었다.

　"선생님의 제자 중에서 자장과 자하, 이 두 사람을 비교하면 누가 더 낫습니까?"
　"자장은 좀 지나치고 자하는 조금 기준에 미치지 못하는구나."
　"그렇다면 자장이 조금 낫다는 말씀이신가요?"
　"아니다. 지나침은 미치지 못함과 같다."
　이 대목에서 과유불급(過猶不及)이라는 말이 나왔다.

### 과음을 경계하는 계영배

〈강원도 홍천군 누리집〉을 보면 이런 이야기가 나온다.

　강원도 홍천에 질그릇을 만들어 파는 우삼돌이라는 사람이 있었다. 그는 질그릇보다는 사기그릇을 만드는 장인이 되고 싶었다. 그래서 집을 떠나 사기그릇 분원에 들어가 일을 배우다가 지외장이라는 사기그릇 장인의 제자가 된다.

　우삼돌은 스승으로부터 일을 배운 지 8년 만에 왕에게 진상하는 반상기를 만들게 되었고, 그렇게 명성과 부가 따르게 되었다. 우삼돌의 재능과 노력을 알아본 스승은 명옥(明玉)이라는 호까지 사사한다. 그러나 세상만사가 그렇듯 갑자기 유명인이 되거나 돈을 많이 벌면 시기하는 사람들이 생겨나게 마런이다.

분원에서 같이 일하던 친구들이 명옥을 시기하여, 꾀를 내어 기생들과 술로 인생을 보내게 만든다. 명옥은 재산을 탕진하였고, 죽음의 위기에서 정신을 차린 후, 큰 깨달음을 얻게 된다. 그리고 열심히 정진하여 세상에서 가장 기이하고 훌륭한 술잔을 만들었는데, 이 잔이 바로 계영배(戒盈盃)다.

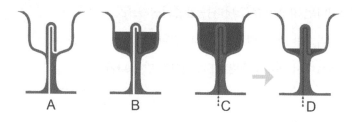

사이펀의 원리를 활용한 계영배의 단면과 작동 과정. 출처: Wiki

서양의 고대 그리스에서도 계영배와 같이 과음을 경계하기 위해 고안된 컵이 있다. 바로 피타고라스의 컵이다. 피타고라스의 컵과 계영배의 기본 원리는 '사이펀(Siphon) 원리'이다. 하루에도 몇 번씩이나 사용하는 화장실 양변기에도 사이펀 원리가 숨어 있다. 사이펀 원리는 두 개의 용기가 서로 다른 높이에 위치해 있을 때, 액체가 높은 용기에서 낮은 용기로 이동하는 원리다.

이 컵은 술잔 바닥에 작은 구멍이 있다. 술을 마시면 술이 구멍으로 빠져나가고, 술이 빠지면서 술잔의 내부 압력이 낮아진다. 술잔의 내부 압력이 낮아지면, 술이 높은 술잔에서 낮은 술잔으로 이동한다. 술이 낮은 술잔으로 이동하면 내부 압력이 높아지고, 술이 술잔에서 빠져나가지 못하게 된다.

경영에서도 과유불급은 매우 중요하다. 리더는 항상 최선의 결정을 내리기 위해 노력해야 한다. 하지만 지나치게 많은 것을 고려하다 보면 오히려 최선의 결정을 내리지 못할 수 있다. 따라서 경영자는 모든 요소를 균형 있게 고려하여 의사결정을 해야 한다. 이를테면 기업의 리더는 수익을 높이기 위해 가격을 낮추려 할 수 있다. 그러나 가격을 너무 낮추면 수익이 줄어들 수 있다. 따라서 경영자는 가격을 낮추는 것과 수익을 높이는 것 사이의 균형을 잘 조절해야 한다.

이런 의미에서 아마존은 과유불급을 경영에 아주 잘 실천하고 있는 기업 중 하나로 꼽힌다. 아마존은 낮은 비용 구조와 낮은 가격으로 좋은 고객 경험을 제공하고 있다. 아마존은 이를 통해 트래픽 증가, 판매자 유입, 고객의 선택이라는 선순환 구조를 만들어 지속적인 성장을 이루어 내고 있다. 아마존은 단기적인 수익보다는 장기적인 성장을 중시한다. 이를 위해 아마존은 다양한 분야에 투자를 하고 있으며, 새로운 기술을 개발하고 있다. 그 결과, 아마존은 전자상거래 시장에서 세계 최대 기업으로 성장했으며, 클라우드 컴퓨팅, 광고, 3PL 등 다양한 분야로 끊임없이 사업을 확장하고 있다.

트래비스 캘러닉(Travis Kalanick)은 우버의 설립자이자 전 CEO다. 캘러닉은 1976년 미국 캘리포니아에서 태어나 캘리포니아대학교 로스앤젤레스 캠퍼스에서 공학을 전공했다. 졸업 후 22살 때 스카우어(Scour)라는 이름의 P2P 서비스 사업을 시작했지만, 소송에 휘말려 도중하차했다. 이후 방송국과 영화사들이 합법적으로 자료를 공유하는 레드스우시(Red Swoosh)라는 회사를 세웠다. 2007년에는 레드스우시를 네트워크 컴퓨팅 기업 아카마이 테크놀로지스에 매각하고 P2P 서비스 담당자로 근무했다.

그러다가 2008년 콘퍼런스에서 스텀블어폰(StumbleUpon) 창업자 개릿 캠프(Garret Kemp)를 만나 2009년 6월 우버를 공동 설립했다. 우버는 공유경제의 황제로 불리는 캘러닉의 독창적인 비즈니스 모델과 기술 혁신으로 주목을 받으며 세계에서 가장 큰 차량 공유 서비스로 빠르게 성장했다. 그리고 현재는 세계 600개 이상의 도시에서 서비스를 하고 있다.

그러나 캘러닉은 독성적인 기업문화를 조장하는 등 여러 논란으로 비판을 받았다. 우버 직원들은 캘러닉이 폭력적이고 모욕적인 언어를 사용하며, 직원들을 압박하는 경영 스타일을 가지고 있다고 주장했다. 그가 CEO로 재직할 당시 우버는 택시 기사들의 파업, 여성 운전기사 성추행 사건, 세금 탈루 혐의 등 수많은 논란을 불러일으켰다. 중국 시장에서 철수한 후에는 경쟁사인 디디추싱(Didi Chuxing)에 사업을 매각하고, 영국 런던에서는 법적 문제와 규제 조사에도 직면했다. 결국 2017년 6월, 그는 우버의 CEO 자리에서 물러났고, 우버 보유 주식의 90% 이상을 팔아 치워 3조 원가량을 챙겼다.

우버 설립자이자 전 CEO 트래비스 캘러닉. 출처: Heisenberg Media

"폭력이 성공을 보장한다."

트래비스 캘러닉이 한 발언이다. 2022년에는 그의 재직 당시 문제가 되었던 다량의 파일이 폭로되기도 했다. 이 파일에는 2013년부터 2017년 까지 작성된 124,000개가 넘는 문서가 들어 있었다. 이 가운데 83,000여 개가 이메일, 1,000여 개가 대화와 관련된 파일이었다. 이 파일들은 영국 일간 〈가디언〉에 넘겨졌고, 국제탐사저널리즘협회에 공유됐으며, BBC

는 이 파일들을 분석해 프로그램을 만들어 방영했다.

〈가디언〉은 에마뉘엘 마크롱 프랑스 대통령과 닐리 크로스 전 유럽이 사회 의장 등이 우버 창업을 물밑에서 열심히 도왔다고 전했다. 심지어 경찰이 회사를 압수수색해 컴퓨터에 접근하는 것을 막기 위해 캘러닉이 '킬 스위치'란 기술을 가능한 한 빨리 사용하라고 명령한 정황도 담겨 있었다. 캘러닉은 우버를 전 세계 주요 도시들에 진입시키기 위해 수단과 방법을 가리지 않았던 것으로도 나타났다. 또 우버 운전기사를 폭력 시위의 피해자로 만들어 규제 완화를 위한 여론몰이에 사용하기도 했다. 불법 정황이 발각되면 수사를 방해했고, 유력 정치인을 구워삶았으며, 탈세까지 저질렀다. 이 파일에는 캘러닉이 직·간접적으로 연관된 비위 행위는 물론 법적, 윤리적으로 논란이 될 만한 회사의 영업 전략들이 고스란히 담겨 있었다.

# 63. ䷾ 수화기제(水火旣濟)

이룸의 길 –
"모두 함께 성공하라"

旣濟, 亨 小 利貞, 初吉終亂.
기제 형 소 이정 초길종란


曳其輪, 濡其尾, 无咎.
예기륜 유기미 무구

婦喪其茀, 勿逐, 七日得.
부상기불 물축 칠일득

高宗伐鬼方, 三年克之, 小人勿用.
고종벌귀방 삼년극지 소인물용

繻有衣袽, 終日戒.
수유의여 종일계

東鄰殺牛, 不如西鄰之禴祭, 實受其福.
동린살우 불여서린지약제 실수기복

濡其首, 厲.
유기수 려

[기재(이미 이루어짐)는 완성하고 마무리까지라 성장이 작다. 처음은 길해도 마지막에는 어지럽다.]

[수레바퀴를 끌다가 꼬리를 적셔도 허물은 없다.]
[부인이 머리 가리개를 잃어도 쫓지 마라. 7일이면 얻는다.]
[고종(高宗)이 귀방을 정벌하는 데 3년이 걸렸다. 소인을 쓰지 말아야 한다.]
[물이 새어 젖으니 헝겊과 헌옷을 준비해 두고 종일 경계하라.]
[동쪽 이웃이 소를 잡아 지내는 제사보다 서쪽 이웃의 간소한 제사가 그 복을 알차게 받는다.]
[머리를 적시면 위태롭다.]


《주역》 63번째 괘 수화기제(水火旣濟)는 위는 물이고, 아래는 불이다. 물은 아래로 흐르고 불은 위로 솟으니 서로가 만나 조화를 이루는 상이다. 어려움에서 이미 벗어나 목적한 곳으로 건너갔다는 뜻이다. 지금까지는 어떠한 일에서든 성공했다. 문제는 지금의 성공을 지속하는 데 있다. 반면에 달이 차면 반드시 기운다. 이제부터는 내리막길로 접어들기 때문에 평정심을 유지하고, 매사를 신중하게 처리해야 한다. 《주역》은 모든 사물의 변화의 원리를 설명한다. 따라서 영구불변이 없다. 기제가 다시 미제로 갈 것임을 알아야 한다.

기업 경영에서 수화기제는 해당 프로젝트나 스타트업이 완성 단계에 이르렀고, 성공을 거두었음을 나타낸다. 그러나 이 성공이 여정의 끝이 아닌, 한 단계가 끝나고 새로운 단계가 곧 시작되는 전환기를 암시하기도 한다. 이를테면 한 회사가 성공적으로 제품 출시를 완료한 시점이라면 결과를 평가하고, 개선할 부분을 파악하는 시간을 가져야 한다. 또한 제품 라인을 확장하기 위해 새로운 시장과 기회를 모색할 때다.

개인으로 보면 한 임원이 오랜 커리어를 성공적으로 마친 모습이다. 자신의 지식과 경험을 후배 직원들에게 멘토링하고, 공유하는 시간을 가져야 한다. 또한 자신의 기술과 전문성을 다른 맥락에서 활용할 수 있도록 새로운 기회를 모색할 때이기도 하다. 늘 그렇듯 기회는 곧 위기다. 지금까지의 성과를 되돌아보고, 동시에 겸손하고 새로운 아이디어와 기회에 열린 자세를 유지하는 것이 중요하다. 이 시기에는 지속 가능한 성장과 발전을 위해 새로운 길을 모색해야 할 때다.

### 실천 항목

일반적인 사람들은 최고의 성과를 내려면 최대의 노력을 기울여야 한다고 생각한다. 하지만 최근 연구에 따르면, 최고의 성과를 내기 위해 필요한 노력은 '85%' 정도라고 한다. '고통 없이는 얻는 것도 없다', '근성 없이 영광은 없다', '120%의 노력을 해야 한다' 등 성공하려면 100% 이상의 노력이 필요하다는 주장은 한국뿐 아니라 미국에서도 1980년대부터 존재해 왔다.

이러한 사고가 기업 관리자들 사이에 여전히 존재한다. 일부 기업에서는 '스트레스 해소를 위한 요가' 등을 제공하면서 '주당 80시간 이상 근무'를 요구하는 등 이중적인 압박을 가하는 경우도 있다. 이를 심리학에서는 '이중구속'이라고 한다. 직원들이 번아웃 증후군에 빠지는 것을 막기 위해 기업들이 웰빙 앱을 도입하는 등 다양한 노력을 기울이고 있다. 하지만 가장 중요한 것은 '최대의 성과를 내기 위해서는 최대의 노력이 필요하다'는 생각을 바꾸는 것이라는 최신 연구 결과가 나왔다.

이를테면 육상 단거리 달리기의 경우, 100% 가속에 도달하는 타이밍이 너무 빠르면 100미터를 완주하는 데 걸리는 시간이 길어진다는 사실이 밝혀졌다. 올림픽에서 10개의 메달을 획득한 칼 루이스(Carl Lewis)는 "훈련은 합리적이어야 한다"고 말했다. 많은 경우, 통증의 한계까지 자신을 몰아붙이는 것보다 쉬는 것이 더 중요하다며 적당히 힘을 빼는 것의 중요성도 강조했다. 칼 루이스의 코치였던 톰 텔레즈(Tom Tellez)도 단거리 선수들에게 턱, 얼굴, 눈의 긴장을 풀 것을 권장하며, 경기 중에는 "이를 악물지 말라"고 조언했다. 온몸에 힘을 주면 그 긴장이 목부터 몸통, 다리까지 전달되어 경기력 저하로 이어지기 때문이다.

일반 기업에서는 "더 열심히 일해야 출세할 수 있다"며 과도한 노력을 요구하는 상사도 있고, 중도 입사한 직원이 늦게까지 일하는 '전 직장의 습관'을 계속 이어가는 경우도 있다. 이러한 사례들은 모두 '최대의 성과를 내기 위해서는 최대의 노력이 필요하다'는 생각이 바탕에 깔려 있기 때문이다. 하지만 실제로는 최대의 노력이 최대의 성과로 이어지지는 않는다. 따라서 팀이 최대 성과를 달성하도록 관리자는 '최대 능력보다 약간 낮은 수준에서 일할 수 있도록 스케줄을 짜는 것'이 필요하다.

다음 그림은 근무 시간(가로축)과 성과(세로축)를 기준으로 노력(Exertion)과 과도한 노력(Excessive Effort)의 분기점이 휴식하기에 적합한 타이밍임을 보여주는 그래프이다. 육체적·정신적 피로를 예방하고 최상의 컨디션을 유지하려면 적절한 시기에 휴식을 취해야 한다는 것을 알 수 있다.

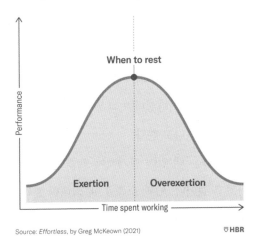

## Effortless Action

Past a certain point, more effort doesn't produce better performance. It sabotages our performance.

When to rest

Performance

Exertion   Overexertion

Time spent working

Source: *Effortless*, by Greg McKeown (2021)　⑤ HBR

예일대 감성지능센터가 1,000명 이상의 근로자를 대상으로 실시한 조사에서 20%가 '일에 몰두하고 있다'와 '번아웃 증후군에 시달리고 있다'고 동시에 답해 과도한 노력을 지속하는 것의 위험성을 지적하고 있다. 또한 '일에 몰두하다 지친 사람'은 일에 대한 열정은 있지만, 동시에 높은 수준의 스트레스와 좌절감을 느끼고 있는 것으로 나타났다. '일에 몰두하는 사람'은 '이직 위험이 가장 높은 직원'이 될 가능성이 높다는 의미이기도 하다. 기업이 유능한 직원을 잃는 것은 '직원의 노력 부족'이 아니라 '과도한 노력으로 인한 번아웃 증후군'이 원인일 수 있다는 것을 일련의 조사 결과들은 시사하고 있다.

여기서 중요한 것은 '100% 완벽을 추구하는 것이 아니라 85% 정도 올바른 결정을 받아들이는 규칙'이다. 완벽주의자는 '자신과 타인에 대한 기준이 높은 유형'과 '자신의 실패를 항상 염려하고 완벽하게 달성하지 못하면 타인의 평가가 낮아진다고 생각하는 유형'이 있다고 한다. 이와 같이 '85% 규칙'을 적용하면 완벽주의자로부터 불필요한 압박을 받지 않고, 100% 올바른 의사결정을 기다렸다가 행동에 옮길 필요가 없어 팀이 더 쉽게 앞으로 나아갈 수 있다고 한다.

'85% 규칙'을 도입하는 데 있어 제거해야 할 중요한 요소가 있다. '고압적인 말투'가 바로 그것이다. 팀과 소통할 때 '최대한 빨리', '긴급' 등과 같이 고압적인 용어를 사용하면 팀원들에게 과도한 스트레스와 압박감을 줄 수 있다. 또한 장시간의 회의는 참가자들의 집중력을 떨어뜨리고, 스트레스를 유발할 수 있다. 따라서 회의를 예정된 시간보다 10분 정도 일찍 끝내거나 회의 중간에 짧은 휴식을 취하는 것이 스트레스 누적과 집중력 저하를 예방할 수 있다.

팀 관리를 할 때, '85% 규칙'을 의식하여 '항상 스트레스에 시달리지 않아도 괜찮다'는 것을 팀원들에게 명시적으로 알려주는 것도 중요하다. 특히 심야나 주말에 일하지 말라고 하면서도 일요일 새벽 2시에 메일을 보내는 그런 관리자가 되어서는 안 된다. '85% 규칙'이 직관에 반하는 것처럼 보일 수도 있지만, 번아웃 증후군이 유행하는 요즘 같은 시대에는 매우 중요하다. '85% 법칙'을 새로운 사고방식으로 채택하는 관리자는 실제로 팀의 성과를 향상시키면서 이러한 광란을 줄이는 데 도움이 될 수 있다.

## 기업 사례

한때 세계 최고 자리에서 영광을 누렸던 기업이 오만한 경영진으로 인해 몰락한 사례는 무수히 많다. 대표적인 기업이 바로 도시바(Toshiba)다. 이들의 사례를 살펴보며 반면교사로 삼아보자.

도시바는 1875년 설립된 일본의 다국적 기업으로, 전자, 전기, 기계, 토목, 에너지, 금융, 의료 등 다양한 분야에서 사업을 영위하고 있다. 도시바는 1980년대까지만 해도 일본을 대표하는 기업 중 하나였다. 그러나 1990년대 이후 경영 악화로 어려움을 겪은 후 지금은 거의 몰락한 상황이다.

도시바는 1875년 다나카 제작소로 설립됐다. 다나카 제작소는 일본 최초의 전등을 개발한 회사다. 1921년 다나카 제작소와 하쿠네츠샤가 합병해 '도쿄시바우라전기주식회사', 일명 '도시바'가 탄생했다. 1930년 일본 최초의 냉장고와 세탁기를 개발한 데 이어 1955년 일본 최초의 전기밥솥을 개발했고, 1985년에는 세계 최초의 휴대용 노트북 컴퓨터를 개발했다. 특히 1987년에는 세계 최초의 낸드형 플래시 메모리를 개발했고, 1995년 DVD, 1996년 서브 노트북, 2005년 고화질 DVD를 각각 개발했다.

세계 최초의 도시바 노트북 컴퓨터 T1100

도시바는 1875년부터 2022년까지 147년 동안 다양한 분야에서 세계 최초의 제품을 개발한 일본의 대표적인 기업이었다. 하지만 2015년 분식회계 사건 이후 몰락의 길을 걸었다. 2017년 상장 폐지 위기에서 대규모 증자로 행동주의 펀드들이 대거 주요 주주에 편입되면서 2016년에는 백색 가전 사업을 중국 메이디 그룹에 매각했고, 2018년에는 PC 사업을 샤프에 넘겼다. 반도체 사업 부문은 SK하이닉스가 속한 베인캐피탈 컨소시엄에 매각했다. 2022년 2월에는 두 개 법인으로 분할하는 계획을 공식 발표했으나 무산되면서 한국의 MBK파트너스, 미국의 베인캐피탈 등이 인수전에 뛰어들었으나, 2023년 3월 일본산업파트너즈에 매각됐다. 매각 금액은 2조 엔으로, 상장 폐지를 거쳐 기업 가치를 올린 뒤 재상장할 계획이라고 한다.

도시바의 몰락에는 사실 여러 가지 이유가 있다. 무엇보다 엔화 가치 상승은 도시바의 수출에 큰 타격을 주었다. 그리고 플라자 합의로 미 달러가 절하되고, 금리를 인하하자 일본 경제는 '잃어버린 30년'에 빠져 도시바에 큰 영향을 미쳤다. 특히 결정적인 이유는 1980년대부터 시작된 도시바의 원전 사업 진출이었다. 2006년 도시바는 원전 건설의 대명사였던 미국 웨스팅하우스를 인수했으나, 2011년 후쿠시마 원전 사고 이후 원전 사업이 위축되면서 웨스팅하우스는 약 7조 원의 손실만 안기고 파산했다.

게다가 반도체 분야마저 삼성에 밀리면서 사세는 완전히 기울었다. 결국 자금난에 시달리던 도시바는 가장 돈 되는 부문인 메모리반도체까지 팔아야 했다. 또한 PC용 반도체 사업 확장의 방편으로 사내기업을 추진했지만, 연구 개발과 투자 등을 각자 알아서 진행하는 정책과 단기 성과에 급급했던 전략은 회계 부정을 만들어냈다.

도시바의 사장 임기는 대개 4년이지만, 퇴임 후에도 회장, 상담역, 고문 등으로 회사에 남아 실력을 행사하는 '원정(院政) 시스템'이 작동하고 있었다. 따라서 차기 사장에 자기 사람을 심으려면 실적에 연연할 수밖에 없었다. 토요타, 신일본제철, 도시바, 도쿄전력 등 일본의 재계 대표들이 돌아가면서 운영하는 '경단련(경제단체연합회)' 회장단 취임의 유혹도 경영 실적을 부풀리는 데 한몫했다. 이렇게 실적을 내보이고 싶은 오만한 리더들에게 복종하는 시스템과 사내문화는 도시바의 기업 경쟁력을 약화시켰다. 그러나 과거의 영광에 연연했던 도시바의 경영진은 이를 인정하지 않고, 수년에 걸친 회계 부정으로 이를 감추려고만 했던 것이다.

# 64. 화수미제(火水未濟)

미완성의 길 -
"큰 강을 건너라"

未濟, 亨, 小狐汔濟, 濡其尾, 无攸利
미 제  형  소 호 흘 제  유 기 미  무 유 리

濡其尾, 吝.
유 기 미  린

曳其輪, 貞吉.
예 기 륜  정 길

未濟, 征凶, 利涉大川.
미 제  정 흉  이 섭 대 천

貞吉, 悔亡, 震用伐鬼方, 三年有賞于大國.
정 길  회 무  진 용 벌 귀 방  삼 년 유 상 우 대 국

貞吉, 无悔, 君子之光, 有孚 吉
정 길  무 회  군 자 지 광  유 부  길

有孚于飮酒, 无咎, 濡其首, 有孚失是.
유 부 우 음 주  무 구  유 기 수  유 부 실 시

[미제(아직 이루지 못함)는 성장해 나간다. 어린 여우가 거의 건너다 꼬리를 적시면 이롭지 않다.]

[꼬리가 젖었으니 부끄럽다.]
[수레를 뒤로 끌면 끝이 길하다.]
[미제에서 가면 흉하다. 큰 강을 건너야 이롭다.]
[끝내 길하고 후회가 없다. 우레와 같은 기상으로 귀방을 정벌하면 3년이 걸릴 것이나 대국으로부터 상을 받는다.]
[끝내 길하고 후회가 없다. 군자의 빛남은 믿음을 갖추고 있어 길하다.]
[믿음으로 먹고 마심은 허물은 없으나, 그 머리를 적시면 믿음이 있더라도 잃는다.]


《주역》 64번째 괘 화수미제 (火水未濟)는 위는 불이고, 아래는 물이다. 불은 위로 솟고 물은 아래로 흐르고, 서로가 만날 수 없는 상이다. 불과 물이 각기 제자리에 있기 때문에 미제(未濟), '아직 건너지 않았다', '미완성'을 뜻한다. 미완성이라는 말에는 엄청난 가능성과 미래가 포함되어 있다. 인간의 모든 과정은 완성이 곧 시작이다. 학교 공부도 모두 마치고 나면 새로운 세상이 기다리고 있다. 즉, 완성은 지금부터 시작이라는 뜻이 담겨 있다. 따라서 큰 강을 건너는 인생 목표를 향해 다시 나아갈 시기로, 또 다시 많은 부침이 뒤따른다는 얘기다.

기업 경영에서 화수미제는 성공과 실패의 가능성이 모두 있는 전환기이자 불확실성의 시기이다. '완성 전' 또는 '아직 성취되지 않은' 이 시기는 오래된 구조가 무너지고, 새로운 구조가 구축되는 변화나 전환기를 암시한다. 또한 미래의 성장과 성공을 위한 계획과 준비의 시기를 나타낸다.

이때 기업의 리더는 성공이 곧 다가오고 있음을 인식해야 한다. 따라서 성공을 붙잡기 위해 완벽하게 준비가 되어 있어야 한다. 목표를 달성하기 위해 집중해야 하는 때인 것이다. 이때가 기업에게는 불확실성과 잠재적 갈등의 시기일 수도 있지만, 성장과 혁신의 기회일 수도 있다.

이를테면 인수합병을 진행하고 있는 회사에게는 서로 다른 두 조직의 문화와 시스템을 통합하는 과정의 시기일 수 있다. 스타트업의 경우, 개발 초기 단계에서 정체성, 브랜드, 시장 입지를 확립하기 위해 노력하고 있는 모습일 수 있다. 이때는 틈새시장을 찾고 경쟁 시장에서 발판을 마련하기 위해 계획과 실험, 시행착오를 거듭하는 시기다. 대기업은 변화하는 시장 상황에 보다 민첩하게 대응하기 위해 대대적인 조직 개편이나 구조 조정을 진행하는 모습일 수 있다. 또한 내부적인 문제로 갈등을 겪거나 중대한 제품 실패나 공공 스캔들과 같은 위기에 직면한 경우일 수도 있다.

이때는 불확실성과 혼란의 시기일 수 있지만, 실수로부터 배우고 고객 및 이해관계자와 신뢰를 회복하면 더 강하고 탄력적으로 거듭날 수 있는 기회이기도 하다. 미제의 미완성은 양자세계의 불확정성 원리와도 같다. 우주는 양과 음의 상보성으로 나타난다. 이미 결정된 것이 아니라, 관측되지 않고 결정되지 않은 상황의 불확정성으로 구성되어 있다. 즉, 우리는 무한한 가능성이 존재하는 미래를 스스로 결정해 만들어가야 한다. 다만, 때를 알아야 올바른 결정을 할 수 있다.

### 실천 항목

'제약 이론(TOC: Theory of Constraints)'은 1974년 이스라엘의 물리학자 엘리야후 골드랫(Eliyahu Goldratt) 박사가 개발한 경영 이론이다. 제약 이론은 자원을 투입하지 않고 결과를 개선하는 방법으로, 현재 제조, 의료, 서비스 등 다양한 산업에 적용되고 있다. 제약 이론을 간단히 정의하면, 시스템의 목표 달성을 저해하는 제약 조건을 찾아내 그것을 극복하기 위한 시스템 개선 기법이라고 할 수 있다.

골드랫은 능력이 가장 낮은 구간(활동)에 해당하는 것이 병목현상이 일어나는 곳, 즉 '제약 요인'이라고 말한다. 이 약한 곳을 강화하면 문제는 해결된다. 제약 이론은 병목을 식별하고 제거하기 위해 일반적으로 다음과 같은 5단계 프로세스를 활용한다. 이를 '집중 개선 프로세스'라고 한다.

1. 제약 요인을 찾아낸다. 이 단계에서는 시스템의 성능을 제한하는 단일의 가장 중요한 요소를 식별한다.
2. 제약 요인의 활용 방법을 결정한다. 이는 제약의 출력을 극대화하기 위

해 어떻게 가장 잘 활용할 수 있는지 파악하는 것을 의미한다.

3. 다른 것들을 위의 결정에 종속시킨다. 이는 시스템의 모든 다른 활동이 제약을 활용하는 목표와 일치하도록 하는 것을 의미한다.

4. 제약 요인을 향상시킨다. 이는 제약이 더 이상 시스템의 성능을 제한하지 않도록 개선하는 방법을 찾는 것을 의미한다.

5. 제약 요인이 해소되면 타성에 젖지 않도록 주의하면서 1단계부터 반복한다. 제약 요인이 해결되면 1단계로 돌아가 새로운 제약을 식별한다.

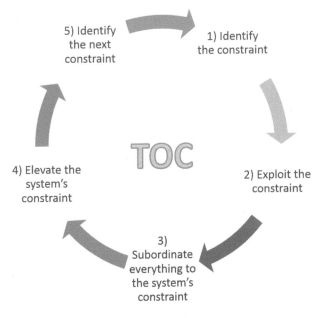

제약 이론 프로세스. 출처: EDSI

집중 개선 프로세스는 '무엇을 바꿀까?', '무엇으로 변할까?', '변화를 주도하는 방법은?'이라는 세 가지 주요 질문으로 요약할 수 있다. 제약 이론은 효과가 매우 뛰어나다. 실제로 제약 이론을 적용한 많은 조직이 생산량을 증가시키고, 비용을 절감시켰으며, 고객 만족도를 향상시키고, 직원 사기를 높였다. 대표적으로 크라이슬러는 1980년대 초반 파산 위기에 몰렸지만, 제약 이론을 도입해 생산성을 향상시켜 재도약할 수 있었다. 포드자동차의 전자사업부는 재고를 1억 달러가량 줄였고, 유나이티드항공은 연료비를 크게 절감했으며, 루슨테크놀로지는 집중 개선 프로세스로 납기 준수율 100%를 달성해 1년 만에 수익률이 600%나 향상됐다. 프록터 앤 갬블은 재고를 6억 달러나 줄였고, 해리스반도체는 사이클 타임 50% 감소, 재고 40% 감소, 수익 28% 상승이라는 성과를 거뒀다.

## 기업 사례

'포춘 퓨처 50(Fortune Future 50)'은 글로벌 경제지 〈포춘〉이 보스턴컨설팅그룹과 손잡고 매년 발표하는 미래가 유망한 50개 기업을 말한다. 〈포춘〉이 기업의 수익, 성장률, 수익성, 시장점유율, 재무 건전성, 혁신, 사회적 책임 등 수십 가지 요소를 분석한 후, 장기 성장 잠재력이 가장 큰 기업을 선정해 발표한다.

이 명단의 평가 지수는 기업의 시장 잠재력에 대한 '하향식(top-down)' 시장 기반 평가와 성장 능력의 기업 역량에 대한 '상향식(bottom-up)' 분석이라는 두 가지 축에 기초한다. 상향식 평가를 위해 무엇이 4차원(전략, 기술 및 투자, 인력, 구조)에 걸쳐 장기적인 성공을 이끄는지 수많은 이론을 정량화하고 시험한다. 장기 성장의 경험적 기여에 관한 요소들을 선택하고, 가중치를 부여하는 데는 인공지능을 활용하고 있다.

〈포춘〉이 매년 발표하고 있는 '포춘 퓨처 50'

이 분석은 광범위한 금융 및 비금융적 데이터 소스를 포함하고 있다. 이를테면 각 기업의 특허 포트폴리오의 성장과 품질을 기술 우위의 지표로 평가한다. 또한 각 기업의 연차보고서에 대한 자연어 처리 분석으로 기업들의 전략적 지향을 나타내는 지표를 정의한다. 이는 단기적인 재무

성과를 뛰어넘어 광범위하고도 장기적인 기업의 목적과 목표를 의미한다.

'포춘 퓨처 50'에 선정된 기업들은 대부분이 기술 기업이다. 이는 기술 산업이 빠른 속도로 성장하고 있고, 기술 기업들이 향후 경제를 이끌 것으로 예상되기 때문이다. 선정된 다른 기업들은 의료, 생명공학, 에너지, 소매 등 다양한 산업에 분포해 있다. 이 명단은 리더들에게 미래 성장 기업의 동향을 찾을 수 있는 좋은 방법을 제공한다. 과거 '포춘 퓨처 50'에 선정된 기업들은 대부분 빠른 성장을 나타냈고, 가치 창출 측면에서도 꾸준하게 시장 대비 훌륭한 성과를 보여주었다.

그러나 2020년 코로나 대유행 이후 선정된 기업들은 좋은 성과를 거둔 반면, 포트폴리오의 시장 실적은 그만큼 기대에 미치지 못했다. 과거 어느 때보다 글로벌 경제가 침체기를 거치면서 이런 현상은 더 광범위하게 나타났다. 특히 중국 내에서 코로나와 규제 압력의 후폭풍으로 인해 2021년 '포춘 퓨처 50' 명단에는 과거에 비해 새로운 얼굴들이 많이 등장했다. 그 이면에는 새로운 기업들이 코로나 위기가 만들어낸 기회를 포착해 성장 잠재력 평가에서 상위권에 올랐기 때문이다.

'포춘 퓨처 50' 명단에 새로 편입된 기업이 32개에 이른다는 사실은 위기가 또한 특별한 기회가 될 수 있다는 것을 시사한다. 즉, 위기가 오히려 한 발 앞서 탄탄한 미래 성장의 기반을 마련할 수 있는 전화위복의 기회라는 것이다. 리더라면 마땅히 '포춘 퓨처 50'에 선정된 기업이나 '포춘 글로벌 500'을 참고해 자신의 혜안을 넓혀야 할 것이다. 한편 〈포춘〉은

1955년 이후 매년 미국의 500대 기업을 조사해서 '포춘 500'을 발표해 왔다. 그러나 1989년부터는 세계화 추세에 맞춰 본격적으로 '포춘 글로벌 500'을 발표하고 있다. 기업의 리더라면 이러한 명단을 입수해서 세계 경제와 기업 동향을 파악하고, 미래의 먹거리와 성장 동력을 찾는 노력도 기울여야 할 것이다.

주역으로 읽는 기업과 리더의 흥망성쇠!
## 주역경영

초판 1쇄 인쇄 | 2024년 5월 16일
초판 1쇄 발행 | 2024년 6월 5일

지은이 | 김들풀
펴낸이 | 김진성
펴낸곳 | 헤이테이북스

편　집 | 김소연, 최성수
디자인 | 이은하
관　리 | 정보해

출판등록 | 2005년 2월 21일 제2016-000006
주　　소 | 경기도 수원시 장안구 팔달로237번길 37, 303호(영화동)
대표전화 | 02) 323-4421
팩　　스 | 02) 323-7753
홈페이지 | www.heute.co.kr
전자우편 | kjs9653@hotmail.com